대테러전쟁 주식회사

 카이로스총서38

대테러전쟁 주식회사 War on Terror Inc.

지은이 솔로몬 휴즈
옮긴이 김정연·이도훈
펴낸이 조정환
책임운영 신은주
편집 김정연
디자인 조문영
홍보 김하은
프리뷰 이정섭

펴낸곳 도서출판 갈무리 등록일 1994. 3. 3. 등록번호 제17-0161호
초판인쇄 2016년 3월 23일 초판발행 2016년 3월 31일
종이 화인페이퍼 출력 경운출력·상지출력 인쇄 중앙피엔엘 라미네이팅 금성산업 제본 일진제책

주소 서울 마포구 동교로18길 9-13 [서교동 464-56]
전화 02-325-1485 팩스 02-325-1407
website http://galmuri.co.kr e-mail galmuri94@gmail.com

ISBN 978-89-6195-137-1 04340 / 978-89-86114-63-8(세트)
도서분류 1. 정치학 2. 경제학 3. 군사학 4. 외교학

값 20,000원

이 도서의 국립중앙도서관 출판예정도서목록(CIP)은 서지정보유통지원시스템 홈페이지(http://seoji.nl.go.kr)와 국가자료공동목록시스템(http://www.nl.go.kr/kolisnet)에서 이용하실 수 있습니다.(CIP제어번호: CIP2016007497)

대테러전쟁 주식회사

공포정치를 통한 기업의 돈벌이

War on Terror Inc.

Solomon Hughes

솔로몬 휴즈 지음

김정연 · 이도훈 옮김

옮긴이 일러두기

1. 이 책은 Solomon Hughes, *War on Terror, Inc.: Corporate Profiteering from the Politics of Fear*, Verso, 2007을 완역한 것이다.
2. 〔 〕는 저자의 대괄호이며, [ ] 속 내용은 옮긴이의 추가 설명이다.
3. 단행본, 전집, 정기간행물에는 겹낫표(『 』)를, 논문, 논설, 기고문, 단편, 성명서 등에는 홑낫표(「 」)를, 기업체명, 단체명, 공연물, 법률에는 가랑이표(〈 〉)를 사용하였다.
4. 고유명사의 원어는 맥락을 이해하는 데 꼭 필요한 경우가 아니면 본문에서 삭제하고 인명 및 용어 대조표에 모두 적었다.

차례

대테러전쟁
주식회사

1984 주식회사[1]

2003년 1월, 2001년 9월 11일에 발생한 테러리스트 공격의 여파로 막대한 이익을 거둘 수 있다고 장담하는 사람들이 투자자 모집을 시작했다. 이들은 잠재적 주주들에게 대테러전쟁이 "국토안보 [분야] 투자에 상당한 장래성을 제공한다"고 말하면서 〈팔라딘 캐피털〉이라는 유력 펀드의 투자를 유치하고 있었다. 〈팔라딘 캐피털〉은 "위험한 공격을 예방할 방안, 공격을 막아낼 방안, 재앙이나 공격의 여파에 대처할 방안, 테러 공격을 비롯하여 국토 안보에 위협이 가해진 이후의 회복 방안 등의 즉각적인 해결책들을 가진 회사들에 자금을 투자할" 계획이었다. 〈팔라딘 캐피털〉의 경영진이 기대한 1년 수익 규모는 3억 달러였다. 그러나 이들의 예측에 따르면 항공기 납치범들이 민간여객기를 살인적인 효과를 발휘하는 무기로 사용한 덕분에 미국 정부의 반反테러리즘 정책에 추가 예산 6백억 달러가 책정될 예정이었다. 그렇다면 3억 달러란 지나치게 겸손한 액수였다.[2]

미국에는 재앙으로 돈을 벌고 싶어 하는 사업가가 항상 많았다. 그러나 특히 이번 투자 기회는 "절호의 기회"를 노리는 주변부 인물들이 아니라 권력 중심부와 가까운 곳에 있는 유력 인사들의 작품이었다. 미국 중앙정보부CIA 국장 출신 제임스 울시가 〈팔라딘 캐피털〉의 경영이사 중 한 명이었다. 울시의 공식 직책은 국방정책위원회3 소속으로서 도널드 럼즈펠드 국방부 장관의 고문이었다. 비공식적으로 울시는 쌍둥이 빌딩이 무너진 직후에 알-카에다에 관해서 가장 선정적이고 거짓된 설說들을 유포하는 정보원으로 활동했다. 울시가 퍼뜨린 이야기들은 부시나 블레어 정부에서 생산된 문건에조차 포함되기 어려울 정도로 설득력이 없는 난삽한 가설들이었다. 대신 울시의 주장들은 신문을 통해 퍼졌다. 그가 만든 이야기 중에는 사담 후세인4과 항공기 납치범 중 한 명인 모하메드 아타5, 그리고 이라크 비밀요원들이 프라하에서 비밀 회동을 했고, 따라서 후세인이 9·11 테러와 관련이 있다는 추정이 있었다. 또 그는 후세인이 공급한 탄저균으로 알-카에다가 독가루가 담긴 수상한 우편물들을 발송한 것이라고 주장했다. 독가루 우편물들은 9·11 테러 직후 공포감을 조성했지만, 실질적인 위해를 끼치지는 않았다. 울시의 가설들은 이라크 공격이 임박한 시점에 언론에 등장하여 후세인이 대량살상무기를 갖고 있고 이라크가 알-카에다를 지원하고 있다는 근거 없는 괴담을 만들어 냈다. 프라하 회동은 없었다. 그리고 탄저균 우편물 발송과 알-카에다와의 관련성이나 이라크와의 관련성은 밝혀지지 않았을 뿐 아니라 그 우편물들은 이내 멈췄다.

　그러나 울시의 가설들은 이라크전쟁 개시에 필요한 정치적인 지지를 구축하는 데 한 몫을 했다. 이미 모든 일이 일어나 버린 뒤에야 그 이야기들이 부정확한 가십으로 판명됐다. 이라크전쟁은 테러리즘을 진압하기는 커녕 더 빈번한 테러가 일어날 조건을 조성했고 결과적으로 군비 지출과 국토안보 지출을 끌어올렸다. 〈팔라딘 캐피털〉의 경영진에는 울시 이외에도 미국의 정치·군사 엘리트와 연결된 여러 인물이 있었다. 전前 국가안전보장국6 국장, 전前 고등방위연구계획국7(미국 군사 무기 실험실을 운영하

는 조직) 부국장, 그리고 전前 미국 육군 장관 등도 〈팔라딘 캐피털〉의 자문단에 포함되었다.[8]

미국인들만 대테러전쟁에서 사업과 정치를 섞으며 즐겼던 것은 아니다. 영국 정부가 정부 각료들과의 접촉기회를 알선하는 특정 로비업체의 활동을 허용한다는 의혹이 1998년 이래로 계속 제기돼 왔다.[9] 이러한 "접촉 알선 자금"cash for access 의혹은 『썬데이 타임즈』[10]가 로비업체 〈골든 애로우 커뮤니케이션스〉에 잠입취재 기자를 보낸 2007년에 다시 불거졌다. 전 노동당 각료 데렉 제이미슨과 노동당 의원이었던 아이반 헨더슨이 이 업체에서 일하고 있었다. 이 로비회사는 기업들이 정부와 관계를 맺도록 도와줄 수 있다고 약속했는데, 이들의 홍보자료에 따르면 "정책 개발과 정책결정자의 사고방식에 영향을 미치는 방법을 우리가 가장 잘 알기" 때문이다.

〈골든 애로우 커뮤니케이션스〉 잠입취재 기자가 취재한 바에 따르면 전직 의원들은 내무부 각료 게리 섯클리프와 우호적인 관계를 유지하고 있었다. 그 당시 섯클리프의 상관이었던 내무장관은 영국 내무부를 미국 국토안보부[11]와 유사하게 개조함으로써 내무부의 모든 업무를 테러와의 싸움에 집중시키려 하고 있었다. 로비스트들에 따르면, 섯클리프는 새로운 안보 계획으로 돈벌이하는 데 관심이 있는 사업가들을 소개해 달라고 그들에게 간절하게 부탁했다. 로비스트들에 의하면 섯클리프는 "내무부에 건수가 많다고 했습니다. 안보, 국경 통제, 항구 안보 같은 것들이요. 섯클리프는 그러한 것들 주변에 큰 건들이 있을 거라고 했습니다." 로비스트들이 들려준 사례 중에서 큰 기업체들 앞에서 고개를 숙이며 엎드리는 노동당의 모습을 보여 주는 더 역겨운 일화가 있다. 섯클리프 장관은 로비스트들에게 다음과 같이 말한 적도 있다고 한다. "이봐, 날 이용하라니까…… 당신들이 써먹으라고 내가 있는 거야. 당신들을 도와주고 싶어. 날 이용해."[12]

안보 산업에게 "나를 이용해 달라"고 애원하는 관료들의 모습, 또 안보

투자 회사를 설립하기로 한 미국 자문단[13]의 결정은 대테러전쟁의 사기업 의존도가 유례없이 높았다는 사실을 분명하게 보여 준다. 끝없는endless 돈이 전쟁의 원동력이 된다고 로마의 웅변가 키케로가 말했다. 9·11 이후, 이 새롭고 끝없는 대테러전쟁이 안정적인 돈벌이 수단이 되어줄 것처럼 보였다. "국토 안보"에서부터 새로운 국제 개입들에 이르기까지 대테러전쟁의 모든 요소는 민간 계약업체들에 의존했다. 이것은 단순한 전쟁 특수 이상이었다. 그들이 "긴 전쟁"이라고 불렀던 이 전쟁에서 민간 부문은 새로운 군사 행동들에 긴밀하게 통합되어 양국 정부의 핵심 정책들의 방향성과 그 지속에 영향을 미칠 정도였다.

토니 블레어와 조지 부시는 9·11 이후 새로운 군사 기획과 안보 기획들에 착수하였고 자신들의 목적을 달성하기 위해 사기업에 크게 의존하였다. 이러한 과정은 내부자 몇 명이 정치를 자본화하려는 시도 정도가 아니었다. 테러 공격에 대한 대서양 연안 국가들의 대응 방향성 전체가 영리를 추구하는 기업들에 의존하고 있었다. 바로 이 점이 "대테러전쟁"이라는 우산 아래 결집한 새로운 정치·군사·안보 전략의 성격을 결정지었다.

대테러전쟁은 9월 11일의 살인적인 항공기 납치사건으로 시작되었다. 그러나 이 전쟁을 그 끔찍한 사건들에 대한 대응이라고 설명해서는 부족하다. 미국 시민 수천 명이 미국 본토에서 살해당하는 사건은 충격적이었고 그 충격을 과소평가해서는 안 된다. 하지만 9·11에 대한 정치적·군사적 대응은 테러범을 검거하는 수준이 아니라 거기에서부터 아주 멀리 나아갔다. 쌍둥이 빌딩이 무너지고 불과 몇 시간 뒤에 미국 국방부 장관 도널드 럼즈펠드의 비서가 작성한 메모에는 장관의 반응이 이렇게 기록돼 있었다. "단기 목표 필요 ─ 대규모로 간다 ─ 관련이 있건 없건 다 쓸어버린다." 럼즈펠드는 항공기 납치범과 관련이 있건 없건 간에 자신이 적이라고 인식하는 모든 대상에게 반격을 가할 기회가 왔다고 생각했다. 이 미국의 최고 군사 책임자는 살인자와 공범을 쫓는 데서 그치고 싶지 않았다. 불타는 미국의 랜드마크들[14]을 국가적 취약성의 신호로 여긴 그는 새로운 군사적·정치적 힘의 행사로 응수하고자 했다.

럼즈펠드가 사담 후세인을 알-카에다와 연계시켰다는 것, 그리고 그가 이라크 침공과 이라크 점령을 대테러전쟁에 억지로 쑤셔 넣었다는 것, 이 두 가지 사실이 럼즈펠드 독트린을 가장 분명하게 보여 준다. 사실 럼즈펠드는 이 전략을 더 멀리 끌고 나갔다.

미국 합참의장은, 미군 지도부에게 9·11의 교훈은 빈 라덴과 그의 공모자들을 어떻게 처리할 것인가 라는 문제를 훨씬 넘어서는 일이라는 점을 분명히했다. 미국의 2004년 국가군사전략 보고서는 "우리는 대테러전쟁에서 승리해야만 한다"고 단언했다. "이 임무는 모든 국력 수단, 우방 및 동맹국의 협조와 참여, 그리고 미국 시민들의 지지가 완전히 통합될 것을 요구하기 때문"에 승리하기 위해서는 미국의 대중과 정치체계, 그리고 국제사회의 미국 동맹국들 모두가 미군 지도부의 휘하에서 힘을 합쳐야 할 것이다. 미군 지도부는 뉴욕에 가해진 공격이 미국의 약점을 드러냈다고 생각했고 "우리의 목표는 전역적 지배FSD [15]이다. 전역적 지배란 군사 작전의 전 영역에서 어떠한 상황이든 통제할 수 있는 능력, 또는 어떠한 적이든 진압할 수 있는 능력을 말한다"[16]고 밝혔다. 미군의 주장에 따르면, 항공기 납치로 3천 명이 살해된 이 사건에 대한 대응으로서 전 세계에서 그리고 모든 갈등 지역에서 완전한 군사적·정치적 지배가 구축되어야만 했다. 이렇게 본다면 "대테러전쟁"은 테러리스트들을 겨냥했다기보다 미국의 군사적인 지배력을 전면적으로 확보하기 위한 거대한 전략 기획이다. 소련보다 훨씬 더 작고 약한 적에게서 영감을 받은 이 프로젝트의 목표는 냉전의 "세력 균형"보다 더 야심 찬 것처럼 보였다. "대테러전쟁"이란 [테러라는] 어떤 관념idea에 맞선 전쟁을 명분으로 국내 정세와 국제 정세가 미국 정치·군사 엘리트의 통솔 아래 강제적으로 놓이게 되는 상황을 의미했다. 유례없이 큰 규모의 값비싼 통제 장치를 사용하여 보이지 않는 제5열[17]과 그들의 사상에 맞선 싸움을 치르면서 국내 정치는 "국토 안보" 논리에 좌우될 것이다. 그리고 다양한 군사 개입 작전들에 복속하라는 요청들이 국제 정치를 형성할 것이다. 이러한 구도 속에서는 어떤 상황의 특정한 동학도 미국의 지도력과 지배를 확립할 필요보다 부차적으로 되었다.

영국의 토니 블레어 총리는 그의 전임자들이 냉전에서 미국의 동맹국이 되려고 애썼던 것과 마찬가지로 대테러전쟁의 전략 속에서 영국의 입지를 굳히기로 했다. 워싱턴에 파견된 영국 대사에게 블레어의 참모총장 조나단 파월[18]은 "백악관의 똥구멍으로 기어 올라가서 거기를 지키고 있어"라고 말했다. 미국의 권력을 등에 업고 자국의 영향력을 확보하고 싶었던 영국은 대테러전쟁 정책에서 미국과 이 정도 수위의 친밀감을 유지했다. 영국은 미국의 국제 군사 행동을 지지했을 뿐 아니라 미국의 "국토 안보" 대응도 흉내 냈다. 양국의 지도자들은 이 새롭고 끝이 없는 전투 속에서 전통적인 시민적 자유를 희생해야 한다고 공표했다. 9·11 테러는 미국 부통령 딕 체니의 다음과 같은 발언을 끌어내기도 했다. 체니는 자신의 나라가 "어떤…… 어두운 영역에서…… 일을 해야" 한다고 말했다. 2005년 7월 영국 대중교통 체계에 가해진 자살 폭탄 테러 공격에 응답하면서 토니 블레어는 "어떠한 의문도 제기하지 마시기 바랍니다. 게임의 규칙이 변하고 있습니다"라고 선언했다.

부시 대통령과 블레어 총리는 뉴욕과 런던에서 일어난 테러리스트들의 공격에 대처하면서 미국과 영국을 서로 연동하는 궤도에 올려놓았다. 이들은 극단주의와의 전쟁을 명분으로 국외에서는 군사적인 모험들에 매진했고 국내에서는 새로운 안보 조치들의 도입에 전념했다. 다른 나라들도 이슬람의 이름 아래 벌어진 테러리즘을 겪었고 이슬람의 이름 아래 폭발한 폭탄들로 상처를 입었다. 하지만 그들은 부시와 블레어와 같은 방식으로 대응하지 않았다.

부시와 블레어는 새로운 규칙들에 따라서 서방에서는 권위주의적인 조치를, 동방에서는 군사적인 해결책을 집행하기 시작했다. 이들은 무력 사용을 하기 위해 기존의 법적·외교적 보호 장치들과 절차들을 파기했다. 그 과정에서 수년간 정치적 의제로만 묻혀 있던 생각들이 먼지를 털고 대테러전쟁의 일부로서 새로운 상표를 달았다. 새 전쟁으로 낡은 적들이 불려왔고 과거에는 배척되었던 법들이 새로운 갈등을 위한 새로운 도구로 재등장했다. 대테러전쟁은 국내외의 여론을 미국과 영국의 리더십 아래 재편성하려는 시도였는데, 이번에 특유한 점은 무력 사용이 사기업에 크게 의존했다는 것이다. 중동의 전쟁들에서부터 미국과 영국 국내의 구금 체계, 데이터베이스 등에 이르기까지 "대테러전쟁"에 사용된 새로운 무기들은 기업들이 공급하고 관리했다.

조지 오웰의 소설 『1984』는 내부의 감시와 억압을 정당화하기 위해 외부의 적을 불변의 위협으로 이용하는 어떤 나라를 묘사했다. 윈스턴 스미스의 조국 오세아니아는 동아시아 혹은 유라시아와 번갈아가며 전쟁을 치르고 있으며 엠마뉴엘 골드스타인의 사보타주 운동이 국가를 전복시킬지 모른다는 부단한 위협에 시달리고 있다. 오웰의 디스토피아 사회와는 다르지만, 우리 사회 안에서 새롭게 발견되는 안팎의 위협은 통제 경향과 감시 경향을 강화해 왔다. 오웰이 살아 있다면 나라 밖에서 전쟁을 치르면서 자국민을 대상으로 신분증 제도를 도입하는 정부를 보고 놀라지는 않을 것이다. 그러나 오웰이 묘사한 것은 "독점 산업과 중앙집권 정부가 존재하는 황폐한 세계" 속에서 자라나는 새로운 지배층이다. "대테러전쟁"에 투입된 병사들 다수가 실제로는 서로 경쟁하는 기업들의 직원이라는 사실을 보고 오웰은 당황할지 모른다. 전자태그[19]를 부착하고, 새로운 신분증 제도를 위해 데이터베이스를 마련하고, 불법 체류 외국인을 가두는 일을 하는 사람들이 전부 권위주의적 정당이 아니라 다국적 기업 소속이다. 오늘날 우리가 빅 브라더의 정책 가운데 몇 개를 경험하고 있는 것은 분명하다 — 다만 그 정책들을 투자회사들이 운용하고 있다는 점이 다르다.

전통적으로 새로운 적의 발견은 국가를 강화한다. 영국 국가 기관 중에 비밀경찰과 가장 가까운 형태였던 영국 공안부는 아일랜드 민족주의 단체 〈피니언 형제단〉[20]의 공격으로 1883년에 창설됐다. 냉전 역시 모든 국가 부문의 확장을 가져왔다. 러시아 위협을 자극제로, 해외의 적을 겨냥한 매우 값비싼 무기와 내부의 "전복 [세력]"을 감시할 강력한 안보 기관이 구축되었다. 그러나 새로운 정치 풍경에서는 새로운 종류의 안보 국가가 성장했다. 대처 시대에 시작된 사영화privatization, 私營化의 물결은 미국과 그 너머의 여러 나라로 퍼졌다. 보수당이 물러가고 블레어의 노동당 정부가 집권한 시기는 이미 사영화 추세가 새로운 정설로 굳어진 때였다. 영국 정부와 미국 정부는 지난 20년 동안 복지와 기초 공공서비스에 대한 책임을 민간 부문에 이양해 왔다.

대테러전쟁은, 새로운 위협에 대처하기 위해서 증대된 국가 권력이, 사영화론자들의 축소 국가와 뒤섞여 있는 기묘하고 새로운 잡종이었다. 영미 정부는 새로운 권력을 확보하자마자 이 권한들을 사기업들에 위임했고, 이 과정에서 새로운 안보 산업이 출현했다. 안보업체들이 과거에는 물건things에 대한 책임을 졌다면 새로 나타난 안보업체들은 사람에 대해 권한을 갖게 되었다. 이들은 국내에서는 사영 구치소에 사람을 가둘 수 있었고 국외에서는 사람에게 총질을 할 수 있었다. 국가 권력과 사기업의 권한에서 일어난 이 근본적인 전환은 큰 논쟁 없이 이루어졌다. 정부에 상업적 해법을 판매할 준비가 된 완전히 새로운 안보산업복합체security-industrial complex가 탄생했다. 사영 난민 수용소에서부터 이라크와 아프가니스탄에서 정규군과 나란히 전투를 치르는 용병에 이르기까지, 군사적 모험에서 개인 신분증 발급까지, 대테러전쟁은 "대테러전쟁 주식회사"가 되었다.

아이젠하워 대통령은 1961년에 미국 유권자들에게 고별연설을 했다. 평화 시기에 이뤄지는 군수산업의 성장에 관해서 매우 우려했던 그는 이날의 기조연설을 통해서 무기 제조사와 미국 국방부 관료로 구성된 로비세력이 미국 정치를 왜곡할 수 있다고 경고했다. 아이젠하워가 두려워한 것은 이윤과 영향력을 추구하는 기업가와 관료 들이 결탁하여 압력을 행사함으로써 미국을 불필요한 갈등 속으로 밀어 넣는 것이었다. 아이젠하워는 시민들에게 다음과 같이 경고했다. "정부의 협의회들에서 우리는 군수산업 복합체가 부당한 영향력을 획득하는 것을 경계해야 합니다. 우리가 그것을 추구했든 추구하지 않았든 말입니다. 부적절한 권력이 재앙적으로 발흥할 가능성이 있고 이러한 가능성은 존속할 것입니다." 대테러전쟁은 너무나 자주 사기업에 의해 치러지기 때문에 우리는 오늘날 새로운 안보산업복합체의 성장에 직면해 있다. 아이젠하워 시대의 군수산업복합체와 마찬가지로 안보산업복합체라는 사업적 로비집단은 "대테러전쟁"의 군사적이고 안보적인 측면을 유지하고 확장하는 데 이해관계를 가진다. 그리고 이들은 정치인을 설득해서 이 같은 행보를 지속하게 할 수 있는 자본, 권력, 영향력을 갖고 있다. 미국에서 군수산업의 로비가 정치에 미치는 영향력은 잘 알려져 있다. 전통적인 무기제조사들이 영국 관료들에게 미치는 영향 또한, 특히나 아직도 진행되고 있는 〈비에이이BAE 시스템스〉를 둘러싼 파문[21]과 관련하여 점점 드러나고 있다. 그러나 영국과 미국에서 최고위층과 새로운 안보사업체들의 정치적 접촉이 이뤄지고 있다는 사실은 아직 무기제조사들의 영향력만큼 드러나지는 않았지만, 마찬가지로 사실이다.

9·11 테러에 대해 영국과 미국은 더 많은 전쟁과 더 엄격한 법으로 응답했다. 국제적으로는 군사력을 행사할 태세를 갖추었고 국내에서는 권위

주의적 치안 방책들을 단행할 준비를 했다. 대테러전쟁이라고 총칭되는 조치들을 촉발한 것은 테러리스트들의 잔학 행위였지만, 그 조치들이 테러리즘에 대해 유일하게 가능한 대응은 아니었다. 또 대테러전쟁은 9·11에 대한 대응 수준에 머물지 않았다. 이 전쟁은 (다른 나라와의 관계에서는 국제적으로, 그리고 자국민과 관련해서는 국내적으로) 영국과 미국의 국가 권력을 증강하려는 계획이었다. 그 과정에서 호전적이고 억압적인 정책들이 이라크에 테러리스트 양성소를 조성하고 테러리즘 지지자들을 고무시킴으로써 실제로는 테러리즘의 위험을 가중했다. 부시와 블레어 정부는 각자 테러 공격에 대한 조치들을 단행할 수 있는 능력을 충분히 갖추고 있었다. 하지만 이들이 대테러전쟁을 치르기 위해 사기업을 광범위하게 활용한 결과 대테러전쟁을 연장하고 지속하는 것에 재정적인 이해관계를 갖는, 자본력이 탄탄하고 연줄이 확실한 로비산업이 형성되었다. 사람들을 감시하고 가둬두는 새로운 방법을 제안하고 새로운 무력간섭에 참여하는 것이 이들에게 이득이 되었다. 안보업체들은 그 존재만으로도 정부의 군사 행동을 부추길 수 있었다. 군사 행동을 확장하거나 "국토 안보"를 증강하는 데 도움을 줄 수 있는 기업들은 정부 앞에 몇몇 선택지들을 제시하는 것만으로 영국과 미국 정치인들이 더 군사적이고 더 권위적인 정책들을 채택하게 만들 수 있었다. 게다가 안보업체들은 로비 인맥과 전직 각료 및 관료 출신 인사 기용, 정당 유관기관에 대한 재정 지원 등의 수단으로 정부들이 대테러전쟁을 격화시키게 만들었다. 영국과 미국의 대테러전쟁 정책 중에서 많은 부분이 저항과 항의에 부딪혔다. 사회 지배층의 원로 인사들과 거리 시위대는 시민적 자유에 대한 공격과 군사력 행사에 이의를 제기했다. 이것과 정반대 방향의 압력을 가한 새로운 안보산업의 로비 활동은, 안보 국가의 새로운 확장과 더욱 광범위한 군사 개입이 실행 가능하고 수익성이 있는 목표인 것처럼 보이게 만들었다. 이 새로운 안보 산업의 목소리는 대테러전쟁의 공격적 정책에 대한 모든 정치적 불안감을 상쇄하는 데 일조했다.

　이 책은 이 새로운 안보산업복합체에 관한 이야기이다. 영국과 미국의 산업 엘리트와 정치 엘리트는 새로운 안보국가와 새로운 국제 개입들의 발전 과정에서 긴밀하게 함께 움직였기 때문에 이것은 대서양을 횡단하는 이야기이다. 이 책은 1980년대와 1990년대에 푸른색과 카키색 제복을 입은 공무원이 하던 일을 민간 부문이 맡게 되면서 안보산업이라는 새로운 분야가 어떻게 점진적으로 출현하게 되는가에 관한 이야기이다. 9·11 이후 대폭 확장된 안보시장은 영국과 미국 정부가 대테러전쟁에서 더욱 군국주의적이고 권위주의적인 조치들을 채택하게 하였다. 사기업들은 기업적 방식의 우월성에 이미 매료된 관료들에게 안보상품을 사라고 재촉하면서 국가 정책에 영향을 미쳤다. ─ 그러나 이 기업들은 종종 재앙을 불러왔다. 대테러전쟁의 지나침을 비판하는 수많은 저항 사례들은 잘 알려져 있다. 나는 이 책에서 전쟁의 새로운 재앙들을 조장하고 야기하는 데 일조했던 기업들에 관한 이야기를 하고자 한다.

1장

경제이민

대테러전쟁에서 돈벌이를 한 주요 안보 기업 중에서 일부는 범죄와의 전쟁에서 일을 처음 배웠다. 카키색 제복에 총기를 든 직원이 일하는 업체와 영미 정부가 계약하기 시작한 것은 9·11 이후부터였다. 2001년 테러 공격 훨씬 전부터 영미 정부는 푸른색 제복에 경찰봉을 소지한 직원들이 일하는 업체들과 외주 계약을 맺었었다. 교정시설prison, 수감자 수송, 보호관찰제도, 미성년자·이민자 구금의 사영화를 통해 정부들은 국민에 대한 권한을 사기업들로 이양하는 과정을 실험할 수 있었다. 죄수와 난민 등 사회 주변부 집단이 실험의 대상이었다. 전쟁의 외주화를 허용한 이 정치적인 전환은 영미 국내에서 먼저 일어났다. 사기업들이 교정시설과 수감시설 운영을 맡게 되면서 안보 산업은 사람에 대한 통제권을 확보했다. 즉 안보산업의 주 업무가 자산을 경비hold하는 것에서 사람을 억류hold하는 것으로 질적 도약을 이룬 것이다. 이 새로운 안보 기업들은 과거에 야간경비원들이 빈 공장을 지켰듯이 감옥을 통째로 감시·관리하게 되었다. 장갑차에 화폐와 금덩어리를 실어 나르던 업체들이 이제는 억류된 사람을 가득 태운 버스를 운행하게 되었다.

교정시설과 수용시설asylum의 사영화를 거치지 않았다면 영미 정부가 대테러전쟁에서 국제적인 요소들과 "국토 안보" 요소들을 민간 업체에 의존하기는 훨씬 어려웠을 것이다. 교정시설과 수용시설의 사영화 경험을 통해서 국가의 독점적 권한들이 영리업체들로 외주화될 수 있다는 원칙이 확립되었기 때문이다. 또 교정시설·수용시설의 사영화는 이후 대테러전쟁에서 확대되어 나타날 모든 위험 요소들을 미리 보여 주었다. 새로운 권위주의적 조치들을 추진하기 위한 정치와 산업의 결탁, 허술하게 이행된 계약들, 안보 사안에 대한 사회적 통제력의 상실 등은 사영화된 대테러전쟁을 특징짓기 전에 사영화된 범죄와의 전쟁에서 일찍이 나타났던 문제들이다.

대처 총리가 초선 후 집권 2년째에 접어들던 1981년에 내무장관 윌리

화이트로는 극심한 압박을 받고 있었다. 무법상태에 대한 공포와 범죄 증가 추세가 보수당 내 우파로 하여금 화이트로에게 점점 더 날카로운 요구들을 하도록 부추겼고 이들은 체형제도와 사형제도의 부활을 요구하기도 했다. 1981년 여름에 런던 브릭스턴과 리버풀의 턱스테쓰 지역에서 일어난 도심 봉기로 사회질서 붕괴에 대한 공포가 증폭되었다. 집회와 범죄의 전반적인 상승에 기름을 부었던 것은 새 정부의 통화주의 정책으로 인한 실업률 급증이었다. 그러나 휴고 영이 지적했듯이[1] 보수당의 대범죄 정책 실패는 투표소에서의 성공을 의미했다. 정부가 범법행위의 증가를 주도하는 와중에도 국민의 45퍼센트가 보수당이 범죄 문제에 더 잘 대처할 수 있을 것으로 생각한다고 답했다. 반면 노동당에 대해 그렇게 느끼는 사람은 19퍼센트에 불과했다. 보수당 정권 아래에서 범죄가 늘어날수록 보수당의 치안 정책 처방전을 요구하는 사람이 늘어났고, 범죄율이 오를수록 범법자를 엄히 단속하겠다는 보수당의 약속도 인기가 높아졌다. 저절로 계속되는 이 시장에 진입할 수만 있다면 어떤 업체라도 분명 횡재할 것이었다.

1992년 4월에 영국 최초의 사영 교정시설 월즈 리맨드 센터가 개소하였다. 그러나 이 시설의 설립에 이르는 길을 닦은 논의는 그보다 오래전에 시작되었다. 20세기 최초의 사영 감옥jail은 1984년에 미국에서 문을 열었다. 〈켄터키 프라이드 치킨〉 등에 투자한 경력이 있는 내쉬빌[2] 지역 자본가 잭 매씨와 테네시 주 공화당 의장 출신 톰 비슬리가 테네시 주 사영 수용시설 운영 입찰 공고에 공동으로 지원했다. 레이건의 백악관이 권장하는 이 실험으로 〈미국 교정 회사〉라는 신생업체가 그 첫 시설로서 모텔이었던 건물에 이민 지망자를 가두는 "외국인 구치소"를 개소했다.[3] 대체로 세계적으로 사영화 추세를 주도한 것은 영국이었지만 사영 수용시설 분야를 개척한 것은 미국이었다. 미국은 연방제 구조를 띠고 있어서 수용시설 사영화라는 이 참신한 발상이 한 주州씩 점차적으로 도입될 수 있었다. 사영 수용시설은 각 지역에서 빠르게 퍼졌고 이 논쟁적인 계획을 드러내놓고 지지하는 중앙 정부 차원의 전국적 정치인을 필요로 하지 않았다. 이런 이점으로 인해서 영국보다 미국에서 수감incarceration의 상업화가 더 신속하게 달성될 수 있었다. 영국의 경우에는 미국과 같은 성과를 내기 위해서 중앙 정부의 적극적이고 분명한 역할이 필요했다.

열혈 대처주의자들은 사영화 경쟁에서 미국 친구들에게 1위를 빼앗기는 것을 불편하게 생각했다. 그들은 영국의 수용시설도 이윤을 창출하는 부문으로 하루빨리 이양되어야 한다고 재촉했다. 1984년에 대처 정부의 지적 추진세력 중 하나인 〈애덤 스미스 연구소〉는 사영화를 권하면서 다음처럼 주장했다. "안보 사업과 호텔 사업 둘 다 민간 부문에서는 흔하다. 지나치게 단순화하는 것일 수 있겠지만, 수용시설이나 소년원이나 구치소나, 안보 사업과 호텔 사업에 필요한 사업수완을 잘 합치면 되는 것이다."[4] 이 보고서는 전자태그와 통행금지제도의 도입을 권했고 이로써 초超자유시장주의자 〈애덤 스미스 연구소〉가 향후 십 년간 노동당 정부가 시행할 정책들을 작성한 꼴이 되었다. 그러나 1984년의 보고서에서 출발하여 수용시설 사영화 부문이 형성되어 자리를 잡기까지의 그 전 과정은 더뎠다. 〈애덤 스미스 연구소〉가 "호텔"이라는 단어를 사용한 게 화근일 것이다. 새로운 수용시설, 새로운 죄목, 새로운 경찰력에 대한 요청 뒤에는 엄정함에 대한 욕구가 있었다. 엄격한 범죄 단속, 짧고 매서운 충격, 관용의 종식, 관대한 판결의 중단 등 모든 반反범죄 정책의 슬로건은 "고객"에 대한 민간 부문의 "부드러운" 접근법과는 판이하게 달랐다. 권위주의 우파가 활용하는 고전적인 수사 중에서 수용시설이 호텔만큼 편해서 되겠냐는 비난이 있었다. 그러므로 실제로 호텔을 운영하는 업체가 수용시설을 관리할 수도 있다는 제안은 상업적 감옥의 실현 가능성을 십 년 늦추기에 충분했다.

사영 수용시설 업자들이 공식적인 반대 세력이 초기에 보인 적대감을 넘어서는 데는 보수당의 전폭적인 지지가 필요했다. 이 사안이 제기되자마자 노동당 정치가와 노동조합원 들은 비난을 퍼부었다. 보수당 각료들도 처음에는 기업에 의한 수감을 탐탁지 않게 여기는 듯했다. 〈애덤 스미스 연구소〉의 피터 영이 1985년에 이 발상을 홍보하기 위해 내무부 각료 데이비드 멜러를 찾아간 자리에서 멜러는 "거의 헛소리 취급을 했죠. 우리를 비웃었어요."[5] [내무장관] 더글라스 허드도 냉담한 반응을 보이기는 마찬가지였는데 그는 1987년에 하원을 향해서 "이런 것은 논의 대상 자체가 될 수 없다고 생각합니다. 또 수용시설을 경매하거나 사영화하자는 것, 수감자를 안전하게 관리하는 업무를 정부 공무원이 아닌 자들에게 맡기자는 것을 의회는 안건으로 받아들이지 않을 것으로 생각합니다"라고 말했다.

이처럼 정부가 코웃음치는 수용시설의 사영화를 입법화하기 위해서는 많은 노력이 필요했다. 신중하고도 꾸준한 로비가 있어야 했다. 무엇보다 수감업계는 수용시설 사영화를 현실로 만들기 위해서 이미 기업 친화적이었던 보수당의 문화 속으로 자신들을 통합시켜야 했다. 한 부동산 개발업자가 고용한 로비회사 〈쥐제이더블유〉GJW는 나중에 새 노동당 정부를 지겹게 따라다닐 "접촉 알선 자금" 의혹에서 핵심적인 역할을 역할을 하게 될 업체였다. 그러나 1980년대에 이 업체는 보수당과의 강력한 인맥을 형성하고 있었다. 이 업체에서 수감 산업 업무를 담당한 사람은 한때 글래스고 지역의 보수당 후보였고 보수당 국방장관 버나드 젠킨과 결혼하게 되는 앤 스트러트였다.[6] 보수당 중앙 본부 출신 토니 허트도 사영 감옥을 추진하는 스트러트의 캠페인에 동참하고 있었다.[7]

고용된 자들의 도움만으로 사영 수용시설 로비가 설득력을 얻기란 힘들었다. 보수당이라는 기계machine는 강력한 사업적 이해관계와 활동적인 중산층 토대의 연합체다. 사영 수용시설 산업이 이 연합체의 일부가 되기 시작하면서부터 수감 산업의 의견이 받아들여지기 시작했다. 사영 수용시설은 내무특별위원회(이하 내무특위)의 지지를 받은 후 실제적인 가능성을 띠게 된다. 내무특위 위원으로서 이후 위원장직까지 오르는 존 휠러가 〈영국안보산업협회〉의 유급 대표라는 점이 유리하게 작용했는데 이 협회에는 이후 사영 감옥 컨소시엄들에 참여할 〈시큐리코〉 같은 업체들이 소속돼 있었다. 1986년에는 휠러와 당시 내무특위 위원장 에드워드 가디너 경이 미국 테네시 주와 플로리다 주의 사영 수용시설을 시찰했다. 이들은 본국으로 돌아와 이 감옥들이 "놀라웠고" 나무랄 데 없었다고 전했다. 그로부터 3년 뒤 가디너는 영국 감옥 운영 입찰에 지원한 신생 기업 〈컨트랙트 프리즌스 주식회사〉(이하 〈씨씨에이〉[CCA])의 사장이 된다.[8]

보수당 의원들에게 감동을 안겨준 〈씨씨에이〉의 테네시 주 수용시설들은 "놀라운" 상태임이 분명했지만, 긍정적인 의미에서 놀라운 것이 아니었다. 〈씨씨에이〉가 운영하는 테네시 주 교도소는 이웃한 위스콘신 주에서 여러 명의 수감자를 받아 수용했다. 그런데 1998년에 위스콘신 주 교정국장 마이클 설리반은 테네시 주 감옥에 수용된, 위스콘신에서 온 수감자 여럿이 스턴총으로 학대를 당한 사건이 있었다고 시인했다. 한 수감자가 교도관을 심하게 구타하자 교도관들이 수감자들을 공격한 사건이었다. 당시 수용시설 내부 실태에 대한 여러 추문 속에 있던 〈씨씨에이〉는 폭력사건 일체를 부정했으나 설리번의 폭로에 따르면 이 회사의 말은 사실과 달랐다. 이 사건으로 시설의 보안과장과 직원 몇 명이 해고되었다.[9]

그러나 미국 사영 감옥의 실태가 영국 정치인들에게 전해지기 시작했을 때 영국은 이미 수용시설 사영화라는 새로운 정책에 매진 중이었다. 1990년대 초반에 이르면 사회 지배층과 이 신생 산업의 연계가 대단히 견고해진다. 1990년에는 전 보수당 의장 노먼 파울러가 〈그룹 4〉[10] 이사로 합류한다. 1993년에는 전 시립경찰 국장 피터 임버트가 〈시큐리코〉 이사직을 맡게 된다. 전 영국군 부합참의장 모리스 존스톤 경 중장은 〈디텐션 코퍼레이션〉이라는 회사의 수장으로 사영 수용시설 입찰에 지원했지만 실패했다. 〈영국 디텐션 서비스스〉라는 업체는 그보다는 성공적이었는데, 이 회사는 수감 산업 배후에서 작동하는 국제적인 제휴관계들을 특히 뚜렷하게 보여 주는 사례였다. 〈영국 디텐션 서비스스〉 컨소시엄에 참여한 영국 쪽 파트너 는 〈모우렘 주식회사〉와 〈로버트 맥알파인 경〉 사였는데, 두 업체 모두 오 랫동안 보수당을 후원해 온 건설사들이다. 맥알파인 의원은 수년간 보수 당 재무장관을 지냈다. 미국 쪽 파트너는 미국에서 "놀라운" 감옥을 운영하 던 〈씨씨에이〉였다. 사실 〈씨씨에이〉 지분의 일부는 〈소덱쏘〉라는 프랑스 계 요식조달·호텔업체의 소유였다. 사영 수용시설과 호텔 산업 간의 연관성 이 십 년간 이 기획이 진척되지 못하게 막았지만, 새로운 처벌punishment 업체들이 영국 엘리트와 완전히 얽혀버렸기 때문에 더는 이 같은 점이 문제 가 되지 않았다. 또한, 〈씨씨에이〉는 〈그룹 4〉와 마찬가지로 교도소장 출신 들을 채용하려고 했다. 〈그룹 4〉는 1997년까지 교도소장 14명을 해고함으 로써 공공 부문에 이미 존재하는 전문성을 공공 부문에 되팔은 전력이 있 었다.[11]

또 다른 영국의 유력 감옥업체 〈프리미어 프리즌스〉(이하 〈프리미어〉) 도 교도소장 출신 채용에 나섰다. 이 같은 사실 외에도 〈프리미어〉는 여러 측면에서 새로운 수감 산업에 최적화되어 있었다. 새 안보 기업들의 핵심적 인 사업 전략은 다음 두 가지였다. 첫째는 사업을 키우는 데 공포를 이용 하는 것, 그리고 둘째는 공포를 활용해 국영 기능들을 민간 부문으로 가져 오는 것이었다. 〈프리미어〉는 영국 〈세르코〉와 미국 〈와켄허트〉의 합작회 사였고 〈와켄허트〉는 오래전부터 이러한 상업적 자경주의로 사업을 해 온 친족회사였다. 이 회사는 1950년대 이래로 정치적 공포를 돈벌이 수단으 로 이용해 왔는데 특히 이목을 끄는 것은 이들이 소위 요주의 인물들로 구 성된 정치적 블랙리스트를 관리·운용하는 사업을 했다는 점이다. 〈와켄허트)는 1995년부터 던캐스터[12] 교도소를 운영했다. 또 이 업체는 16세 미만 미성년자들의 범죄와 무질서에 대한 공포가 퍼지자 1998년에 더햄 카운티에 12~14세 사이 미성년자를 위한 소년원을, 또 브리스틀[13] 근방 퍼클허스트에 3천2백만 파운드짜리 소년교도소를 설립하고 운영하기 위해 고용되었다.

〈와켄허트〉는 범죄에 대한 공포로 돈을 버는 것에 능숙했다. 이 회사는 전직 미국연방수사국 요원 조지 와켄허트가 1954년에 설립했다. 그는 냉전 당시 미국에서 공산주의자의 체제 전복에 대한 공포를 이용해 사업을 키웠다. 여러 극우 성향 단체와 개인 들이 제공한 자료를 토대로 그는 공산주의자·체제전복자subversive·정치 선동가·노동조합 활동가로 의심되는 사람들, 그리고 그 외에도 반체제 분자라고 추정되는 사람들에 대하여 방대한 데이터베이스를 구축했다. 이 업체의 1965년 사업계획서가 주장하는 바에 따르면, 이들은 비용을 지급하면 구직 희망자를 조회해 볼 수 있게끔 미국인 250만 명에 대한 자료를 확보하고 있었다. 이후 〈와켄허트〉는 〈반미활동조사위원회〉 직원 칼 발스라그가 관리하던 자료를 획득했다. 발스라그의 자료가 〈와켄허트〉의 자체적인 염탐 성과에 더해지자 이 회사의 데이터베이스에 포함된 "체제전복자"의 숫자는 4백만 명으로 증가했다. 이들은 "미국연방수사국을 제외하고 국내의 어떤 조직보다 자료량이 많다"며 우쭐댔다. 1975년, 워터게이트 사건으로 미국 의회가 사생활 침해와 블랙리스트 작성을 수사하기 시작했을 때 〈와켄허트〉는 소장 자료를 폐기했다고 주장했다. 그러나 이들은 자료를 폐기하지 않고 〈전미 교회 연맹〉에 기증했다. 〈전미 교회 연맹〉은 극우 기독교 단체로 체제전복자로 추정되는 7백만 명에 대한 "성명 조회" 서비스도 제공하였다. 이 업체는 〈전미 교회 연맹〉과 친밀한 관계였고 1977년의 국회 조사에서 〈전미 교회 연맹〉에 기증한 자료를 계속해서 사용해 왔다는 사실을 시인했다.[14]

〈와켄허트〉를 비롯한 컨소시엄들은 수용시설 운영뿐 아니라 지역 봉사명령을 받은 죄수들에게 전자"태그"를 부착하는 계약도 수주했다. 다행스럽게도 〈와켄허트〉는 전자적 감시 및 여타 다양한 방식의 감시 활동을 해 본 풍부한 경험이 있었다. 공산주의 체제전복이라는 위협이 증발했을 때 이 업체는 미국 재계가 추적할 차기 체제전복 집단을 발견했다. 〈와켄허트〉는 "녹색" [환경]운동의 성장에 대한 공포를 기반으로 새로운 염탐 사업을 시작했다. 〈와켄허트〉가 첨단 정탐 기술을 선보인 것은 〈엑슨〉이 이끄는 석유 컨소시엄이 미국 환경운동가 찰스 하멜을 감시하기 위해 이들을 고용했을 때이다. 하멜은 석유산업 내부고발자들에게서 입수한 정보를 가지고 있었는데 특히 밸디즈 터미널 문제와 관계된 정보를 확보한 상태였다. 〈엑슨〉의 부정행위에 관해 하멜이 알게 된 내용은 〈엑슨〉 밸디즈 사건(1989년 알라스카 해안에서 일어난 기름 유출 사고로 인근 해안에 엄청난 피해를 줬다. 이후 이 사건은 대기업이 저지른 환경오염 사고의 대명사가 되었다)을 사전에 방지할 수도 있었다. 송유관 기름 누출보다 직원의 정보 누출에 더 관심이 많았던 〈엑슨〉은 〈와켄허트〉 요원을 고용해 하멜의 자택을 감시했고, 그의 쓰레기를 훔쳐 수색하였으며, 그를 곤경에 빠트리기 위해 "에코리트"라는 가짜 환경운동 캠페인을 조직했다. 〈와켄허트〉 요원 두 명이 이 사기 행태를 더는 참지 못하고 폭로하면서 이 전략은 실패로 돌아갔다. 이 두 전직 요원은 미국 하원과 언론에 이 업체의 기만적인 행위에 관해서 증언했다.

미국 입법자들은 〈와켄허트〉의 활동을 강도 높게 비판했는데 특히 이 회사가 석유산업 내부고발자와 접촉하고 있던 상원의원 조지 밀랄에게까지 감시망을 확장했다는 사실이 밝혀졌기 때문이다. 상원의 위원회가 내린 결론은 다음과 같았다. "〈와켄허트〉 요원들은 기만적이고, 불쾌할 정도로 저속하며, 완전히 위법이거나 잠재적으로 위법의 소지가 있다고 할 수 있는 행태에 가담하였다." 이 회사는 버지니아 주에서 1만 달러의 벌금을 물었고[15] 하멜과는 합의금 5백만 달러를 주고 소송을 종결했다.

그러나 〈와켄허트〉는 곧 또 다른 스파이 추문에 휘말린다. 플로리다 주에서는 텔레비전과 전화 시스템을 위해서 그리고 새로 부상하는 인터넷 시장을 위해서 꼭 필요한 케이블 통제권을 둘러싸고 전화 회사와 케이블 텔레비전 회사가 치열한 경쟁을 벌이고 있었다. 〈플로리다 케이블 텔레비전 협회〉가 사설탐정을 고용하여 케이블 통제권자 선정 권한이 있는 인사처를 염탐했다. 협회는 이 일의 적임자로 〈와켄허트〉의 알라스카 주 지부를 운영한 적이 있는 첩보 요원 리처드 런드를 선택했다. 자기 사업을 차리려고 〈와켄허트〉를 퇴직한 상태였던 런드는 〈와켄허트〉 요원들을 고용해 그들의 도움을 받았고 정부 위원들의 통화기록을 수집했다. 신분이 드러나기 전까지 런드와 〈와켄허트〉 요원들은 위원들의 자택과 차량에 감시 장비를 설치하여 염탐활동을 했다(이들은 위원들의 성생활을 특히 상세하게 조사했다).

그러나 이들의 미덥지 않은 과거사는 〈와켄허트〉를 고용하기로 한 보수당 정권을 단념시키지 못했다. 노동당 정부는 좀 다른 태도를 보일 것이라는 신호들이 있었지만 오해였음이 곧 밝혀졌다. 1994년에 〈교도관 노조〉에 보낸 서신에서 재야내각[16] 내무장관 토니 블레어는 "모든 사영 수용시설들은 다시 국영화될 것이다"라고 약속했다.[17] 1995년에는 재야내각 내무장관 잭 스트로가 수용시설 복지단체 〈본 트러스트〉가 주최한 회담의 참가자들에게 보수당 정권의 사영 감옥을 공공 부문으로 복귀시키겠다고 말했다. 그의 발언은 "보수당 정권에 의해 사영화된 부문을 재국영화하겠다는 노동당의 단 하나의 확실한 공약"이라는 평을 받았다. 감옥의 사영화가 "도덕적으로 불쾌하다"고 하면서 스트로는 다음과 같이 주장했다. "수용시설로 이윤을 얻겠다는 것은 부적절하다. 이 영역이야말로 '자유 시장'

이 존재하지 않는 곳이다."[18] 그는 사영화된 감옥이 "도덕적으로 불쾌"하다는 신념을 1996년에 재차 밝혔다. 잡다한 냉전 마녀 사냥꾼 무리와 학대 전과가 있는 프랑스-미국계 사업체들, 보수당 상층 인사를 채용하여 영국 감옥을 인수하려고 줄을 서는 회사들 틈에서도 수용시설 사영화에 반대하는 스트로의 입장은 재론의 여지가 없는 것처럼 보였다. 내무장관이 되자마자 신설 사영 수용시설들을 인가하기 시작한 잭 스트로 본인을 제외한 다른 모든 사람은 적어도 그렇게 생각했다.

기업친화 정책과 강경한 범죄 단속에 전념하는 정권에게, 기업에 돈을 주고 단속을 맡기는 이 신선한 공식은 분명 치명적인 매혹임에 틀림없었다. 스트로는 수감자 수의 증가에 대처할 수 있는 유일한 방법이 사영 수용시설이라고 주장했다. 사실 새로운 사영 수용시설들은 그것들의 국영 전신前身에 비해 덜 효과적이었다. 1999년 10월에 잭 스트로는 〈와켄허트〉가 낙찰되었고 이 업체가 1994년부터 운영해 온 던카스터 교도소의 수감자 1천 명을 계속 관리하게 될 것이라고 공표했다. 그러나 내무부에서 유출된 한 보고서에 따르면 정부의 독립 평가사들은 교도소 관리청이 제출한 공공 부문 입찰안이 (이후 심각하게 미비한 것으로 밝혀진) 〈와켄허트〉의 입찰안보다 우월하다고 생각했다. 평가 보고서는 〈와켄허트〉가 제출한 입찰안의 "체계에 전반적인 전략이 없는 듯 보였다"고 쓰고 있다. "안전한 교도소 운영"과 "공정한 수감자 처우" 항목에서 교도소 관리청의 점수가 〈와켄허트〉를 앞질렀다. 〈와켄허트〉는 수감자 재활에도 무관심해 보였다. "수리력과 문해 능력 등 핵심적이고 기초적인 기능 교육의 문제를 충분히 다루고 있지 않았다."

이러한 평가들 뒤에는 사회면에 나올 법한 암울한 이야기들이 있었다. 던카스터 교도소는 "던카트라즈"[19]라는 예명을 얻었는데, 전국 평균치를 웃도는 수감자 자살·자해 빈도와 비참한 내부 환경 때문이었다. 〈와켄허트〉

는 비용 면에서만 교도소 관리청에 앞섰고 사실 그 차이는 근소했다. 그런데도 내무장관은 내무부 공무원들의 의견을 무시하고 미국 계약자들에게 교도소를 되돌려줬다. 사영 수용시설의 불편한 현실보다 수용시설 사영화라는 기획을 살려두어야 할 정치적 필요가 더 컸던 것이다.[20] 〈와켄허트〉에게 이윤 창출이란 곧 비용 절감을 의미했기에 수감자들은 새로 부임한 구두쇠 통치자들이 가져올 냉혹한 결과와 대면해야 했다. 이 업체가 운영하는 킬마노크 교도소는 벌금과 인원 부족에 대한 탄원들에 시달리고 있었고 노팅엄 인근 로우드함 그래인지 교도소는 수감자 구타·무질서·수감자 불만제기에 대한 부적절한 대응 등으로 1999년에 8만 9천 파운드의 벌금을 물었다.[21]

보수당 내무장관 켄 클라크가 12~15세 미성년 범죄자를 위한 "안전훈련센터"의 도입을 주장하자 노동당 범죄문제 대변인 토니 블레어는 이것이 "범죄 종합 대학"colleges of crime [22]이고 "새로운 보스틀[23]"[24]이라며 맹비난했다. 그로부터 십여 년 후 하원의원들이 그 "새로운 보스틀"의 실태를 평가하였고 이 시설이 실제로 효과적이지 않다는 사실을 확인했다. 2004년에 이르면 십 대들을 가두는 데 들이는 비용이 연 2억 8천만 파운드까지 증가하지만 열 명 중 여덟 명의 청소년이 출소 2년 이내에 재범을 저질렀다는 사실에 미루어보면 이 많은 예산도 범죄를 막지는 못했다.[25] 그러나 블레어는 바로 그 사이의 십 년 동안 총리가 되었고 그 기간 미성년자 감옥에 대한 자기 생각을 완전히 바꾸어 이 효과 없는 해법을 적극적으로 채택하기로 했다.

블레어는 안전 훈련 센터들을 비난하면서 그와 동시에 미성년 범죄자에 대한 공포에 부분적으로 기초한 신노동당New Labor 정치를 만들어 나가기 시작했다. 그는 두 소년이 저지른 제임스 벌저 살해 사건[27]이 촉발한 언론 표제들을 설명하면서 "이 나라의 잠자는 양심이 강타당했다"[26]는 표현을 썼고, 그러면서 이런 끔찍하고 유례가 없는 살인사건은 새로운 범죄 정책들로 이어져야 한다는 것을 시사했다. 또 미성년자 통행금지제도 도입이 필요하며 술에 취한 비행청소년yobs을 "엄정히 단속"해야 한다고 주장했다. 1997년 블레어의 당선을 앞두고 논평가들은 블레어의 새로운 입장에 기독교와 공동체주의communitarianism, "보통" 사람들과의 특별한 관계, 그리고 여러 다른 철학적 근원이 영향을 주었다고 분석하며 고민했다. 그러나 이들은 장래 총리의 냉소주의를 과소평가했다. 블레어의 첫 임기 삼 년째가 되던 해에 그의 지지도는 큰 폭으로 추락하였다. 이 내림세에서 빠져나올 요량으로 그는 "기준 논점들"Touchstone Issues이라는 제목의 메모를 작성했다. 언론 비판의 세례를 연이어 겪고 〈여성연구소〉의 대중 연설에서 드문드문한 박수 소리로 창피를 당한 뒤 블레어는 자신이 "소통이 안 되는" 사람으로 비치고 있다고 우려하면서 다음과 같이 주장하였다. "길거리 강도를 유치장에 집어넣는 것"처럼 "사람들의 이목을 집중시킬 만한" 대범죄 "정책이 직접 나 자신과 결부되어야만 한다. 어떤 강력한 것, 이 체제 전체에 일침을 가하는 어떤 것 말이다."[28] 그는 자신을 더는 부드럽고 약하게 보이지 않게 할 "이목을 집중시키는 정책"을 실제로 고안해 냈다. 블레어가 도입하겠다고 발표한 것은 경찰이 취객을 현금지급기로 끌고 가서 현장에서 벌금납부를 강제할 수 있게 하는 제도였다. 그러나 바로 다음 날 레스터 광장에서 총리의 아들이 술에 취한 죄로 체포되면서 이 기획은 힘을 상실했다. 블레어의 메모에서 진지한 대범죄 정치 철학의 흔적은 보이지 않았다. 그것은 단지 권위주의적 제스처를 사용해 우파 관중을 상대로 연기하려는 조잡하고 냉소적인 시도였을 뿐이다.

이 일련의 사건을 통해 블레어 정치의 단순한 짜임새가 드러났다. 범죄 전반에, 특히 미성년 범죄에 초점을 맞추어 공감대를 형성하는 것은 공공 서비스를 사기업으로 이양하는 것만큼 신노동당 프로젝트에서 핵심적인 부분이었다. 따라서 노동당이 집권한 후 새로운 사영 미성년자 감옥에 대한 모든 비판이 사라졌다. 이 감옥들이 수감자들을 제외한 모두를 완벽하게 만족시켰기 때문이다. 블레어는 이후 대테러전쟁에서 본격적으로 전개될 정책을 개발하는 중이었다. 첫째로 그는 공포스러운 적에 맞서 정치적 공감대를 형성했다. 그럼으로써 강력한 정치적 지위를 확보했지만 동시에 새로운 압박들도 출현했다. 정치를 적들에 맞선 전투로 정의하는 것은 노동당 정권을 향한 우파의 공격을 일시적으로 중화시킬 수는 있었다. 하지만 새로 발생하는 문제에 대한 실제적인 해결책을 제시할 필요도 동시에 생겨났는데 해결책을 제시하지 못할 때는 내실 없이 공허하다거나 정치적 "술책"이라거나 가식적인 태도에 불과하다는 비난을 받게 될 위험이 있었다. 야당은 자기들보다 오른쪽으로 나아가 버린 노동당의 정책으로 허를 찔렸지만, 빠르게 회복하여 미성년자와 비행청소년, 난민, 또 나중에는 테러리스트처럼 새로 출현한 적에 대처하는 자기들만의 전략을 제출할 수 있었다. 신속한 정책적 대안이 필요했던 블레어는 민간 부문에 의지했다. 이 기업들은 새롭게 부상하는 공공 부문 시장으로의 진입을 간절히 원했기 때문에 새로운 권위주의적 정책에 대한 공무원들의 문제 제기에 개의치 않고, 또 새로 제기된 요구들의 효과에 대해 왈가왈부하지 않고 그저 맡은 일을 할 것이었다. 이들에게는 권위주의적인 이 신^新경향 속에서 "예스맨"yes-men이 될 강력한 금전적 동기가 있었다. 접근방식을 의문시해서는 돈을 벌 수 없었다. 심지어 기업들은 신상품 형벌 기술과 새로 시설을 짓겠다는 제안을 함으로써 각료들을 부추길 수 있었고 정부가 주도권을 보여줄 기회들을 제공했다. 이 상호관계는 9·11 테러 이전에 안보 국가의 성장을 추동했고 그 비극적인 사건들 이후에 폭주를 시작했다.

이렇게 노동당은 반사회적 청소년을 둘러싼 문제에 대한 정치적 주도권을 보수당에서 가져왔다. 그리고 〈와켄허트〉는 해석필드 안전훈련센터 운영을 맡게 되었다. 2001년에 사회복지감사원이 이 새로운 소년원에 부적격 판정을 내렸다. 저임금에 의욕이 없는 직원들이 다른 곳으로 대거 이직하는 일이 있었다. 개소한 지 20개월 만에 교도소장과 두 명의 비서, 그리고 47명의 다른 직원들이 사표를 냈다. 검사관들에 의하면 "각기 정도가 다르긴 하지만, 직원들은 잦은 운영진 교체에 당황하고 동요하고 있었다." 수업은 무질서하고 무익했으며 "욕설이 용인되었고, 강의실에서는 물건들이 날아다녔다. 전체적으로 불안하고 어지러운" 환경이었다고 한다. 사기가 꺾인 직원들은 이런 어려운 과제들에 대처할 수 없었고, 그래서 "수업은 만족스럽지 못했고 그 직접적인 결과로 학생들에게서 불량한 태도가 나타났다. 어른과 동료를 향한 불쾌한 언행에 대해서는 더 확고하고 일관된 대응이 필요해 보인다. 욕설의 사용이 두드러졌으며 심각해 보였다." 검사관들은 동료 간 괴롭힘을 예방하는 정책과 자살 예방 정책이 (불길하게도) 빈약하다는 점도 지적했다. 자해 경험이 있는 한 14세 소년이 2004년에 스스로 목숨을 끊은 일로 해석필드 안전훈련센터는 영국에서 발생한 수감자 자살 사건 중에서 가장 나이가 어린 수감자가 자살한 곳이라는 끔찍한 불명예를 얻게 된다.[29]

〈와켄허트〉는 애쉬필드 소년교도소도 운영했다. 이 미성년자 감옥은 너무 심각해서 2002년에 교도소 관리청장이 직접 교도소장을 해고하고 후임을 앉혔을 정도였다. 교도소 관리청장 마틴 내이리는 "이 교도소는 직원과 미성년 수감자 모두에게 안전하지 않기 때문에 긴급한 조치가 필요하다고 생각했다"[30]고 말했다. 직원들이 "아이들에게 안전하고 적절한 환경을 제공하는 것에 완전히 실패했다"[31]는 교도소 감사원장의 지적 이후 애쉬필드에 있었던 수감자들은 이감되었다. 검사관들은 이 민간기업이 지나치게 많은 수의 경력직원을 해고한 탓에 "직원들의 권한이 걱정스러운 수준으로 수감자들에게 위임되면서 역할이 전도되는 상황까지 목격"했다. 교도관들은 "접견 절차 업무를" 수감자 두 명에게 "맡기기 시작했다." 이 젊은 수감자들은 자신들의 역할을 "새끼-관리인"에 비유했다.

애쉬필드와 해석필드 모두 비참한 시설들이었지만 〈와켄허트〉가 미국에서 운영한 소년원에서의 폭력과 학대는 더 심각했다. 1997년에 이 회사는 미국 루이지애나 주 지나Jena에 청소년 감옥을 설립하고 운영하는 계약을 체결했다. 그로부터 3년 뒤 루이지애나 주는 〈청소년 정의 프로젝트〉라는 비영리 로펌이 제기한 소송을 합의로 종결했다. 이 소송으로 〈와켄허트〉는 지나에서 축출되었을 뿐만 아니라 루이지애나 주에서 어떠한 종류의 영리 청소년 감옥도 운영할 수 없게 되었다. 사회활동가들이 폭로한 〈와켄허트〉 시설의 야만적 실태는 루이지애나 주가 사영화 사업 전체를 포기하게 할 정도로 형편이 없었다. 미국 법무부의 한 보고서에 의하면 "지나 감옥은 안전관리 수준이 미비하며, 약물 억제제를 남용하고 있다. 그곳에 갇힌 276명가량의 소년에 대한 정신과, 내과, 치과 진료 지원이 부족하다." 조사관들은 교도관의 과도한 폭력 사용이 일상적이며 수감자 학대·혹사·모욕도 빈번함을 밝혀냈다. 교도관들이 수감자를 괴롭히고 구타했으며 편애하는 수감자에게 담배나 다른 향응을 주면서 동료 수감자를 학대하라고 권했다고 수감자들은 진술했다. "청소년들을 넘어뜨리고, 팔·다리·발목을 비틀거나, 수감자를 감방 벽이나 문으로 거칠게 밀어붙이거나 바닥으로 세차게 내동댕이치는 교도관들의 행태는 보안요원들이 상대를 제압할 때 취하는 방식과 놀랄 만큼 유사했다"고 조사관들은 말했다. 또 〈와켄허트〉의 수감자들은 적절한 음식과 의류를 받지 못하는 악몽 같은 디킨스적Dickensian 환경32 속에 있었다. 법무부가 지나 수용소에 파견한 전문가 중 한 명은 깨끗한 옷이 단 한 벌도 없는 수용실 안에서 "홑이불이나 담요 밑에 웅크리고 앉아 있는" 수감자들을 발견했다. "그들이 학교에 가지 않은 이유가 깨끗한 옷이 없기 때문이라고 말하는 사람들도 있었다." 조사관은 신발 부족도 "만연한 문제였다. 모든 방에 있는 많은 청소년이 신발을 신고 있지 않았다"고 말했다. 법무부에 따르면, 옷과 적절한 음식물이 제공되지 않은 것은 순전히 업체 측의 인색함 때문이었다. "적어도 몇 개 부문의 문제들은 〈와켄허트 교정회사〉가 청소년들의 보호를 위해서 충분한 재정을 지출하기를 꺼린다는 사실과 관련이 있는 것으로 보였기" 때문이다.[33] 직원 이직률은 높았다. 지나 소년교도소의 짧은 운영 기간을 다섯 명의 소장이 거쳐 갔고, 다른 한편 수감자와의 성행위, 수감자에게서 돈이나 향응을 받거나 그 밖의 특별 취급 요구를 들어준 것, 과도한 무력 사용, 술과 마약 반입 등의 이유로 125명의 교도관과 직원이 해고되었다. 교도관들이 수감자들에게 최루가스를 뿌리기도 했고 어느 추수감사절에는 수감자로 가득 찬 숙소 건물에 교도관들이 최루가스 수류탄을 던져 교도소 내부에 갇힌 수감자들의 생명을 위험에 빠트리는 일도 있었다. 야외용 수류탄이었고 수류탄 투하 전에 숙소 안에서는 어떠한 소동도 없었다.

이 기업이 운영하는 시설들에서 가장 큰 문제는 폭력과 섹스의 난무였다. 〈와켄허트〉가 운영하는 뉴멕시코 주 구아다루페 교도소에서 1999년에 일어난 봉기로 교도관 한 명이 사망했고 뉴멕시코에 있는 리 카운티 구치소에서는 같은 해에 세 명의 수감자가 칼에 찔려 살해당했다. 조사관들은 이 업체가 적절한 훈련을 받지 않은 직원들에게 중책을 맡겼고 소요 사태를 진압하기 위한 경찰 신고를 지체했다고 보고했다. 〈와켄허트〉는 트래비스 카운티 구치소에 법정 최소인원보다 부족하게 인원을 채용했다는 이유로 텍사스 주에서 50만 파운드의 벌금을 물기도 했다. 이 업체는 개선 방안을 마련하려고 노력했지만 결국 계약을 파기 당했다. 이 회사가 지역을 떠나기 전에 구치소 성 추문 사건도 불거졌었다. 수감자들의 진술에 따르면, 1천 명의 수감자가 있는 한 구치소에서 교도관들이 샴푸와 속옷을 주는 대가로 수감자에게 성행위를 요구하거나 이유 없이 수감자를 강간했다고 한다.[34] 교도관 여러 명이 수감자 성폭력으로 기소되어 유죄판결을 받았다. 소녀범 2백여 명을 수용하는 코크 카운티 교도소에서는 〈와켄허트〉 직원들이 수감자들을 다음과 같은 환경에서 지내게 한 혐의로 고발당했다.

치욕적인 성적 접촉, 일탈적인 성행위, 법정 강간이 빈번한 환경이었다. 이는 성폭력이 묵인되는 해로운 분위기를 조성했고 수감자들은 골절로 입원 치료를 받을 정도의 상해를 입기도 했다.

〈와켄허트〉는 혐의를 부인했으나 책임 인정 없이 150만 달러의 법정 외 합의로 사건을 해결했다.[35] 〈와켄허트〉가 운영하는 텍사스 주 컬드웰 카운티 구치소에서는 두 명의 남자 교도관이 수감자와의 성행위를 이유로 면직되었다. 플로리다 주 포트 로더데일의 〈와켄허트〉 운영 시설에서는 다섯 명의 교도관이 수감자 성폭행으로 징계받거나 해고당했다.[36]

미국의 연방 제도 덕분에 〈와켄허트〉는 이 추문들을 지역별로 처리할 수 있었다. 이 업체는 개선하겠다고 약속하고 시정 안을 제출하거나 혐의를 축소하면서 각 지역의 교정국에서 초창기 운영에 따르는 어려움을 겪고 있을 뿐이라고 주장하기도 했다. 여러 지역에서 계약 파기가 이어지는 동안 또 다른 지역에서는 사업이 번창하는 게 가능했다. 영국에서는 중앙정부가 수용시설 계약을 전담했기 때문에 정치인들이 업체의 실패에 따르는 책임을 한꺼번에 져야 했다. 이런 점이 영국에서 수용시설 사영화를 늦췄을 것이다. 그러나 신노동당 정권이 이 계획에 전념하기 시작한 이상 감옥 내에서 발생하는 문제들은 정권을 단념시키지 못했다.

신노동당 정권이 사영 수용시설들을 열정적으로 추진한 이유 중 하나는 〈교도관 노조〉의 독점을 저지하고 싶었기 때문이다. 고위 관료와 그들의 지지자들은 노조를 와해시키는 일이 자유민주적liberal인 대의명분을 가진다고 생각했다. 당시 국영 교도소들에서 (예컨대 웜우드 스크럽스와 브릭스턴 교도소에서 지속된 인종차별적인 학대 행위를 비롯하여) 여러 건의 심각한 수감자 학대 추문들이 발생했다. 관료들은 교도관들의 업무방해와 그 지역 〈교도관 노조〉 집행부의 업무방해가, 예를 들자면 교도소 과밀화나 재정 부족과 마찬가지로 수감자 학대의 한 원인임을 시사했다. 확실히 사영 수용시설에 대한 대부분의 불만은 공격적인 폭행보다 업무 태만과 관리·감독 부족에 집중되어 있었다. 그러나 알튼 매닝 사건은 사영 수용시설이 전통적인 방법으로도 수감자를 해칠 수 있다는 것을 보여 주었다. 1995년에 매닝은 〈영국 디텐션 서비스스〉가 운영하는 미드랜스 지방의 블레이큰허스트 감옥에 수감돼 있었다. 매닝은 민간인 교도관들과 다툰 후 멱살을 잡혀 질식사했다. 교도소 관리청 규정은 목조르기를 금지한다 — 그러나 민간 업체 측이 규정을 무시했다. 1998년 검시 배심[37]이 불법 살인이라고 판결하기 전까지 매닝의 죽음에 관해서는 어떠한 수사도 진행되지 않았다.

매닝이 불법적으로 살해당한 사실이 검시 배심의 판결로 뒤늦게 규명된 이후에도 검찰은 담당 업체를 기소하기 위한 "증거가 불충분"하다고 판단했다. 일부 수용시설 운영을 정부가 직접 하지 않고 계약자에게 맡기는 상황에서 정부가 매닝 살인사건에 최소한으로 대처할 수 있는 방법은 시장 원칙을 따르는 것이었다. 즉 〈영국 디텐션 서비스스〉와 더는 계약을 체결하지 않는 방법이 있었다. 하지만 그조차도 제대로 되지 않았다. 매닝과 그의 가족은 [기업과 국가] 양쪽 모두에게서 최악의 고통을 받았다. 국가는 사건의 초기 대처를 민간 계약자의 손에 일임함으로써 매닝의 죽음에 대한 책임을 회피하려 했고 사영화 계획 전반을 계속해서 추진하려고 〈영국 디텐션 서비스스〉의 입장을 두둔하려는 듯했다. 어처구니없게도 교도소 관리청장 리처드 틸트는 매닝 같은 흑인들이 신체 특성상 목 졸려 질식사하기가 더 쉽다는 주장을 펼치면서 검시 배심의 평결에 맞섰다. 틸트는 교정국의 보고서를 근거로 들면서 "아프리카-카리브인[38]들이 자세성질식姿勢性窒息, positional asphyxia으로 사망할 위험이 백인에 비해 높다"고 주장했다.[39] 버니 그랜트와 우나 킹 등의 주도로 하원의원 몇 명이 틸트의 사임을 요구했으나 잭 스트로와 토니 블레어는 틸트의 사과문을 받아들이면서 기꺼이 틸트와 〈영국 디텐션 서비스스〉의 자리를 보전해 주었다.

사영 교정시설들의 확산이 보여 준 것은 사정이 허락한다면 노동당 정부든 보수당 정부든 새로운 안보사업체들에게 새로운 권한들을 넘겨줄 것이라는 사실이었다. 정권은 국민을 통제할 수 있는 절대적인 권한을 영리 조직들에 이양할 작정이었다. 새로운 안보 산업의 첫 번째 성장 조건은 대중의 공포와 불안을 이용하는 정치인들을 토대로 몸집을 키우는 안보 시장이었다. 두 번째 조건은 국가가 단독으로 수행해 온 가장 민감한 사업들조차 영리업체가 더 잘할 수 있다고 진심으로 믿는 기업친화적인 정권들의 존재였다. 이 업체들이 수감자의 목숨을 위험에 빠뜨릴 수도 있는 끔찍한 실수들을 저질렀을 때, 정부는 무언가가 잘못되었다고 시인하면 사영화 계획 자체가 실수였음을 인정하는 것과 다름없게 될까 봐 두려워하면서 외주업체들을 위한 변명을 만들어 내기에 급급했다. [안보] 시장의 법칙은 역방향으로 작동하는 듯했고, 이 시장에서 정치인들은 실패한 기업을 쫓아내기보다 지지해야 했다.

새로운 기업들이 새로운 공포에 기초한 사업에 입찰하는 이 패턴은 "대범죄전쟁"에서와 마찬가지로 "대테러전쟁"에서 반복된다. 사법체계의 사영화에 관여했던 정치인과 기업 들은 그 경험에서 얻은 수완을 군사軍事의 사영화에 활용하였는데 시장 실패의 결과는 후자에서 더 처참했다. 영리를 추구하는 수용시설 기업들을 감당하며 수감자 학대에 단련된 영미 정부는 영리를 추구하는 안보 회사들이 저지르는 "테러리스트 용의자" 학대에 개의치 않았다.

사영 수용시설 산업의 번성은 대테러전쟁 사상 최악의 스캔들의 직접적인 원인이 되기도 했다. 2003년에 이라크 임시연합당국에 고용되어 이라크 교정체계를 재건한다는 명분으로 미국 "교정"correctional 산업의 경영진 일당이 이라크로 파견되었다. 이들을 이라크로 보낸 것은 대테러전쟁을 민간 부문으로 외주화하고자 하는 부시 정권의 의지를 분명하게 보여 주는 사례 중 하나였다. 미국은 수용시설 운영의 책임을 미국 관료들에게 맡길 것인가 이라크 관료들에게 맡길 것인가를 결정할 때 발생하는 난감한 정치적 문제들을 회피하였다. 어느 쪽이든 이 결정에는 적법한 지휘권이 누구에게 있는가에 관한 판단, 국가적 책임에 대한 고려, 양국의 정치적 전통과 어우러지는 과정이 있어야 했다. 그 대신 미국 정부는 민간 부문이 이 복잡한 문제들의 해법을 규격품으로 공급한다고 믿는 쪽을 택했다.

테리 스튜어트는 민간 감옥업체 〈어드밴스드 코렉셔널 매니지먼트〉의 사장이었다. 이 업체는 스튜어트가 이라크에 도착하기 직전에 텍사스 주에서 여성교도소 운영 입찰에 지원했다가 떨어졌다. 민간 부문으로 자리를 옮기기 전에 스튜어트는 애리조나 주의 교정국장이었다. 1997년, 연방수사관들은 스튜어트가 애리조나 주 감옥에서 발생한 학대사건 수사를 방해하고 있다는 혐의로 그를 고발했다. 수사관들은 감옥에 직접 접근할 수 없었음에도 여성 수감자들이 "성적 불법행위의 반헌법적인 패턴 및 관행"에 노출되어 있었고, 적어도 14명의 여성수감자가 강간과 성폭행을 반복해서 당했으며 교정 직원이 지켜보는 상황에서 옷을 입고 목욕을 하고 화장실을 사용하는 상황이 지속된 증거를 확보했다고 발표했다.

수용시설 기업 〈매니지먼트 앤 트레이닝 코퍼레이션〉(이하 〈엠티씨〉MTC)의 중역 레인 맥커터도 스튜어트와 함께 일하기 위해 이라크로 왔다. 유타 주에 근거지를 둔 민간 감옥 회사 〈엠티씨〉는 교도관의 마약반입과 수감자 탈옥, 수감자 건강관리 미비를 둘러싼 여러 의혹을 받고 있었다. 맥커터의 이력은 그의 새 고용주인 스튜어트의 과거보다 더 충격적이었는데 그는 정신분열증 환자였던 한 수감자가 16시간 동안 의자에 묶여 있다가 사망한 사건으로 유타 주 교정국장 직에서 쫓겨났다. 컨설턴트 업체를 차리기 위해 민간 부문으로 이직한 또 다른 전직 유타 주 교정국장 게리 디랜드도 맥커터, 스튜어트와 일하게 되었다. 디랜드는 감옥 내 학대 의혹을 반박하는 증거를 법정에 제출하는 일을 전문으로 했다. 예를 들어서 그는 텍사스 주에서 "농장 작업" 출역 중인 수감자들을 벌주기 위해 가축우리 같은 이동식 "구금 트레일러"를 사용한 사례를 옹호했다.[40] 그는 이 바퀴 달린 감방이 "사슬에 묶인 죄수들"의 작업에 완벽하게 어울리는 장신구라면서 법정에서 자신을 변호했다. 아부 그라이브 형무소 수감자 학대 사건들과 이 삼인조가 직접적인 관련이 있지는 않다. — 미군이 고문을 시작하게 되는 것은 또 다른 민간 부문 "컨설턴트" 집단의 도움을 통해서였다(이 책 8장 참조). 그러나 이들은 아부 그라이브 형무소를 포함하여 이라크 수용시설의 처참함에 분명히 일조한 인물들이다. 이라크 감옥의 물질적인 환경이 극히 비참했다는 점과 사담의 바스티유를 대체할 새롭고 효과적인 수용소 기반시설이 구축되지 못했다는 사실이 전후에 이라크의 감옥들에서 벌어진 끔찍한 야만성의 배경이었다. 수용소의 열악한 시설 상태가 감옥의 비인간성을 가중했기 때문이다.

재니스 카핀스키 장군은 이라크인 포로 감시를 책임지던 헌병여단의 준장으로 아부 그라이브 수용소에서의 고문 파문[41]으로 문책당한 몇 안 되는 고위 장교 중 한 명이다. 그러나 그녀는 자신이 희생양일 뿐이었다고 주장한다. 그녀의 주장에 특별변론의 여지가 전혀 없는 것은 아니다. 카핀스키는 옷이 전부 벗겨진 채 여성용 속옷만 입고 갇히는 치욕을 당한 수감자들을 보았다는 적십자사의 이야기를 들었던 그때 자신이 관리하는 수용소 내에서 무언가 고약한 사건들이 있다는 사실을 알아챘어야 한다. 그러나 그녀는 이 모든 것이 용인되는 절차라고 말하는 정보기관 관료들의 말을 믿고 아무런 조처를 하지 않았다고 한다. 카핀스키는 학대 상황을 인지하지도 저지하지도 못했지만, 학대를 배후에서 주도한 인물은 아니었다. 이라크전쟁 회고록[42]에서 그녀는 미국의 민간 수용시설 산업에서 온 삼인조 등 이라크에서 활동한 선수들이 누군지 일부 밝히고 있다. 책임을 전가하고 싶어 기록이 과장되었을 가능성이 있음에도 그녀의 글은 충격적이다. 카핀스키는 그들을 "감금산업 무법자들"이라고 부르면서 그들이 "군사 원정 직전에 때때로 볼 수 있는 깡패 부류" 같았다고 설명한다. 한 이라크 장군이 수용시설들에서 일하는 자기 부하들의 임금 지급을 요청했을 때 스튜어트는 옆에 있던 사람들이 말릴 때까지 그 장군의 멱살을 잡고 고함을 쳤다는 이야기도 나온다. 카핀스키는 디랜드가 "다리엔 칼을 차고, 허리엔 총 벨트를 메고, 자동장총을 등에 메고 마치 무법자처럼 다녔다"고 말한다. 이 세 남자는 "바비큐 그릴 높이만큼" 쌓인 "현금 벽돌 더미" 위에 앉거나 "달러를 양 주먹에 가득 쥐고 호주머니에서 달러가 넘쳐 삐져나온 채로" 사진을 찍곤 했다. 적어도 이 돈의 일부는 이라크 석유를 팔아서 나온 것이었다. 수용시설 중역들의 "할 수 있다"can do 자세는 민간 부문이 이라크를 재건할 수 있다고 믿는 미국 관료들에게 감동을 주었다. 불행하게도 이 "할 수 있다" 태도는 "할 수 없는"can't do 현실을 은폐했다. 이들은 반복해서 절대로 완수되지 않을 일들의 대금을 지급하기 위해서 돈을 썼다. 그 돈으로 바닥 타일을 깔고, 도둑맞으면 다시 깔았다. 또 실제로는 단 한 차례도 집행되지 않은 내부개조 작업에 돈을 썼다. 다시 말해서 수용소들이 더럽고 지저분한 상태를 유지할 수 있도록 돈을 썼다.

사영 수용시설 시스템이 이라크에 수출되어 사상 최악으로 실패한 모습을 지켜보았음에도 불구하고 영국 정부는 이 경험을 재활용하기로 했고 아부 그라이브 설립을 도왔던 자들에게 대테러전쟁의 선봉에서 영국 수용시설을 맡아달라고 요청하기로 했다. 2004년에 내무부는 레인 맥커터의 〈매니지먼트 앤 트레이닝 코퍼레이션〉 직원들을 초청해 영국 수용시설 운영 입찰에 지원하게 했다. 내무부는 영국인 테러 용의자들이 갇힌 엄중 경비high-security 벨마쉬 교도소 증축 건물 등을 비롯하여 감옥 여러 동을 입찰에 부칠 계획이었다.

〈그룹 4〉는 대테러전쟁에서 수익을 낸 핵심 안보 기업 중 하나였다. 이 업체도 수형자와 난민 분야에서 정부의 환심을 샀다. 〈그룹 4 시큐리코〉의 사내 잡지 2004년 10월 호를 펼치면[43] 이 현대적인 안보 회사가 제공하는 모든 서비스 종류를 관람할 수 있다. 표지에는 군대 약모略帽를 쓰고 군 작업복을 입은 결의에 찬 표정의 젊은 남자가 서 있다. 그의 임무는 "코소보에서 미군을 보호하는 것"이다. 세계에서 가장 힘이 센 군대가 〈그룹 4〉의 든든한 보호를 필요로 하는 것이다. 미군은 세르비아와의 나토 전쟁 이후 코소보에 설립된 대규모 미군기지 캠프 본드스틸의 방호에 〈그룹 4〉의 사설 경비원들을 쓰려고 이 업체를 고용했다. 전투복과 M16 장총으로 무장한 〈그룹 4〉 직원들은 기지 방어선을 순찰한다. 〈그룹 4〉의 사보에 실린 미국 연방수사국 특수 공격대 출신 "부대보호감독관"이나 "군사 환경으로 복귀"하기를 바라는 군인 출신 전문가 여러 명의 펜화 초상화가 이 직종의 준군사적 성격을 발랄하게 강조하고 있다. "처음에는 민간인이 군대를 보호한다는 게 말이 안 된다고 생각했"지만 "지금은 완전히 말이 된다는 것을" 깨달은 한 경비원의 증언도 실려 있다.

그러나 오늘날의 모든 기업과 마찬가지로 〈그룹 4〉는 한 분야의 시장에 갇히면 위험하다는 것을 알고 있으므로 가능한 모든 안보 관련 사업 기회를 추구하고자 했다. 이 업체의 코소보 요원 중 한 명인 수잔 브로피는 "구류자 감독관"으로 처음 영국에서 〈그룹 4〉 일을 시작했고 "이 기업이 프랑스에 이민자 구금 시설을 개소하면서" 프랑스로 가서 일을 했다. 〈그룹 4〉는 일거리를 찾아 국경을 넘나들고 관계 부처를 옮겨 다닌다. 사보에는 〈그룹 4〉가 맨체스터 시의회에 파견한 "사고 대응관"의 하루에 관한 기사가 있는데 이들의 복장은 경찰봉만 없을 뿐 경찰제복과 거의 동일하다. 맨체스터 시의회가, 조롱을 섞어 "플라스틱 경찰"이라 불리는 이들을 사용해야 했던 이유는 경찰 최고 간부 회의가 도난 신고에 대한 경찰 대응 횟수를 제한하는 정책을 도입했기 때문이다. 새 규정에 따르면 10개월간 다섯 번의 허위 신고가 들어온 지역의 신고에는 경찰이 직접 대응하지 않는다. 〈그룹 4〉의 경찰 닮은꼴들은 빈번한 허위 신고로 경찰을 성가시게 하는 사업장을 순찰하는 데 고용되었다. 이 "플라스틱 경찰"들이 침입이나 여타 범죄행위를 실제로 목격하면 이들은 진짜 경찰이 도착할 때까지 "상황을 억제"하기 위해 노력해야 한다.

　　〈그룹 4〉의 사보에는 내무장관 데이비드 블런켓이 내무부 각료 한 명 그리고 보호관찰청 청장과 함께 맨체스터 통제 센터에서 개최된 〈그룹 4〉의 "하늘의 눈"eyes in the sky 출시 행사에 동행했다는 기사가 있었다. 이 획기적인 기술은 전자태그를 GPS 위성체계와 접목하는 것이었다. 〈그룹 4〉는 전자 추적 장치의 도입이 고무적인 일이라면서 "이 신기술은 범죄자의 활동 범위에 관한 추가 정보를 제공하여 …… 치안을 한층 더 강화할 것"이라고 했다. 이 업체는 이번 대^對언론 출시 행사가 "굉장히 성공적이었고 신기술과 〈시큐리코〉에 대한 긍정적인 홍보 효과가 상당했다"고 평했다. 회사의 "최고법무책임자" 데이비드 테일러 스미스는 다음과 같이 말했다.

　　우리가 이 신기술의 개발업체로 선정된 것을 매우 기쁘게 생각하며, 몇 년의 〔원문대로〕 시간이 흐르면 우리는 오늘을 중요한 최신 서비스가 시작된 날로 기억할 것입니다. 위성 추적은 차세대 전자 감시 기술이며 범죄자 통제 강화에 또 하나의 요소를 더하는 것입니다.

군대에 무장 요원을 공급하는 것에서부터 수형자와 이민자 구금, 거리 범죄 대처와 전과자 전자감시에 이르기까지 〈그룹 4〉는 다채로운 안보 해법들을 제시했다. 이 과정에서 〈그룹 4〉의 직원들은 부시 미국 대통령 그리고 데이비드 블런켓 영국 내무장관과 어울렸다. 이들의 번지르르한 사내 잡지는 1960년대에 매장 경비원을 공급하면서 처음으로 영국에 진출했던 덴마크의 안보업체 〈그룹 4〉가 크게 출세했음을 보여 주었다.

〈그룹 4〉의 홍보 자료는 이 업체의 눈에 띄는 결점 중 하나를 뜻하지 않게 강조하고 있다. 위성추적 전자태그 장치 실연 행사에 블런켓을 초대한 바 있다고 자랑한 지 일 년 만에, 외부로 누출된 메모 한 장으로 "하늘의 눈" 기획의 무용성이 드러났다. 블런켓은 "우리 공동체를 더욱 안전하게 만들기 위한 과정에서 기술적으로 최첨단 선두주자가 되는 데" 도움을 받기 위해 〈그룹 4〉를 고용했다. 그러나 성폭력·가정폭력 전과로 보호관찰 대상자가 된 사람들을 감시하는 쥐피에스GPS 장비의 시용 결과가 기대에 못 미치는 수준이었다는 사실을 정부가 조용히 수습하려 했음이 정부 내부에서 유출된 메모로 폭로되었다. 안타깝게도 "하늘의 눈"은 시력이 매우 나빠서, 구름·나뭇잎이 무성한 나무·가까운 고층빌딩·기차를 뚫고 볼 수 없었다. 내무부에서 유출된 메모에 의하면

현재까지의 실망스러운 결과에 대해서 부정적인 언론 보도가 나올 우려가 있으므로 우리는 2004년 9월 출시 이래로 이 기획의 시용 계획pilot scheme에 관한 홍보를 진행하지 않았다……언론은 이 기술의 일부 난점에만 관심을 두고 일부 난점만을 부각할 수 있다. 또 비용 문제를 제기하거나 추적에 성공한 범죄자 수가 적다는 것을 문제 삼을 수도 있다.

공무원들은 현직 내무장관 찰스 클라크에게 "당신은 그 위험을 감수할 준비가 되어 있지 않았습니다"라고 충언했다. 그렇지만 내무부는 "현시점에서의 언론 공개"를 저지하면서[44] 이 부실한 장비의 사용기간을 2006년까지 연장하기로 했다. 이 사건은 〈그룹 4〉의 예상치 못했던 실패 중 하나이다. 이 업체는 1990년대 이후로 공공 부문 계약을 따내면서 숱한 언론 지면에서 웃음거리가 되었다. 그러나 조소하는 여론이 회사의 성장을 막지는 못했다.

〈그룹 4〉 직원들은 수감자 호송차를 타고 공공 부문 진출을 시작했다. 1990년대 초, 보수당 정부는 법원과 수감기관을 오가며 수감자를 호송하는 계약 몇 개를 〈그룹 4〉에 시험적으로 맡겼다. 이 일을 통해서 수감 산업에서 더 큰 기회를 잡을 수도 있었던 〈그룹 4〉는 수감자 한 명을 놓치고 말았다. 1993년 계약이 발효된 첫날에 〈그룹 4〉의 수감자 한 명이 헐Hull 치안판사[45] 법정의 피고인석에서 도망쳤다. 피고인 크리스토퍼 해치는 이틀 만에 체포되었지만 그와 유사한 방식으로 다른 수감자들이 이 회사의 감시망에서 탈출했다. 계약이 발효된 첫 2주 동안 일곱 명의 수감자가 〈그룹 4〉의 호송차량 비상문과 창문을 박차고 나가는 등 여러 다양한 방식들을 이용해 회사의 수중에서 달아났다.[46] 판사들도 피의자들을 데리고 올 〈그룹 4〉를 기다리느라 재판이 오래 지연된다고 불평했다. 재판에 제시간에 도착해 보려고 링컨 교도소 수감자들이 시 법원으로 가는 길을 〈그룹 4〉의 운전사에게 알려 준 사례도 있었다.[47] 〈그룹 4〉는 부활절 기간에 인력 부족을 해결하기 위해 일당 48파운드의 보너스 지급을 조건으로 비서와 사무직원이 호송차를 운전하게 했다. 이것은 훈련받은 내무부 공인 교도관만을 사용하도록 하는 사내 규정을 위반하는 조치였다.[48]

정권의 약점을 포착한 야당 내무 대변인 토니 블레어는 보수당 정부가 "일링 코미디[49] 한 편"을 연출하고 있다고 비난했다.[50] 그러나 〈그룹 4〉 봉고차 뒷좌석에서 어느스트 허그라는 죄수가 질식사한 사건으로 사태는 더는 코미디가 아니게 되었다. 허그는 이 업체가 운영하는 워스 교도소에 갇혀 있는 동안 보드카와 화이트럼 여러 병을 우편으로 공급받았다. 교도관들이 생수로 위장한 알코올 음료를 적발했고 음료들은 압수되었다. 그러나 허그를 법정으로 호송하던 봉고차에는 허그와 함께 술로 가득 찬 증거물 봉지가 실려 있었다. 증거물 봉지가 무엇인지 알지 못했던 것이 분명한 〈그룹 4〉의 호송직원이 차 안에서 허그에게 술을 돌려줬다. 술을 마신 허그는 자신의 토사물에 질식하여 사망했고 아무것도 모르는 〈그룹 4〉 직원은 허그가 죽어가는 동안 그를 내버려뒀다. 블레어는 〈그룹 4〉와 정부에 대한 공격을 재개했다. 이 장래의 총리에 의하면 "희극은 이제 비극이 되었다." 블레어는 또 "〈그룹 4〉와 현 정부가 체결한 계약들에 대한 긴급한 재검토"[51]를 요청했다. 그러나 4년 후 총리가 된 블레어는 〈그룹 4〉가 펼치는 희극이나 비극에 충분히 감명을 받지 못했는지 이들을 두둔하려고 할 뿐이었다. 이것은 부분적으로 〈그룹 4〉가 사회 내 가장 취약한 집단을 활용하여 공공부문 안으로 깊숙이 침투하는 데 성공했기 때문이었다. 이 기업은 난민 전문이었고 새 정권에는 매우 유용한 존재였다.

정부는 〈그룹 4〉의 수용시설 사업을 지원하려고 애를 썼지만, 이 기업의 수감자 통제권을 옹호하는 정치세력을 쉽게 확보하지 못했다. 각료들은 양 진영에서 동시에 공격을 받게 되었다. 진보적인 언론과 정치인은 영리를 좇는 기업의 수중에서 고통받는 범죄자의 관점에서 우려를 표했고 우파 언론은 이 회사가 범죄자를 잡아두는 솜씨가 변변치 않다는 점 때문에 불안해했다. 정부와 〈그룹 4〉는 대중이 보지 않는 곳에서 이 새로운 사영 안보 체제를 운영해야 했다. 대중의 동정과 관심 밖에 놓인 구류자 집단이 다행히 있었다. 1990년대부터 정부는 "가짜" 난민을 구류하는 권력 사용을 늘려 왔다. 야당인 노동당이 전례 없이 엄격해진 이민자 법률에 대해 불평을 하긴 했지만, 그 불만 소리는 크지 않았다. 노동당은 보수당이 난민 "사태"

를 활용해서 대중적인 외국인 혐오 정서를 동원하는 데 성공했다고 보았고 이 사안에 관한 언급을 피하려는 경향을 보였다. 동시에 우파 정치인과 논평가 들은 난민을 "사기꾼", "못 믿을 사람", "우리의 환대를 악용"하는 사람으로 묘사했다.[52] 요컨대 그들은 난민을 위험하다기보다는 탐욕스럽게 그렸다. 그 결과 정부가 이민자를 가두는 새로운 권위주의적 권한들을 사기업으로 이양하는 과정이 더 수월해졌고 기업이 때때로 실책을 범하더라도 큰 문제가 되지 않았다. 탈출한 난민은 탈옥범과 같은 종류의 공포를 유발하지 않았다. 그리하여 실질적으로는 자신들이 파렴치한 경제이민이었던 기업들이, "경제이민"이라고 비난받는 난민들의 구류를 맡게 된다. 전 세계를 무대로 자유롭게 장사를 하는 다국적 기업들은, 더 나은 삶을 찾아서 이동해서는 안 된다는 말을 들은 사람들을 가두어 돈벌이를 했다.

사기업들은 이 분야[난민 구류]에 미리 발판을 다져 두었다. 하먼스워스 이민자 구금센터는 1970년부터 〈시큐리코〉가 운영해온 사영 시설이었다. 이곳은 기본적으로 항공업계의 연장이었다. 항공사들이 이 시설을 지원한 것은 불법 난민을 영국으로 태우고 온 자신들의 책임을 상쇄하기 위해서였다. 60명가량의 수감자에게 항공사에서 제공하는 기내식이 항공기 내에서와 똑같은 용기(容器)에 제공될 정도였다. 망명 신청자의 증가로, 특히 종교적 박해를 피해 이주하는 타밀인의 증가로 민간 안보 기업의 일감이 늘어났다. 난민은 하위치 항에 정박한, 구류 시설로 개조된 〈씨 링크〉사의 카페리 〈얼 윌리엄 호〉에도 구류되었는데, 이들을 감시하는 사설 경비원들이 채용되었다. 1989년에는 터키의 쿠르드인이 타밀인을 대체했는데 쿠르드인 한 명이 분신자살을 하면서 이곳이 잠시 세간의 관심을 받기도 했다.[53] 그러나 하먼스워스 센터의 업무는 대체로 별다른 이목을 끌지 않고 계속되었다. 보수당 정부는 1993년과 1996년에 〈보호시설법〉을 통과시켜 단속 대상이 되는 난민의 수를 대폭 증대시켰고, 이 새로운 포로 시장을 〈그룹 4〉에 넘겨주었다. 〈그룹 4〉는 하먼스워스 센터에 이어서 1993년에는 그보다 훨씬 규모가 큰 캠스필드 구금센터를 운영하는 또 다른 계약을 수주했다. 그곳은 폐쇄된 수용시설 복합단지로 미성년 범법자를 대상으로 "짧고 매서운 충격" 실험을 했다가 실패한 곳이었다. 이민국은 이 시설이 개소한 지 한 달 만에 비행기 한 대의 절반을 채울 만한 숫자의 자메이카 승객을 잡아 가두면서 이 분야에 시장을 창출하겠다는 의지를 드러냈다. 친척들을 보러 온 게 아니라 불법체류를 목적으로 영국에 입국했다는 혐의를 받은 승객들이었다. 이민국은 이들을 〈그룹 4〉에 넘겨서 옥스퍼드샤이어 수용소에 일시 구류시켰다.

　얼마 안 가서 캠스필드의 수감자들은 사기업의 구금 방식에 무료해 하고 그 비참함에 반응하기 시작했다. 1994년 3월에는 1백여 명에 이르는 수감자가 단식농성에 돌입했다. 농성 지도부가 다른 교정시설들로 이감되면서 시위는 대부분 제압되었다. 그해 6월에는 수감자들이 캠스필드 센터 지붕을 점거하며 봉기를 일으켰고 봉기 진압용 장비로 무장한 전경이 소동을 진정시키기 전에 여섯 명의 수감자가 탈출했다. 난민을 둘러싼 정치와 수형자prisoner에 관한 정치 사이에는 몇 가지 중요한 차이가 있었다. 정부는 〈그룹 4〉의 호송차 실책에 당황스러워했고 그로 인해 야당(노동당) 간부들로부터 압박을 받았었는데 캠스필드 사태는 달랐다. 노동당의 좌익 소수파만이 불만을 제기했고 보수당 각료들은 거기에 공격적인 태세로 대응했다. 베테랑 좌파 하원의원 제레미 콜빈이 단식농성 사건을 의회에서 제기했을 때 내무부 각료 찰스 와들은 태연했다. 그는 단식 농성자들의 "공감·협박"에 굴복하거나 캠스필드 앞에 이따금 운집하는 "동원된 폭도들의 감정적이고 공격적인 행위"에는 신경 쓰고 싶지 않다고 말했다. "〈옥스퍼드 노조〉, 〈사회주의노동당〉, 〈혁명공산당〉과 그 동류의 잡다한 군중, 그리고 지난 토요일의 콜빈 씨"가 유일한 반대파라면서 와들은 마음껏 조

소했다.[54]

찰스 와들은 시위에 대해서 태연했던 것만큼이나 봉기를 일으키고 탈출하는 수감자에 대해서도 태연했다. 실제로 그는 수감자들의 탈출을 시위 탓으로 돌리려 했다. 와들은 시설 밖에서 시위하는 "잡다한 좌파 시위꾼 무리"에 봉기에 대한 부분적인 책임이 있다고 주장했다.[55] 1994년의 소동 직후 〈그룹 4〉는 반항적인 난민에 대처할 최초의 사영 폭동 진압대를 구성했다. 〈그룹 4〉의 직원들은 내무부와 협의를 거쳐 경찰봉, 방패, "물리적 제지" 기술을 사용하는 훈련을 받았다. "전술 단위" 훈련에 지원하는 사람에게는 시간당 50파운드의 "교대 수당"이 추가 지급되었다.[56] 경찰이 독점했던 권한들이 민간 부문으로 이양되는 중요한 순간이었다. 그러나 이민자 구금이라는 정치적 암흑세계에서 진행된 일이었기 때문에 기성 정당의 저항이나 반대는 적었다. 난민 체계는 민간 안보 산업에게 이상적인 훈련장이었다.

1997년 캠스필드에서 일어난 두 번째 봉기 직후에 〈그룹 4〉가 갖게 된 (난민 구류에 관한) 놀라운 권한들이 무엇을 의미하는지가 드러났다. 〈그룹 4〉의 교도관이 수감자 한 명의 목을 조르고 있다고 여긴 수감자들이 봉기를 일으켜 봉기가 12시간 동안 지속하였고 이를 진압하기 위해 경찰견과 1백 명이 넘는 무장경찰이 동원되었다. 새 노동당 정권은 보수당 정권과 마찬가지로 난민과 그들의 지원자들에게 즉각 비난을 퍼부었다. 내무부 각료 마이크 오브라이언은 구류자들이 "광기의 순간"에 휩싸여 봉기로 자신들이 갇힌 시설을 스스로 파괴했다고 말했다.[57] 정부는 봉기 참가 혐의로 수감자들을 기소하기 시작했다. 〈그룹 4〉 직원들의 반복적인 거짓 진술이 드러나면서 수감자 기소는 실패로 돌아갔다. 수감자들은 〈그룹 4〉가 불평이 너무 많은 수감자를 자주 엄중경비 교도소로 보내 "치워 버렸다"고 주장했다. 한 수감자가 목이 졸려 "치워지려는" 순간 봉기가 시작된 것이다. 〈그룹

4) 직원들은 봉기 참가자들에 대한 공판에서 "치워버린다"는 문구를 들어 본 적도 없거니와 목을 졸랐다는 사실 또한 금시초문이라고 진술했다. 그 러나 〈그룹 4〉로서는 애석하게도, 봉기 이후 수감자들의 경찰 진술과 사건 의 CCTV 영상은, 이 회사의 직원들이 그 표현을 자주 사용했고, 수감자를 목 졸라 끌고 나간 적이 있으며, 거짓말을 되풀이했다는 사실을 보여 주었 다. 〈그룹 4〉 직원들은 난민들이 자신들이 직접 사용하는 시설 내 전화기 를 파손함으로써 회사에서 가장 중요한 시설을 파괴하는 자기 파괴적 행 위를 한 것이라고 주장했다. 실제로는 두 명의 교도관이 소동의 와중에 경 찰봉으로 전화기를 부순 것이었다. 수감자들이 액상 화학물질을 끼얹고 폭행해 기절시켰다는 교도관들은 CCTV 상에서 어떠한 상해도 입지 않았 다.[58] 〈그룹 4〉 직원들의 거짓말이 입증되자 검찰은 기소를 철회했고 아홉 명의 난민은 처벌받지 않았다. 계약업체의 이 같은 심각한 실패에 대한 내 무부의 대응은 이 회사를 지켜주는 데 필요한 가능한 모든 지원을 하는 것이었다. 봉기가 있은 지 얼마 되지 않아서 [내무부 각료] 마이크 오브라이언 이 직접 행차하여 이 업체에 "인적 자원 개발"상을 수여했다. 〈그룹 4〉는 법 정에서는 졌지만, 정부 각료가 좋은 사업 실천을 했다고 상을 주면서 그들 을 위로해 주었다. 기소 시도 실패 후 내무장관 잭 스트로는 피고인이었던 한 사람을 추방하려고 했다. 정부는 〈그룹 4〉가 국가의 오른팔이라도 되는 양 이 사기업을 최대한 지원하려는 강력한 의지를 보였다.

정부의 신뢰에 대한 〈그룹 4〉의 보답은 더 심각한 사건에 연루되는 것 이었다. 2002년 1월, 각료들은 얄스 우드라는 9백 명 규모의 구류 센터를 베 드포드샤이어에 개소했고 그 운영권은 〈그룹 4〉의 것이었다. 몇몇 타블로 이드판 신문은 낡은 군사 기지에 세워진 새 건물이 "특급호텔"과 비등할 "호화 로운" 장소라며 즉각 비난했다.[59] 그러나 대다수 특급호텔과 달리 얄스 우 드에서는 봉기가 일어났고 그다음 달에는 소방차 15대로 출동한 소방관 80

명의 최선의 노력에도 불구하고 화재로 건물이 전소했다.[60] 한 여성 수감자가 기도 장소 문제로 교도관들과 다투던 중에 교도관들이 그녀를 바닥으로 쓰러트려 제압하면서 봉기가 시작됐다. 교도소 관리청 옴부즈맨[61]에 따르면, 대다수 특급호텔과 다르게 〈그룹 4〉와 그들의 제휴 건축회사 〈에이미〉가 건설한 얄스 우드 센터의 건물은 "믿을 수 없을 만큼 부실했다"고 한다.[62] 그는 이 건물이 "설계가 어설펐고 목적에도 부합하지 않았다"고 말했다. 특히, 민간 컨소시엄에 공사를 맡기려고 서두른 잭 스트로는 그 화재를 진압할 수도 있었던 살수 소화 장치가 설치되지 않은 상태에서 건물을 인가해 줬다. 소방대는 살수 소화 장치가 없는 얄스 우드는 "재앙 발생 예정지"라고 스트로에게 미리 경고한 바 있었다.[63] 시설을 실제로 건축하고 운영한 주체는 사기업이었음에도 얄스 우드에 대한 명목상의 책임은 정부에 있었기 때문에 이 건물에는 화재규칙 적용이 면제되었다.

〈그룹 4〉는 사업상 손실을 메꾸기 위해 경찰에 10억 파운드를 청구하는 소송을 걸어 정부에 감사 표시를 했다. 화재 당일 저녁 경찰은 〈그룹 4〉가 우왕좌왕하며 상황 통제를 못 하는 5시간 동안 가만히 대기해야 했다. 봉기 참가자 몇 명이 재판을 받는 과정에서 〈그룹 4〉는 창피를 당했다. 애초에는 〈그룹 4〉를 피고석에 앉힐 생각도 있었던 검찰은, 배심원단에게 이 회사가 사영 감호 시설 업계에 "어쩌다 굴러들어온" "국가적인 웃음거리"라고 말했다. 검사는 배심원단에게 말했다. "이들보다 더 큰 웃음거리가 될 수 있는 상업 조직이 있을까, 일부러 노력해도 이들을 능가하는 게 가능할까, 라는 생각이 드실 겁니다."[64] 〈그룹 4〉의 소송에 맞서 경찰도 〈그룹 4〉를 수사할 생각이었다. 거센 법정 공방과 경찰의 분노는 국가와 계약업체의 친밀한 관계에 금이 가고 있다는 인상을 줬다. 그러나 논란이 잦아들자 정부는 평상시로 돌아갔다. 정부는 이 감호 기업과 "열렬한 사랑에 빠진 고객"인 듯했다. 돌이킬 수 없을 만큼 많은 것들이 사기업들로 넘어간 상황에서, 정부는 난점들을 무시하기로 했다.

다른 곳과 마찬가지로 〈그룹 4〉의 얄스 우드 계약도 유지되었다. 시설 개선이 되어서 계약이 유지된 게 아니다. 재개장한 얄스 우드에 입사한 『데일리 미러』 지의 잠입취재 기자는 〈그룹 4〉 직원들 사이에 인종주의가 팽배해 있고 이에 대한 문제 제기가 전혀 이루어지지 않는다는 사실을 발견했다. 한 상급 직원이 잠입취재 기자에게 말했다. "자메이카인은 마약이나 파는 개○○들이지. 알제리인이 세상에서 제일 얍삽한 놈들이야…… 쟤들은 다 테러리스트야. 적어도 우리가 받는 애들은 그래. 그리고 중국인은 못돼 쳐 먹은 놈들이지."[65] 기자는 또 직원들이 수감자를 고의로 "괴롭혔고" 골치 아픈 수감자는 "손 봐 주기"도 했으며 CCTV 증거를 파괴한다는 이야기도 들었다. 시설에서 근무하는 임상 심리 의사는 난민을 "개자식"이라고 불렀다. 그러나 정부의 대응은 한 차례의 조사, 약속 몇 개, 민간 업체와의 계약 지속이었다. 경영학 용어로 말하자면 정부는 성과결정적performance critical인 업무들을 외주 줌으로써 [정부와 산업 간의] 세력균형을 무너뜨리는 결과를 초래했다. 난민 구금은 정부의 성과performance에 핵심적인 사안이었다. 정부는 난민에 대한 편견이라는 시류에 영합해서 손쉽게 지지도가 상승할 수 있기를 바랐다. 그래서 우파 『데일리 메일』 지의 편집진과 독자의 지지를 얻기 위해 노동당 정부는 난민 수감을 정권의 "주요 성과 지표" 중 하나로 내세웠다. 이 책임을 민간 업체에 떠넘기는 것이 일견 신속·간단한 해결책처럼 보였다. 수감되는 이민 신청자의 수가 증가하면서 제기되는 현실적이고 도덕적인 문제들은 걱정할 필요가 없었다. 계약서에 서명만 하면 끝이었다. 그러나 이제 공급자가 구매자를 주무르는 상황이었다. 난민 구금 사업의 난점과 실패를 전부 다 못 본 척 무시하지 않으면 시스템 전체가 위험에 빠질 가능성이 컸다. 〈그룹 4〉와 그 경쟁자들이 찾은 전속 시장 captive market이었다. 그리고 난민들뿐 아니라 정부도 업체들의 포로였다.

이즈음 유럽에서 사영 안보 국가의 부상에 대해 경고를 던지는 (그러나 그 경고의 심각성이 상당 부분 간과된) 스캔들이 일어났다. 1999년에 유럽의회와 유럽위원회의 교착상태는 심각한 대립으로 발전했다. (대개는 어떠한 반응도 없을 때가 많은) 유럽연합의 회랑에 약간의 민주주의 바람이 불어서, 유럽의회의 선출직 위원들이 보통은 그들보다 힘이 더 센 유럽위원회의 임명직 위원들과 정면으로 대립하고 있었다. 한 독립 보고서가 유럽위원회 위원들이 일련의 부패사건을 저지하기보다 조장했다고 폭로하면서 위원 전원이 사퇴할 수밖에 없었던 일이 있었다. 의회는 보기 드문 의외의 활기를 띠며 추궁을 이어갔고 유럽위원회 위원들이 사퇴하자 유럽연합에 행정 지도부가 사실상 부재하게 되었다. 유럽연합에 회의적인 한 영국 언론은 이 분쟁의 세부 내용을 신이 나서 보도했다. 한 유럽위원회 위원 — 전 프랑스 총리 에디뜨 크르쏭 — 이 치과의사에게 그와 전혀 관련이 없는 업무를 맡겼다(그리고 그가 그 업무를 거의 하지 않았다)는 사실이 보도에 포함되어 있었다.

그러나 이 추문에 한 영국계 기업이 일정 부분 연루돼 있다는 사실에 대해서 신문들은 크게 관심을 보이지 않았다. 그 독립 보고서는 유럽연합 위원 쟈크 산터가 안보국 내에 통제할 수 없는 "국가 안의 국가"를 형성했다며 강도 높게 그를 비판했다. 이 통제 불능 업무의 대부분은 5백만 파운드 상당의 5년짜리 계약으로 〈그룹 4 시큐리타스〉가 맡고 있었다. 1997년에 벨기에 신문『드 모르겐』은 〈그룹 4〉가 자신들의 계획안을 제출한 뒤, 벨기에의 한 카페에서 유럽연합 관료로부터 경쟁 입찰자들에 대한 정보를 받았다고 폭로했다. 이 정보로 〈그룹 4〉는 입찰 기간이 끝나고 나서 입찰 안을 수정 제출하여 계약을 따낼 수 있었다. 계약 수주에 성공하고 나서 이들은 계약 내용을 재수정하여 비용을 높였다. 유럽의원회의 보고서가 이 혐의를 뒷받침했는데 보고서는 "〈그룹 4〉에게 이익을 주는 효과적인 조작이 있었다는 증거"가 있다고 밝혔다. 『드 모르겐』은 또 〈그룹 4〉가 부정한 방법으로 계약을 체결했고 안보 계약에 따라 임금을 받지만 실제로는 위원회 주변에서 운전수·정원사·잡부 등으로 일하게 된 "유령 사원"을 사용했다고 주장했다. 또 이들은 위원회 간부의 측근과 가족을 고용하기도 했다. (신나치와 연계된 벨기에인) 안보국장은 위원회 고위직들에 아첨하면서 〈그룹 4〉와의 계약으로 "국가 안의 국가"를 구축한 것으로 보인다. 검사관들은 "유령 사원과 관련하여" 다소 억제된 표현을 쓰며 말했다. "…… 안보국 전반에서 안보 업무가 아닌 명목으로 직원이 채용되었"고 "길게는 일 년 동안 안보국이나 그 중간기관에 소속되어 〈그룹 4〉에서 임금을 받으면서도 안보 이외의 업무를 수행하는 인원이 31명에 달했다."[66] 유럽 검사관들의 보고서는 또 "직원 상당수가 고위 당국자의 추천으로 모집되었으며 일부 직원은 안보국 각료와 가까운 관계였다"고 지적했다.

유럽위원회 파문은 정부 기관의 안보 기능을 외주화하면 심각한 결과가 나타난다는 사실을 보여 주었다. 안보 업무를 담당하는 사람들은 이를테면 청소 업무 담당자와는 달리 거의 자동으로 권력 중심부에 접근하게 되고 권위와 자율성을 갖고 활동하게 되었다. 안보 사영화는 극우파 인맥이 있는 한 퇴역 경찰관이 일정 부분 주도한 부정행위의 수단으로 사용되었다. 그는 유럽의 심장부에 "국가 안의 국가"를 건설했다. 그의 안보 부대security force는 저격용 소총과 기관총으로 무장했다. 다행스럽게도 그의 "유령" 직원들이 친 사고라고는 위원회 관료들 밑에서 좀 이상한 일들을 하거나, 유럽 정치 지도자들 앞에서 천박하게 행동하거나 술에 취해 버리는 것 정도였다. 유럽위원회 사건에는 안보 사영화의 위험성에 대한 교훈이 담겨 있었으나 그 교훈은 이후 대부분 무시된다.

유럽 [대륙]에서 〈그룹 4〉에 유리하게 계약이 "조작"된 것과 거의 같은 시기에 영국에서 이 업체는 정치적인 연줄을 만들기 시작했다. 보수당 중진 정치인 노먼 파울러는 1990년부터 1993까지 〈그룹 4〉 주식회사의 이사로 재직했다. 보수당 하원의원들은 파울러의 이사직이 적절한지에 관해서 우려를 표했다. 1992년에 〈그룹 4〉는 험버사이드 소재 월즈 교도소 운영계약을 수주했고 계약 성사에 따르는 언론의 관심에 대응하기 위해 〈샨드윅 컨설턴트〉를 고용했다. 당시 〈샨드윅〉의 사장은 또 다른 보수당 각료 존 거머의 친동생 피터 거머였다. 〈샨드윅〉에 합류한 또 한 명의 영국 정치계 인물로는 1993년 6월에 입사한 M16 차장 출신 배리 게인이 있다. 〈그룹 4〉 대변인은 "국제 정세에 관한" 게인의 "지식이 우리 회사의 전략 개발과 국제적인 성장에 특히 유용하다"고 말했다. 우연이겠지만 〈그룹 4〉는 게인의 입사 즈음에 런던 복스헐에 위치한 M16의 새 본부를 경비하는 계약을 따냈다.

1997년에 집권한 신노동당 정권도 출범 얼마 후 새로운 안보 회사들과의 통합에 착수했다. 노동당의 2004년 전당대회에서 나는 이 기업들이 새 집권당의 행사에 자금을 대는 방식을 목격했다. 당시 내무장관 데이비드 블런켓은 반사회적 행위에 대한 치안조치에서부터 난민에 대한 보다 엄격한 통제에 이르기까지 당내 인사들에게 자신의 정책들을 설명하고 있었다. "형사 부문에서 광범위한 계약들을 따내 운영하는" 〈리라이언스 시큐어 태스크 매니지먼트〉가 그 날[67]의 후원사였다. 이 업체의 현수막과 소책자가 내무장관을 둘러싸고 있었다. 〈리라이언스〉는 경찰 유치장 운영, 범죄자 전자태그 감시, 수형자를 법정과 교도소로 호송하는 사업 등에 관여했다. 〈리라이언스〉는 정부가 경찰 업무와 수용시설 업무를 점점 더 사기업들에 이양하면서 사업이 번창하고 있던 영국 유력 안보 회사 중 하나였다. 이들의 소책자에는 내무부 정책의 여러 난점이 전혀 언급돼 있지 않았다. 대신 그 번지르르한 출판물들은 "비용 효율적인 대안", "안전하고 섬세한 환경에서 철저한 책임감을 동반한 헌신적인 업무 수행", "안전하고 실용적이며 비용 효율적인 서비스 제공을 위해 맞춤형으로 만들어 내는 부가가치 창출 대안" 등을 약속했다. 사실 〈리라이언스〉는 스코틀랜드에서, 석방해야 할 수감자들은 감옥에 가둬 두고, 형기가 차지 않은 수감자 몇 명은 실수로 석방시킨 일로 비난을 받고 있었다. 이 대회가 열리기 직전에 일간지 『썬』의 잠입 취재 기자가 〈리라이언스〉에 취직했는데, 기자는 〈리라이언스〉 직원들이 싫어하는 수감자를 다루는 "머리박기" 게임이 있다는 소리를 들었다. 이동식 감방을 전속력으로 운전하다가 급정차하여 수감자가 벽에 "머리를 세게 부딪치게" 하는 것이었다. 직원들은 〈리라이언스〉의 신입사원이 된 기자에게 "난방 온도를 엄청나게 올려서 감방 안에서 구워 버려. 겨울에는 온도를 낮춰서 얼리면 돼. 이렇게 하면 닥칠 거야"라거나, 간단하게 "패"라고 조언하였다.[68]

몇몇 전 노동당 각료는 안보 산업과 더욱 긴밀한 관계를 맺었다. 2004년에 영국의 주요 [안보 기업들의] 일련의 복잡한 사업적 움직임으로 영국 안보 산업이 재편되었다. 〈그룹 4〉는 〈와켄허트〉의 국제 사업부 일부를 매입했고 운영하던 교도소 몇 개를 〈쥐에스엘〉GSL이라는 신생 업체에 넘겼다. 그와 비슷한 시기에 〈프리미어 프리즌스〉라는 이름으로 영업하던 〈와켄허트〉의 영국 감호 사업부가 제휴사인 [공공 부문] 사영화 전문 회사 〈세르코〉에 매각되었다. 〈쥐에스엘〉은 〈엥글필드 캐피털〉이라는 벤처 금융사업체의 소유로 노동당 국무부 각료이자 나토 사무총장을 지낸 조지 로버트슨을 고문으로 두고 있었다. 〈세르코〉는 영국 정부를 위해 수용시설뿐 아니라 학교도 운영했고 전 노동당 교육부 각료 필킨 경을 이사로 영입하였다. 그리하여 2004년에 이르면 영국에서 으뜸가는 두 개의 안보 회사에서 노동당 유력 정치인들에게 월급을 주는 상황이 된다.

이 새로운 안보 회사들은 범죄와 난민에 대한 단속으로 사업 기반을 다졌다. 이들은 테러리즘에 맞선 전투에도 관여하게 된다. 민간 부문을 통해 각료들은 시민적 자유를 둘러싼 우려들을 우회할 수 있었다. 업체들이 신종 안보 계약 입찰에 적극적이라는 점은, 각료들이 행정부와 사법부 내에서 전통적인 법원리에 위배되는 방향으로 움직이려 할 때 일어나는 저항을 회피하는 데 도움이 되었다. (9·11 테러 직후 비상대책으로 통과된 법안인) 데이비드 블런켓의 〈반테러, 범죄 및 안보법〉을 근거로 아홉 명의 외국인이 재판 없이 벨마쉬 엄중경비 교도소에 갇혔다. 본국으로 돌아가면 고문을 받을 가능성이 큰 국가들에서 온 사람들이었기 때문에 이들은 추방될 수 없었다. 그러나 내무장관은 이들을 재판에 부칠 증거가 불충분하다는 것이 분명했음에도 이들이 테러리스트 위협이라고 하는 M15[69]의 자문을 받았다고 말했다. 새 법안에 의하면 이들은 행정 구류 대상자였다. 2004년에 상원 법관의원들이 이 법안을 무효로 만들면서 헌정憲政 위기를 일으키기 전까지, 재판 없는 투옥이라는 이 문제에 맞서는 여러 법적 도전들이 있었다. 호프만 경이 누구보다 강경한 어조로 이 구류조치를 비판했다.

> 전통적인 법률과 정치적 가치에 조응하며 살아가는 국민에게 있어서 국가의 안위에 대한 진정한 위협은 테러리스트가 아니라 바로 이 같은 법안이다. 테러리즘의 성공을 가늠하는 척도가 바로 이런 것이다. 테러리스트들이 승리하게 할 것인가 라는 결정이 의회에 달려 있다.

신임 내무장관 찰스 클라크는 최고 난도의 정치적 난제를 떠안게 되었다. 클라크가 대테러전쟁에서 필수적이라고 주장했던 구류조치가 테러리즘과의 대결에서 사실상 패배를 의미한다고 법관의원들은 주장하는 것이었다. 그는 법관의원들과 대립하며 영국 사법체계와 대립하는 권위주의자가 될 위험을 감수하거나, 알-카에다에 맞서 도입한 자신의 핵심 법안이 폐기돼야 마땅하다는 점을 인정하고 그들의 판정을 수용해야만 했다.

이 어려움을 모두 피할 수 있는 깔끔하게 포장된 제3의 길인 통제명령 control orders을 민간 안보 기업들이 제안했다. 노동당 정부는 민간 부문에 의지하여 새로 도입된 반테러 법률의 억압성에 이의를 제기하는 국가기관과의 충돌을 교묘하게 회피했다. 그러나 정부가 "통제명령"을 집행하려고 〈그룹 4〉와 〈세르코〉를 고용하자 이 업체들이 전문으로 하는 것처럼 보이는 학대와 무능이라는 특유의 조합이 도입되었다. 테러 용의자는 어떤 법정에서도 재판을 받지 못했고 안보 기관이 이들을 체포한 후에도 알-카에다나 그 관련자와의 연관 가능성에 관하여 어떠한 심문도 진행되지 않은 것이 분명했다. 대신 용의자들은 드러나지 않은 증거들을 근거로 가택연금을 선고받았다. 많은 용의자가 하루 24시간 내내 자택에만 머물러야 했고 배우자나 아이를 제외한 누구와도 만날 수 없었다. 민간 안보 업체들은 용의자들에게 전자태그를 부착하여 가택연금을 감시했다. 통제명령을 받은 사람은 반테러 콜센터에 정기적으로 전화해서 체제에 위협적이거나 폭력적이고 위험한 행위에 가담하고 있지 않다는 사실을 정부 계약자들에게 확신시켜야 했다. 이 통제명령은 이후 이해하기 힘든 방식으로 느슨해졌다. 한 용의자에게는 자유로운 대중교통 이동이 허락되었으나 그의 자택을 방문하려는 방문객은 내무부가 정한 까다로운 심사 절차를 거쳐야 했다. 기자들은 그 집 문을 열어놓은 채 문밖에 서서 그를 인터뷰할 수 있었다. 수개월이 지나면서 이 통제명령을 견뎌온 사람 여러 명이 깊은 우울증에 빠졌다. 어떤 사람들은 정신 건강 문제로 고통을 받았다. 그들과 잘 알고 지내던 한 작가에 따르면 그들은 "슬퍼하고 있는 낙심한 사람들"[70]이었다고 한다. 그러나 명령에 복종한 사람들이 고통을 겪은 반면 더욱 결연한 용의자들은 계약업체의 손아귀에서 쉽게 벗어날 수 있었다.

비비씨BBC 방송국의 다큐멘터리 프로그램 〈인사이드 아웃〉 취재진이 〈그룹 4〉의 전자태그 통제센터에 취직하여 잠입 취재를 했다. 취재진은 살인범과 성범죄자를 포함하는 감시 대상자 여러 명이 몇 주씩 때로는 몇 개월씩 감시되지 않는다는 사실을 알아냈다. 전자태그는 이동전화 통신망으로 작동하는데 이 통신망에 종종 오류가 발생했다. 일부 감시 대상자는 기록 시스템에서 사라져 업체가 "행방불명"으로 분류하기도 했다. 전자태그 착용자들은 〈그룹 4〉가 자택에 설치하는, 전자태그 작동을 위한 "기초 장치"가 견고하지 않고 장착하고 몇 주가 지나면 고장이 잦다는 사실을 곧 알게 되었다. 또 이 업체는 "행방불명" 대상자를 끈질기게 조사할 수 있는 인적 자원이나 의지가 없었다. 설상가상으로 몇몇 〈그룹 4〉 직원들이 회사 운영 정보 [기록]에 감시를 하지 않은 기간이 드러나지 않게 하려고 "요령을 피우거나" 기록을 허위로 작성했다는 사실이 드러났다. 24시간 동안 감시망에서 자취를 감췄던 한 명은 런던 지하철 폭탄 테러 사건과 관계있다고 추정되는 테러리스트 용의자였다고 〈그룹 4〉 직원은 잠입취재 기자들에게 말했다. 그로부터 몇 달 전에는 (알-카에다와 연계된 것으로 짐작되는 이라크인) 테러 용의자가 전자태그를 간단하게 제거하고 달아나서 행방이 묘연해졌다고 한다.[71]

이것이 바로 값싼 통제 장치의 실제 비용이었다. 가격이 저렴한 사영 가택연금은 복종하는 사람의 기세를 꺾고 심지 굳은 테러 용의자가 쉽게 탈출할 수 있게 했다. 무단이탈 테러 용의자들이 당시 내무장관 "터프가이" 존 레이드, 정부, 전자태그 회사를 좀 난처하게 만든 것은 사실이다. 그러나 2007년에 신종 형사 사법 체계 내에서 민간 안보 회사들은 이미 너무 큰 부분을 차지하고 있었기 때문에 추문은 이들의 사업에 어떠한 영향도 미치지 않았다.

2장
비열한 동기[1]

1980년대 〈칼링〉 라거 맥주의 텔레비전 광고는 제멋대로 자유롭게 행동하는 칼링 맥주 소비자만 도전할 용기를 낼 수 있다는 뉘앙스의 광고 문구와 함께, 대담하지만 촌스러운 묘기들을 줄줄이 선보였다. 광고 속 구경꾼들은 이런 과감하고 멋진, 재기 넘치는 행동을 보고 감탄하면서 저 멋쟁이는 〈칼링〉 맥주를 마시는 게 틀림없다고 대화를 나누었다. 1998년에 〈칼링〉은 보수당의 사영화 행보를 조롱했다. 광고는 한 병사와 군사기지, 그리고 "영국군 주식회사 : 20세기 사상 가장 흥분되는 주식 투자 기회"[2]라는 문구가 찍힌 탱크를 화면에 비췄다. 결정적인 광고 문구는 "저 사람은 칼링 흑맥주를 마시는 게 분명해"였다.

정부 각료들이 이후 15년간 칼링 맥주를 몇 파인트[3]나 마셨는지 기록은 없지만, 영국군의 조각들slice의 주식은 왕성하게 거래되고 있다. 민간 업체들이 핵기지를 운영하고 탱크를 전쟁터로 수송하고 있으며, 영국의 핵심 전투기 일부를 조종할 채비도 갖추고 있다. 미국 부통령부터 〈노르위치 유니온〉[4]까지, 모두가 영국군이라는 주식회사의 주식을 샀다. 영국군 기지의 사영화는 비밀리에 진행됐다. 2007년에 영국군의 주거시설에 대한 불만들이 신문의 헤드라인을 장식했다. 군 주거시설의 열악함은 어제오늘의 일이 아니라 수년간 지속해 온 문제였지만 병사들이 이라크와 아프가니스탄으로 가서 죽으라는 명령을 받는 상황에서는 병사들의 낙후된 주거조건이 특히 더 부당하게 여겨졌다. 대테러전쟁이라는 격전으로 인해서 군 주거시설 문제가 주목을 받게 된 것이다. 야당(보수당) 당수 데이비드 카메론은 노동당 정부의 군사적 전적을 비판하는 데 이 사안을 재빨리 활용하면서 군 숙소를 개선하는 정책을 펼치겠다고 약속했다. 그러나 카메론이 신중하게 언급을 회피한 것은, 보수당 재야내각 외무장관 윌리엄 해그가 〈테라 피르마 캐피털〉이라는 기업의 고문으로 일하면서 의원 월급에다가 연 6만 5천 파운드의 부수입을 보태고 있었다는 사실이다. 〈테라 피르마 캐피털〉은 국방부가 병사들의 생활 수준을 개선하는 데 사용할 수도 있었던 국방부 재정을 뜯어내서 이 형편없는 군 숙소의 소유자로서 수백만 파운드의 이익을 내는 회사였다. 해그의 고용주 〈테라 피르마〉는 군사 기지 사영화에 대한 수익 의존도가 매우 높았다. 이 같은 내용이 언론이나 의회에서 거의 언급되지 않았다는 사실은 상업 자본의 영국 군대로의 침투에 관해서 대중과 언론이 알고 있는 바가 적었다는 사실을 보여 준다.

1980년대에 이미 군이 사용하는 총기, 총탄, 비행기와 폭탄을 사기업들이 공급했다. 그러나 군 업무의 직접적인 운영을 민간 부문으로 이양시킨 것은 대처의 후임자 존 메이저 정권에서 일한 대처주의자 각료들이었다. 군대의 한 부분이라도 갖고 싶어 하는 사영화업자들의 캠페인[5]의 최전선이 군사 기지 사영화였다. 대테러전쟁에서는 사기업들이 전쟁터에 완전히 발을 붙이게 된다. 그런데 군사 시장 정복을 위한 이들의 첫걸음은, 군사 기지 계약의 획득으로 그것은 화려함에서는 다소 덜했다. 사영화에 완전히 전념하게 된 대처와 메이저의 보수당 정부는 [군사 부문의] 매각과 주식 공개share offer에 대한 대중적 지지를 끌어내는 데 성공했다. 한편 보수당은 정치적 지지를 얻기 위해서 자신들의 애국적인 면모, 또 심지어 군사주의적인 면모까지 내세웠다. 대처 총리는 1982년의 포클랜드 전쟁[6]에서 갈티에리 장군을 좌절시켰다. 『데일리 텔레그래프』지의 표현에 따르면, 1986년에 대처 총리가 스카프와 고글을 착용하고 챌린저 탱크[7]의 포탑에 앉아 있는 모습은 흡사 "이사도라 던칸과 아라비아의 로렌스를 합친" 것 같았다고 한다. 이러한 이미지가 텔레비전 시청자를 사로잡았다.[8] 탱크 포탑에 앉은 총리는 이어서 포탄까지 발사했고 서독의 훈련장에서[9] 그녀가 쏜 포탄은 1천 야드 떨어진 목표물에 명중했다. 대처의 퇴임 후에도 보수당 각료들은 오랫동안 그녀를 본보기로 삼았다.

존 메이저는 어떤 부분에서는 보수당의 이미지를 부드럽게 만들려고 노력했다. 하지만 총리 자신과 그의 각료들은, 군사적인 강인함과 토리당이 갖는 연관성을 유지하고 싶어 했다. 보수당 각료들은 대처가 총리 직에서 떠난 뒤에도 수년 동안 대처와 유사한 군인 포즈를 취하곤 했다. (엔필드의 유권자들에 의해 의회에서 쫓겨나 감성적이고 마음이 여린 정치인이 되기 전인) 1995년에 마이클 포틸로[10]는 여전히 보수당의 총아龍兒, darling였다. 국방 장관으로서 그는 1995년 보수당 전당대회에서 "우리는 전장에서의 긍지, 명예, 용기 그리고 영예를 이야기할 것이다"라고 말하며 가장 인상적인 보수당식 군인 포즈를 취했다. 이어서 그는 〈영국 공수특전단〉[11]의 좌우명 "대담하게 도전하는 자가 이긴다"를 따라 하면서 "우리는 대담하게 도전한다. 우리는 승리할 것이다"라고 선언했다.[12] 국민들은 각자의 정치적 입장에 따라, 이러한 발언으로 놀라거나 자극받았을 것이다. 포틸로는, 이러한 처세 직후에 〈영국 공수특전단〉을 공개적으로 민간 용병으로 대체하기는 난감했기 때문에, 국방 부문의 사영화를 은밀하게 추진하기 시작했다.

지난날의 군사적 승리가 주는 후광을 누리고 싶었던 1980년대와 1990년대의 보수당 정부는 육해공군을 도매금으로 민간 업계에 넘겨주는 일에 착수할 수 없었다. 사영화를 통해 공익사업과 교통체계에서 정부의 자리를 해체하거나 복지국가 합의를 조금씩 훼손하는 것과 "우리 장병들"을 다루는 것은 상당히 다른 문제였다. 그렇지만 보수당은 정권을 뒷받침하는 힘센 경제 로비단체들에게 무언가를 주지 않을 수도 없었다. 새로운 군사 시장으로의 진출을 기업들이 원한다면 그것은 진척될 것이 분명했다. 또 보수당 정치인들도, 군대를 포함하여 국가에서 비용이 지출되는 모든 영역에 민간 부문을 개입시키면 새로운 효율성을 가져올 것이고 비용 절감 효과가 있을 것이라는 착상에 [기업들과] 마찬가지로 몰두하고 있었다. 군사 업무로 진출하고 싶어 하는 이 기업들의 경영자들은 정치인의 친구들(이들 중 여러 명은 향후 정치인의 고용주가 된다)이었다. 결국, 어떤 광고이사의 농담이었던 "영국군 주식회사"는 점점 현실이 되어 갔다. 군의 전면적인 사영화는 이때까지 새롭고도 논쟁적인 발상이었기 때문에 그것은 군 주거시설이라는 확실히 덜 매력적인 영역에서 은밀한 작전으로 시작했다.

병사 숙소 상태는 형편없기로 악명이 높았다. 군 기혼자 숙소의 낙후로 인해서 신병 모집에 실제로 차질이 생기기도 했다. 병사와 그 가족들은 초라하고 관리가 안 된 주거시설을 보고 실망했고 이런 뒤처진 조건에서 살 수밖에 없는 군에서 복무 기간을 연장하지 않았다. 그래서 국방장관 포틸로는 기발한 생각을 해냈다. 군보다 분명히 효율적일 민간 부문에 먼저 모든 주거시설을 매각한 다음, 민간 부문으로부터 동일한 주거시설을 재임대하는 것이었다. 이 16억 파운드짜리 계약은 1996년에 입찰 공고가 났다. 999년간 5만7천4백 채의 주택을 임대하겠다는 계획이었고 거기에는 [입찰에 선정되는 업체가] 선별하여 매각해도 좋은 "잔여" 주택 2천5백 채가 포함되어 있었다.

두 명의 유력한 지원자 모두 보수당에 긴밀한 연줄을 갖고 있는 업체였다. 매년 회원 1인당 1만 파운드씩 보수당에 기부하는 〈프리미어 클럽〉의 운영자이자 보수당의 후원자인 존 벡위드는 미국 은행들로 이루어진 컨소시엄의 수장으로서 이 계약을 수주하려 노력했다. 그러나 그는 〈애닝튼 홈스〉에게 졌다. 〈애닝튼 홈스〉라는 컨소시엄에는 토리당 회계관 함브로 경이 운영하는 〈함브로스 은행〉이 소속돼 있었다. 재무의 귀재 가이 핸즈 또한 〈애닝튼 홈스〉의 핵심 인사였고 그 역시 보수당 연줄을 가진 인물이었다. 핸즈는 존 메이저에 이어서 보수당 당수가 된 윌리엄 해그와 친했다. 해그가 결혼할 때 핸즈가 신랑의 들러리를 설 정도였다. 하지만 핸즈가 〈애닝튼 홈스〉에 참여하게 된 경위를 퇴역 군인들이 알게 되면서 진짜 스캔들이 터졌다. 금융업자 핸즈의 고용주인 일본의 〈노무라 은행〉이 주요 투자자 중 하나였던 것이다.

영국군의 주거시설을 일본인이 관리할지도 모른다는 가능성이 2차 세계대전 참전 군인들을 격분하게 했다. 〈전국 극동전쟁 포로연맹〉의 하롤드 패인은 "역겹다"고 했다. 〈일본 강제노동수용소 생존자협회〉의 간사 아서 티더링튼은 "거의 말문이 막힌다"고 하면서 "정부의 고위직 구성원 몇몇은 과거사에 대해 조금도 생각이 없는 것 같다"[13]고 덧붙였다. 보수당과 노동당의 하원의원들도 분노했다. 브루스 죠지 노동당 의원은 "나는 인종차별주의자는 아니다. 그러나 국방부의 책임하에 놓인 주거시설이 〈노무라 은행〉에게 팔린다는 사실은 싫다. 일본인이 이 계약을 수주하게 되면 많은 사람이 모욕감을 느낄 것이다"[14]라고 말했다. 〈애닝튼 홈스〉는 이러한 공격들에 예민하게 반응하면서 대부분의 군사 업체들이 입찰을 성사시키려 할 때 우세를 점하기 위해 취하는 방법을 썼다. 〈애닝튼 홈스〉는 군인 출신을 대표단에 앉혔다. 기업가이자 전직 특공대원 토마스 맥퍼슨 경을 사장으로, 키프로스[15]에서 영국군 사령관이었던 퇴역 공군 소장 샌디 헌터를 부사장으로 채용했다. 거래는 성사되었다.

참전 군인과 하원의원 들이 지나치게 과거에 사로잡혀 있었던 것일지도 모른다. 이들이 과거에 머무르지 않고 현재와 미래로 눈을 돌렸다면 〈노무라 은행〉의 진심을 보았을 것이다. 1997년에 〈노무라 은행〉은 폭력 조직에 돈을 바쳐 일본 주식시장에서 한 달간 퇴출당하였다. 이 회사는 결국 소위 "소카이야"[16] 야바위꾼 류이치 고이케에게 돈을 준 혐의로 1억 엔의 벌금형을 받았다. 소카이야는 기업들의 연례총회가 "아무 탈 없이" 진행되게 해 주는 대가로 돈을 뜯거나, 결정적인 비밀들을 폭로해서 회의를 방해하겠다고 회사들을 협박해서 돈을 뜯어내는 방식으로 사업하였다. 〈노무라 은행〉의 사장과 경영이사는 집행유예를 받았다.

1998년의 두 번째 금융스캔들은 영국의 작품이었다. 〈노무라 은행〉의 영국 딜러들은 조직적인 담합행위로 호주 주식시장에서 150억 호주 달러를 쓸어가려고 시도했다. 이 브로커들은 주식 시장 전반을 폭락시켜 주가가 낮아지면 주식을 다시 대량으로 매입해 이윤을 챙기려고 했다. 이들은 호주가 손해를 보는 만큼의 이익을 챙기게 되었다. 한 호주인 판사는 "〈노무라〉는 불법적인 목적을 달성하기 위해 일부러 계획된 기만적인 행위에 가담했다"고 말했다. 딜러들이 금융 사기꾼 닉 리슨[17]을 조롱했고 "우리가 다음에 다시 호주에 발을 들여놓으면 도착하자마자 감옥에 갇힐 걸"이라고 농을 주고받은 사실이 녹음테이프를 통해 드러났다. 이 딜러들은 〈노무라 은행〉이 호주 기업들의 가치를 훼손해 창출한 이익에서 수백만 파운드의 보너스를 받게 될 예정이었다. "유가증권과 선물거래공사"는 2000년 10월 주가조작 혐의로 〈노무라 은행〉에 25만 파운드의 벌금을 물렸다. 그달에 〈노무라〉는 인터넷 기업 〈스쿳닷컴〉과 부당 거래를 했다는 이유로 런던에서 두 명의 중진 영업사원을 해고했다. 〈노무라〉는 이들을 "유가증권과 선물거래공사"에 신고했고 선물거래공사는 이 영업사원들이 "심각한 불법 행위"를 저질렀다면서 이들의 중개인 자격증을 취소했다. 이 업체를 둘러싼 추문은 계속되었다. 퇴사한 중개인 이자벨 테릴론이 성차별과 부당 해고를 당했다고 〈노무라 은행〉에 제기한 소송으로 이 업체는 그녀에게 7만 파운드의 합의금을 지급했다. 그녀의 상급자들은 혐의를 부인했다. 그녀의 진술에 따르면, 상관이 "사무실에서 길이가 짧고 몸에 달라붙는 치마를 입으라"고 말했으며, 동료 중 한 명은 고객과의 미팅 도중 "옷을 벗고 이 남자에게 마사지하라"는 주문을 받았다고 한다.

브루스 죠지 노동당 의원은 국방부의 군 주거시설 매각이 "미친 짓"이며 "기만적"이라고 경고했다. "시설 관리, 사회복지 서비스 제공, 시설 안전 보장에 대한 국방부의 책임은 계속 유지될 것이며, 이 매각으로 국방부에 이득이 되는 것은 없다. 보수당과 부동산 투기꾼들만 이득을 볼 것"이기 때문이었다. 당시 보수당의 총아였던 마이클 포틸로는 동의하지 않았다. "우리는 훌륭한 거래를 성사시켰다"[18]고 그는 하원에서 말했다. 마이클이 틀렸고 브루스가 옳았다는 사실이 드러났다. 영국 정부의 독립 재무 감사기관인 영국 감사원은 1997년에 이 거래를 감사하였고 〈노무라 은행〉이 지급한 17억 파운드가 주택 시가 총액보다 7천7백만에서 1억 3천9백만 파운드가량 낮다는 것을 발견했다. 그러나 부동산 사기를 당한 영국군은 이 시설들을 다시 임대하여 여전히 누추한 집들을 치장하기 위해 비용을 들여야 했다. 모두 〈노무라 은행〉 소유의 주택들이었음에도 국방부는 향후 25년간 주택 유지비로 8억 1천6백만 파운드를, 그리고 이 볼품없는 집들을 개조하는 데 7억 7천만 파운드를 지출할 계획이었다.

〈낫웨스트〉 은행은 매각 협상 방식에 대해서 영국군에게 조언을 건넸다. 〈낫웨스트〉는 1천1백만 파운드를 받고 군 주거시설 사영화 건을 설계한 영국군의 자문업체 중 하나로, 이들은 군이 더는 소유하지 않는 주택들의 유지관리를 군이 계속 책임지는 게 좋겠다고 판단했다. 은행은 "유지관리 의무를 배제하면 이 생소한 매각 거래가 과도하게 복잡해지지 않게 하는 데 도움이 되리라고 생각"[19]했다. 이번 거래에서 가장 눈에 띄는 새로운 점은 납세자를 우롱하는 특별한 방법이었다. 감사원의 2000년 군 주거시설 관리 실태 재점검을 통해서, 군이 〈애닝튼〉에 매년 4천 파운드를 주고 주거시설을 임대해서는 비워 두고 있다는 사실이 드러났다. 2002년에 〈노무라〉 은행은 군 주거시설 매입 거래를 위해 설립된 간판회사 〈애닝튼 홈스〉에서 6억 파운드의 배당금을 챙겼다. 이 액수는 사업 첫 5년간 〈노무라〉 은행의 수익률이 323퍼센트에 달했다는 의미이다. 1996년 말 〈노무라 은행〉의 컨소시엄은 군 주거시설 5만 7천 동을 16억 6천만 파운드에 매입했다. 〈노무라 은행〉이 2억 2천6백만 파운드라는 약소한 금액을 투자해서 얻은 이익 총액이 7억 3천 파운드였다. 가이 핸즈는 투자기업 〈테라 피르마 캐피털〉을 설립하려고 〈노무라〉를 떠나면서 〈애닝튼 홈스〉의 배당금을 가져다가 새 회사를 차리는 데 썼다.

이 안타까운 이야기는 1990년대 흔히 나타났던 사영화 실패의 또 다른 버전에 불과했다. 엄청난 돈이 낭비되었고 몇몇 사람들이 열악한 주거시설에 꼼짝없이 살게 됐지만 [적어도] 죽은 사람은 없었다. 그러나 〈애닝튼 홈스〉의 무용담이 중요한 이유는 그것이 새로운 군사시장을 정복하는 대처주의의 최전선 부대를 상징했기 때문이다. 결국, 병사 숙소의 사영화는 산업이 전쟁터에 영향력을 행사하는 것으로 이어졌다. 사실 군 밖에서 병사 숙소에 관심을 두는 사람은 별로 없었다. 군대 내에서도, 일선 병사 이상의 직급에서 병사 주거시설을 걱정하며 잠 못 이루는 사람은 별로 많지 않았다. 군 장성들이 병사들에게 싸우러 가서 죽으라고 명령을 내리는 와중에도, 군 당국은 〈애닝튼 홈스〉의 출현 오래전부터 병사들의 주거시설의 열악한 상태를 내버려뒀다. 보수당의 애국주의는 장병 처우에 대한 자부심으로까지 확장되지 않았다. 노동당 좌파는 사영화 반대와 노동조합으로 조직된 공무원들에 대한 대량해고 저지 싸움에 몰두해 있어서 군 주거시설은 노동당의 우선순위에서도 밀렸다. 따라서 〈애닝튼 홈스〉 건은 가벼운 추문으로 남았다. 그러나 돌이켜보면 병사 숙소의 매각은 민간 기업이 군사 시장으로 진출하던 초기의 비밀스러운 움직임이었음을 알 수 있다. 이제 사영화 업자들은 더욱 더 중요한 군사 기지들로 대담하게 진군하기 시작했다.

플리머스[20] 근처에서 더 큰 규모로 더 위험한 사영화가 진행됐다. 플리머스 시 근교에는 수백 년간 영국 해군 선박을 정비해 온 데븐포트 해군 공창工廠이 있었다. 오랑주 공이 1691년에 설립한 이곳은, 오늘날까지 영국 해군의 중요한 선박 재정비 공창으로 사용되고 있다. 1980년대 냉전 시기에 이곳에서 영국 원자력 잠수함을 정비하면서 주목을 받기 시작했다. 1980년대 중반에 마이클 헤셀틴[21]이 피터 레빈[22]에게 이 공창의 "효율성"을 재검토하라고 주문했다. 그는 공창과 2만 명의 공창 노동자를 사기업이 관리하게 하고, 영국 해군의 선박을 정비하는 각종 외주계약들도 사기업이 관리하게 하자고 제안했다. 노동당 국방 대변인 덴질 데이비스는 이 조처를 비판하면서 "프랜차이즈는 패스트푸드 햄버거 가게에나 적합한 것이지, 영국 해군 선박을 재정비하고 수리하는 일과는 절대로 어울리지 않는다"고 주장했다. 1985년에는 공창 노동자 2만 명이 항의의 표시로 1일 파업을 했다. 보수당이 장악한 국방 특별위원회조차 반대했다.[23] 거래 추진이 지체된 상황에서 노동조합들은 상원의 지지에 희망을 걸고 사영화 저지 법정싸움을 해 보기로 했다. 정부 각료들에게 소환장이 발송되면서 긴장감이 고조되었지만, 노동자들의 싸움은 결국 실패로 끝났다.

영국 감사원 보고서를 통해서, 예상된 재정수익이 달성되지 않았다는 사실이 재차 적발되었다. 노동당의 신임 국방 대변인 마틴 오닐은 "이 불필요한 과정은, 국방부의 결정이 사영화를 하는 다른 부서들의 결정과 마찬가지로 이념적으로 정당하다는 것을 입증하기 위해 이루어졌다"며 불평했다. 〈데븐포트 매니지먼트 리미티드〉(이하 〈디엠엘〉)라는 미국 회사가 데븐포트를 인수했다. 〈디엠엘〉 지분 대부분은 미국 다국적 기업 〈할리버튼〉의 것이었다. 미국 국방장관 출신으로 장래에 부통령이 되는 딕 체니가 1995년에 〈할리버튼〉의 최고경영자가 되었다. 그의 임명을 둘러싸고 미국에서 논란이 일었는데, 퇴임 전 그가 〈할리버튼〉에 대규모 군 사영화 연구 사업을 위탁했었기 때문이다. 빌 클린턴이 체니의 대통령 조지 부시를 몰아냈고 체니는 2000년에 조지 부시의 아들 조지 W. 부시 밑에서 부통령으로서 백악관에 복귀했다. 그의 예전 직장인 〈할리버튼〉이 대테러전쟁에서 새 계약을 따내는 방식(관타나모 만에 수용시설 복합단지를 세우고, 점령지 이라크의 석유 시설을 장악하는 등)은 세계적인 저항을 일으켰다. 그러나 이 회사가 영국에서 사상 최악의 사영화 추문 중 하나에 연루됐었다는 사실은 그리 알려지지 않았다.

1997년, 보수당 정부의 마지막 행보 중 하나는 데븐포트 공창을 〈할리버튼〉사에 전면적으로 또 최종적으로 매각하는 것이었다. 아마 〈할리버튼〉이 보수당의 후원사라는 점이 영향을 주었을 것이다. 몇 년간 〈할리버튼〉은 보수당에 약 1만 8천 파운드가 넘는 액수를 기부했다. 〈할리버튼〉의 영국 제휴사 〈비아이씨씨〉BICC(이 회사는 나중에 〈발푸어 비티〉로 개명한다)와 〈웨이어 그룹〉도 보수당의 후원사였다. 또 보수당 의원들이 이 기업들의 중책을 맡고 있었다. 사영화에 대한 보수당의 헌신도 매각 성사를 보증했지만, 현금과 연줄도 도움이 됐을 것이다. 노동당은 데븐포트 사영화를 저지하려고 몸을 낮추어 가면서 그들로서는 마지막이 될 항의를 했다. 그러나 1997년 노동당 집권 후 사영화에 찬성하는 신노동당 정권이 데븐포트를 운영하는 미국 다국적기업(〈할리버튼〉)과 의좋게 지내는 법을 터득하게 되면서 모든 항의는 자취를 감췄다. 각료들은 딕 체니의 임원들에게 존경심을 표하고 그의 기업에 더 많은 계약을 던져주면서 딕 체니와 직접 어울리기 시작했다. 노동당이 당선 전에 데븐포트 최종 매각에 반대한 것도 원칙보다는 정치적 실리를 위해서였다. 노동당은 노동당에 표를 주는 스코틀랜드 유권자들이 있는 (데븐포트 공창과 경쟁관계에 있는) 로시스 공창 주변을 더 중시했었다. 데븐포트 공창이 있는 플리머스 지역에서는 보수당 지지도가 근소한 차이로 앞선다고 생각했기 때문이다. 하지만 이런 판단은 틀렸다. 1997년 이후 노동당은 플리머스의 두 의석을 큰 득표 차로 확보한다. 또 그 판단은 원칙에도 어긋났다. 왜냐하면 진짜 스캔들이 이제 막 벌어지려 하고 있었기 때문이다. 이제 막 벌어질 일들은 "남북 격차"[24]와는 아무런 관련이 없었고, 사영화의 현실과 많은 관련이 있었다.

1997년의 매각은 영국의 "뱅가드"Vanguard급 잠수함을 재장비하는 업무도 포함했다. 이 네 개의 원자력 잠수함은 각각 48개의 트라이덴트[25] 핵

미사일을 싣고 전 세계의 바다를 오간다. 이 잠수함들이 영국이 보유한 유일한 핵무기 체제이다. 잠수함을 재장비하고 잠수함에 연료를 보급하기 위해서는 특수하게 건설된 공창에서 십 년에 한 번씩 선박의 방사성 부품을 뜯어내 교체해야 한다. 〈할리버튼〉은 데븐포트에서 지출을 통제하는 데 어려움을 겪었는데, 그럴 때는 영국의 핵억지력을 빌미로 국방부에서 예산을 더 짜낼 수 있었다. 영국 감사원은 1997년에 9억 4백만 파운드였던 사업규모가 2002년에 50퍼센트 상승했음을 밝혀냈다.[26] 감사원에 의하면, 국방부는 추가비용에 대해서 〈할리버튼〉에 소송을 걸면 승소할 가능성이 크다고 판단했지만, 사업 추진이 지체되면 "영국의 전략적 핵억지력의 효과에 치명적인 영향을 미칠 것"이기 때문에 소송을 하지 않기로 하였다. 어떤 유의 소송을 걸더라도 승소할 수 있다고 자신했음에도 불구하고 국방부가 감히 소송을 제기할 수 없었던 것은, 영국의 유일한 핵무기를 소송에 부치면 핵보유국으로서의 자국에 위신에 치명상을 입힐 수 있었기 때문이다. 소위 매파 정치인이라 불리는 딕 체니는 영국 정부에서 더 많은 돈을 뜯어내려고, 미국의 주요한 동맹국의 가장 핵심적인 무기를 놓고 흥정하고 있었다.[27]

〈할리버튼〉은 비용 증가 이유를 다음과 같이 설명했다. 영국 정부가, 〈할리버튼〉이 최초 입찰 계획안으로 제출했던 안전 기준보다 높은 수준의 안전 기준을 요구했기 때문이라는 것이다. 예를 들어서 국방부는 잠수함 장비가 분해되는 "중앙 풀"central pool 주위에 방호 울타리를 지으라고 요구했다. 해군 장교 존 콜스는 선박이 "그 건물과 충돌하여" 방사선을 방출하는 것을 막기 위해 울타리가 필요하다고 말했다. 반면에 영국 정부는 〈할리버튼〉이 안전과 비용의 모든 부문에서 처음부터 허술했다고 주장했다. 영국 감사원에 의하면

처음부터 [국방] 부서는 이 프로젝트에 핵 안전 요건을 엄격하게 적용해야

한다고 생각했다. 국방부가 보기에 〈디엠엘〉은 원칙 준수에 필요한 운영 상 절차 도입의 속도가 느렸고, 그래서 감사원 사찰단에게 적절한 안전 사례를 제시하는 속도도 느렸기 때문에, 결국 문제 제기 된 내용에 대해 숙고하고 결정할 시간이 부족했다.

〈디엠엘〉은 보고서의 지적을 맹렬하게 반박했다. 〈디엠엘〉이 발표한 짧은 성명에서 "〈디엠엘〉은 우리 회사 혹은 우리 협력업체들의 부진이 비용 상승의 주원인이라는 견해에 동의할 수 없다. 우리의 부진이 초래한 추가 비용은 3천만 파운드에 불과하다"라고 밝혔다. 그러나 감사원 보고서는 사영화가 되기 전에 영국 해군이 우려했던 사실을 입증했다. 영국 해군은 〈할리버튼〉이 민감한 핵 사업을 맡을 적절한 자격을 갖추지 못했다고 걱정했었다. "국방부는 〈디엠엘〉의 프로젝트 운영 역량에 관해서 우려했다. 〈디엠엘〉은 민간 핵 안전 기준을 적용받는 큰 규모의 사업을 추진한 경험이 전혀 없는 업체였다"고 감사원 보고서는 밝혔다. 지출이 예산을 초과할 것이라는 점이 명백해지자 국방부 측 변호사들은 이 사안을 법정으로 가져간다면 "국방부의 주장이 상당히 우세할 것이며 국방부가 〈디엠엘〉의 주장을 파기할 가능성이 크다"고 국방부에게 말했다. 해군이 법정에서의 승리를 자신하고 있는 상황에서도 여전히 〈할리버튼〉은 국방부의 돈 수백만 달러를 갈취할 수 있었다. 영국 감사원의 표현에 의하면 정부는 "갈 곳이 없었고" "선택의 여지가 별로 없었다." 해군은 소송이나 대체 기업을 찾는 일로 인한 "추가적인 사업 지체"를 감당할 수 없었다.

국방부는 〈할리버튼〉을 고소하지 않기로 했다. 국방부는 승리를 자신했지만, 소송은 계약의 실패를 의미할 것이며, 그것은 곧 영국 핵무기를 폐업시키는 것과 같았다. 의회의 한 위원회는 "이 시설들이 영국의 전략적 핵억지력의 유효성을 유지하는 데 핵심적이었기 때문에, 국방부는 계약 실패,

그리고 그것이 초래할 지체를 받아들일 수 없었다"고 밝혔다. 감사원의 보고서를 검토한 의회의 한 위원회에 따르면, 추가 예산을 청구하는 문제에서 〈할리버튼〉이 해군을 "좌지우지"했다고 한다. 1997년에 체결된 최초의 계약에서 〈할리버튼〉의 변호사들은 계약의 최대 배상한도액을 5천5백만 파운드로 협상했다. 그러나 계약 성사 후 발생한 초과 비용은 그 다섯 배에 이른다.

〈할리버튼〉의 안전 기록은 해군의 지갑을 쥐어짜고자 하는 그들의 강한 의지만큼이나 걱정스러운 것이었다. 그해 10월 데븐포트 사업장에서 직원 24명이 석면에 노출되어 영국 안전보건청이 사업장에 9만 4천 달러의 벌금을 부과했다. 석면에 노출된 직원 중 몇 명은 "이미 살날이 얼마 안 남았다고 생각하고 있다"고 플리머스 치안판사들은 전해 들었다. 영국 안전보건청 대변인은 "결론만 말하자면 이제 24명에 이르는 젊은이들이 향후 40년 내 중피종이나 석면증, 혹은 암에 걸리지는 않을지 걱정하게 됐다는 것이다"고 말했다. 원자력시설감사원의 보고서는 핵잠수함 수리 과정에서도 안전 문제가 지속했음을 보여 주었다. 트라이덴트 잠수함에서 핵 플라스크[28]를 뽑아내는 역할을 하는 기중기가 선박 HMS 뱅가드 호와 충돌하여 "약간의 방사성이 있는 액체가" 선창 "바닥에 쏟아지는" 일이 최근 발생했다.

영국 정부가 〈할리버튼〉이 타마 강[29]에 방출할 수 있는 방사성 트리튬의 허용량을 대폭 증가시키면서 그것의 안전에 관해 지역 주민들이 우려하기 시작했다. 트리튬은 핵잠수함의 냉각장치 내에서 형성되는 방사성 동위원소이다. 예전 선박들은 트리튬을 바다에 방출하곤 했지만, 뱅가드급 선박들은 그것을 "재활용"한다. 뱅가드 잠수함은 적이 추적할 수 있는 핵 발자국을 남기지 않기 위해서 트리튬을 방출하지 않는다. 다시 말해서 이러한 재활용은 환경 문제가 아니라 안보 문제이다. 〈할리버튼〉은 선박들을 수리하기 위해서 불필요한 트리튬을 방출할 곳이 필요했다. 그래서 2000

년 5월, 〈디엠엘〉은 영국 환경청에 방출허용량 증가를 요청한 것이다. 그들의 최초의 제안은 타마 강으로의 방출허용량을 666퍼센트 증가시키고, 굴뚝을 통해 대기로 방출하는 허용량을 500퍼센트 증가시키는 것이었다. 환경청은 좀 더 낮은 증가 폭을 제시하며 〈할리버튼〉을 통제하려고 시도했지만, 다국적 기업의 적수가 되지 못한 듯하다. 최종적으로 타결된 안에서는 데븐포트 공창의 액체 배출 허용량은 500퍼센트, 기체 배출량은 400퍼센트 높아졌다. 2000년 여름 4백 명가량의 분노한 주민이 참석한 지역운동 회의들이 개최되었다. 데븐포트가 이제껏 군의 공창을 완벽하게 지지하는 태도를 보였던 도시라는 점을 고려하면 4백 명이란 놀라운 숫자였다.

〈할리버튼〉에 대한 지역 주민의 심각한 반감은 국방부의 자체조사에서 드러났다. 폐기 처분된 열한 대의 핵잠수함 중 네 대가 데븐포트의 부두를 유유히 떠다니고 있었다. 폐원자로를 제거해야 했기 때문에 국방부는 아이솔러스ISOLUS 프로젝트(계선 잠정 보관, Interim Storage of Laid-up Submarines의 약자)라고 알려진 계획에 따라 이 원자로들을 안전하게 육지에 보관하고자 했다. 데븐포트는 보관 후보지 중 하나였고 〈할리버튼〉은 핵폐기물 관리를 맡게 될 수도 있는 후보 업체 중 하나였다. 2001년에 국방부는 아이솔러스 프로젝트에 대한 조사를 랑카스터 대학에 의뢰했는데, 조사에 의하면 플리머스에서도 그리고 영국 기업 〈밥콕〉이 핵 선창을 운영하는 스코틀랜드의 로지스에서도 핵폐기물을 다루는 민간 계약자에 대한 지역 주민의 반감이 있음을 발견했다.

이 보고서는 폐핵잠수함의 엔진을 처분할 방안을 간절하게 찾고 있던 국방부가 의뢰한 것이었다. 로지스와 플리머스에 있는 사영 핵 부두의 두 계약업체가 방사성 폐기물을 육지에 보관하는 사업에 입찰하면서 주민들을 불안하게 만들고 있다. 국방장관 루이스 무니에 의하면, 국방부는 "착수 단계부터 국방부가 자문을 받아들이는 열린 자세"를 취했음을 강조하려고 랑카스터 대학에 보고서를 의뢰했다고 한다. 국방부는 성난 지역 주민과의 직접적인 접촉을 피해서 랑카스터 대학 환경변화연구센터에 공개 조사를 진행할 것을 의뢰한 것이었다. "네 명의 이해관계자 패널", "시민 배심원" 등 모든 적절하고 현대적인 장치들을 사용해서 말이다. 안타깝게도 조사의 결론은 핵폐기물에 반대하는 지역 활동가들의 결론과 같았다. 무니는 이 보고서를 환영한다면서 보고서의 제안들을 "신중하게 고려"하겠다고 했다. 그러나 국방부가 발표한 보도 자료는 보고서의 핵심이 무엇이었는지를 밝히지 않았다.

사실 국방부가 위탁한 연구에 의하면 "폐기물을 보관하기에 가장 적절한 장소는 런던이며, 특히 국회의사당 근처가 가장 좋겠다는 강력한 의견"이 "특히 폐기물 보관 후보지로 간주하는 지역들에" 팽배해 있었다. 연구자들은 이러한 주장이 "터무니없지 않았고, 오히려 여러 강력한 논거들이 주장을 뒷받침했다"고 덧붙였다. "폐기물이 안전하다면 인구 밀집지나 밀집지 근방에 보관하는 것도 충분히 가능하다. 폐기물이 안전하지 않다면, 어떤 지역도 폐기물 보관을 받아들이리라 생각해서는 안 된다"라는 생각도 그러한 논거 중 하나였다. 이 연구는 국방부의 계획에 일격을 가하고 플리머스 지역 운동가들의 관점에 부합하는 결론을 내리면서, "잠수함 해체와 폐기물을 보관하는 데 최적임지가 데본포트라고 주장하는 사람은 이해당사자 중 극소수"에 불과했다고 보고했다.

이 공개조사로 해군의 두 민간 계약자(스코틀랜드의 〈밥콕〉과 플리머스의 〈브라운&루트〉)에 대한 대중적 반감이 수면 위로 드러났다. 조사에 의하면 국방부는

비밀스럽고 [자기] 계획에만 충실한 집단으로 여겨졌다. 예를 들어서 계약자들은 영리 목적으로 움직이는 집단이라고 생각되었고, 반면 규제 당국

자들은 무력한 사람들, 규제받는 자들과 공모를 하거나 최소한 규제받는 쪽을 편드는 사람들, 소관 업무에 과하게 구속되어 있고 현상유지에만 집착하는 그런 사람들로 여겨졌다.

랑카스터 조사단은 핵 사영화 업자들에 대한 대중의 반감이 매우 거세다는 것을 발견했다. "가장 강도가 센 불신의 표현들은 계약업체에 관해서 제기되었다. 계약업체들의 근본적인 한계로 이윤을 우선적으로 요구한다는 것이 지적되었기 때문이다. 이 한계로 인해서 계약업체들은 비용보다 안전이 먼저라는 자신들의 강력한 입장 표명과 직접적으로 충돌한다." 또 조사단은 내부고발자의 제보를 받기도 했다. "〈밥콕 로지스 방위 주식회사〉의 외주업체였던 한 곳의 상세한 보고"라는 평을 받은 한 문서는 "〈밥콕〉은 그 업무를 수행하기에 적격이 아니다"라고 지적하였다. 또 이 보고서는 〈브라운&루트〉의 자회사로 데븐포트에서 잠수함 업무를 맡은 계약업체인 〈디엠엘〉이, "환경과 사회에 대한 책임성에 대해서 좋은 평판을 못 받았다"고 썼다.

보고서의 세 번째 권고사항은 "관련 기관은 핵잠수함을 더 만들어 내는 것에 대한 반감이 얼마나 거센지 그 강도를 인지해야만 한다. 이 반감은 방사능 폐기물의 최종적인 처분 경로가 부재한 점과 특히 관련이 있다"였다. 국방장관 무니는 개방적인 국정 운영 스타일을 시연하면서 다음과 같이 응답했다. 폐기물 관리는 민간 기업이 계속 맡을 것이고, 핵잠수함은 더 건조할 것이며, 육지 핵폐기물 보관 시설에 관한 계획을 내년에 발표하겠다고 결론지었다. 무니는 로지스 선창의 영국 군함 리나운 육상 해체를 지연시켰지만, 때가 되면 "기업이 필요로 하는 허가들이 승인될 것이라는 점에는 의문의 여지가 없다"고 말했다. 요컨대, 핵잠수함 폐기물 보관에 대한 대중의 의견을 물은 것은, 대중을 철저하게 무시하기 위해서였을 뿐이다.

2004년 반대운동 진영에서는 처음 방출허용량 증가를 승인했던 전 환경장관 마이클 미처라는 새롭고 놀라운 지지자를 맞이했다. 공직을 떠난 미처는 플리머스의 한 공청회에서, 제출받았던 핵폐기물 방출 안전성 증빙 자료가 "매우 의심스럽다"고 말했다. 또 유럽위원회는 영국 정부가 핵 오염을 방지하기 위한 "유라톰"30 조약을 위반하고 있다고 주장하면서, 트리튬 방출로 영국 정부를 기소했다. 영국 정부의 주장은 데븐포트가 군사지역이기 때문에 조약의 효력에서 면제된다는 것이다. 군사 핵폐기물이라는 영국 정부의 유산이 사기업에 맡겨지면서 정부는 이 문제와 거리를 둘 수 있었다. 하지만 이런 조치는 영국의 끈질긴 불청객인 군사 핵폐기물의 처치라는 문제를 은폐했을 뿐이다. 2004년에 영국 안전보건청은 원자력 폐기물의 일종을 처분하려는 〈할리버튼〉의 계획이 터무니 없는 외주 계약의 미궁 안에서 표류하고 있다고 발표했다.

데븐포트 핵 공창에 관한 안전보건청의 2003년 5월 27일 자 보고서는 언론의 관심을 전혀 받지 못했다. 안타까운 일이다. 왜냐하면, 이 보고서는, 폐기물이 갈 곳이 점점 적어지는 가운데 〈할리버튼〉이 운영하는 핵 공창이 점점 더 많은 양의 방사능 오물을 대량 생산하고 있음을 실제로 보여 주었기 때문이다. 핵 공창은 영국의 핵잠수함 함대를 취역 해제하며 그 과정에서 "이온교환수지"를 생산한다. 이는 잠수함이 수지 처리된 후 남는 것으로, 이것은 방사성 점액의 형태를 띤다. 이온교환수지는 "중급 핵폐기물"로 분류되기 때문에 조심스럽게 폐기되어야 한다. 〈할리버튼〉의 전략은 이 물질이 덜 위험한 상태로 부식될 때까지 30년 동안 방치했다가 묻어버리는 것이다. 〈할리버튼〉은 도체스터 근처의 윈프리쓰에 있는 "모듈엑스" 공장에서 이온교환수지 처리를 하는 〈에이이에이AEA 테크놀로지〉라는 업체에 이 공정을 하청 준다. 그러나 이 공장은 아직 시험 가동 중이다. 안전보건청이 지적하고 있듯이 "위에서 설명한 이 전략은 앞으로 수십 년간 〈에이이에이테크놀로지〉의 수지처리 시설을 사용하는 것이 가능하다는 전제에 기대고 있다." 그러나 모듈억스 공장은 소규모 시험 가동 계획하에 운영되고 있으며, 윈프리뜨 지역의 단지는 20년 내 전부 철거될 예정이다.

안전보건청은 〈할리버튼〉의 계획이 "윈프리뜨 단지 철거 전략과 일치하지 않는 것으로 보인다"는 점을 우려하고 있다. 이들은 또 이온교환수지에 포함된 탄소14의 양이 예측치보다 높다고 지적한다. 모듈억스 공장은 환경청 허가증이 필요한 이 통제물질을 처리한다. 〈할리버튼〉은

"탄소14 처분허용량 증가가 승인될 것이라는 예측"에 근거하여 업무를 진행하고 있다. "데븐포트의 수지폐기물 처리 전략이 윈프리뜨 단지를 철거하기로 한 현 전략과 어긋나는 게 분명하다는 점과 데븐포트의 전략이 탄소14 처분허용량 증가가 승인될 것이라는 예측에 근거한다는 점으로 인해서, 데븐포트의 수지폐기물 처리 전략을 둘러싼 심각한 위험들"이 예고된다.

핵 검사관들과 환경청은 "피동안전[31]이 확보되지 않은 상태에서 폐기물을 보관하는 쓸 데 없는 방식의 일처리를 피하기 위해서 데븐포트가 이 사안을 지체 없이 해결해야 하며, 우발사고에 대처할 방안들도 그 해결과정에 포함되어야 한다." 처분허용량의 증가를 승인해서 더 큰 규모의 모듈억스 공장을 짓지 않는 한 더 많은 양의 폐기물이 방치될 수밖에 없는 상황이었다. 물론, 〈할리버튼〉은 정부가 허가를 내 줄 것이며, 더 큰 모듈억스 공장이 지어질 것이라는 추측성 기대를 하면서 위와 같은 경고를 무시할 수 있었다.

2000년에 〈할리버튼〉은 영국 군수 산업으로의 확장 일로에서 흔치 않은 퇴행을 경험했다. 1990년, 대처 정부는 알더마스턴[32]의 운영권을 민

간 계약업체 무리에 넘겼다. 알더마스턴은 영국 핵억지력의 본거지이자 영국 반핵운동이 탄생한 곳이었다. 1950년 4월 1일 페니 경이 과학자들을 버크셔 기지로 불러 모아 영국의 원자 폭탄과 수소 폭탄을 제조했다. 1950년대 후반에 알더마스턴 기지로의 행진을 중심으로 핵군축 운동이 조직되었다. 핵의 파괴력에 대한 공포가 반反알더마스턴 거리 시위대의 원동력이었고, 소련의 야망에 대한 공포가 그 기지를 유지했으며, 영국 정부의 "상호확증파괴"33에 대한 헌신이 알더마스턴을 존속시켰다. 이로써 사기업을 위한 기회들이 창출되었다. 대처 정부는 총리직에서 물러나기 정확히 한 달전, 〈헌팅-비알에이이〉라는 컨소시엄이 알더마스턴 기지를 운영할 것이라고 발표했다.

〈헌팅〉은 〈할리버튼〉과 마찬가지로 석유산업과 군수산업에 종사했다. 송유관 작업을 했고 유조선을 소유하고 있었으며, 〈헌팅〉의 자회사는 집속폭탄을 제조했다. 〈헌팅-비알에이이〉의 "비알"BR은 〈할리버튼〉의 핵심 자회사 중 하나이자 이 컨소시엄에 참가업체이기도 한 〈브라운&루트〉의 머리글자를 딴 것이다. 〈할리버튼〉처럼 〈헌팅〉도 보수당에 기부금을 내는 업체였다. 1994년에 〈헌팅 엔지니어링〉(집속 폭탄을 제조하는 〈헌팅〉의 자회사)은 로비회사 〈디씨션 메이커스 주식회사〉의 고객이었다. 보수당 하원의원 안젤라 럼볼드가 〈디씨션〉의 전무이사였다. 시작은 좋았을지 모르지만, 2000년에 영국 정부는 〈헌팅-비알에이이〉에 재입찰을 요청하지 않겠다고 발표했다. 정부는 알더마스턴 계약을 〈헌팅-비알에이이〉에게 주었을 당시 〈그린피스〉34가 했던 경고들을 무시했었다. 〈할리버튼〉의 불량한 전력을 볼 때 이들에게 영국의 원자폭탄 공장을 믿고 맡길 수 없다는 환경운동가들의 주장은 무시됐다. 그러나 2000년에 이르면, 국방부조차도 이들의 실수나 실패를 더는 감당할 수 없게 되며, 〈할리버튼〉과 〈헌팅〉은 알더마스턴에서 쫓겨났다.

1994년, 안전보건청 청장 존 리밍턴은 알더마스턴에 공공 핵시설과 동일한 규칙들이 적용된다면, 이곳은 승인될 수 없고 폐쇄될 것이라고 공표했다. 알더마스턴의 부실한 절차를 보여 주는 사례로, 플루토늄 빌릿[35]들이 고운 가루 형태로 부식되어 저장 구역의 노동자들이 방사능에 노출된 1992년의 사태를 리밍턴은 강조했다. 관리자들이 이런 사고를 전혀 예상하지 못했기 때문에 노동자들은 방호복을 입고 있지 않았다. 〈헌팅-비알에이이〉사는 사영화를 위한 시험 가동 계획에 따라 1990년부터 이 시설을 운영하고 있었고 1994년에 공식 계약업체가 되었다. 그러나 리밍턴은 그 공장에서 발생한 안전사고들이 계약업체의 책임이라고 보지 않았다. 알더마스턴의 취약한 안전관리는 냉전 비밀주의의 장막 아래에서 이곳이 수십 년간 부실 운영된 결과라고 리밍턴은 말했다. 안전보건청의 보고서는 〈헌팅-비알에이이〉의 "평가기준"으로 여겨졌다. 유감스럽게도, 이 신생 컨소시엄은 아주 빠르게 기준 밑으로 미끄러져 내려갔다. 1998년, 〈헌팅-비알에이이〉는 두 명의 노동자를 플루토늄에 오염시켜 2만 2천 파운드의 벌금형을 받았다. 이 노동자들은 방호복 없이 "글러브박스"[36]를 청소하고 있었다.

이듬해에는 〈헌팅-비알에이이〉가 지역 하천으로 삼중 수소 지하수[37]를 방류했고 환경청이 벌금을 부과했다. 알더마스턴의 한 노동자는 이 회사가 템스 강 지류에 정기적으로 삼중 수소수를 방류하고 있다고 환경청에 밀고했다. 〈헌팅-비알에이이〉는 하천 방류에 대한 허가를 신청한 적이 없으면서도, 방류할 트리튬 한계량을 자의적으로 설정했는데(환경청에 의하면 이 한계에는 과학적인 근거가 없다), 방류량이 그 자의적인 한계치를 초과하기 시작한 것이다. 공식적인 기록은 아니지만, 한 유출 보고서에 의하면 1998년에만 보고되지 않은 안전사고가 1백 건이나 발생했다. 이 보고서는 또 선반旋盤에서 떨어져 나온 우라늄 가루가 "위험상태"criticality(폭발을 일으킬 수 있는 상태)에 이를 뻔했던 1993년의 사고를 상세하게 서술하고 있었다.[38] 이 밖에도 일련의 화재들, 모든 소방펌프가 오작동했던 일 개월, 1998년에 시설 밖에서 발생한 여덟 건의 환경오염 사례 등 사건·사고를 기록하고 있었다.

〈헌팅-비알에이이〉는 계약을 잃었지만, 영국 정부는 사영화 의욕을 잃지 않았다. 미국의 거대 무기업체 〈록히드〉와 〈세르코〉(수용시설 사영화와 군수 사영화 전문 기업), 그리고 〈브리티쉬 뉴클리어 퓨얼스 주식회사〉가 기지 운영을 넘겨받게 되었다. 지역 하원의원 마틴 살터는 오랫동안 알더마스턴의 오염 전력을 비판해 온 사람이었다. 살터는 사영화가 시작된 후 안전 문제가 더 심각해졌다는 생각에 대해 그것이 "순진한" 발상이라고 주장했다. 그는 국방부가 이 시설을 비밀리에 운영할 때보다 계약업체들이 운영을 맡게 된 이후 상황이 더 악화하였다고 생각하지 않았다. 하지만 살터는 의회에서 이 문제를 제기하여 논쟁을 일으킬 만큼 신임 운영업체의 자질에 관해서 우려하고 있었다.

〈헌팅-비알에이이〉는 사영화 부대의 다음 행보의 중심에 있었다. 이 업체는 전쟁터 자체의 사영화를 향한 행군의 첫 목적지로 군사 기지를 이용했다. 다음 목적지는 코소보 갈등 지역에, 전쟁터와 한층 더 가까워진 곳에 구축될 예정이었다. 코소보에서 벌어진 세르비아 세력에 대한 군사 행동은 긍정적인 개입으로 선전되었다. 즉 그것은 세르비아 지원군의 공격으로부터 소수인종을 지키기 위한 인도적인 개입으로 선전되었다. 그러나 코소보 갈등 속에는 이후 정치에서 출현하게 될 불안의 요소가 있었다. 그 요소란 바로 밀로셰비치를 나토 국가들에 불안한 위협이 되는 인물로, "불량국가"의 지도자로 그린 점이다. 1999년 7월 영국 국방부는 5천 명 규모의 "반영구" 기지를 코소보에 구축하는 1억 1천만 파운드짜리 계약을 "〈헌팅-비알에이이〉, 〈더블유에스 앗킨스〉, 〈존 모우램〉, 〈메이스 해운〉으로 이루어진" 〈히베르나〉 컨소시엄과 체결했다. 이 계약은 〈할리버튼〉과 미군이 체결한 로그캠[39]을 원형으로 했다. 〈할리버튼〉은 로그캠에 의거해 코소보에 캠프 본드스틸을 세웠다. 특히 로그캠 체결 이후 〈할리버튼〉이 이라크에 군사 기지를 설립하는 과정은 "페더베딩"[40]이라는 비난을 받았다.

"원가 가산 방식"[41]으로 체결된 계약에 따라 〈할리버튼〉는 불필요한 과잉노동으로 돈을 벌었다. 장교 숙사를 하루에 두 번 이상 청소하고, 빈 트럭을 운전하고 다녔다. 운전자들은 이러한 관행을 "요트 연료 운반"이라고 불렀다. 〈할리버튼〉은 바가지를 씌우는 단순한 방법으로 돈을 벌기도 했다. 1회 세탁비로 1백 달러를 받는 식이었다. 그러나 〈히베르나〉 컨소시엄은 미국의 사례를 따르지 않았다. 그 대신 이들은 자신들만의 보다 전형적인 영국식 수익 창출 방법을 찾아냈다. 이들은 과잉 대신 인색함을 택하기로 결정했다. 이들이 시공을 맡은 동절기용 영국군 기지는 제때 건설되지 않았다. 〈히베르나〉는 이것을 "악천후" 탓으로 돌리며 마치 동절기 기상 조건을 예상하지 못했던 것처럼 굴었다. 그리하여 코소보에서 미군 병사들이 햄버거 바가 딸린, 난방이 들어오는 텐트 안에서 터무니없이 값비싼 사치를 누리는 동안, 영국 병사들은 추위를 제대로 막지 못하는 텐트 안에서 벌벌 떨며 계약업체가 막사를 지어주길 기다려야 했다.

〈헌팅-비알에이이〉가 만든 코소보의 영국 병사 주거시설은 잔인한 역설을 품고 있었다. 이 회사는 집속 폭탄(충돌 즉시 폭발하지 않는 작은 "소형 폭탄들"을 발사하는 탄약)을 제조했다. 폭파되지 않은 "소형 폭탄들"은 실질적으로는 지뢰가 되었다. 그래서 반反지뢰 운동 단체들은 지뢰와 마찬가지로 집속 폭탄도 금지되어야 한다고 주장했다. 아이들을 포함한 수많은 민간인이 전투가 멈춘 후 남은 소형 폭탄의 희생양이 되었다. 영국군에도 집속폭탄 투하 후 폭발하지 않은 소형폭탄으로 피해를 본 사상자들이 있었던 것으로 드러났다. 1999년 6월에 두 명의 구르카인[42]이 이러한 방식으로 살해되었다. 즉 영국군 숙소를 제공한 기업이 영국군을 죽이기도 한 것이다. 결국, 2003년에 코소보 기지 운영권은 영국계 미국 회사 〈다인코프〉에게 넘어갔다. 〈다인코프〉는 발칸 반도에서 이미 경험을 쌓은 업체였다. 이 책에서 곧 살펴보겠지만, 코소보에서 이들이 운영한 사설 경찰대의 대원들은 성매매 여성 인신매매 파문에 휘말리게 된다.

1990년대의 군사 기지 사영화 사례 중에서 눈에 띄는 성공 사례는 없다. 형편없는 영국 내의 군 숙소, 악천후로 건설되지 않은 겨울 막사 등, 오히려 무참한 실패처럼 보이는 건이 여럿이다. 여기에 핵시설 오염과 벌금들 그리고 법정 공방들을 더하면 실패한 정책이라는 전체적인 그림이 그려지기 시작한다. 그러나 군수 사영화의 불쾌한 외관은 사영화 과정을 중단시키지 못했다. "신"노동당 정권의 당선으로 군사 사안이 상업 영역으로 넘어가는 사례의 수가 급속도로 증가했다. 1997년에 선출된 노동당은 자신들의 (사회주의적 충동은 물론이거니와) 사회민주주의적 성향을 재빨리 포기하였지만, "개혁"하고 "현대화"하려는 욕구만은 잃지 않았다.

사회주의적인 함의가 사라진 "개혁"이란 상업화와 경쟁의 규제보다는 상업화와 경쟁의 심화를 의미하게 되었다. 열정적이지만 사회주의가 아닌 게 분명한 신노동당 정권의 출현은 사영화 계획들의 원기를 회복시켰다. 사실 이들의 보수당 전임자들은 지쳐가고 있었고 사영화 행군을 다소 늦추고 있었다. 한때 "평화운동"에 참여했었던 노동당의 각료들은 〈핵 군축을 위한 운동〉 회원카드를 버리고 새로운 군사적 모험들에 투신하였다. 노동당 각료들에게 전통적인 우파 '애국주의'의 정치 전력이 없다는 점은 역설적으로, 이들이 군사적 전통들과 단절하고 군의 사영화 속도를 높이는 것은 물론 우려스러울 정도로 군을 자주 전장으로 보내는 것에 거리낌이 없었음을 의미했다.

3장
군사력 투사[1]

냉전의 종식으로 대형 방위기업 중역들은 두려움에 휩싸였다. 무기 제조업자들은 평화 시기의 도래가 무기 판매량 저하로 이어질 것을 진심으로 우려했다. 그러나 불필요한 걱정이었다. 평화 배당금[2]의 수준은 기대 이하였다. 냉전의 빙하 아래 묻혔던 갈등들이 녹아 아주 뜨거운 전쟁들로 드러났다. 미국과 그 동맹국들은 세계무대의 강력한 경쟁세력에 대한 부담을 털어 버리고 먼 곳에서 새로운 모험을 하는 데 이끌렸다. "군사력 투사"가 새 강령이 되었는데, 이것은 군이 유럽대륙의 전장에서 러시아군을 상대하기 위해 만들었던 장구裝具 대신, 원정대를 위한 새 장비를 개발해야 한다는 것을 의미하였다. 군사 전략가들은 "비대칭 전쟁"assymetric warfare에 관해 고민하기 시작했다. 냉전 시기에는 나토와 바르샤바 조약기구 사이에 예측할 수 있고 이해하기 쉬운 적절한 균형이 있었다. 대륙간탄도미사일ICBM이 대륙간탄도미사일에 맞섰고, 전차부대가 전차부대에 맞섰다. 그러나 군사 인텔리겐치아intelligentsia는 그들의 보다 소규모이고 약한 적들에 대해 염려했다. "테러리스트들"과 "불량국가들"은 예측 불가능했고, 식별하기 어려운 경우도 종종 있었다. 군사력 투사가 "비대칭 전쟁"에서 승리하기 위한 열쇠로 여겨졌다. 이 의기양양한 골리앗이 새로운 세대의 다윗들을 찾아내어 파괴할 수 있어야 했다. 이러한 군사 교리는 알-카에다가 신문 헤드라인들에 급작스레 등장했던 2001년에 구체화되고 확장되었다. 이슬람 테러리스트들이 서구세계의 중심부에 도달하여 수천 명을 살해하고 있었기 때문에, 주변부로 간주되던 지역들에 정확하고 강력한 직접 타격을 가할 수 있는 능력의 개발이 이제 시급해졌다.

새로운 사영화와 대테러전쟁에서의 군사력 투사라는 새로운 욕구는 떼려야 뗄 수 없는 관계였고, 그 관계는 점점 더 긴밀해졌다. 새로운 원정대를 기획하고, 구축하고, 원정대의 인원 충원을 도운 것은 사기업들이었다. 이미 통제권을 확보한 군사 기지들을 발판으로, 군수 산업 복합체의 중역들은 이제 전쟁터 자체를 장악하기 위해 나섰다. 새로 취임한 노동당 정부는 보수당의 사영화 기획을 거부하기는커녕 오히려 그것에 새로운 활기를 불어넣었다. 특히 노동당은 민간투자사업[3]이라는 보수당의 부실한 정책을 부활시켰다. 이 계획에 따라 정부는 학교와 병원을 민간 계약자들에 매각 후, 국가가 통제했던 건물과 인력에 대한 통제권을 상업적 컨소시엄들이 갖게 되면 다시 그것들을 기업들로부터 임대하곤 했다. 의료 부문, 교육 부문, 런던 지하철의 민간투자사업과 공공-민간 협력 사업은 모두 많은 논란을 일으켰다. 반면 거대한 군사 민간투자사업들은 언론의 경제면 밖에서는 별반 여론의 주목을 받지 못했다.

영국의 군사 사영화 계획들은 영미 정치인·관료·군인·사업가가 참석한, 2000년 옥스퍼드 주에서 개최된 한 회담에서 확정되었다. 회의의 의장은 장래 미국 부통령인 딕 체니였다. 체니가 소유했던 기업은 9개월 후 "스폰서 예비군"(미국 다국적 기업에 고용된 영국 병사들)을 제공하는 계약을 수주하게 된다. "군 시설, 군 자산, 군사 작전, 병역의 사영화에 관한 미국과 영국의 합동회담"은 2000년 4월 (지배층에게 개별적으로 숙고할 공간을 제공하는 오직 지배층만을 위한ultra-establishment 회의장인) 디칠리 파크에서 이틀 동안 열렸다. 의장은 한 명이 아니었다. 당시 〈할리버튼〉의 이사장 겸 최고경영자 딕 체니와 데븐포트 잠수함 기지의 경영자들은 (코소보에서 영국군을 위해 막사를 짓고 있거나 짓는 데 실패하고 있었던) 〈헌팅 주식회사〉의 사장이자 전 영국군 참모총장인 육군 원수 빈센트 경과 직무를 분담했다. 기지 사영화의 베테랑들도 함께하고 있었다. 국방부 재산관리국 국장 이언 앤드류스가 참석했고, 국방부 주거시설 관리부의 존 윌슨이 열악한 병사 숙소 사영화에 참여했던 공무원들을 대표하여 출석해 있었다(이 책의 2장 참조).

영국의 유력한 군수 계약업체 중 하나인 〈세르코〉의 관계자들도 여럿 참석하였다. 〈세르코 디펜스〉 사장 스티브 컷힐과, 〈세르코〉의 알더마스턴 핵기지를 운영하고 있던 퇴역 육군 소장 말콤 헛친슨이 출석했다. 〈세르코〉와 〈록히드〉의 컨소시엄은 빈센트 경이 경영하는 〈헌팅〉의 알더마스턴 핵기지 경영권을 넘겨받았다. 이 컨소시엄이 운영하게 된 알더마스턴에 대한 공식감사에 의하면, 이들이 기지 운영권을 갖게 된 후에 시스템 개선이 이루어진 측면이 있었다. 그러나 이들의 안전방침 습득능력은 "그 효과 면에서 제한적"이었고, 이들은 "안전에 관련된 활동을 담당하는" 직원들이 "충분한 능력과 경험을 갖추고 있는지"를 확인하는 데 필요한 "제대로 된 장치를 갖추고 있지 못했다." 〈세르코〉는 필링데일(요크셔 무어에 위치한 조기경보 기지)과 군사대학 한 곳을 비롯하여 다른 시설들도 운영했다.

회의의 영국인 참석자 중에는 장래에 전투 지역에서 기업들의 참여를 증진해 줄 수 있는 사람들도 있었다. 당시 영국군 고위 장교였던 존 스펠라는 국방부 "공사협력단" 단장 피터 라이언, 국방부 수석재무관 콜린 발머, 국방부 병참청청장 알리스테어 벨 등 국방부 고위관료 군단을 대동했다. 미군의 준공식 싱크탱크 〈랜드RAND 연구소〉가 이 회의를 주최했다.

회담 요약문에 따르면, "사적 부문의 자본과 사적 부문의 전문성을 국방 활동에 적용하는 것에 대한" 미국 국방부와 영국 국방부 양쪽 모두의 "관심이 점점 더 커지고 있다." 회담은 군사 사영화를 확대하기 위한 "사업 계획"을 도출하며 마무리되었다. 회계법인 〈프라이스워터하우스쿠퍼스〉의 공동경영자이며 영국 국방부에 군수 매각 관련 자문을 제공하는 마틴 키터릭은 이 회담에서, "민간투자사업의 경계를 확장하며 영국 국방부에 까다로운 문제들을 일으키는" 두 개의 계획인 중장비 운송 사업과 미래 전략적 급유기 프로그램을 발표했다. 3억 규모의 중장비 운송 사업은 2001년 1월 딕 체니의 〈할리버튼〉의 자회사 〈브라운&루트〉에 수여되었다. 〈브라운&루트〉는 미래 전략 급유기 건에도 입찰했다가 철회를 했었다. 체니는

2000년 8월 조지 부시의 부통령 후보가 되기 위해 〈할리버튼〉의 최고경영자직에서 사임했다. 〈브라운&루트〉의 최고운영책임자이자 퇴역 미국 해군 대장인 조셉 로페즈도 체니와 함께 이 회의에 참석했다.

키터릭이 지적한 "까다로운 문제들"은, 사기업이 병사를 모집하고 고용하는 스폰서 예비군 전략과 관련해서 불거졌다. 중장비 운송 계획에 의하면 특수유조차 운전자들은 〈할리버튼〉의 직원이 된다. 그러나 전장으로 전차를 운송하게 될 수도 있는 이 운전자들은 예비군에도 소속되어 있어야 했다. 전투에 휘말리는 순간 이들은 미국 다국적기업의 직원에서 영국군 병사로 변모할 것이었다. 즉 이 사기업과의 계약내용에는 군대에 운송서비스를 제공하는 것뿐만 아니라, 실제 전투가 벌어지는 동안에는 군 사령부의 통제하에 놓일, 일정한 수의 신체 건강한 예비군 부대를 제공하는 것도 포함되었다. 〈할리버튼〉의 탱크 운송계획은 2003년 이라크 침공 이후 본격화되었다. 탱크운송차량이 군사 분야 특파원들 앞에서 첫선을 보이는 자리에서 이 계획은 언론에 수모를 당했다. 슈퍼마켓 주차장에서 회전을 하려던 "전지형" 차량 한 대가 옆으로 넘어진 것이다. 이 사건 이후 영국 언론들은 중장비 운송차량들에 관해 전혀 보도하지 않았다. 미국 부통령의 소유였던 〈할리버튼〉이 이라크에서 미국 정부와 수익성 높은 계약을 체결한 방식에 대해서는 비난이 쏟아졌지만, 그 회사가 영국 병사들을 고용하여 탱크 운송을 시키면서 잔재미를 보고 있다는 사실은 거의 세간에 알려지지 않았다.

2003년 11월, 열여섯 대의 중장비 차량이 제3전차부대가 있는 이라크에 보내지면서 〈할리버튼〉의 전차운송차량은 영국군을 위한 업무를 시작했다. 영국 국방부는 이라크 전역이 "작전지역"이라고 선포하고, "군사 지휘권, 군법, 군사 규율의 통제를 받는," 군복을 착용하고 무기를 소지한, 〈할리버튼〉사 소속 스폰서 예비군들을 이라크로 보냈다. 이러한 위장은 영국의 신병 일부가 미국 다국적기업에 의해 고용되었다는 사실이나, 그들이 적어도 부분적으로는 미국 다국적기업의 훈련을 받았다는 사실을 감추지 못했다. 이 "스폰서 예비군" 개념은 결국 몇 백 명의 무장인력을 동원하는 데 그쳤다. 그러나 이 개념은 군사 교리에서 중요한 교두보 역할을 하였다. 2000년에 영국 각료들과 장래 미국 부통령이 체결한 합의에 따라서, 사기업이 고용한 병사들이 전쟁터에 배치된 것이다. "스폰서 예비군" 개념으로 인해 장비공급자는 병력공급자로 변모했다. 또 이 개념은 상업적 무장인력의 사용을 정상화했다. 이것은 이라크와 아프가니스탄에서의 더욱 광범위한 용병 사용을 위한 정책적 교두보였다. 대테러전쟁의 개시로 군사적인 긴장감이 비등점에 이르렀을 때, 스폰서 예비군 계획 덕분에, 그 긴장감 속에는 이미 상업적인 병력의 사용이라는 발상이 자리를 잡고 있었다.

옥스퍼드 회담의 참석자들은 "영국의 스폰서 예비군, 미국의 기술지원 같은 개념들이 군과 민간계약자 간의 경계를 흐린다"는 점에 동의했다. 그러나 영국과 미국의 고위 정치인·군인·사업가 들의 우려는 전장의 사영화가 전쟁에 상업적 이해관계 갈등을 초래한다거나, 심지어 새로운 형태의 용병을 만들어 낸다는 것이 아니었다. 회담 참석자들은 어디까지가 사업이고 어디서부터가 군대인지를 결정하기 어려워했을 뿐이었다. 회담 보고서에 의하면,

세 부문의 참가자들은 사영화 대상에서 제외해야 할 핵심 군사 권한들을 각기 지정하려 했다. 그러나 이들은 모두, 군이 수행해야 할 활동과 민간인이나 계약인력이 수행할 수 있는 활동 사이에 명확한 선을 긋는 것을 어려워했다.

〈프라이스워터하우스쿠퍼스〉의 컨설턴트이자 국방부 고문인 마틴 키

터릭은 사영화와 신종 전쟁들이 긴밀하게 연관돼 있다고 주장했다. "평화유지라는 역할로 충돌의 양상과 규모가 변하고 있다는 점"이 "변화의 동력"이었고, "사적 부문을 관여시키는 것이 종종 그 변화를 실질적으로 이행하는 데 필요한 요소"라고 키터릭은 설명했다. 이들은 편협한 고위 장교들보다는, 이윤을 추구하는 혁신적인 기업들이 전장의 양상을 변화시키는 데 더 능란하리라고 생각했다. 아프가니스탄과 이라크에 대한 미국 주도의 군사행동이 개시되었을 당시에 미국 국방장관 도널드 럼즈펠드는 기존의 군사교리들과 근본적으로 단절하고자 했으며, 더 가볍고, 더 빠르고, 더 유연한 군대의 활용을 대대적으로 확대하자고 제안했다. 그는 "압도적 군사력"이라는 낡은 개념과 냉전 스타일의 대규모 전술에서 탈피하고 싶어 했다. 랜드 회담의 참가자들은 새로운 군사교리에 대한 완고한 장교들의 저항을 제압하는 데, 그리고 펜타곤과 화이트홀⁴의 융통성 없는 관료 체제를 흔들어 놓는 데 군수 계약업체들을 활용하려 했다. 민간 군사업체들을 활용하여 정부는 군 지휘체제를 개편하고, 군과 오랜 기간 결부되었던 "압도적 군사력"에 대한 필요 같은 낡은 생각들을 처분할 수 있게 될 것이다. 상업적 요소의 도입으로 군대는 더 가볍고 신속한 전쟁이라는 새로운 발상에 안착하게 될 것이다. 더 가볍고 더 신속한 전쟁이라는 이 새로운 교리는 전쟁의 가능성을 높였다. 그리하여 민간 군사 기업들의 사용은 정치인이 꿈꾸던 전쟁들의 실현을 앞당겼다.

회담의 참석자들이 "불렛 라인"⁵이라고 불렸던 것과 유사한, 유명한 사영화 사례들이 미국에도 몇 건 있긴 했지만, 대체로 미국은 영국이 군수 매각 분야에서 점한 전반적인 우위를 부러워했다. 딕 체니는 옥스퍼드에 모인 사람들에게 말했다. "성공적인 사영화를 위해 반드시 필요한, 문화·태도·운영 스타일의 변화를 받아들인 정도에 있어서, 영국의 동료들이 미국에 있는 우리보다 훨씬 앞서 있다는 인상을 받습니다." 체니의 이런 관점에는 개인적인 이유가 있었다. 당시 그는 "영국 데븐포트 공창의 소유와 운영"이 자사 〈할리버튼〉의 군수사업에서 큰 비중을 차지하고 있다는 점을 분명히 밝혔다. 영국이 사영화 경주의 선두에 서 있다는 사실은 모두가 동의하는 바였다. 마틴 키터릭은 영국 국방부가 대체로 "사적 부문이 국방부 활동에 관여하는 것에 관해 매우 진취적인 태도를 보여 왔고" 그들의 "실적이 훌륭하다"라고 밝혔다.

〈헌팅〉의 빈센트 경은 영국이 군대 사영화를 주도하게 된 주원인 가운데 하나가 대처주의라고 지적했다. 이제 신병 훈련비용이 상승해서 비용절감을 할 수 있는 대안을 찾아야 하는데, "마거릿 대처가 사영화를 열정적으로 추진했기에, 사용 가능한 기회들에 대한 시야가 열리기 시작했던 것"이라고 그는 주장했다. 노동당도 군대 사영화에 대한 대처의 열정을 발판으로 삼고 있었다. 미국 측 대표 말론 아프가르는 회의 조직에 도움을 준 모든 사람에게 감사를 표하면서, "여러 차원에서 무엇보다 중요한 것"은 "국방부에 있는 우리 영국 동료들, 존 스펠라 씨, 로저 잭클링 씨, 그리고 피터 라이언 씨가 우리를 열성적으로 지지해 주었다는 점"이라고 언급하는 것을 잊지 않았다. 스펠라는 회담 당시 노동당의 국방장관이었고, 라이언은 "공사협력단"의 군 측 책임자였으며, 잭클링은 국방부의 제2정무차관이었다.

이 회담의 주제 중 하나는, 규정에 지나치게 유의하다 보면 사영화에 방해될 수 있으므로, 일을 진척시키기 위해서는 군이 민간 부문과 한 배를 타야 한다는 것이었다. 한 회담 참석자는 민간 부문이 영국의 정부정책을 좌우하는 방식에 관해 설명했다.

우리는 규정을 다시 작성해야 한다. 영국은 두 팀으로 나뉜 전담반을 구성하여 그렇게 했다. 외부 컨설턴트의 지원을 받는 공무원 열두 명 정도로 이루어진 정책팀이 하나이고, 창조적인 재무전문가가 이끄는, "최고급" 민간 부문 전문가 열두 명 정도로 이루어진 사업팀이 다른 하나이다. 이들은 공사협력 정책과 정책지침을 재작성했을 뿐만 아니라, 국방부와 정부 전반에 집행된 "변화관리" 프로그램을 주관했다.

(영국 국방부의 방어체제를 돌파할 수 있는 상업 특공대인) 금융업자와 컨설턴트가 이 군의 새 특수 부대가 되었고, 계약이 신종 비밀무기가 되었다. "영국 국방부가 문화적인 변화를 장려하기 위해 '규정 말고 거래'라는 구호를 채택"함에 따라, 규정을 무시하는 것이 영국의 방침이 되었다. 아프가르는 미국에서 입법자들이 사영화에 "과도한 관심"을 기울이고 있고, "의회 청문회"는 "7백 달러짜리 망치"와 "3천 달러짜리 전화기" 같은 문제를 폭로하는 "고배율 현미경"이 되어 사영화를 와해시키고 있다고 주장했다. 옥스퍼드 회담의 참석자들이 자인한 이 회담의 목적은 "새로운 군수 산업의 구조를 구축하는" 것이나 마찬가지였다. 이것은 "장기계약", "모든 가격을 선결정하지 않는 것", "사업체 선정 기준을 입찰안보다는 업체명 위주로 변화시키는 것" 등과 같이, 경쟁이 필요 없고 편리한 각종 관행의 도입을 의미했다.[6]

회담은 "후속조치들"을 이행하자는 서약을 끝으로 마무리되었다. "이번 회담처럼 미-영 교류를 지속할 수 있는 상설포럼을 발족"하여 미국과 영국의 산업 분야·군대 분야의 이해관계 간에 "연결을 상설화하자"는 결의도 서약의 일부였다. 또 회담 참석자들은 자신들이 "민간 부문 전문가들의 도움으로 군대 사영화 노력의 전략적 비전"을 구축했기 때문에, 민간 부문이 정책 고안도 해야 한다고 결정했다.

스폰서 예비군과 관련된 두 개의 사업계획이 더 있었다. 해상수송 전략계획과 공중수송 미래전략 급유기계획이었다. 중장비 운송차량이 군의 전차를 전장으로 운송했다면, 전략 해상 수송선은 전차와 병력을 타국의 해변에 상륙시키는 데 사용되었다. 민간투자사업 거래의 목표는 합동 신속 대응군이 신속하게 타국 해안에 상륙할 수 있도록 로로선7 여섯 척을 제공하는 것이었다. 선박 아홉 척을 준비하는 대가로 계약자들은 9.5억 파운드를 챙겼고, 계약기간은 25년이었다. 군이 "중요작전"을 위해 선박이 필요하기 전까지 세계를 돌며 상업 화물 운송을 할 수도 있었다. 그러다가도 25대의 챌린저 전차, 24대의 장갑차를 적재할 수 있어야 했고, "브레이브 하트"Braveheart 자주포를 위한 공간도 별도로 필요했다. 선박이 전투에 투입될 시 현역 해병으로 변신하는 장교들과 선원 역시 민간운송업체가 제공할 것이었다.

계약자와 해군의 경계선이 모호해지는 것에 대해 노동당 하원의원 스티븐 헵번과 선원노조 〈누마스트〉NUMAST가 우려를 표했다. 이 해상수송 계약을 따낸, 〈에이더블유에스알AWSR 컨소시엄〉이라 불리는 업체들은 애초에 선박이 민간 활동 중일 때는 영국인 선원보다 임금이 낮은 외국 승무원들, 그중에서도 특히 필리핀 선원을 대거 고용할 계획이었다. 전쟁이 임박했을 때에만 임금이 더 높은 영국인 승무원들을 소집하면 되는 것이었다. 그러나 헵번을 비롯한 여러 사람의 끈질긴 촉구로 영국 국방부는 선박들이 민간 목적으로 운행할 때나 군사 임무로 운행할 때나 영국인 승무원들이 승선하도록 계약을 수정했다. 하지만 영국 해운업의 지지자들은 이 계약에 실망하게 되었다. SS안빌 호와 그 자매함은 벨파스트의 할란드 & 울프 선창에서 건조되었으나, 나머지 네 대는 [독일] 함부르크8 근처에서 〈플렌스버거 조선회사〉가 건조했기 때문이다.9

전략적 해상수송선들은 이라크전쟁에 맞춰 운행을 시작했다. 2003년 여름부터 이 사영 함대가 이라크를 침공하는 영국 기갑부대를 걸프만에 상륙시켰다. "다수의 국제 석유자본이 선택한 해운업체" 〈제임스 피셔 해운〉도 〈에이더블유에스알 컨소시엄〉 소속이라는 점은 적절해 보였다.10

미래 전략 급유기 사업은 영국의 핵심 군용기들과 관련이 있었다. 급유기들은 정말 평범한, 거의 알려지지 않은 영국의 연료보급 비행대를 구성했는데, 이 항공기들이 사실 코소보, 아프가니스탄과 이라크 분쟁에서 결정적인 역할을 하였다. 급유기를 사영화하자는 제안은 새로운 군사 계약자들이 전쟁터 한복판에서 사업하고 싶어 했다는 것을 보여 주었다. 또 급유기 사영화 시도가 지금까지도 진행 중이라는 것은, 영국 국방부가 경영대학원의 전문용어들을, 적어도 군대 명령어만큼은 능란하게 사용한다는 것을 드러낸다. 또 전투 중인 부대를 방문하는 것보다 판촉회의나, 업체들이 주최하는 조잡한 "연회"들에 참석하는 것을 국방부 고위관료들이 더 좋아했다는 것을 보여 주었다.

현존하는 공중 연료보급기들은 민간 여객기 모델을 개조한 것이기 때문에 군용기처럼 보이지 않는다. 영국 공군은 열아홉 대의 VC10기와 아홉 대의 트라이스타기를 보유하고 있다. VC10은 원래 1960년대에 호주와 서인도제도를 왕복하던 〈영국해외항공사〉의 민간 여객기였다.

그러나 1978년에 영국 공군은, 토네이도 제트기에 연료를 공중에서 보급해 운행 거리를 늘려 줄 항공기들이 필요하다고 결정했다. 공군은 임시변통으로 중고 상업 여객기인 VC10을 몇 대 수리하여 사용하기 시작했다. 그중 몇 대는 파산한 〈동아프리카항공〉과 〈걸프항공〉이 쓰던 항공기였고, 일부는 수명이 다해 사용이 중단된 〈브리티쉬 항공〉의 항공기들이었다. 아직 비행이 가능한 VC10은 다른 중고 항공기를 해체하여 얻은 부품으로 유지되었다. 여객기의 승객용 좌석을 뜯어 연료탱크를 설치했고, 후미의 수화물 칸에는 특수호스를 설치했다. 이 특수호스로 비행 중인 토네이도 전투기와 VC10기를 연결하여 연료를 주입할 것이었다. 록히드 트라이스타기들도 〈브리티쉬 항공〉에서 중고로 구입하여 공중 주유소로 개조된 급유기들이었다. VC10기와 트라이스타기는 각각 1982년과 1985년에 영국 공군의

101비행중대를 위해 처음 비행을 시작했다. 영국 공군 격납고의 가장 핵심적인 항공기 일부가 도산한 항공사들에게서 중고로 구입한, 파쇠더미의 폐부품으로 유지되는 매우 낡은 여객기들이었다. 매끈한 군용 제트기들을 비행할 수 있게 한 것은 볼품없고, 느리고, 낡은 항공기들이었다.

유로파이터 같은 매력적인 신형에 비해 급유기들은 낡아 보였고 현대전에는 확실히 어울리지 않는 것처럼 보였지만, 전쟁터가 새 무대, 새 배우들이 있는 새 지역으로 옮겨가면 급유기들이 매우 중요해졌다. 냉전의 공중전은 예행연습 수준을 벗어난 적이 없었다. 나토 전투기와 바르샤바 조약 전투기가 맞붙은 적은 없었고, 서구권 전투기들이 소련 폭격기들을 중도 차단해야 했던 사례도 없었다. 오히려 공군은 무장을 제대로 갖추지도 못한 지상군과 민병대를 공격하는 데 주로 사용되었다. 그러므로 전투기를 활동할 수 있게 하는 급유기의 역할이 더 중요했다. 급유기가 공중에서 항공기에 연료를 공급할 수 있었기 때문에, 영국과 미국은 (정치적으로 민감한) 각 지역에 공군기지를 짓지 않고도 멀리 떨어진 지역을 공습할 수 있게 되었다. 급유기 덕에 미국 군용기들이 디에고 가르씨아[11]에서 아프가니스탄이나 이라크까지 비행할 수 있었다. 아프가니스탄이나 이라크 같은 나라들과 그 인접 국가들은 군사적 개입의 발사대로 이용되는 것에 정치적으로 반대할 수도 있었다. 그런데 1967년과 1973년 사이에 섬에서 쫓겨난 디에고 가르씨아의 주민들은 반대하고 싶어도 할 수 있는 처지가 아니었다. 급유기는 "전투기와 폭격기의 사정거리를 확장"하는 "무력증폭기"였다. 1999년 코소보를 폭격한 토네이도 전투기를 독일에서 코소보까지 비행시킨 것도 이 급유기들이었다. "자유주의적 개입"[12]의 첫 번째 임무를 훌륭하게 완수한 이 급유기들은 대테러전쟁의 핵심적인 도구가 되었다. 이들은 2001년 미국 해군과 해병대의 항공기가 아프가니스탄을 공격하는 데 연료를 보급하며 3개월 간 강도 높게 비행했다. 이어서 2003년에는 영국과 미국 항공기의 이라크 공격을 도왔다. 그리하여 영국 국방부는 (지금은 효력을 잃은 바르샤바 조약의 항공기와 전투하기 위해 고안되었던, 엄청나게 비싼 애물단지) 유로파이터가 군 예산을 축내는 와중에, 급유기 비행대도 보수가 필요하다는 것을 깨달았다. 새로운 군사적 풍경 속에서 수리가 필요한 급유기들이란, 수백만 파운드짜리 민간투자사업으로 그것들을 사영화해야 한다는 것을 의미했다. 두 개의 컨소시엄이 이 계약에 입찰했다. 에어버스를 생산하는 유럽계 기업 〈이에이디에스〉EADS를 중심으로 한 컨소시엄과, 미국 항공기 재벌 〈보잉〉이 주도하는 컨소시엄이었다.

130억 파운드 규모의 급유기 사영화 사업에는 필연적으로, 이런 군사계약을 특징짓는, 기업이 후원하는 컨퍼런스와 연회가 뒤따랐다. 2003년 11월 대테러전쟁의 피비린내 나는 전투는 절정에 이르렀다. 아프가니스탄에는 폭격이 가해졌고, 이라크 침공과 점령이 이루어진 후였다. 영미 병사들은 정기적으로 화력전을 치르고 있었다. 2003년 11월은 침공 이후 연합군에게 가장 참혹했던 달 중 하나로 기록된다. 전후 저항세력이 형태를 갖추면서 1백 명이 넘는 연합군과 셀 수 없이 많은 이라크인이 사망했다. 또 영국 병사들은 소방관 파업을 저지하기 위해 영국 전역에서 "그린 가데스"Green Goddess라는 군용 소방차를 몰고 다니기에 바빴다. 이 와중에도 국방장관 애덤 잉그람은 군대의 민간투자사업에 관한 회담에 참석하기 위해 브뤼셀을 다녀올 여유가 있었다. 자국 병사들이 타국과의 전쟁에서 목숨을 걸고 싸우고 있거나, 영국의 산업관계에 휘말려 고군분투하고 있는 동안, 국방장관은 군수 사영화 회담에 참석하는 게 최선이라고 생각했다. 돈벌이를 목적으로 열린 이 행사에는 번지르르한 사치품이 가득했다. 군사계약을 체결하고 싶어 하는 기업 측 참석자들은 "샴페인 브레인스토밍 회담", "벨기에 맥주 시음의 저녁" 등의 행사에서 국방부 각료와 어울리는 대가로 1인당 3,504파운드씩을 지불했다. 장관은, 공사협력단 단장 리처드 윌리엄스 박사, 국방부 병참 조직 산하의 공사협력단 단장 브라이언 듀드니, 급유기 사영화를 위한 미래 전략 급유기 계획을 전담하는 국방부 관료 사이먼 컬쇼 등[13] 이 회담에 일곱 명의 국방부 최고위 관료들을 대동했다.[14]

"대테러전쟁"이 정점에 다다랐던 그달, 군 장교와 정치인 들은 자신들이 보유하고 있는 무기들을 가벼운 마음으로 훑어보았다. 미래 전략 급유기 사업에 대한 컬쇼의 파워포인트 슬라이드들은 유치할 성도로 열정적이었다. 그는 이 계획이 "〈스파이스 걸스〉[15]적 요소"를 갖고 있다고 하면서, 이 팝그룹의 사진을 보여 주며 자신의 주장을 설명하였다. 또 〈스파이스 걸스〉의 히트곡 가사를 인용하며 이 사영화가 영국 공군에 "당신이 진짜 진짜 원하는 것"what you really really want을 줄 수 있다고 주장했다.[16] 군수 사영화 계약의 잠재적 입찰자들은 듀드니가 "핵심적인 문제, 즉 영국 군대 병참의 어떤 업무들이 공사협력단/민간투자사업의 대상이 될 것인지에 대한 답변을 할 것"이라는 말을 들었다. 미래 전략 급유기 사업의 입찰 기업 중 하나였던 〈세르코〉가 이 행사를 후원했다. 〈세르코〉와 〈보잉〉 등 급유기 입찰에 참여하는 기업들의 경영진과 〈할리버튼〉의 피터 스마트, 육군 소장 출신으로 민간투자사업 전문기업 〈에이미 주식회사〉 이사로 재직하며 나오는 봉급으로 군대에서 나오는 연금에다가 용돈을 보태고 있던 존 스토코우 경 등도 이 회담에 참여했다.

2004년에 행사를 다시 개최한 것으로 미루어 보아 회담을 조직했던 사람들은 첫 번째 컨퍼런스가 성공적이었다고 생각했던 게 분명하다. 영국 총리와 그의 관료들은 군대 사영화 업자들이 주최하는 화려하지만, 품위 없는 판촉회의에 다시 열중하며 이라크와 아프가니스탄의 골치 아픈 군사 작전을 유지하는 데서 오는 중압감을 해소하였다. 2004년 회의는 베를린에서 열렸다. 이번에도 〈세르코〉가 회담을 후원했다. 애덤 잉그람, 국방부의 브라이언 듀드니와 영국 군대 사영화 업무를 맡은 여덟 명의 동료 각료들은 "베를린을 테마로 한 카바레 칵테일 피로연" 등 기업이 주최하는 조잡한 이벤트들에서 사영화 업체들과 어울렸다. 영국 공군의 급유기 사업에 입찰한 업체 중 하나인 〈이에이디에스〉가 이 행사를 후원했고, 그들은 "이 흥미로운 테마의 저녁 행사는 마를린 드티르히[17]의 매력에서부터 베를린 장벽의 성쇠까지 모든 것을 망라하여, 베를린의 활기와 다양성에 관한 모든 것을 탐험할 것"이라고 약속했다. 테러리즘과의 전투에 대한 자신들의 주장을 진지하게 받아들이지 않는 비평가들을 힐난하던 영국 정치인들은 그 전투에 사용될 무기를 점검하는 자리에서는 경계심을 풀어놓고 즐겼다.

군대와 민간 중역들 간의 퇴폐적인 카바레와 샴페인 브레인스토밍은 꼴사나운 풍경처럼 보일 수 있었다. 그러나 〈케이피엠쥐〉[KPMG] 회계법인의 티모시 스톤 박사(급유기 거래에 대한 국방부 고위 고문)는 좀 더 심각한 잠재적인 갈등요인을 발견했다. 급유기 민간투자사업에 의하면 민간 컨소시엄이 항공기를 소유하고 영국 공군에게 그것을 임대하게 될 것이다. 또 민간 컨소시엄들이 지상요원 일부와, 가능한 범위 내에서 항공 승무원도 제공하게 된다. 이들 중에는 "스폰서 예비군"(교전 중에 영국 공군 장교들로 변모할 수도 있는 민간 업체 직원)도 포함되어 있다. 공군은 스폰서 예비군을 탐탁지 않게 여겼다. 그러나 고든 브라운의 재무장관은 새로운 민간 병사들이 굉장히 혁신적이라고 생각했고, 재무장관의 주장으로 공군은 스폰서 예비군을 받아들였다. 스톤은 이 군용기들이 "허츠 & 에이비스"[18]처럼 운영될 것이라고 설명했다. 스톤의 프레젠테이션은 국방부 관료들이 경영 컨설턴트, 판매 회의, 경영학 대학원 등에서 사용하는 숨 막힐 것 같은 언어를 사용해 전쟁을 논했다는 사실을 분명하게 보여 주었다. 이 항공기들이 민간 전세기로 사용되다가 전쟁이 터지면 신속하게 급유기로 전환된다는 것이 애초의 계획이었다. 여기에서 "부속산업 순익"이 발생하기 때문에, 공군은 비용절감을 할 수 있었다. 공군은 그저 "급유는 업무이지 기체airframe가 아니다"라는 사실만 인식하면 되었다.[19] 이 새로운 군사 업무의 경제학에 의하면, 계약업체들에게 업무를 외주화할 수 있는데 군대가 자체적으로 항공기를 소유할 필요가 없었다. 스톤 박사는 잠재적인 문제들이 있다고 지적했다. 첫째, 그의 파워포인트 프레젠테이션에서 그는 "군대는 급하게 전쟁을 일으키는 것을 좋아하"지만 "민간인들은 장기적인 계약들을 좋아한다"고 말했다. 스톤 박사는 군대가 자신의 필요를 우선시하기보다는 업체들의 필요와 조화를 이루려고 노력하면서 타협을 해야 한다고 제안하는 듯했다. 둘째는 항공기들의 "사용에 대한 규제"였다. 이라크전쟁 개전 전에 이루어진 발표에서 그는, "예를 들어서 민간 업무로는 이라크로 비행하지 않을 것"이 이러한 규제에 포함된다고 청중에게 말했다. 이 국방부의 수석 고문은, 이라크를 폭격해야 하는 항공기가 바그다드 공항에서 사담 후세인 정권을 위한 보급품을 수송하기 위해 분주해 하는 상황이 벌어진다고 할 때의 그 곤혹스러움을 예상했던 것이다.

급유기 계획은 곧 스톤 박사가 상상하지 못했던 세 번째 갈등에 연루되었다. 미국에서 〈보잉〉이 부패 스캔들에 휘말렸고 영국에서의 그들의 입찰에 스캔들이 영향을 미친 것이다. 〈보잉〉은 급유기를 미국 공군에 임대하는 170억 파운드짜리 계획에도 입찰하고 있었다. 영국 정부는 미국에서의 〈보잉〉의 급유기 계획과 영국에서의 그들의 입찰 사이에는 아무런 관계가 없다고 주장했다. 그러나 부시 대통령은 이 두 개의 계획이 서로 얽혀 있다고 생각했다. 영국을 방문했을 때 부시는 영국 총리에게 급유기 민간투자사업을 〈보잉〉에게 주라고 로비했다고 한다. 부시는 미국에서 〈보잉〉을 지원하고 있었다. 그리고 영국과 미국의 급유 비행대 항공기가 "호환 가능하다는 것"은 미국 기업에 거대한 보상을 주는 것일 뿐만 아니라 군사적인 이점도 될 것이었다.

2003년에 미국의 계획이 집중포화를 받게 되었다. 〈보잉〉의 급유기

100대를 미국 공군이 임차하는 것보다 공군이 항공기를 구입하는 것이 40퍼센트 더 저렴하다는 사실을 상원의원들이 깨달았기 때문이다. 계획의 지지자들조차도 이 계획 자체가 〈보잉〉에 주는 보조금이라는 사실을 인정했다. 〈보잉〉의 본거지인 워싱턴 주의 하원의원 노엄 딕스는 부시에게 서한을 보내 급유기 비행대를 위해 이 회사의 767 항공기를 임대하는 계획은 9·11 이후 발생한 "〈보잉〉의 업무 손실"을 보상하는 "경제 부양 정책"의 일환으로 집행되어야 한다고 주장했다.[20] 상원의원들은 몇 대만 임대하고 대부분 항공기는 구매를 하는 방향으로 비용을 낮춰야 한다고 주장했다. 미국에서 정치인들은 급유기를 구입할지 임대할지를 논의했다. 영국에서는 민간투자 사업이 아니면 선택의 여지가 없었다. 두 개의 컨소시엄 중에 누가 항공기를 공급할 것인지가 문제였을 뿐이다.

비용 문제 다음은 부패였다. 미국 급유기 거래를 담당했던 미군 장교 달린 드루연이 〈보잉〉에 입사했다. (드루연이 군에 있을 당시 입수한) 급유기 공급 거래에 입찰한 경쟁업체 〈이에이디에스〉(유럽 무기회사)의 예산 수치들을 그녀가 〈보잉〉에 제공했던 것으로 보인다. 드루연과 〈보잉〉의 최고 재무 책임자 마이크 씨어스는 이 스캔들로 인해 해고당했다. 이어서 〈보잉〉이 〈트라이럼〉이라는 펀드에 수백만 달러을 투자했다는 사실이 알려졌다. 대통령의 핵심 고문이자 유력한 매파 인사 리처드 펄이 운영하는 펀드였다. 펄은 미국방정책위원회의 구성원이기도 했다. 펄은 그의 영향력 있는 지위를 이용하여 〈보잉〉의 계약 체결을 위해 로비했다.[21] 〈보잉〉은 또 한 명의 국방정책위원회 위원인 전 중앙정보국 국장 제임스 울시가 경영하는 〈팔라딘 캐피털〉에도 수백만 달러를 투자했다. 그러나 울시는 자신이 〈보잉〉의 계약을 위해 적극적으로 나선 적이 없다며 부인했다. 이 미국 스캔들에 휘말린 몇몇 인물들은 영국에서도 친숙한 얼굴들이었다. 〈보잉〉의 필 콘딧과 짐 알바우는 영국 급유기 공급 거래를 〈보잉〉이 수주하게 하려고 영국 상무장관 파트리샤 휴윗에게 직접적인 로비를 펼쳤다. 짐 알바우는 당시의 국방장관 제프 훈에게 개인적으로 연락해 영국 공군이 〈보잉〉 급유기를 사용할 것을 권하기도 했다. 이후 콘딧은 사임했다. 알바우는 〈보잉〉의 미국 계약을 위한 로비에도 관여했다. 〈보잉〉의 부사장 데이비드 스펑도 이 두 건의 로비에 모두 관여했던 것으로 보인다.[22]

〈보잉〉 컨소시엄의 영국 대변인은 민간투자사업 계획에서 회사가 겪은 어려움이 "일시적이고 사소한 문제"일 뿐이며 "가정과 마찬가지로 기업도 여러 가지 경험을 거친다"고 나에게 말했다. 그러나 〈보잉〉이 영국에서의 경쟁에서 퇴출당하면서 이 나쁜 경험은 영구적인 결별이 되고 말았다. 〈보잉〉의 퇴장으로 계획에 단 하나의 입찰업체만 남게 되었다. 영국 공군은 경쟁의 효과가 사라진 상황에서 비용 문제를 통제하는 데 어려움을 겪었고 계약은 현재까지 미결된 상태로 남아 있다. 획기적이라는 평가를 받았던 사영화 대안으로 인해 영국 공군은 다음 전쟁에서도, 꼼짝없이 똑같은 낡은 항공기들을 사용할 수밖에 없게 되었다.

미국에서는 정부와 무기회사 사이에 "회전문"이 있다는 인식 때문에 스캔들이 터졌다. 영국에서 이러한 부적절한 사례들이 일어났다는 증거는 없다. 그러나 영국 공군과 계약업체 간에 움직임이 있었던 것은 분명하다. 키쓰 아처-존스 〈보잉〉 사장은 이 회사의 입찰안을 관리하고 있었다. 1999년까지 그는 영국 공군 비행대장(육군 대령에 상당하는 계급)으로 복무했고, 노화하는 기존 VC10기 연료 보급 기대를 담당하면서 "신속한 연료조달"을 해야 할 책임을 지고 있었다. 나는 아처-존스의 직위로 인해 영국 공군이 이미 보유하고 있는 항공기를 계약업체들이 영국 공군에 팔게 되는 것은 아닌지 〈티티에스씨〉[TTSC 23]에 질문했다. 〈티티에스씨〉 대변인은 아처-존스의 이력은 그가 "스스로 무슨 일을 하는지 알고 있다는 것"을 의미하며 "기업들의 직원 중에서 관련 경력을 가진 사람이 없었기 때문에" 컨소시엄들이 "관련 경력을 갖춘 사람들을 고용해야 했다"고 말했다. 영국 공군에 복무하는 사람들이 관련 경력을 갖고 있다는 사실은 분명하다. 그러나이 계획에 따라 공군은 민간 계약자로 대체될 것이었다. 나는 〈보잉〉과 경쟁 중이었던 〈에어탱커〉 컨소시엄에 그들의 군인 출신 직원들에 관해 질문했다.[24] 이 회사는 그저 "소령 몇 명"을 채용하고 있을 뿐이라고 했다.

사영화된 "군사력 투사" 임무들은 기업들을 전쟁터 위로 끌고 왔다. 계약서에 서명만 하면 원정 작전을 개시하는 데 필요한 군사적 운송수단을 소집할 수 있다며 업체들은 정부들을 납득시켰다. 상업적으로 제공된 승무원이 탑승한 군수 운송 선박, 차량, 항공기 들이 멀리 떨어진 지역을 침공할 수 있는 능력을 준다고 기업들은 약속했다. 정부가 직접 값비싼 운송수단이나 기차를 구입하거나 추가 군사인력을 유지하지 않고도 말이다. 이러한 계획들은 더 가볍고 더 간소한 군대가 더 넓은 군사적 세력범위를 확보할 수 있다고 보증했다. 공격적인 "대테러전쟁"에 전념코자 하는 각료들이 듣고 싶어 하는 메시지가 정확히 이것이었다. 이 기업들은 엄청난 수익을 챙겼지만, 사실 이들이 계획을 달성한 확률은 안정적이지 않았다. 그러나 이 점이 분명해졌을 때는 이미 이라크와 아프가니스탄에서 전쟁이 진행되고 있었다.

4장

〈다인코프〉처럼
국가건설하기

"국가 건설"Nation-Building은 대테러전쟁의 중심적인 주제 중 하나가 되었다. 2차 세계대전 이후 50년 동안, 정치인들은 식민 국가의 지배에서 벗어난 개발도상국들이 자기들만의 국가 제도와 전통을 만들기 시작하는 과정을 설명하기 위해 "국가건설"이라는 문구를 사용했다. 1990년대 중반까지는 이러한 정의가 여전히 일반적이었다. 그러나 냉전이 종식되고 머지않아 이 말은 새로운 의미를 띠게 되었다. "국가건설"은 개발에 실패했다고 판단되는 세계 일부 지역에 선진국들이 정치적이고 사회적인 형식을 강제하는 것을 의미하게 되었다. 1990년대 이래로 국가건설에 관한 논쟁은 다음과 같은 문제에 집중됐다. 가장 강력한 국가들이 다른 주권국가의 정세에 어느 정도로 개입해야 하며, 가장 강력한 국가들은 다른 주권국가의 정세 형성에 얼마만큼 직접적으로 영향을 미쳐야 하느냐는 문제이다. 미국식 국가건설을 열렬히 지지하는 프랜시스 후쿠야마 같은 사람들은 "실패한" 국가들이 온갖 종류의 괴물을 키우는 온상이 될 것이며, 그 괴물들이 결국 서구를 공격하게 될 것이라고 주장했다. 후쿠야마는 "오늘날 우리에 대한, 그리고 세계질서에 대한 가장 큰 위협은 약한 국가나 붕괴한 국가 또는 실패한 국가들로부터 온다. 개발도상국의 약한 정부기관 또는 정부기관이 부재한 개발도상국들이, 테러리즘·난민·에이즈·지구적 빈곤을 엮는 고리를 형성한다."[1] 널리 받아들여지고 있는 후쿠야마의 이론에 의하면, 미국이라는 국가에 대한 가장 큰 위험은 경쟁자들의 강함이 아니라 그들의 취약성이다.

냉전 기간에 서구는 소련과 중국이라는 강력한 블록에 맞섰다. 그리고 위험하지만 대개 예측 가능하고 합리적인 이러한 적들과 일종의 무장대치 상태를 타결할 수 있었다. 주변부 국가들은 종종 냉전 열강 중 한쪽으로부터 지원을 받았다. 열강들은 영토적 이점을 취하기 위해 주변국에 돈과 다른 지원들을 퍼부었다. 냉전이 종식되고 한쪽이 승리하면서 경쟁 관계도 사라졌다. 그러자 수도꼭지가 잠겼다. 약소국에 대한 지원이 끝난 것이다. 아주 취약한 일부 국가들은 적대적인 열강 중 한쪽이 제공하던 재정적, 군사적, 정치적 지원을 잃는 것을 감당하기 어려워했다. 정부와 정치체제가 붕괴하기도 했다. 미국 군사 씽크탱크think-tank 〈랜드 콜포레이션〉은 냉전의 종식이 "국가 실패의 빈발"을 초래했다고 말했다.[2] 이 뒤틀린 상황에는 군사 개입이라는 진정鎭靜 로션lotion을 아낌없이 처방하는 것이 필요했다. 중앙정부들이 붕괴하고 있는 국가들 안에서 완전히 새로운 종류의 위험이 성장하여 잠복해 있었다. 국가건설의 열혈 지지자들은 붕괴하는 국가들 안에서 질병과 군벌, 마약 재벌, 테러리스트가 발 디딜 곳을 찾고 있다고 보았다. 실패한 국가들은 새로운 세균이 증식하는 페트리 접시Petri dishes[3] 같았다. 이 세균들은 되살아나서, 서구의 젊은이들이 마약에 빠지게 하거나 시민을 폭탄으로 공격하여 서구세계를 파괴하겠다고 위협할 것이었다. 국가건설은 세계의 언저리에 잠복해 있는 위험들을 청산하는 국제적 위생衛生행위로서 제안되었다.

국가건설은 서구의 외교 정책에 "비국가 행위자들"을 끼워 넣기 위한 수단이기도 했다. 이슬람주의적 분노를 표출하기 위해 원룸에 앉아서 폭탄을 제조하는 불만에 가득 찬 사람들이나, 풀이 죽은 제1세계의 빈민 혹은 즐길 거리를 찾는 제1세계의 부자에게 제3세계에서 재배된 마약을 파는 범죄 조직들은, 외관상으로는 (수사, 체포, 재판이라는 통상적인 절차로 해결될 수 있는) 치안 문제에 불과한 것처럼 보였다. 그러나 세계의 경찰은 국제적인 군사개입과 정치개입의 근거로 이 "비국가 행위자"들을 이용했다. 국가건설의 지지자들은, (필요하다면 무력을 사용해서라도) 실패한 국가들에 개입하여 그들의 정치·군사·경제 체제를 공인된 기준에 맞추어 재구축할 때에만, 테러리즘과 범죄의 온상을 완전히 파괴할 수 있다고 주장했다.

2007년의 시점에서 회고해 보면, 국가건설 대한 [당시의] 열광은 정말 이

상해 보인다. 아프가니스탄과 이라크에 대한 개입은 대테러전쟁의 정점(혹은 최저점)이었다. 아프가니스탄에 대한 공격과 점령은, 논란의 여지는 있었지만 실패하고 있다고 진단을 받은 국가, 테러리스트가 잠복해 있다고 여겨지는 국가에 대해 이뤄진 것이었다. 이라크의 경우는, 체제가 취약하고 야만적인 상태이긴 했지만, 명시적으로 붕괴하고 있는 상태도 아니었고 주요한 테러리스트 적을 지원하고 있는지도 불투명했다. 그런데도 군사 개입이 진행된 것이다. 그러나 아프가니스탄과 이라크에서 공통적으로 벌어진 일은 조잡한 재건 활동이었다. 미국이 주도한 개입들은 실패하는 국가를 대체하기는커녕 오히려 실패하는 국가를 양산했다. 이라크와 아프가니스탄의 새로운 중앙정부는 취약했고, 시민들에게 기초적인 서비스들을 거의 제공하지 못했다. 주민은 군벌이나 민병대와 함께하며 그들의 보호를 받거나 군벌과 민병대를 피해 안전을 찾는 것 중에서 하나를 택할 수밖에 없었다. 어느 쪽을 선택했든 점령자에 대한 불만은 전국으로 퍼진 반면 정부의 영향력은 수도首都의 경계를 간신히 넘겼다. 역설적으로 이 개입들이 테러리즘이 자라날 조건을 형성했다. 심지어 테러리즘이 이전에는 거의 호응을 얻지 못했던 이라크에서도 그러했다. 하지만 미국이 지원하는 국가건설의 이 지독한 실패는 이라크 개입 이전에 거의 예견되지 못했다. 오히려 국가건설이라는 개념의 인기가 더 높아진 상태였다. 국가건설은 지구 전체에 퍼져 있는 군벌·마약재벌·마약 테러리스트·인권 침해자들에 대처하겠다고 나서면서, 해결해야 할 문제를 일부러 찾고 있는 해법과 같았다. 남미와 유럽 그리고 서인도제도에 국가건설이 처방되었다. 하지만 이 국가건설가들이 사상 최악의 악덕 건축업자라는 사실은 거의 알려지지 않았다.

그러나 베를린 장벽의 붕괴 이후 미국이 주창한 국가건설 기획이 이의 없이 진행된 것은 아니었다. 주로 전통적인 공화당 우파가, "실패하고 있는" 국가의 국내 정치 문제를 조정하기 위해 미국의 무력 사용을 격렬하게 반대했다. 공화당 반대파의 반대에 맞서 이 새로운 행로의 처음이자 가장 중요한 단계를 밟았던 사람은 민주당 대통령 빌 클린턴이다. 공화당 반대파는 클린턴의 외교정책이 국제적 "수렁"으로의 "은밀한 작전 변경"이라고 조롱했고, 그가 공허한 이상주의자이며 미국의 외교 정책 목표에 대한 현실감이 없는 사람이라고 비난하였다. 클린턴은 소말리아의 정권을 안정시킨다는 목표로 조직된 유엔의 "회망 구원 작전"을 지원하는 데 미군을 보냈다. 당시 소말리아는 냉전적 적대관계와 지역 분쟁으로 분열된 상태였다. 이 작전은 지방 군벌 아이디드 장군에 맞서 유엔의 깃발 아래 연합군을 구성했다. 아이디드의 군사들과 싸우기 위한, 미국의 "고딕 서펀트4 작전"은 형편없이 실패했다. 고딕 서펀트는 도리어 뱀에 물리게 되었다. 수도 모가디슈에서 벌어진 시가전에서 수백 명의 소말리아인뿐 아니라 18명의 미군 기습 공격대원이 사망한 것이다. 이러한 인명피해는 미국 정치인들에게 충격이었다. 이튿날, 소말리아 군중이 훼손된 미군 병사의 시체 한 구를 거리에 끌고 다니는 모습에 그들의 충격은 배가되었다. 이 사건이 발생한 직후 클린턴 대통령은 소말리아에서 미군의 철수를 지시했다.

소말리아 개입은, 냉전의 위협적인 적이 사라졌기 때문에 앞으로는 타국의 내정에 직접 개입하겠다는 미국의 의도를 보여 주기 위한 것이었다. 미국은 이 작전이 소위 "베트남 효과"라 불리는 것을 떨쳐 버리는 데 도움이 될 것으로 기대했었다. 미국 당국자들은 소말리아에서 사건이 발생하기 20여 년 전 베트남에서 맛본 패배 이래로, 해외 전쟁에 깊이 연루되는 것을 불안해했다. 클린턴의 군사적 개입은 원조와 인권의 기치 아래 이 공포를 뚫고 행진하기 위해 고안되었다. 소말리아 개입의 실패는 클린턴 정부의 새로운 야심이 커다란 타격을 입게 되었음을 의미했다. 일 년 후, 클린턴은 아이티에서 또 한 차례의 "인도주의적 개입"을 계획했다. 공화당 반대파는 이러한 지침에 맹렬하게 이의를 제기했다. 1996년에 열린 공화당의 도전자 밥

돌과의 첫 번째 텔레비전 토론에서 돌은, 클린턴이 "국가건설"(돌은 이 단어를 욕설로 사용했다)과 "은밀한 임무 변경"에 열중하고 있다고 비난했다. 클린턴은 "애초부터 미국인들이 그곳에 가서는 안 되는 것이었다"라는 고립주의적 슬로건을 반박해야 하는 처지가 되었다.[5] 2000년 민주당 후보 알 고어와 공화당의 조지 W. 부시의 대선 토론 때도 전선은 대체로 이와 유사했다. 부시는 그와 고어가 "군대의 사용에 대해 의견을 달리한다. 고어는 국가건설을 지지한다. 나는 우리 군을 국가건설자로 사용하는 것에 대해서 매우 신중할 것이다"라고 말했다.[6]

국가건설에 관한 공화당의 입장이 바뀌게 된 이유를 설명하는 일반적인 방식은 9·11 사건의 충격이 미국을 고립주의에서 벗어나게 했다는 것이다. 9·11 공격으로 인해 더는 고립주의자가 아니게 된 공화당 정치인과 자유주의 매파 및 신보수파 간의 새로운 연합이 형성되었다는 설명이다. 이제 이들은 모두, 테러 위협에 맞서 승리하기 위해 무력으로 전 세계를 재구조화하는 것을 간절히 원하게 되었다. 쌍둥이 빌딩이 무너지는 모습과 펜타곤으로 항공기가 추락하는 광경이 고립주의자를 개입주의자로 변모시켰다. 9·11 공격이 국가건설 개입을 지지하는 새로운 연합 세력을 육성시킨 것이다. 그러나 개입주의자라는 동물의 또 다른 변태變態, metamorphosis가 이미 진행되고 있었다. 소말리아 사태로 시작된 변화였다.

클린턴은 직접적인 군사개입을 통해 미국의 국제적인 권위를 세우겠다는 방침을 유지했다. 하지만 그러한 작업을 하는 데 미군을 사용하는 것에 대한 공화당의 비판이 클린턴에게 영향을 미친 것이 분명했다. 클린턴 정부는 소말리아 이후, 국가건설 업무를 점점 더 사기업에 맡기려고 했다. 국가건설의 외주화란 미국이 국가건설을 계속해서 추진할 수 있다는 것을 의미했으며, 설사 미국이 복잡한 지역 문제에 관여하여 사망자가 발생하거나 다른 물의가 빚어지더라도, 미국 군사 부분이 감당해야 할 정치적 비용이 줄어든다는 것을 의미했다. 9·11에 이르는 십 년 동안 민간 군사 기업들이 "인도주의적 개입"에 필수 요소가 되었다. 국가건설을 사영화함으로써 클린턴 정부는, 부패와 무능, 폭력의 문제들을 은폐할 수 있었다. 그 결과, 사영화된 재건사업이 대테러전쟁의 중심적인 부분이 되면서, 무능, 부당이득, 그리고 실패를 위한 모든 조건이 갖춰졌다. 그러나 주류 정치권의 논의 장에서는 이러한 문제점들이 인지되지 못하고 있었다. 민간 부문이 이라크에서 초래한 실패는 아이티와 콜롬비아, 전 유고슬라비아의 경험을 통해 예측 가능한 것이었다. 그러나 사영화되었다는 바로 그 이유로, 이 실패는 국가적인 정책 논의에 포함되지 않았다.

소말리아에서의 계획이 무산된 후, 클린턴은 아이티 침공 태세를 갖췄다. 미국은 프랑소아 뒤발리에와 그의 아들 쟝-끌로드의 소름끼치는 독재정권들을 군사적·정치적으로 지원했었다. 파파독과 베이비독으로 알려진 이 두 독재자는 1986년까지 40년 동안 아이티를 통치했다. 뒤발리에 부자와 그들의 잔인한 비밀경찰 "통통 마꾸트"는 아이티 인구의 절대다수인 가난한 흑인 아이티인들의 삶을 비참하게 만들었다. 1991년에 카리스마적인 쟝-버트렁 아리스띠드가, 가난한 민중의 라발라스 혹은 "산사태" 운동의 대표로 선출되었다. 독재정권으로 복귀를 의미했던 쿠데타로 인해서 강제로 쫓겨나기 전까지 그는 대표직을 유지했다. 1994년 클린턴은 당시 재임 중이었던 독재자에게 파나마로 망명해 피하라고 설득하면서, 아리스띠드를 복위시키기 위해 아이티에 미국 지상군이 상륙하는 것을 승인했다. 이 사례는 "자유를 위한 개입"처럼 보였다. 미국의 군사력은 소수의 사상자만 내면서, 민주적인 인물을 위하여 독재자를 해임했던 것이다. 미국이, 해안에서 배를 타고 조금만 가면 되는 거리에 있는 이 나라에 이해관계를 갖고 있었던 것은 분명하다. 아이티 내부의 폭력과 빈곤 때문에 미국으로 배를 저어 오는 난민들이 수천 명에 이르는 상황이었기 때문에 특히 그러했다.

또 클린턴은 이 침공을 이용해 "소말리아 신드롬"을 털어버리고, 미국의 권력이 국제무대에서 사용될 수 있다는 것을 보여 주고 싶어 했다.

한 국가의 안정화를 위해 미국이 자주 "군벌"이라 칭하곤 했던 외국 독재자의 지위를 빼앗았던 아이티 개입은, 대테러전쟁의 일환으로 수행된 침공들과 분명 관계가 있었다. 아이티 개입은 이라크 침공 준비 기간에 행해진 유익하고 인상적인 미국 군사력 투사 사례로 남을 수도 있었다. 아니 만일 미국이, 복권된 아리스띠드를 사실상의 정치적 포로로 만들지 않았더라면 그런 평가가 가능했을 것이다. 이미 서반구에서 가장 빈곤한 나라였던 아이티 정부는 아리스띠드 복권 이후 IMF 긴축 프로그램을 강요받았다. 이 경제 프로그램에 대한 대중적인 불만은, 2001년에 아리스띠드가 갱신된 위임 통치령을 받아 권력을 유지할 수 있다는 것을 의미했다. 그러나 아리스띠드가 두 번째 쿠데타로 물러나게 되는 과정을 미국은 방관했고, 아리스띠드의 라발라스 운동을 비난하는 새 정부를 정치적으로 지원했다. 자유를 위한 개입은, 결국 자유와는 크게 관련이 없는 것으로 드러났다.

그렇지만 이 과정에는 한 가지 특별한 점이 있었다. 국가건설에 군대를 사용하는 것에 대한 공화당의 비판을 받아들인 클린턴은 〈다인코프〉라는 사기업을 고용하여 아이티의 새 국가 경찰을 훈련했다. 개입 작전을 이처럼 외주 주는 것에는 정치적 이점이 있었지만, 그것이 전적으로 성공적이었다고는 할 수 없다. 아이티 경찰이 창설된 지 2년 만인 1995년 7월, 〈인권감시단〉은 아이티 경찰이 최소 15건의 사망 사건과 수십 건의 학대 사건을 저지른 책임이 있다고 발표했다. 이 단체의 대표는 "미군이 훈련한 이 새로운 경찰력이 아이티의 억압적인 군부를 연상시키는 폭압적 행위들에 기대는 것을 보니 걱정스럽다"[7]고 발표했다. 사기업이 구축한 경찰력의 부정한 행위들은 이후 이라크와 아프가니스탄에서 나타날 문제들에 대한 작은 경고였다. 그러나 계약자와 정부 간에 흩어진 책임소재는, 결국 양측 모두가 심각한 여론의 비판을 대부분 피해갈 수 있음을 의미했다.

〈다인코프〉는 수익성이 높은 군사 사영화 분야를 향해 가고 있던 업체였다. 〈다인코프〉라는 회사의 기원은 2차 세계대전에서 활약했던 은퇴한 미국 비행사들이 세운 기업들에서 찾아진다. 그 기업들은 〈다인알렉트릭 코퍼레이션〉이라는 하나의 업체로 합병하여 미국 공군 항공기를 보급하는 여러 건의 계약을 가지고 있었다. 이 회사의 이름이 〈다인코프〉로 바뀌었다. 〈다인코프〉는 총을 든 인력을 공급하는, 세간의 주목을 받은 계약들을 체결하면서 대테러전쟁에서 유명해졌다. 그러나 이 업체는 스패너[8]를 다루는 인력을 공급하면서부터 중요한 사업적 분기점들을 맞이했다. 다른 군사 계약자들이 물건을 파는 데 주력하는 동안, 〈다인코프〉는 서비스 판매에서 선두에 있었다. 항공기 공급 대신 〈다인코프〉는 항공기를 위해 필요한 지원 서비스들을 제공했다. 1970년대와 1980년대에 이것은 소규모 틈새시장처럼 보였지만, 이어진 20년 동안 국방장관들이 병사들을 민간 고용인들로 대체하면서, 항공기 지원 서비스 분야는 군납업에서 전보다 훨씬 더 중요한 부문으로 부상했다. 〈다인코프〉는 군납 사업의 핵심 계약들을 따냈다. 예를 들어서 〈다인코프〉는, 많은 비난을 받았던 〈할리버튼〉이 1997년에 거래에서 퇴출당하였을 때 이 회사의 논쟁적인 "민간 병참 지원 프로그램"을 넘겨받았다. 이 계약에 따라 사기업들은 종종 미국 국방부에 엄청난 비용을 부담시키면서 미군 기지를 운영함으로써 미군을 "지원"했다.

〈다인코프〉가 "서비스"에 강조점을 두었다는 것은 이 업체가 대테러전쟁과 가까운 친척인 마약과의 전쟁에서 중요한 외주업체이기도 했음을 의미한다. 마약과의 전쟁을 통해 〈다인코프〉는 기술직 직원들private engineers을 사병私兵들로 바꿀 수 있었다. 대테러전쟁처럼 마약과의 전쟁도 추상적인 적에 맞선 전투였다. 마약과의 전쟁은, 미국 내에서 유통되는 불법 각성제가 일으키는 혼란에 대한 최선의 대처방법이 해외에서의 군사 행동이라고 주장하면서 군사 행동을 정당화했다. 이것은 대테러전쟁에서 일어날 일의 전조였다. 대테러전쟁은 미국 내에서 발생한 테러리스트 공격에 대한 대응으로서 해외 전투들을 정당화시켰다. 이 두 전쟁의 적은 수많은 외교정책 목표들을 하나의 기치 아래 쑤셔 넣을 수 있을 만큼 충분히 모호하게 정의되었다. 미국 의약통제국이 두 캠페인 간의 연관성을 대부분 설명해 준다.[9] 미국 정부는 "나르코narco 10-테러리스트"라는 용어를 발명해 내어 폭탄제조자들이 자주 마약판매로 자금을 충당한다는 발상을 과장되게 표현했다.

　　1970년대에 닉슨 대통령이 착수한 "마약과의 전쟁"은, 1990년대에 이르면 해외 군사 개입에 대한 미국의 자신감을 재건하는 또 하나의 수단이 된다. 또 그것은 "소말리아 신드롬"을 떨치기 위한 간접적인 수단이 되기도 했다. 이 과정은 콜롬비아에서 (미국이 승인한) 준군사작전이라는 형태로 가장 명백하게 드러났다. 이 라틴아메리카 국가는 세계에서 으뜸가는 코카인 생산국이었고 코카인으로 돈을 버는 범죄자들이 이 나라의 정치·경제·법률 체계와 긴밀하게 얽혀 있었다. 콜롬비아는 또 미국의 주요 투자처이자 중요한 산유국이었는데, 당시 좌파의 반란에 직면해 있었다. 급진적인 게릴라들과 우파 암살단의 지원을 받는 정권 간에 피비린내 나는 내전이 진행되고 있었다. 그리고 이 내전은 지금까지도 지속하고 있다. 〈콜롬비아혁명무장부대〉[11]는 〈연합자위대〉[12] 같은 우파 준군사 조직들과 전투를 치른다. 코카인 생산이 주는 수익이 전쟁 지원에 도움이 되는 것은 분명하다. 더 넓은 범위의 사회적 긴장들이 더 중요할 테지만 말이다. 만일 미국 정부가 마약과의 전쟁을 진지하게 생각했다면, 콜롬비아의 우리베 대통령과 관계를 끊었을 것이다. 1991년에 미국 마약정보국은 우리베가 손꼽히는 마약 폭력단원 빠블로 에스꼬바르의 "절친한 개인적 친구"이며, 이 장래 대통령이 "메데진 [마약] 카르텔과의 고위급 협의에 전념할 것"이라고 밝혔다.[13] 만일 미국이 마약과의 전쟁을 진지하게 생각했다면, 미국은 콜롬비아의 우파 준

군사집단들에 주목했을 것이다. 미국은 이 조직들이 마약 범죄·군대 모두와 연관이 있다는 것을 이미 알고 있었다. 미국 관료들은 워싱턴에 전보를 보내, 군의 인권침해 사례를 초래하고 있는 "사상자 수 집계 시스템"[14]과, 게릴라들로부터 원유 송출관을 지키기 위해 준군사부대를 사용해 대리전이 치러지는 상황, 그리고 마약과 우파 암살단의 연관관계에 관해 설명했다. 사실 미국 정부의 노력은 〈콜롬비아혁명무장부대〉 진압과 콜롬비아 정부와 군에 대한 지원에 집중되었다.

　그러나 미국의 지원 방식은 대개 직접적이지 않았다. 국가건설에 휘말린 미국 병사들에 대한 교훈을 이미 습득한 뒤라, 미국은 이 업무를 민간 군사 기업에게 맡겼다. 특히 이들은 〈다인코프〉에 일을 주었다. 정치인과 언론의 관심을 거의 받지 못했지만 이미 이 업체는 인접국 페루에서 일을 하나 맡아 진행하고 있었다. 미국이 지원하는 페루 정권은 무차별적인 잔인함으로 치면 콜롬비아의 〈콜롬비아혁명무장부대〉를 능가하는, "〈샤이닝 패쓰〉"Shining Path라는 명칭으로 알려진 마오주의 게릴라 조직의 반란에 맞서고 있었다. 미국 의약통제국은 〈다인코프〉와 계약을 체결해 이 국가들의 코카인 작물에 제초제를 뿌리는 데 사용되는 헬리콥터의 관리와 조종사 훈련을 맡겼다. 그러나 머지않아 이 계약으로 인해서 코카인을 재배하는 소농민들 틈에 살고 있던 지역 게릴라와 〈다인코프〉는 갈등관계에 들어서게 되었다. 거의 보도되지 않은 1992년의 한 사건에서는, 페루의 샤이닝 패쓰 게릴라들이 헬리콥터를 격추해 세 명의 〈다인코프〉 직원이 사망하기도 했다.[15] 이 사건은 새로운 계통의 미국 계약자들이 전투 임무라고 해도 좋을 상황에 연루되어 해외에서 사망한 최초의 사례 중 하나이다.

　콜롬비아에서 〈다인코프〉가 맡은 역할은 더 명확히 정의되었고 보다 자세히 보도되었다. 실제로, 대부분이 군인 출신인 〈다인코프〉의 직원들은 실질적인 군사 작전들을 수행하기 위해서 비행했다. 대개 이들은 준군사 부대가 통제하는 지역보다는 게릴라 통제 아래에 있는 영토로 비행하여 좌파 반란세력과 공중전을 치렀다. 〈다인코프〉와 이 회사의 미국인 고용주들은 회사의 역할을 다양한 방식으로 정의했다. 그러나 〈다인코프〉소속 비행사 한 명은 보다 솔직하게 자신의 의견을 밝혔다. 자신의 나라에서 게릴라에 맞서 비행 작전을 수행했던 페루인 헬리콥터 조종사 까르로스 웨이스는 특히 더 솔직했다. 그는 "두말할 나위 없이 저는 용병이었습니다. 저는 콜롬비아에서 용병이었어요. 그것은 전형적인 용병 작전이었죠. 그래서 저는 제가 용병이었다고 말하는 것입니다. 저는 돈을 받고 일을 했습니다. 제가 한 일은 남의 전쟁을 대신 싸우는 일이었습니다."16 〈다인코프〉의 대부분의 활동은 코카인 농장 위에 항공기로 제초제를 뿌리는 것이었다. 그러나 웨이스의 폭로 후 얼마 지나지 않아서 〈다인코프〉 직원들은 격추된 그들의 조종사 중 한 명을 구하려 〈콜롬비아혁명무장부대〉 게릴라들과 직접적인 총격전을 펼치게 되었다. 이 포격전에 대한 보도로 〈다인코프〉 직원들이 훈증燻蒸 항공기뿐 아니라 전투용 헬리콥터도 비행하고 있다는 사실이 분명히 드러났다.17

〈다인코프〉의 포격전 직후 인접국 페루에서 짧은 전투가 갑작스럽게 발화했다. 대마약 작전을 수행 중이던 페루 공군이 경비행기를 격추해 탑승자 전원이 사망한 것이다. 그러나 비행기에 타고 있던 사람들은 마약 딜러가 아니라 미국인 선교사였다. 이 공격으로 미국인 베로니카 바워스와 그녀의 딸 채리티가 사망했다. 익명의 계약업체 소유의 미국 중앙정보국의 항공기가, 페루 공군에 이 경비행기에 대한 정보를 전송하여 페루 공군이 경비행기를 표적으로 삼게 하였다.18 남미에서 벌어진 대리전의 사영화는 미국 정부가 별다른 정치적 난관 없이 마약과의 전쟁을 추진할 수 있게 해주었지만, 다른 한편 계약자들에게 실책을 범할 수 있는 기회를 준 것이기도 했다.

마약과의 전쟁에서 〈다인코프〉가 맡았던 역할로 인해서, 사기업이 정부의 정책 방향을 새롭고 위험한 방향으로 이끌어 갈 수 있는 여지가 생기게 된다. 〈다인코프〉의 잘 알려진 대對마약 활동이 정치적·법률적 압력을 받게 되자, 이 회사는 자신의 이익을 위협하는 모든 법률적인 도전을 저지할 수 있는, 국제 테러리즘에 대한 기이한 신종 권한들을 만들어 달라고 미국 정부를 설득했다. 〈다인코프〉의 주된 대마약 활동은 (〈몬산토〉의 라운드업이라는 제품의 한 변형인) 제초제 한 종을 불법 작물이 재배되는 것으로 추정되는 곳에 공중 살포하는 것이었다. 그러나 코카인 관목, 마리화나 농장과 양귀비밭을 파괴하려는 목적의 제초제가, 종종 식용 작물 위에 혹은 라틴아메리카 소농민들의 머리 위에 뿌려졌다. 미국인 변호사 테리 컬링스워쓰는 2001년 9월 10일에 〈다인코프〉를 상대로 소송을 제기했다. 콜롬비아와 에콰도르의 국경지대에 살고 있는 에콰도르 농민들은 이 집단소송을 통해 〈다인코프〉의 제초제 살포 항공기들이 자신들의 나라에 해로운 화학물질을 살포하고 있다고 주장했다. 농민들은 〈다인코프〉가 콜롬비아의 코카인을 박멸하는 것이 아니라, 자신들의 작물을 죽이고 아이들을 해치고 있다고 주장했다. 〈다인코프〉는 소송이 제기된 다음 날 벌어진 사건을 들먹이며 농민들의 주장에 반박했다.

　〈다인코프〉는 미국 국무장관 랜드 비어스를 설득하여 담당 판사에게 서한을 보내게 했다. 서한은 이 소송이 〈콜롬비아혁명무장부대〉 게릴라에 대한 전쟁을 교란할 것이라는 내용이었다. 비어스는 다음과 같이 주장하면서 이 사건을 9·11 공격과 연관 지으려고 했다. "〈콜롬비아혁명무장부대〉의 테러리스트들이 아프가니스탄의 알-카에다 테러리스트 훈련소에서 훈련을 받은 것으로 생각된다."[19] 이 소송이 오사마 빈 라덴을 돕는 것이라고 주장하기도 했던 〈다인코프〉는 소송 중단을 위해서 비어스의 발언을 이용하고 싶어 했다. 이것은 미국의 중요한 정책적 전환을 의미했다. 랜드 비어스의 진술은 마약과의 전쟁과 대테러전쟁을 연결했을 뿐 아니라, 〈콜롬비아혁명무장부대〉와 알-카에다를 엮으려는 시도이기도 했다. 미국의 적들을 하나의 거대한 국제적 음모 속으로 쑤셔 넣으려는 이 시도는 대테러전쟁에서 벌어질 일들을 맛보기로 보여준 것이었다. 사담 후세인과 오사마 빈 라덴같이 상호관련성이 없는 적들을 함께 엮으려는 시도는 9·11에 대한 대응의 주된 특징이 된다. 그러나 기업에서 영감을 받은 이 정치적 요리법 속에는 어울리지 않는 맛들이 충돌하고 있었다. 〈콜롬비아혁명무장부대〉와 알-카에다의 연관성에 대한 추정은 부시 정권에게조차 지나치게 터무니없는 것이었다. 비어스는 콜롬비아인들이 이슬람 테러 훈련소에서 훈련을 받았다는 며칠 전의 자신의 주장을 철회함으로써, 확언을 취소하고 진술을 "정정"해야 했다.

콜롬비아는 미국의 "뒷마당"에 있는 국가였지만 클린턴은 미국의 군사적 영향력을 전통적인 세력범위를 넘어서는 지역까지 확장하고자 하는 야심이 있었다. 이러한 방향성을 띤 클린턴의 노력은 대테러전쟁에서 군사력을 투사하려는 야심 찬 시도의 기초를 닦았다. 이런 노력 가운데 가장 핵심적이었던 것은 클린턴이 (과거에는 러시아의 세력권으로 여겨졌던) 구 유고슬라비아에서 자기 역할을 적극적으로 모색한 것이다. 유고슬라비아는 1990년대 동유럽에서 공산당 지배체제가 전반적으로 붕괴하는 상황의 일환으로 와해하기 시작한 국가이다. [이후] 보스니아 분쟁 지역을 두고 포악한 전쟁이 발발했다. 세르비아와 크로아티아에서는 기회주의적인 전 공산당 지도자들이 국가주의적인 초ultra대통령으로 변모해 있었다. 부분적으로는 침략전쟁이었고 다른 한편에서는 내전이기도 했던 이 복합적인 전장에서, 두 나라는 영토를 장악하기 위해 싸웠다. 평화를 조성하려는 국제적인 시도들은 실패하거나 전쟁의 화력에 기름을 붓는 격이었다. 그러자 미국과 그 동맹국들은 나토의 신중전력작전의 형태로 더 단호하게 사태에 개입하고자 했다. 보스니아계 세르비아군을 무력화시키기 위한 이 1995년의 폭격은 〈데이튼 협정〉으로 보스니아 전쟁이 해소될 길을 열었다.

세르비아의 슬로보단 밀로셰비치, 크로아티아의 프란쵸 투즈만과 보스니아의 이제뜨베고비치 대통령이 서명하고 미국이 지원한 이 평화협정은, 한동안 이 지역에서 전쟁을 중단시켰다. 미국은, 이전에는 소비에트 세력권의 일부로 여겨지던 지역의 정치적 형세에 군사력을 이용해 개입할 수 있음을 보여준 것이었다. 그러나 이 사례들은 아직 세계 경찰의 시험적인 첫 발자국들에 불과했다. 미국의 개입은 비행사의 조종실이라는 상대적으로 안전한 곳에서 이루어졌다. 미군이 보스니아 땅을 밟는 것은 또 다른 문제였다.

클린턴 대통령은 1996년에 보스니아와 헤르체고비나에서의 전후 유엔 임무를 지원하기로 동의함으로써, 새로운 국제적 책임들을 맡게 되었다. 국가건설에 관여하는 것이 미국이라는 국가를 강화하는 데에도 도움이 되리라 판단했던 게 분명하다. 미국은 발칸 지역에 새로운 정치적 독립체를 설립하는 데 인력을 보내면서, 과거에 적대적이었던 영토에 군사를 배치할 수 있음을 보여 주었다. 미국의 발칸반도 개입은 냉전 승리에 대한 과시였다. 그러나 클린턴은 쓸모없는 자유주의적 대의에 미국 국민의 목숨을 걸고 있다고 비판하는 "고립주의" 공화당 우파의 압력을 받고 있었다. "현실주의자" 공화당원들은 해외 분쟁에 연루되는 것이 이상주의자의 난센스라는 견해를 제시했다. 그들은 특히 이번 개입이 유엔 깃발 아래 벌어지고 있다는 점에 분노했다. 이후에 이라크전쟁의 목소리 큰 지지자가 되는 미국 하원의 공화당 의장 톰 딜레이는 발칸반도에서 복무하길 거부하는 군인들을 지지했다.[20] 딜레이 의원은 하원에서 클린턴의 군사력 배치에 반대하는 투표에 앞장섰다. 전 유고슬라비아에 파병된 병사들의 상징적인 항명을 공화당원들이 지지하는 상황에서, 클린턴은 이 문제를 피해갈 창의적인 방안을 고안해 냈다. 그 방안이란 이 작전을 외주 주는 것이다. 클린턴은 미국 퇴역 경찰관들을 발칸 반도에 보내는 계약을 〈다인코프〉와 체결했다. 그로써 발칸 반도에서 국가를 재건하는 유엔의 임무를 미국의 지원이 대신했다. 이것은 영리한 수처럼 보였지만 하나의 난관을 피하고자 다른 난관에 발을 깊숙이 담가둔 것에 불과했다.

〈다인코프〉는 보스니아 재건 활동에서 미국이 맡은 역할 속에서 이미 영향력이 큰 행위자였다. 1996년에 클린턴의 상무장관 론 브라운을 태운 항공기가 보스니아 영공에서 크로아티아에 추락하는 사건이 벌어지면서 이 영향력의 규모가 실제로 얼마나 큰지가 드러났다. 민주당의 기대주였던 브라운은 무역 사절단에 대동한 〈벡텔〉과 〈에이티앤티〉 등 일류 기업의 중역들과 함께 사망했다. 〈다인코프〉의 최고경영자 다니엘 배니스터도 회사의 중요성을 입증하듯 그 항공기에 탑승할 예정이었다. 그러나 〈다인코프〉의 사장은 마지막 순간에 일정을 취소하여 계획을 변경한 덕에 죽음을 모면했다. 배니스터는 텔레비전 뉴스에서 다음과 같이 말했다.

> 은혜로우신 하나님께서 무슨 이유에서인지 모르겠지만 제가 출장을 가지 않고 이곳에 남아 있으라고 결정하셨기에 제가 가지 않았다고 생각합니다. 그리고 이제 저는 하나님의 메시지가 무엇인지 알아내고 그것이 무엇이든 그에 따라야 할 것입니다.[21]

배니스터의 말이 사실이라면, 은혜로우신 하나님께서는 〈다인코프〉 직원 일부가 성적 인신매매와 은폐공작 파문에 연루되기를 바라셨던 것 같다. 이것이 보스니아에서 〈다인코프〉가 이어서 한 일들이었기 때문이다.

보스니아로 보내진 미국 퇴역 경찰관 일부는 (그중에서도 특히 고위직들은) 매우 수상쩍은 전력의 소유자들이었다. 오렌지 카운티[22]의 부보안관 출신 데니스 라두써는 보스니아의 국제경찰기동부대 부국장이 되었다. 날씨가 추운 발칸 지역으로 옮겨오면서 라두써는 따뜻한 햇볕 이외에도 많은 것들을 캘리포니아에 남겨 두고 왔다. 1997년, 그에게 성적 괴롭힘을 당했다는 부하직원들의 고소가 여러 차례 있고난 뒤 그는 캘리포니아 보안국에서 해고당했었다. 웬디 커스텔로 부서장의 주장에 따르면 라두써는 사타구니를 그녀의 엉덩이에 갖다 대곤 했으며, 성적인 제안을 한다거나 그녀에게 입을 맞추고 그녀의 몸을 만지려고 시도하는 등 부적절한 행위들을 일삼았다.[23] 두 명의 다른 직원도 부적절한 성적 괴롭힘이 있었다고 주장했고 오렌지 카운티 당국은 불법행위를 인정하지 않은 채 고소인들과 합의하여 사건을 종결짓기 위해 100만 달러가 넘는 돈을 지급해야 했다. 원고들에 의하면 라두써는 "유혹자 라두써"Laducer the Seducer로 알려졌었고, 성행위에 대한 요구와 직장생활을 연관 지어 그녀들을 협박했다고 한다. 처음에 라두써는 이 여성들이 자신을 해하기 위해 "음모"를 꾸미고 있다고 주장하며 그녀들을 맞고소했다. 그러나 소송은 취하되었고 그는 해고되었으며 여성들에게는 수십만 달러의 보상금이 지급되었다. 그의 첫 번째 심문을 녹화한 비디오테이프의 공개를 통해서 그가 여직원들의 몸을 꼬집고 손으로 붙잡았다는 것을 시인했다는 사실이 드러났다. 그러나 그는 "사람들 사이에 소통하는 과정일 뿐이다. 사람에 관한 관심의 표현일 뿐이다"라고 말했다. 커스텔로 부서장에게 "당신의 얼굴을 핥겠다"라는 말을 한 사실이 있냐는 질문에 그는 "내가 종종 사용하는 표현이[긴 하지만] 성적인 의도로 하는 말은 아니다"라고 답했다.[24]

콜로라도 주 오로라 시의 경찰차장 출신 마이클 스티어스는 1999년에 보스니아로 들어간 (⟪다인코프⟫가 운영하는) 국제경찰기동대 미국 지원단의 부국장을 맡았다. 그는 부하직원들이 제기한 성적 부정행위 소송의 피고 자격으로 있던 와중에 콜로라도를 떠났다. 스티어스 밑에서 복무한 콜로라도 경찰관 중 한 명인 바바라 위머가 오로라 시 경찰국과 스티어스를 상대로 1997년에 소송을 제기했다. 위머와 애인 관계였다가 헤어진 한 동료경찰관이 그녀를 스토킹했고, 그녀를 한 차례 강간했으며, 그녀의 자택에 무단침입을 했다고 그녀는 진술했다. 그녀는 이 스토커가 자신을 공격했고 목을 졸랐다고도 말했다. 그녀가 여러 번 전임신청을 했음에도 불구하고 오로라 시의 경찰서장은 그녀의 폭력적인 전 남자친구와 불과 20피트 떨어진 곳에서 계속 일을 하게 만들었다. 스티어스가 보스니아에서 〈다인코프〉의 경찰 임무를 이끌고 있던 2000년에, 미국 연방기소배심은 위머에게 보상금 백만 달러를 지급하라는 판결을 내렸다. 판결에 의하면 스티어스는 피해자인 여성 경찰관에게 이 사건에 대한 스티어스의 책임 부분에 해당하는 25만 달러를 지급해야 했다. 스티어스의 행위가 "너무나 충격적이고, 지나치게 가혹하여, 상식과 품위라고 할 만한 모든 것에서 벗어나 있으며, 문명 공동체에서 절대로 용납할 수 없는 극악한 성질"이라고 생각할 때에만 스티어스에게 책임을 물을 수 있다고 판사는 배심원단에게 말했었다. 스피어스에게 과징된 보상금은 배심원단이, 이 새로운 보스니아 경찰 두목의 행위에 대해서 극악하고 용납하기 어려운 수준이라고 판단했음을 보여 준다.[25]

〈다인코프〉는 보스니아에서 라두써, 스티어스와 함께 일할 경관을 찾아 미국을 샅샅이 뒤졌다. 조기 퇴직자도 있었고, 새로운 도전을 찾는 젊은 남녀 경찰관도 있었다. 고향에 무언가 불쾌한 기억을 남기고 떠나려는 사람도 있었고, 새로운 대의를 찾는 사람도 있었다. 동유럽으로 향한 비행기에는 악질임이 분명한 경찰관뿐 아니라, 누가 봐도 의로운 경찰도 타고 있었다. 캐써린 볼코박은 이상주의자 경찰관 중 하나였다. 네브라스카 주 링컨 시의 퇴직 경관이었던 그녀는 부분적으로는 그녀의 가족사 때문에 이 국제 임무에 지원하고 싶어 했다. 그녀의 조부가 16살 때 크로아티아를 떠나왔기 때문에 그녀는 이번 임무를 그 지역으로 돌아가서 지역을 도울 기회로 생각했다. 세 아이의 엄마이자 여성 상대 범죄를 다룬 경험이 많은 경찰관인 38세의 볼코박은 "유혹자 라두써"와 극과 극을 달렸다. 불행하게도, 그녀의 직업의식과 이상주의는 〈다인코프〉의 기업적인 냉소주의와 정면으로 충돌했다. 그녀가 〈다인코프〉의 임무를 비롯하여 보스니아 국제 경찰대 내부에서 성범죄와 부패가 일어난 증기를 발견했을 때 〈다인코프〉는 그녀를 주변화하고 침묵하게 하려고 했다. 볼코박이 협조하지 않자, 〈다인코프〉는 그녀를 해고했다.

보스니아에서 볼코박은 인권팀에서 일하며 성폭력 사건들을 처리했다. 〈다인코프〉가 운영하는 경찰대는 성매매나 인신매매에 대한 그녀의 수사를 경시하는 것처럼 보였고, 이 점은 그녀를 매우 화나게 했다. 또 유엔, 나토, 〈다인코프〉의 직원들이 성매매 업소의 고객인 것처럼 보인다는 사실이 그녀를 더욱 분노하게 했다. 〈다인코프〉와 국제경찰대 측 관료들은 공식적으로는 이러한 행위를 비난하고 있었다. 데니스 라두써는 〈휴먼 롸이츠 워치〉에 이렇게 말했다. "저는 관리감독요원들을 각기 만나 이 클럽들에 가지 말라고 말합니다. '그곳에 있는 여성을 이용하지 말라.' 15번씩 말합니다. 그런 행위는 조직적인 범죄를 지원하는 것이라고. '너를 집으로 돌려보내겠다.' 이렇게 그들에게 말하죠."[26] 그러나 실제로는, 〈다인코프〉는 회사가 망신당하지 않도록 상황을 숨기고, 직원들의 성구매를 모르는 체하고, 업소를 이용하다가 현행범으로 붙잡힌 직원을 조용히 본국으로 송환함으로써 분명한 사건들을 은폐하는 것에 더 관심이 많은 것처럼 보였다. 이후 라두써 본인조차 보스니아에서 가장 악명 높은 업소 가운데 한 곳에서 나오고 있는 모습이 포착되어 미국으로 송환되었으니 말이다.

러시아를 비롯한 동유럽 국가의 범죄자들은 루마니아, 우크라이나, 몰도바, 러시아, 그리고 전 유고슬라비아 등에서 소녀들을 인신매매하여 성매매를 강요하고 있었다. 국제경찰대가 이 문제를 심각하게 여기지 않는 상황이 걱정스러웠던 볼코박은 "당신이 비위가 약하거나 양심적이지 않고 간악하다면 이 이메일을 읽지 마십시오"라는 문장으로 시작하는 이메일을 유엔 작전의 최고위급 관료 다수에게 발송했다. 이어지는 글에서 볼코박은 성적 서비스를 제공하도록 강요되었던 35명의 여성과의 인터뷰를 통해 그녀가 알게 된 사실들의 요점을 설명했다. "그녀들은 감금당한 채 수일, 수주간 음식과 외부 접촉이 금지됩니다. 이 기간이 지난 후 나체 상태로 탁자 위에서 춤을 추고 손님 옆에 앉아……방 한 칸과 그 방으로의 '에스코트'[27]을 포함하는……샴페인을 사라고 손님에게 권유할 것을 강요당합니다"라고 썼다. 볼코박은 〈다인코프〉와 유엔 동료들에게 말했다.

만일 여성들이 손님들과의 성적 행위를 계속해서 거부하면 술집 주인과 그 측근이 여성들을 폭행하고 강간한다. 이들은 여성들에게 경찰에 신고하면 성매매와 불법 이민자 신분 때문에 체포당할 것이라고 말한다.

그럼에도 불구하고 계속 거부하는 일부 여성에 대해서는 신속하고 잔인하게 대처했다.

한 명의 여성에게는 술집에 있는 탁자 위에서 나체로 춤을 추고 보드카를 마시라고 강요했다. 술집 주인은 그녀의 머리에 백열전구를 부딪쳐 깬 다음, 그녀에게 춤을 추는 동안 열선을 들고 있으라고 한다. 그리고 주인은 그녀의 머리채를 잡아끌어 테이블에서 끌어내린 다음 그녀를 강간한다.

볼코박은 유엔에 충격을 줌으로써 유엔이 성노예제에 맞선 행동에 나서도록 노력하였으나, 유엔 대신 〈다인코프〉가 충격을 받고 볼코박에 대한 행동에 나섰다. 며칠 안에, 마이클 스티어스는 콜로라도에서 연마한 관리·감독 기술을 발휘했다. 그는 볼코박에게 일을 제대로 하지 못했다고 말하며 그녀를 휴직시켰다. 그러고 나서 〈다인코프〉는 볼코박이 근무 시간 기록지를 날조하였다며 "중대한 과실"을 사유로 그녀를 해고했다. 직원들의 부패에 대한 책임이 전적으로 〈다인코프〉에게만 있다고 말하기는 어려울지도 모른다. 부패한 경찰관과 군사 기지 내 직원들에게 서비스를 제공하는 기지 주변의 성매매 집결지란 너무나 흔한 조합이기 때문이다. 그러나 자사의 최상급 직원을 희생양으로 만들면서 이 범죄들을 은폐하려고 한 책임은 〈다인코프〉에게 – 있었고 – 지금도 그러하다고 말할 수 있다.

볼코박은 부당해고로 〈다인코프〉를 고소했는데, 이 소송으로 인해서 놀라운 사실들이 수면 위로 드러났다. 『옵서버』 지에서 볼코박 사건을 취재하기 시작했을 때 나는 〈다인코프〉가 예상 밖으로 미국 회사가 아니었다는 사실을 알게 되었다. 보스니아의 〈다인코프〉 직원들은 모두, 〈다인코프〉의 자회사이며 영국군의 군사 기지가 있는 소도시 알더샷에 근거지를 둔, 〈다인코프 에로스페이스〉가 채용한 사람들이었다. 볼코박은 영국 남부 해안에 있는 사우쓰햄턴의 노동 재판소[28]에서, 새로 도입된 〈내부고발자 보호법〉에 따라 소송을 제기할 수 있었다. 재판소는 볼코박이 부당해고를 당했다는 사실에는 "의심의 여지가 없다"고 판결했다. 이 회사는 공식적인 사내 처벌 규정을 "완벽하게 위반"하는 행위를 하였고, "존재하지 않는다고 말해도 좋을 정도로 불완전한" 증거로 해고를 정당화하려 했다. 재판소장은 볼코박이 그녀가 취한 입장 때문에 "요주의 인물"이 되었던 것이라고 하면서, "전前 직원을 상대로 이보다 더 냉담하고, 악독하고, 보복적인 태도를 보인 기업의 사례는 상상하기가 힘들다"고 덧붙였다. 〈다인코프〉는 볼코박에게 10만 파운드를 지급하게 되었다. 그러나 이 금액에 큰 의미는 없었다. 여러 나라 정부들이 이 사건의 냉혹한 교훈을 무시하고 더 많은 민간 안보 계약을 체결함에 따라, 〈다인코프〉는 점점 더 성장해 갔기 때문이다.

볼코박 사건이 충분히 충격적이지 않았는지, 보스니아에서 〈다인코프〉는 이와 유사한 사건에 말려들게 되었다. 텍사스 출신 벤 존스튼은 보스니아에 있는 한 기지에서 미군 아파치와 블랙호크 헬기를 지원하는, 〈다인코프〉의 보다 전통적인 사업 중 하나를 위해 전 유고슬라비아에서 일했다. 처음에 존스톤은 기지에서 조용히 지내려고 했다. 왜냐하면, 그들이 "내가 만난 사람 중에 가장 거친 무리였다. 내가 술을 안 먹는 것도 아닌데, 〈다인코프〉 직원들은 술에 취한 채로 출근하곤 했다."[29] 머지않아 그는, 정비사들이 자주 불성실하게 일을 처리했으며, 불필요한 수리를 이유로 언제든지 군대에 청구서를 보낼 준비가 되어 있었다는 것을 알아챘다.

이내 그의 동료 직원들은 보스니아의 성매매 업소들로 그를 초대했다. 디스코텍이었던 자리에 차려진 이 업소들은 새로운 고객을 맞이하기 위해 적절하게 미국식으로(예컨대 "라스베이거스") 간판을 바꾼 클럽들이었다. 그러나 존스튼은 〈다인코프〉의 기술자들이 상대적으로 높은 임금을 여성들과의 잠자리를 위해서만 사용하는 것이 아니라, 그녀들을 사고파는 데에도 사용한다는 점을 확신하게 되었다. "성매매에 대한 뒷이야기들은 금방 들었지만, 이들이 여성들을 매매하고 있다는 것을 알기까지는 좀 시간이 걸렸다"고 그는 회상했다. 그는 미성년자로 보이는 이 소녀들의 매매에 대해 상급자에게 문제를 제기했다. 그러나 불행히도 존스튼은 이 관리자가, "새로 온 직원을 업소로 데려가는 대가로 여성들을 공짜로 얻곤 하는 바로 그 친구"라는 사실을 알지 못했다. 〈다인코프〉의 직원들은 건 당 6백 달러에 여성들을 매매하고 수출하면서 조직폭력단과 공조하고 있었다. 심지어 이 문제의 관리자는, 자신이 인신매매된 여성 두 명과 성행위를 하는 것을 비디오로 촬영하기도 했다. 이 영상에서 한 명의 여성이 "싫다"고 말하는 소리가 들린다.

존스튼은 관리자들에게 문제를 제기해서는 아무런 소득을 얻을 수 없었다. 〈다인코프〉가 "그곳의 마피아와 1백 퍼센트 동침하는 관계"라고 판단한 그는 육군 범죄수사대에 호소했다. 육군 수사관들은 〈다인코프〉 직원들이 여성뿐만 아니라 총기 역시 불법적으로 매매하고 있다는 증거를 발견했다. 수사관들은 관계를 맺기를 원하지 않는 것이 분명한 여성들과 성행위를 하는 〈다인코프〉 관리자의 비디오테이프를 발견했다. 한 〈다인코프〉 관리자가 테이프를 제작했고, 또 다른 한 명의 관리자가, 해고당하지 않도록 자신을 보호하기 위해 보험 삼아 테이프의 복사본을 소지하고 있었다. 한 〈다인코프〉 관리자가 군 수사관들에게, 남성 직원들이 " '데벨리'Debeli라고 부르는 남자와 협조하고 있다. 데벨리는 보스니아어로 뚱뚱한 남자라는 뜻이다"고 말했다. "데벨리는 성매매를 제공하는 할리스라는 나이트클럽의 사장이다. 여성들은 시간당 얼마씩 또는 하룻밤에 얼마씩 팔리기도 하고, 영원히 팔려 버리기도 한다."

육군 범죄수사대의 수사로 부패 행위들에 대한 분명한 증거들이 수면 위로 드러나게 되었다. 그러나 헌병은 자신들의 법률 고문인, 그 이름도 유명한 육군 법률사무소를 찾아갔다. 이 대단한 법률 마법사와 이야기를 나눈 관료들은, 보스니아 땅에 미군을 상륙시킨 법률 조약이 계약자들에게도 일종의 법적 면책특권을 준다고 생각하게 되었다. 범죄수사대의 법률 자문에 의하면 "〈데이튼 평화협정〉에 의해 계약자들은 보스니아 법의 적용을 받지 않기 때문에 보스니아 법의 적용에서 보호된다. 그들은 당시 이 사람들에게 어떤 연방 법률을 적용해야 할지를 알지 못했다." 이것은 이라크 점령 기간에 벌어질 일들에 대한 뚜렷한 경고였다. 계약자들은 군인이 아니었기 때문에 군법 적용 대상이 아니었다. 그러나 그들은 보스니아에 있는 모든 미군과 마찬가지로 그 지역의 법에서도 면책되는 특권을 누렸다. 육군 범죄수사대가 수사를 진행한 건 맞지만, 고발은 한 건도 이루어지지 않았다.

이로써 성적 인신매매업자 직원들에 대한 〈다인코프〉의 처분만이 남겨진 상황이었다. 이 회사는 성매매 관련 범죄로 다섯 명의 직원을 해고했다고 말하는 등 몇몇 가벼운 형식적 제스처를 취해 보였다. 그러나 이 남성들은 기소당하지 않은 채 미국으로 돌려보내졌을 뿐이다. 〈다인코프〉는 문제를 시인하였지만 어떠한 실질적인 해결책도 제시하지 못했고, 문제의 윤곽을 드러냈을 뿐이었다. 하지만 범죄자들에게 관대했던 〈다인코프〉는 내부고발자들에게는 가차 없었다. 볼코박과 마찬가지로 존스튼도, 그의 문제 제기의 효과가 드러나자마자 해고되었다. 육군 범죄수사대의 수사 직후 〈다인코프〉는 존스튼이 "회사의 평판을 떨어뜨렸다"는 이유로 그에게 해고를 통보했다. 군대가 어떠한 조치도 취하길 거부하고 있고, 회사는 골치 아픈 소식을 전달한 제보자를 쏘아 쓰러트리려고 하는 상황에서, 존스튼은 혼자서 싸울 수밖에 없었다. 회사의 부당처우와 회사의 태도에 분개한 존스튼은 〈다인코프〉에 손해배상을 청구했다. 〈다인코프〉는 잘못을 부인했지만, 볼코박 사건에서 패소한 직후 신속하고 조용하게, 법정 외 합의로 이 소송을 종결시켰다.[30] 부적당한 직원들을 제거하는 것보다 질이 낮은 인력을 계속 공급하는 것이 〈다인코프〉에게는 더 경제적인 것처럼 보였다. 공개적인 수사에 노출된 직원들의 범죄와 비행을 눈감아주는 것이 이 회사에 재정적으로 이득이 되었다. 〈다인코프〉가 [부정부패에 관해] 느슨하다는 점을 알아차리고 지위를 남용해 사리를 취하며 즐거워하는 직원들도 있었다. 보스니아에서 〈다인코프〉를 위해 일했던 산타크루즈 출신 경찰관 스티브 스미스는 『워싱턴 포스트』에 다음과 같이 설명했다. 보스니아에서 잘못을 저지른 것이 발각된 경찰관이 설사 〈다인코프〉에서 해고된다 하더라도, 그는 경찰law enforcement 관련 직종에서 계속 일을 할 수 있다는 것이다. 이 부패한 경찰들에게 바른 생활을 강요할 수 있는 장치는 아무것도 없었다. 크루즈에 의하면, 〈다인코프〉에서 계속 일하고 싶은 것이 아니라면 관련 직종을 계속하는 데 지장을 주는 것은 아무것도 없다. 문책수단이 전혀 없다는 것이 문제다." 그 결과, 이 악당들은 "남들이 5천 달러를 벌 때" 자신들은 "8만 5천 달러를 번다"는 사실을 알게 되고, "매춘여성들의 뒤꽁무니를 쫓고, 젊은 여자들과 놀아나면서, 한 마디로 재미 보면서 지낸다"고 크루즈는 밀한다.[31]

〈다인코프〉가 보스니아에서 당한 망신은 두 가지 교훈을 남겼다. 첫째, 정부의 계약업체들을 "재건"의 책임을 회피하기 위한 수단으로 여긴 것은 실수였다. 영리 기업들에게 정치적·군사적 개입을 맡긴 것은 수많은 문제를 야기했고, 설사 맡긴다고 하더라도 신중하게 처리했어야 하는 일이었다. 둘째, 정부들이 전후 재건에 민간 부문을 꼭 이용하고자 한다면, 〈다인코프〉처럼 악명 높은 전적을 가진 회사를 사용하기 전에 매우 깊이 숙고해야 한다. 그러나 불행하게도, 런던이나 워싱턴에서도 이 교훈 중 어느 것도 습득되지 못했다. 오히려 〈다인코프〉의 전적은 영국과 미국의 정치인들이, 〈다인코프〉를 비롯한 다른 민간 회사들이 대테러전쟁에서 중심이 될 수 있겠다는 확신을 하게 만들었다. 이 회사의 로비스트들과 홍보용 소책자들이, 부시와 블레어 정권이 다음과 같이 생각하도록 부추긴 것은 분명하다. 부시와 블레어 정권은 새로운 공격적인 군사 행동에 착수할 수 있으며, 그러한 군사행동으로 인해 붕괴하는 국가들을 안정화하는 과정은 〈다인코프〉를 비롯한 여러 기업에 의지할 수 있다고 말이다. 2002년에 영국 외무장관 잭 스트로는 이후의 모든 새로운 국제적 행동에서는 민간 군사 기업들이 중추적인 역할을 해야 한다고 제안하는 협의문서를 발간했다. 스트로의 문서에는 〈다인코프〉가 "훌륭한 조직이라는 평판을 유지하고 있는"[32] 회사 중 하나(이로써 스트로는 "훌륭한"respectable이라는 말에 전혀 새로운 의미를 추가하고 있다)라는 내용과 함께 〈다인코프〉가 여덟 번 언급되어 있다. 미국 정부는 〈다인코프〉에 대해서 한층 더 열광적이었다. 잭 스트로와 마찬가지로 미국 관료들도 9·11 이후 이 회사에 대해 더욱 의욕적인 태도를 보이게 되었다. 〈다인코프〉는 대테러전쟁으로 엄청난 상승효과를 누렸다. 이라크전쟁이 개전한 지 한 달 만에, 〈다인코프〉는 미국의 과거 실력자 제이 가너가 "현지에 치안을 확립시킬 방안에 대해 조사하는 것"[33]을 돕기 위해 이라크로 보내졌다. 〈다인코프〉는 결국 가너보다 훨씬 오래 현장에 남아 있게 되었다. 가너가 "이라크에 신속히 선거가 시행되면 선거 후에는 이라크인들 자신이 이라크를 재건할 수 있을 것"이라고 제안한 뒤, 신속하게 다른 사람으로 대체되었기 때문이다. 그의 후임자, 미국의 이라크 최고행정관 L. 폴 브레머는 미국 회사들이 재건과정을 장악할 수 있도록 선거시행을 지연시켰다. 현지의 치안을 확립하는 것에 대한 〈다인코프〉의 제안은 주로, 〈다인코프〉에 더 많은 계약이 주어지도록 하는 것과 관련이 있는 것처럼 보였다.

애초에 미국의 이라크 정책은 이라크 정부의 기존 조직체계를 거의 해체해 버린 후 정부 조직을 재건하는 것과 관련되었다. 군은 해산되었고 〈바스당〉[34]은 배척당했다. 이어진 2년 동안 연합군은 선거를 통해 국가를 재건하는 대신 외주계약을 통한 재건을 택했다. 영국과 미국에서 온 임시연합당국 관료들은 사업 거래의 일환으로, 대부분 서방의 기업에 이라크 국가 기관들을 나누어 주었다. 대부분의 이라크 경찰은 침공 이후 직책을 버리고 민간인이 되었고, 범죄가 (특히 약탈이) 난무하게 되었다. 〈다인코프〉는 이라크 경찰력을 재건할 수 있다고 약속했다. 4월이 되자 이 업체는, 계약 첫해에만 그 규모가 5천만 달러에 이르는 10년짜리 이라크 "법집행law enforcement 지원" 계약을 맡게 되었다고 자랑했다. 〈다인코프〉는 법과 질서를 회복하기 위해 1천 명에 달하는 자문단을 고용할 것이라고 약속했다.

이 치안 계획에는 두 가지 핵심 요소가 있었다. 첫째로, 새로 설립된 경찰학교들이, 새로 모집된 이라크인들을 8주짜리 단기 프로그램으로 훈련할 것이었다. 둘째로, 자문단이 이 신입들과 아직 현직에 남아 있는 경관들을 지켜보면서 실습 과정에서 그리고 경찰서에서 멘토링을 제공할 것이었다. 자문단은 이 새로운 경찰 관료진의 부패와 인권침해를 막기 위한 핵심 수단으로 활용될 예정이었다. 그러나 이라크에서의 계약으로 7억 5천만 달러를 받은 것으로 알려진 〈다인코프〉는, 이라크의 거리에 자문단을 보내는 데 말 그대로 실패한 것으로 드러났다. 이 멘토링 계획은 거의 무효했다. 이 계획으로 고작 50명의 퇴직 경찰관이 이라크 경찰 관할구역에 배치되었고 그 효과는 미미했다. 새로 만든 경찰학교의 훈련과정은 너무 형편이 없어서, 결국 미군이 어떤 주력 훈련기지에 대한 운영책임을 대신 맡기도 하였다. 보안상의 이유로 요르단에 세워진 이 교육시설에서는, "보안상의 이유"로, 5만 명의 훈련병 중에서 퇴학생 비율이 1퍼센트도 되지 않았고, 낙제를 당하는 학생도 거의 없었다.

단기간의 훈련과 형편없는 멘토링의 조합은, 시아파 민병대가 이라크 경찰력 안으로 깊숙이 침투하는 상황을 전혀 막지 못했다. 시아파 민병대는 경찰 제복을 이용해 종파적 고문과 살인을 저질렀다. 〈다인코프〉는 이라크 경찰력 재건의 이런 분명한 실패에 개의치 않았다. 이 회사의 한 대변인은 『뉴욕 타임즈』에 이렇게 말했다. "우리는 그들이 구축한 프로그램의 성공과 실패 여부로 평가당하지 않는다."[35] 〈다인코프〉는 새 경찰력을 훈련하는 데 실패했을 뿐 아니라, 직원 몇몇은 범법행위에 연루되기도 했다. 경찰학교에서 근무했던 〈다인코프〉 직원 세 명은, 경찰관 훈련에 사용될 것이라는 명목으로 연료를 빼돌려 미국 정부에서 5만 달러를 사취했다. 〈다인코프〉는 이들을 해고했지만, 정확한 회계감사를 보장하지 못한 회사의 실책에도 불구하고 경찰학교 내에서 발생한 범죄로는 그 이상의 창피를 당하지 않았다.

〈다인코프〉가 혼자서 새로운 이라크 경찰을 망친 것은 아니었다. 다른 기업도 끼어들어 도움을 주었다. 〈파슨스 기업〉은, 바그다드 경찰대학을 재건하기 위한 7천5백만 달러짜리 계약을 비롯하여, 이라크 "재건"에서 다수의 계약을 따냈다. 2005년 말, 이라크 사업의 공식 감사원 스튜어트 보웬은 바그다드 경찰대학이 "이 국가에서 가장 핵심적인 치안 프로젝트다. 그리고 그것은 실패작[이었고] 재앙적이라고 할 수 있다"[36]고 말했다. 아주 값비싼 부실 공사 덕분에 엄청난 양의 "소변과 배설 물질"이 위층에서 흘러내려 오물이 조명 부품들에 스며들었고, 예비 경찰관들 머리 위로 오물이 떨어졌다. 넘치는 오물로 인해 콘크리트 구조까지 손상되어 건물 대부분이 철거되거나 재건축되어야 했다. 이라크 경찰학교 생도들이 바그다드 경찰대학에서 오물 샤워로 고통받는 동안, 〈다인코프〉는 수도 외곽에 완전히 별도의, 주거시설을 갖춘 호화로운 경찰 훈련소를 지었다. 이 업체는 미국 국무부로부터 4,380만 달러를 받아 1천 명이 넘는 경찰관 생도를 수용 가능한 이 호화로운 기지를 아드난 궁전[37]에 마련했다. 그러나 이들은 "보안상의 이유"로 시설을 비워두었다. 미국 감찰관들은 〈다인코프〉가 국무부의 허가 없이 전체 비용의 10퍼센트가량을 올림픽 규모의 수영장과 할리우드 연예인이 사용할 법한 호화로운 이동주택 20개를 만드는 데 사용했음을 발견했다.[38] 국무부는 2004년 9월에 이 계약을 취소하였지만, "부실하고 때로는 전혀 이루어지지 않았던 계약 관리" 덕분에 이동주택 공사는 2006년까지 계속된 것으로 보인다. 이 감찰관들은 아드난 궁전의 사치스러운 유령 도시를 찾아낼 수는 있었지만, 모호하게 작성된 송장들과 불분명한 서류들 때문에 〈다인코프〉가 공급했다고 주장한 3,640만 달러어치의 무기, 방호장구 및 다른 장비들은 찾아내지 못했다.

훈련과 지원을 제대로 받지 못한 신참들의 머리 위로 배설물이 흘러내리는 환경에서는 경찰력을 구축할 수 없었다. 이라크 경찰은 한 국가의 법적 의지를 표명할 수 있는 하나의 세력으로 단결하지 못했고, 대신 이 조악하게 주조된 부대는 분열되고 있는 이라크에서 권력과 돈과 안전을 조금이라도 확보하려는 일련의 폭력집단들로 파편화되었다. 경찰은 이라크에 있는 폭력집단들과 구역싸움을 하는 한 개의 무장단체가 된 것이 아니었다. 실제로 이들은 여러 개의 폭력집단으로 쪼개졌다. 이라크 경찰을 훈련하기 위해 〈다인코프〉가 고용한 텍사스 보안관 출신 존 챕맨의 발언을 통해 이 기업의 훈련 수준이 어느 정도로까지 전락하였는지를 감지할 수 있다. 『뉴욕 타임즈』가 그에게 성공적이라 여겨지는 신병 모집의 사례로 어떤 것들이 있는지 물었다. 챕맨은 "출근을 하는 사람이겠죠.…… 월급날 나타나는 것 이외의 일을 하는 모든 사람"이라고 말했다. 훈련병에 대한 미국 해군의 기대치는 매우 낮았던 것이 분명하다. 2004년, 바그다드 근방에 있는 군사 기지에 150명의 다인코프 신참이 도착할 예정이었고, 미국 해군은 이들을 기다리고 있었다. 이들의 도착 예정시간은 저녁 9시였다. 이날 아침 브리핑 시간에, 장교가 병사들에게 파워포인트 슬라이드들을 보여 주며 발표를 했다. 첫 번째 슬라이드는 "2100: 광대clown 차가 도착했다"[39]는 표제를 달고 있었으며, 새로 모집된 신입 경찰들의 헬리콥터가 곧 도착할 것이라는 의미라고 설명했다. 두 번째 슬라이드에는 "2101: 부주의한 사격에 대비하라"고 적혀 있었다. 이 경찰관들이 돌발적으로, 그리고 제멋대로 AK-47을 발사한다는 것을 의미했다. 해군 사령관의 슬라이드에 의하면, 〈다인코프〉 졸업생들과 함께 있을 때 취해야 할 군사 행동은 " '엎드려 숨어'라고 조언"[40]하는 것이었다.[41]

미국 육군 대위 필립 카터는 새로운 이라크 경찰과의 생활에 대해 쓴 자신의 일기를 『보스톤 글로브』 지에 주었다. 카터는, 그가 이라크 경찰에 제공한 순찰차, 무기, 그리고 다른 장비들이 정기적으로 관료들에 의해 "빼돌려져" 재판매되었다고 말했다. 계약자들의 분명한 "빼돌리기" 때문에 소변비가 내리는 곳에서 훈련을 받은 이라크 경찰들이 계약자들과 동급의 행태를 보인다고 비난할 수는 없었다. 카터는 또 경찰관들이 자신을 밀^密매매품으로 여기고 있다고 밝히며 다음과 같이 썼다. "현지 정치인들은 경호원·무기·차량을 경찰에게서 자유롭게 빌려서 사용했고, 측근들에게 공급하기도 했다."[42] 분열된 이라크 경찰은 점점 개별 정치인을 위한 사영 군대로 변해서 미국 정계의 "두뇌들"로 구성된 〈이라크 연구 그룹〉[43]은 이라크 경찰이 "형사사건 수사를 진행할 법적 권한도 없었고, 교육도 받지 못했다. 또 조직범죄, 반란세력, 민병대에 맞설 화력도" 갖추고 있지 못했다고 밝혔다. 〈연구 그룹〉에 의하면 범죄 대처에는 무능한 조직이었던 경찰은, 범죄를 저지를 때는 매우 유용했으며 "민간인에 대한 불필요한 구류, 고문과 처형 등을 포함하는 종파적 폭력을 일상적으로 행사[했다.]"

〈다인코프〉가 구축한 새로운 이라크 경찰의 실패는, 2006년 말 영국군이 바스라 경찰서를 폭파하며 극적으로 드러났다. 영국군은 한 분리파 암살단이 이라크 경찰력에 대해 갖는 통제권을 장악하려고 시도하고 있었다. 영국군이 이라크의 새 경찰대를 제어할 수 있는 유일한 방법은 재건되었다고 주장되는 이 경찰력을 폭발물로 공격하는 것이었다. 그러나 이라크 경찰의 문제점들은 〈다인코프〉가 더 많은 계약을 성사시키는 데 전혀 장애가 되지 않는 듯했다. 미국이 아프가니스탄 대통령 카르자이의 경호를 〈다인코프〉에 맡기면서, 이 회사는 서방이 지원하는 아프가니스탄 정권에 글자 그대로 중심이 되었다. 〈다인코프〉의 요원들은 카르자이에 대한 암살공격을 여러 차례 저지했고, 그 과정에서 몇몇 요원이 사망하기도 했다. 그러나 〈다인코프〉는 또한 엉뚱한 사람을 공격하는 것으로 유명해지기도 했다. 카르자이의 〈다인코프〉 경호원들은 대통령의 장관 중 한 명을 알아보지 못해 그를 때리고 학대한 것으로 알려졌다. 아프가니스탄 대통령 경호로 〈다인코프〉가 언론의 주목을 받았던 것은 사실이지만, 이 회사의 직원들에게서 위협을 당한 기자들도 많았다는 점을 생각하면 이들의 경찰 업무가 더 비중이 컸다고 말해야 할 것이다. 이라크에서와 마찬가지로 〈다인코프〉는 아프가니스탄의 경찰력을 재건하는 대규모 계약을 맺고 있었다. 2006년 11월 미국 국무부 감찰관과 국방부 감찰관은 아프가니스탄의 국가 경찰에 대한 〈다인코프〉의 업무와 씨름하기 위해 일종의 감사監査 태그팀[44]을 짰다. 이들은 〈다인코프〉가 5년 동안 11억 달러를 우려냈다는 점을 발견했다. 이렇게 많은 돈이 지출되었음에도 아프가니스탄 국가 경찰은 범죄에 효과적으로 대처할 능력이 전혀 없었고 소생하는 탈레반에 맞설 능력도 없었다. 검사관들은 아프가니스탄 경찰이, "국내 치안 보장 업무나 관습적인 경찰 직무들을 수행할 수 있는 준비가 적절히 되어 있지 않다"고 밝혔다.

무엇보다 이 검사관들은 이라크 경험의 가장 문제가 있는 요소들이 〈다인코프〉의 계약에서 반복되고 있음을 발견했다. 〈다인코프〉는 장기휴가 중인 전·현직 경찰들을 아프가니스탄에 보내 안보 센터에서 8주간 아프가니스탄 경찰을 훈련하게 했다. 그러나 경찰 신입들에게 업무 현장에서 조언하고 이들을 훈련할 교관의 수가 부족했다. 수업시간에 배운 내용들이 막상 현장에서 아무런 효력을 발휘하지 못하기에 십상이었다. 수업에서 다뤄진 내용이 신입 경찰들이 경찰 실무를 수행하는 데 실제로 적용되도록 보장하고, 불합격 판정을 내릴 경찰관을 가려내는 가장 확실한 방법은, 새로 들어온 직원들에 대한 현장 훈련이라고 법 집행 전문가들은 하나같이 주장한다. 그러나 〈다인코프〉는 이 프로그램에서 이토록 중요한 현장훈련 과정을 소홀히 했고, 몇 백 명의 신입들만 선배 경찰관의 현장교육을 받을 수 있게 했다. 검사관들은 〈다인코프〉를 크게 탓하지 않았고 계약 자체가 대부분 문제의 원인이라고 말했다. "〈다인코프〉가 초기에 공급한 교관들은…… 전략기획과 실무교육을 위한 자격요건을 모두 갖춘 사람들이 아니었다"[45]라는 점을 일부 언급하긴 했지만 말이다. 그러나 아프가니스탄을 방문했던 많은 경찰 전문가들과 몇몇 아프간 각료들은, 〈다인코프〉의 교관들이 값이 비싸고, 훈련업무를 감당할 수 없는 사람들이었다고 말했다. 아프가니스탄 경찰을 훈련하는 데 실패한 후 패닉 상태에 빠진 미국은 "보조 경찰부대"를 보내 훈련을 모두 마친 이 경찰관들[의 미숙함]을 보완함으로써, 소생하는 탈레반 세력에 대한 방어를 강화하려 했다. 이 보조부대는 정규 경찰관들에게 주어진 두 달 동안의 교육기간과는 대조적으로 2주 동안만 훈련을 받았다. 두 달이라는 기간도 보스니아 재건 당시의 경찰 신병 훈련 기간인 6개월보다 현저하게 짧은 것이었다. 〈다인코프〉는 이 보조부대를 훈련한다는 명목으로 추가 비용을 받았으며, 관측통들에 의하면 이 부대에는 어린 소년들과 아편 중독자들도 있었다고 한다.[46]

고든 브라운과 토니 블레어가 영국의 세계 지배가 가져 왔던 긍정적인 성과들을 이따금 언급하고 있는 상황에서, 최근 대영제국에 대한 향수가 증대되고 있다. 이라크와 아프가니스탄이라는 역사적 전장에서 또다시 전쟁을 치르는 병사들의 모습과, 미국이라는 새로운 유사제국의 지배에 대해 갖는 일정 정도의 질투심이 결합하여, 세계 지도의 상당 부분이 붉게 칠해졌었던 시대에 대한 감상들이 자라나게 된 것이다. 영국의 엘리트는 제국이 어떤 범죄를 저지르든 정권이 지게 되는 부담 일부를 분담했다. 엘리트 계층에서 태어난 수천 명의 아들이 제국을 통치하러 떠났고, 그 과정에서 이들은 하인과 진gin[47]을 남용했다. 이제 영국과 미국은 〈다인코프〉 같은 기업들이 있어 계약서 한 장만 쓰면 멀리 떨어진 나라들에서 일을 벌이라고 주문할 수 있겠다는 기대를 품게 되었다. 그들이 가장 아끼는 아들들을 희생하지 않고도 말이다. 이 기업들은 제국의 새로운 짐들을 자신이 떠안겠다고 말하는 듯했다. 군사적 개입은 쇼핑만큼 쉬워질 것이었다. 〈다인코프〉 체험은 이 약속이 환상에 불과했음을 보여 준다.

5장

용병

재니스 톰슨은 상업적인 전쟁의 역사에 관한 그녀의 중요한 연구에서 다음과 같이 쓰고 있다. 과거에

국가는 자신의 영토 내에서조차 폭력을 독점하지 않았다. 도시 민병대, 사설 군대, 재무 대리인, 지방 영주의 군대, 왕권을 요구하는 적대자, 경찰력, 국가군 등 모두가 폭력을 행사할 권리를 주장했다.

톰슨은, 범죄 단속이 그 권한을 부여받은 경찰력의 고유한 업무이고 전쟁이 국가군의 사업이라는 근대적 관념modern sense과는 확연하게 달랐던 이전 세기들의 배치의 차이를 탐구한다.

오늘날 전지구적 폭력이 조직화되어 있는 방식은 시대를 초월하는 것도 자연스러운 것도 아니다. 그것은 근대적인 특징이다. 1900년 이전의 여섯 세기 동안에는 전지구적 폭력이 민주화·시장화·국제화되었다. 비국가 폭력이 국제 체제system을 지배했다. 개인과 집단은 명예와 영예를 위해서든, 부와 정치권력을 위해서든, 각자의 특정한 목표를 위해서 각자의 폭력 수단을 썼다. 사람들은 지구 시장에서 마치 상품처럼 병력을 매매했다. 공급자와 구매자라는 정체성은 거의 아무런 의미가 없었다.[1]

1994년의 저작에서 톰슨은 "우리가 어떻게 거기서부터 여기까지 오게 되었는지"라는 수수께끼를 다루고 싶어 했다. 십 년이 지난 지금 그 수수께끼는 풀리고 있다. 우리가 "여기"에서 "거기"로 되돌아가고 있기 때문이다. 톰슨의 저작이 출간된 후 10년 동안 병력은 지구 시장에서 점점 더 인기가 좋은 상품이 되어 왔다. 냉전의 종식으로 인한 정치적인 변화와 몇몇 용병 기업들이 새 시장에 뛰어들기 위해 사용하는 영업 기술은 신흥 군수 산업을 창

조했다. 대테러전쟁을 앞두고 과거의 용병은 "민간 군사 기업"private military companies으로 이름을 바꿨다. 초반에 망신을 좀 당한 이 새 용병주의merce-narism는 영국 정부가 독려했다. 이 새로운 용병 기업들은 영국과 미국 정부가 대테러전쟁에서 새 병력이 필요할 때 민간 군대가 전장으로 힘차게 출정할 수 있도록 전략적으로 움직였다.

용병은 중세 후반의 대부분 기간에 검과 창, 도끼와 총을 들고 싸웠다. 고용병의 종류는 아일랜드의 갤로글래스2에서부터 독일의 란츠크네흐트에 이르기까지 다양했다. 14~15세기의 대부분 기간에는 유럽 전역에서 대규모 용병주의가 "자유로운 기업"들에 의해 행해졌다. 1400년대에는 외국인 용병에 불만을 느낀 이탈리아인들이 콘도띠에리라고 불린 자기들만의 고용병을 양성했다. 콘도띠에리는 문자 그대로 "계약자들"이라는 뜻이다. 이 말은 이라크전쟁의 민간 병사들을 지칭할 때 가장 흔히 쓰이는 완곡어법과 같아서 현재 상황과 공명하고 있다. 가장 핵심적인 정치적·군사적 사건들은 용병에 의해 판가름이 났다. 1379년 마리노에서 이탈리아의 콘도띠에리와 외국인 용병 적군이 치른 전투로 교황이 이탈리아인이 될지 프랑스인이 될지가 결정되었다.

그래이엄 그린은 〈제3의 사나이〉의 반反영웅 해리 라임을 위해서 영화사史에서 가장 인상적인 대사 중 하나를 집필했다. 라임은 "이탈리아는 보르히아 가문이 통치한 30년 동안 전쟁, 테러, 살인과 학살을 겪었"지만 르네상스의 영광을 만들어 냈다고 선언한다. 라임은 이와 대조적으로 스위스는 "형제애, 5백 년간의 민주주의와 평화"를 거쳤지만 "뻐꾸기시계"말고 만들어 낸 것이 없다고 주장한다. 이것은 영화에서는 무척 흥미로운 장면이지만, 사실 스위스인들은 그린이 짐작하는 것보다 더 사나운 폭력을 휘두르곤 했다. 실제로 스위스인들은 이탈리아의 수년간 이어진 전쟁에 참여했다. 바티칸의 스위스 출신 호위병들은 이탈리아 전역에서 부지런히 활동했던 해외 용병의 잔재이다. 13세기에 스위스에서 일어난 반란 이래로, 뻐꾸기시계의 나라에서 온 창병과 전투용 도끼를 휘두르는 병사들은 유럽에서 고용할 수 있는 가장 거친 병사들로 인정받았다.

용병은 이탈리아 르네상스기에 집필된 가장 중요한 정치학 저서 중 하나인 마키아벨리의 『군주론』에서 규모 있게 다뤄지는 주제일 정도로 이탈리아의 정치에서 핵심적이었다. 마키아벨리는 이탈리아가 "수년간 용병의 지배를 받아" 끔찍한 결과가 초래되었고 "이탈리아가 겪은 시련은 다른 어떤 이유보다도 그토록 오랜 세월 동안 용병에 의존한 데서 비롯되었다"[3]고 지적한다. 마키아벨리는 플로렌스 사람으로 구성된 민병대를 직접 조직하려 한 적도 있다. 이것은 마키아벨리가 그토록 혐오하던 용병을 대체하게 될 국가군의 초기 버전이었다고 볼 수 있다. 마키아벨리는 이 경험을 토대로 용병은 인자한 통치를 위협한다는 것을 입증하려 했다. 마키아벨리는 용병 대장들은

> 매우 유능하거나 그렇지 못하다. 그들이 유능하다면 당신은 그들을 신뢰해서는 안 된다. 그들이 항상 주인인 당신을 압박oppress하거나 당신의 의사에 반해서 타인을 압박함으로써 높은 지위에 오르고자 열망하기 때문이다. 만약 그들이 유능하지 못하다면, 당신은 여느 때와 같은 방식으로 몰락하게 된다.

마키아벨리의 비판은 지금도 유효하다. 유능한 용병은 자신들이 갖게 된 권력을 감지하고 자기 이익을 위해 행동할 것이다. 폭력을 효과적으로 사용할 수 있는 용병부대는 정부 고용주에게 복종할 필요를 느끼지 못하고 자기 이익을 위해 지시를 무시하거나 악용할 수 있다. 반면 무능한 용병은 군사적인 재앙이나 실패 같은 "여느 때와 같은 방식으로" 정부를 실망시킬

것이다.

용병이 "무용하고 위험하다"는 마키아벨리의 견해는 그 시대의 통설에 반하는 것이었지만, 용병에 대한 그의 설명은 다른 세기의 상식이 될 것이었다. "분열되어 있고, 야심만만하며, 기강이 문란하고, 신의가 없고, 동료 앞에서는 용감하나 적 앞에서는 비겁하다. 그들은 신을 두려워하지도 사람과의 신의를 두려워하지도 않는다." 이후 3배 년 동안 점진적으로, 또는 난관을 헤치며 국민국가가 형성되었다. 이렇게 생겨난 국민국가들이 유럽에서 제국, 도시 국가, 공국公國이 뒤죽박죽인 상황을 대체했다. 국민국가의 등장과 함께 각 나라의 국민으로 구성된 국가군이 출현하였다. 국가군은 (적어도 이론상으로는) 돈이 아니라 국가에 대한 사랑이 동기가 되는 집단이었다. "자유계약자[프리랜스]"free lances라고 불린 외국인 용병들도 국가군으로 흡수되었다.

용병이 무기를 싸들고 유럽 대륙을 떠나기까지는 오랜 시간이 걸렸고 유럽 국가들은 대륙 밖에서 다른 형태의 상업적인 전쟁과 정복을 치르면서 폭력 시장에서 쇼핑을 계속했다. 사략선, 해적선, 그리고 제국의 사업은 모두 상업적으로 공급되는 폭력을 사용했다. 그렇기는 하지만 용병 사용에서 멀어진 것은 근대 국민국가의 형성에서 핵심적인 부분이었다. 애국적 에토스에 의해 움직이는 국가군의 창설은 민족자결주의의 등장과 긴밀하게 연결되어 있었고, 이것은 곧 민주주의의 출현과도 연결되었다. 정치적인 역할을 하는 국가군이라는 생각은 쿠데타 탄압 같은 반민주적인 행위를 연상시키지만 근대로의 이행 과정에서는 그렇지 않았다. 봉건 병력과 용병이 뒤죽박죽인 상황을 국가군이 대체하면서 국가군은 대중의 지배가 출현할 조건의 형성을 도왔다.

영국 시민혁명 당시에도 전쟁터에는 용병들이 있었다. 에식스 백작은 의회의 편에서 왕과 대적해 싸우기 위해 활기 넘치는 크로아티아인 대장

카를로 판텀[4]을 고용했다. 판텀 대장은 자신의 동기에 관해서 솔직했다. "나는 당신의 대의에 관심이 없소. 나는 당신의 반#크라운[5]과 당신 나라의 매력적인 여자들을 얻기 위해 싸우러 왔다." 판텀은 가톨릭 교도였지만 유쾌하게 다음과 같은 점을 인정했다. "나는 투르크인Turkes에 맞서 기독교인을 위해 싸웠고 기독교인에 맞서 투르크인을 위해 싸우기도 했다." 그는 훌륭한 전투 기술과 군사 훈련 기술로 대단히 존중받았으며 의회파 기병대에 "말 타고 싸우는 방법"을 가르치며 훈련을 시켰다. 판텀은 또 방탄으로 보이는 가죽옷으로 동료 병사들을 놀라게 했다. 머스캣총알이 그의 상의를 불태웠지만, 그의 몸에는 흠집 하나 나지 않았다. 그는 자신이 평범한 병사를 "방탄" 종種인 "무적 군인"hard men으로 만들어주는 숲 속의 비밀 약초를 먹었다고 주장했다. 에식스 백작은 자신의 용병에 대해서 너무 열광적이어서 여성들을 "강간한" 죄로 교수형을 당할 뻔했던 위기에서 판텀을 두 번이나 구해 주었다.

그러나 영국 혁명의 가장 중요한 군사적 혁신은 사회적 지위나 재력이 아니라 능력에 기초로 장교를 진급시킨 크롬웰의 신모범군[6]이었다. 에식스 백작의 병력은 신모범군으로 흡수되었다. 판텀 대장은 이 새롭고 의욕이 넘치는 평등주의 청교도 군대를 다룰 수 없었던 것으로 보인다. 그는 옥스퍼드 왕의 군대에 합류하기 위해 전선을 넘었다. 왕립파는 마침내 여성을 "강간한" 죄로 판텀을 교수형에 처했다. 신모범군은 반크라운과 매력적인 여자보다 대의를 중시했다. 푸트니에서 영국의 미래를 주제로 토론하는 자리에서 신모범군 병사들은 선언했다. "우리는 그저 어떤 임의적인 나라의 독단적인 권력에 복종하기 위해 고용된 용병이 아니었다. 우리는 우리 자신과 국민의 정당한 권리와 자유를 지키기 위해서 의회의 여러 선언에 따라 소집되었고 출현하였다." 민주주의의 시대와 용병의 종말은 동시에 찾아왔다. 이 새로운 세계에서는 발칸 반도의 방탄 강간범 용병 대장이 설 자리가 별로 없었다.

　점점 더 민주주의적으로 되어 가는 근대 국민국가들은 수십·수백 년
에 걸쳐 용병으로부터 멀어져 갔다. 그러나 이것은 분명하고 뚜렷한 변화였
다. 유럽에서 더는 의미 있는 상업적 전쟁이 일어나지 않았다. 동인도회사
의 사례처럼 기업의 병력은 제국을 건설하기 위해 고용되었지만 이런 형태
의 용병조차 마침내 사라졌다. 20세기에 이르자, "선진" 세계는 자기 영토를
벗어난 곳에서 그리고 외교 정책의 가장자리에서만 때때로 용병을 고용했
다. 대테러전쟁의 지도자들은 주권 개념에 기초한 국제 관계의 근대적 체계
의 형성과 용병의 종말 간의 이러한 관계를 알고 있었던 것으로 보인다. 그
들은 고용이 가능한 전사들을 재도입함과 동시에 국제 정치의 핵심적인 전
제들을 베어 없애 버리기 시작했다.

　총리직 말년에 토니 블레어는 영향력 있는 "중요 쟁점"big issue 연설들
을 함으로써 총리로서 유산을 남기고 싶어 했다. 하지만 블레어의 지적인
열정을 진지하게 받아들이기 어려운 경우들이 때때로 있었다. 왜냐하면 블
레가 이데올로기들의 회전판에서 "핵심 가치들"을 들었다 놨다 했기 때문
이다. "제3의 길", "이해관계자 사회", 공동체주의, 윤리적 사회주의 등은 모
두 그의 사상의 기초라고 설명되었다가 조용히 잊히고 대체되었다. 그러나
블레어는 재임하는 동안 군사 행동에 대한 (특히 미국과의 공동 군사 행동
에 대한) 지속적이고 열정적인 지지를 보였고 국제체제는 이 가치 있는 목
표에 족쇄가 된다고 보았다. 2004년에 블레어는 이라크에서의 활동을 정당
화하는 기조연설을 하였다. 그는 "1648년의 베스트팔렌 조약 이래로 지배
적이었던 전통적인 국제관계 철학이 아닌 새로운 국제관계 철학을 찾으려
애써"7 왔다고 주장했다. 일반적으로 이 조약은 국제 문제에서 다른 나라
의 내정에 개입하는 것의 부당성을 지적하는 조약으로 알려져 있다. 이 조
약은 유럽을 황폐시킨 파괴적인 전쟁의 종식을 의미했을 뿐 아니라, 제국에

대한 주권의 승리, 합스부르크가의 사적인 권한에 대한 국민의 지배의 승리를 상징했다.

블레어는 자신이 폐기를 원했던 베스트팔렌 체제에 대해서 다음과 같이 요약했다. "한 국가의 내부 사정은 어쩔 도리가 없다. 그 국가가 위협을 하거나 조약을 위반하거나 동맹국의 의무를 유발하지 않으면 타국은 개입하지 않는다." 베스트팔렌의 원칙들은 전혀 확고하지 않았다. 조약 체결 후 수백 년간 유럽의 나라들은, 남부의 나라들이 국가가 아니라 그저 비어 있고 원시적이거나 개발되지 않은 공간이라고 거짓 책략을 부리는 간단한 방법을 택하며 마음껏 남쪽 나라들로 진군했다. 하지만 베스트팔렌의 평화는 적어도 민족자결주의를 위한 기초를 닦았다. 물론 식민지들은 19세기와 20세기의 오랜 싸움을 거치고 나서야 독립국 지위를 쟁취하게 되지만 말이다. 블레어 총리는 민족자결주의와 주권의 원칙이 "인도주의적 개입"에 비해 부차적이라고 주장하고 싶어 했다. 그러나 개입을 정당화하는 "인도주의"라는 문턱은 전적으로 그의 개인적인 판단에 맡겨진 문제인 듯 보였고, 개입의 수단은 아주 단순하게, 가장 강력한 국가들이 될 것이라고 정해졌다.

이 새로운 철학의 핵심에는 소련의 붕괴 덕분에 영토 보전에 닥칠 모든 위험들에서 해방된 영국과 미국이 자신들이 원하는 곳이면 어디든 진군하겠다는 의미가 담겨 있는 것처럼 보였다. 새로운 세계질서를 형성하기보다 블레어는 낡은 것을 원하는 듯했다. 합스부르크 왕가를 영국과 미국이 대신하게 된 것이 유일한 혁신 지점이었다. 베스트팔렌 체제 때문에 신경질이 난 이데올로그는 블레어만이 아니었다. 미국 외무부가 "알-카에다와 관계가 있는 논객"이라고 설명하는 익명의 필자 루이스 아티야툴라는 성전을 약속하는 게시물을 인터넷에 정기적으로 게재했다. 아티야툴라는 또 "베스트팔렌 조약 이후 서방세계에 의해 구축된 국제 체제가 붕괴하기를" 바랐다. 물론 그는 그 붕괴가 강력한 이슬람 초강대국을 위한 것이길 바랐다.

베스트팔렌은 30년 전쟁과 80년 전쟁을 종식시킨 조약이었다. 그렇다면 블레어는 유럽을 황폐화하고 수백만 명을 죽음으로 몰고 간 수십 년간의 전쟁을 향수 어린 따뜻한 마음으로 그리워하는 것인가 라는 불편한 생각이 든다. 베스트팔렌 체제에 도전하는 블레어의 일차적인 동기는 침공할 자유에 가해지는 제한에서 벗어나려는 것이다. 그런데 베스트팔렌 체제를 이루는 두 조약을 체결하기 전의 긴 전쟁 기간은 유럽에서 용병 사용이 최고조에 이르렀던 시기였다. 이 점은 중요하다. 갈등으로 돈을 벌기 위해 대규모의 파괴적인 군대가 조성되었다. 용병군은 편을 바꿔가며 자신들의 이익을 위해 싸웠고 민간인을 약탈 대상으로 삼았다. 강대국이 약한 국가를 제 마음대로 공격하고, 복합적이고 가변적이며 사리를 좇는 상업적 군대를 사용하여 전쟁을 치르는, 블레어가 제안하는 새 국제체제는, 아주 오래된 어떤 체제와 유사해 보였다. 영국과 미국의 지도자들이 일궈낸 주요한 정치적 전환 덕에 용병은 전근대 유럽에서 그러했던 것만큼 새 세계질서에서 핵심적인 부분이 되었다. 정치인들은 사기업의 계획들을 국가정책으로 바꿔 놓음으로써 군사 기업들 자신이 개척한 변화들을 채택하여 발전시켰다. 20세기 후반에 용병은 외교정책의 가장자리에서 부지런히 장사했다. 그러나 냉전 이후 기업들은 세계정세의 중심부로 진군하기 시작했다.

1945년 이후 용병은 세계체제의 주변부에 자리를 잡고 있었다. 이들 중에는 소수 과격파도 있었고 좀 더 온건한 분파도 있었다. 이 소수 과격파는 (이름이 딱 들어맞는) "미친" 마이크 호어로 대표되었다. 호어는 2차 세계대전 당시 북아프리카에서 영국군 대위로 복무했고 그 뒤에는 (옛 식민지 지배자들이 후퇴하고 있던 아프리카에서 영토를 확보하기 위해 싸우는) 여러 아프리카 지도자들을 위해 용병으로 나섰다. 호어는 콩고의 카탕가 주

분리론자들을 위해 싸웠고, 나이지리아에 맞서 비아프라 편에서 싸웠다. 그의 전술은 팬텀 대장의 화려한 폭력과 견주어도 손색이 없어서, 그의 지휘권 아래 있던 강간범 병사의 발가락에 총을 쏘아 발가락을 없애 버리는 처벌을 하는 식이었다. 호어의 경력은 1978년 세이셸 쿠데타 시도로 끝이 났다. 호어는 당시 명목상 한 세이셸 정치인을 대행하여 쿠데타를 시도했었는데 자신이 남아프리카공화국 정부의 지원을 받고 있다고 주장했다. 그러나 〈맥주 애호가 조합〉이라는 모임으로 가장하여 이동하던 용병 1천 명의 정체가 들통 나면서 호어의 쿠데타는 실패했다. 한 성실한 세이셸 공항 직원이 맥주 애호가의 짐 속에서 자동 소총을 발견했다. 호어가 짧은 총격전과 항공기 납치를 통해 탈출한 후, 남아프리카공화국 당국은 호어와 그의 동지들을 수감했다. 남아프리카공화국 측은 이 계획의 경위를 사전에 알지 못했다고 부인했다. "미친 마이크" 계열의 또 다른 약탈 전사로 프랑스인 밥 드나드를 들 수 있다. 호어와 마찬가지로 드나드는 콩고에서 싸웠고, 또 호어와 마찬가지로 그는 섬에서의 쿠데타를 즐겼다. 드나드는 1995년에 인도양 섬나라 코모로 정부를 네 번째로 전복한 후 마침내 수감당했다.

조금 광기가 덜한 대표적인 인물로는 데이비드 스털링 경이 있겠다. 2차 세계대전 당시 〈공수특전단〉을 창설했던 스털링 경은 전후에 건지 섬을 거점으로 한 개인회사 〈워치가드 인터내셔널〉을 경영했다. 〈공수특전단〉 출신 퇴역 군인들은 여전히 가장 인기 있는 용병 중 하나이며 주요 전략 지점에 투입할 기동성이 뛰어난 엘리트 병력이라는 〈공수특전단〉의 모델은 많은 용병 활동에 영감을 주었다. 스털링의 사기업은 영국 외무부의 인지하에, [이미] 수립된 제3세계 정부들에 군사 서비스를 제공하는 활동을 하기 시작했다. 스털링은 그의 민간 군사 기업이, 현존하는 승인된 정부를 지원할 수 있지만 불안정한 정권을 전복하는 데 사용되어서는 안 된다고 생각했다. 그의 업체는 북예멘에서 나세르주의자들의 공화주의 반란을 저지하고 왕당파 군을 돕기 위해 고용되었다. 그 후 〈워치가드〉는 술탄이 지도하는 여러 걸프만 국가들의 군을 훈련하고 강화하는 일을 계속했다. 또 스털링은 사우디아라비아에 영국 전투기를 파는 것과 같은 다른 군수 사업에도 손을 댔다.

"미친" 마이크와 데이비드 경은 전후 용병 현실의 상이한 극단을 대변했지만, 이 두 당파 간의 구분은 절대 확연하지 않았다. 밥 드나드가 협잡꾼처럼 보일지 몰라도 프랑스 정부가 종종 그를 지원했었다. 데이비드 경이 점잖아 보이지만 그는 1970년에 가다피 대령을 끌어내리려는 터무니없고 모험주의적인 시도에 참여했다. 스털링 경의 두 개의 정치적 계획 또한 좀 기이해 보인다. 그는 〈카프리콘아프리카협회〉를 설립했는데, 이 협회는 스털링 경 같은 인물의 계몽적인 지배를 받는 아프리카 연합동맹의 결성을 촉구하는 단체였다. 또 1970년대에 스털링은 파업 파괴와 노조 세력 격퇴를 목적으로 하는 비밀조직 〈GB75〉를 영국에서 창설했다.

이 용병 조직들에는 공통점이 있었다. 용병 조직들은 영국 정부의 인지하에서 혹은 심지어 암묵적인 승인하에서 활동하기도 했지만, 실제로는 더 작은 국가와 단체 들의 사정에 주로 관여했다. 가장 강력한 국가들과 가장 유력한 기업들이 용병을 고용한 것이 아니었다. 또 용병들이 가장 의미 있는 군사무대들에서 자주 활약을 했던 것도 아니다. 용병들은 돈을 벌기 위해서 체제의 주변부에서 싸움 실력을 발휘했다. 대테러전쟁은 이 모든 것을 변화시킨다. 대테러전쟁으로 용병은 가장 중요한 전장들에서, 주요 국가들의 정부와 유력한 기업체들을 위해 직접 활약하게 된다. 군수 업체들도 냉전 종식 이후의 변화 가능성을 감지했고 정계의 한복판으로 진입하기 시작했다. 새로운 테러 위협에 조응할 "군사 혁명"을 모색하고 있던 영미 정부에게 상업적 전투 계획이란 분명 환영할 만한 일이었기 때문에, 양국 정부는 군수 기업들을 자국의 군사 기획에 포함했다.

〈디펜스 시스템스〉는 스털링의 〈워치가드〉와 유사한 성격의 기업으로 또 다른 〈영국 공수특전단〉 관료 알라스테어 모리슨이 업체를 이끌고 있었다. 〈디펜스 시스템스〉는 1990년대 중반, 콜롬비아에 있는 〈브리티시 페트롤륨〉의 송유관을 지키는 계약을 체결했다. 이 영국 석유 업체의 오쎈사 송유관은 〈민족해방군〉[8]이 활동 중인 지역을 통과했다. ELN은 체게바라 지지자로 이루어진 콜롬비아의 소규모 게릴라군으로, 이들의 전술은 외국 기업 경영진에 대한 잦은 납치와 석유 관련 시설에 대한 공격 등을 포함했다. 콜롬비아 경찰이 제공하는 보호가 불만족스러웠던 〈브리티시 페트롤륨〉은 〈디펜스 시스템스〉가 독립적으로 그리고 콜롬비아 안보 기구와 협조하며 보안을 강화하길 바랐다. 〈브리티시 페트롤륨〉과 〈디펜스 시스템스〉 양쪽 모두 콜롬비아군과 지나치게 긴밀하게 협조한다는 비난을 받았는데, 이는 염려스러운 일이었다. 왜냐하면 콜롬비아군은 게릴라를 지원해 주고 있다는 의심이 가는 농민들에게 무자비한 폭력을 행사한 것으로 악명이 높았기 때문이다. 또 콜롬비아군은 우파 살해단과 협조한다는 비판을 끊임없이 받았다. 영국 기업들은 이러한 의혹들을 부인하였지만 신문 기자들의 취재[9]로 충격적인 증거들이 수면 위로 드러났다.

『가디언』 지의 취재에 의하면 〈브리티시 페트롤륨〉은 인권침해로 악명이 높은 제14여단이 야간 전투 능력을 향상할 수 있도록 그들에게 야시경을 지원했다. 또 〈디펜스 시스템스〉가 게릴라군을 추적하기 위해서 〈브리티시 페트롤륨〉 시설 주변 지역사회에 "정보 수집 조직"을 결성하자는 내용의 제안서를 작성했다는 사실이 『가디언』 지가 발견한 문서에서 드러났다. 〈디펜스 시스템스〉는 〈실버 섀도우〉라는 이스라엘 안보 기업과 하청계약을 맺었다. 〈실버 섀도우〉가 작성한 제안서에는 〈디펜스 시스템스〉와 〈브리티시 페트롤륨〉이 송유관을 지키기 위해 콜롬비아군과 협조할 수 있게 "게릴라에 대항하는 특수한 무기류와 탄약", 야시경, 무인 정탐 "드론", 그리고 특수 라디오를 "직접 제공"하겠다는 내용이 있었다. 〈실버 섀도우〉의 제안서에는 또한 "최첨단 정보 수사 인력 그리고 심리전에 관한 18일간의 세미나"를 〈디펜스 시스템스〉와 〈브리티시 페트롤륨〉의 직원들에게 제공하겠다는 내용도 있었다. 이 석유 기업과 그들이 고용한 안보 회사가 이러한 품목들을 구매하지 않았다는 것은 분명하다. 그러나 이스라엘 하청업자에게 대금은 지급되었으며, 적어도 콜롬비아 병사들에게 야시경을 제공하자는 제안은 채택되었다.[10]

〈디펜스 시스템스〉과 〈브리티시 페트롤륨〉의 계약에서 중요한 점은 이 군수 기업이 작은 나라의 정부를 위해 일하지 않았다는 사실이다. 영국 다국적기업에 고용된 군수 회사의 등장이었다. 냉전 시기에 기업들은 동서 양 진영 중 한 쪽과 연계된 나라들의 국가안보를 위해 일하면서 안정감을 느꼈다. 냉전이 끝나자, 일부 다국적 기업들은 부실해 보이는 몇몇 국가들보다 자신들이 강해지고 있다고 생각했다. 특히 이 부실한 나라들이 더는 두 경쟁하는 초강대국 중 어느 한 곳의 군사적 비호에 의존하지 못하는 상황에서 말이다. 이 다국적 기업들은(위 사례에서는 〈브리티시 페트롤륨〉) 취약한 국군을 보강하기 위해 기업 고유의 준군사 병력을 둔다는 생각에 끌리고 있었다. 〈브리티시 페트롤륨〉은 방위를 목적으로 용병 무리를 고용한 봉건 영주처럼 행동한 것이다. 민간 군사 업체들은 국제 경제의 주변에서 중심으로 이동하고 있었다. 콜롬비아는 이 새로운 군수 서비스 업체들의 실험실과 같았다. 〈디펜스 시스템스〉가 거대 다국적기업을 위해 일하고 있을 때, 또 다른 업체인 〈다인코프〉는 직접 미국 정부에 고용되어 콜롬비아에서의 준군사 행동에 관여하고 있었다(2장 참조).

〈디펜스 시스템스〉의 고용주 〈브리티시 페트롤륨〉은 영국과 미국 정부 모두에게 영향력이 있는 기업이었다. 따라서 콜롬비아의 "테러리스트" 집단에 대항해 사설 군대를 동원하는 것에 대해 이들이 선보인 열정이, 훗날 "대테러전쟁"의 지휘관들에게 일정한 영향을 미쳤을 것이라고 짐작된다.

영국의 대표 기업 중 하나인 〈브리티시 페트롤륨〉은 어떤 영국 정부와도 탄탄한 연줄을 가지는 듯 보였지만, 이 업체는 특히 노동당과 긴밀히 연관되어 있었다. 닉 버틀러는 노동당에서 가장 오래된 싱크탱크인 〈페이비언 협회〉의 재무담당자와 〈브리티시 페트롤륨〉의 재무관리자 직책을 동시에 맡은 인물이었다. 버틀러는 블레어와 그의 전임자 닐 키녹을 도와 노동당의 중앙 지도부를 재건하는 데 일조하였고 블레어가 총리가 되었을 때 고문직을 맡았다. 〈브리티시 페트롤륨〉과 노동당 간의 거래 흐름은 쌍방향이었다. 2001년, 블레어의 최측근 중 한 명인 안지 헌터는 다우닝가 10번지[11]를 떠나 〈브리티시 페트롤륨〉의 홍보이사가 되었다. 이러한 관계망의 가장 놀라운 증거는 노동당이 〈브리티시 페트롤륨〉의 이사장 사이먼 상원 의원을 정부 각료로 임명했다는 사실이다. 〈브리티시 페트롤륨〉 이사장 시절 사이먼 의원의 마지막 업적 중 하나는 〈브리티시 페트롤륨〉이 콜롬비아에서 저지른 인권침해 행적을 부인하기 시작한 것이다. 사이먼 의원은 〈브리티시 페트롤륨〉이 콜롬비아군의 인권침해에 협조하지 않았고, 실제로 군이 "합리적인 행동방식"[12]을 유지하도록 보장하고 있었다고 주장했다. 사이먼 의원은 〈브리티시 페트롤륨〉에서 배운 교훈들을 가지고 정부 각료로 발탁되어 노동당의 상무 장관이 되었다.

〈브리티시 페트롤륨〉과 〈디펜스 시스템스〉의 제휴를 통해, 영국과 미국 지배층에서는 용병 사용이 핵심적인 요소가 되었다. 다른 한편, 또 한 무리의 기업들은 용병주의가 명백히 실망스러운 결과들을 가져왔음에도 불구하고 용병주의를 격상하기에 바빴다. 1997년, 팀 스파이서가 〈샌드라인〉을 설립했다. 스파이서는 스코틀랜드 근위대 중령 출신으로 포클랜드 제도와 북아일랜드에서 복역했고 보스니아 군사 개입 작전 당시 유엔 보호군의 언론 대변인을 지낸 인물이었다. 그의 새로운 사업체는 바하마에 등록되어 있지만 런던의 킹스 로드에 근거지를 두고 있던 민간 군사 기업이었다. 스파이서는 〈샌드라인〉이 〈워치가드〉나 〈디펜스 시스템스〉처럼 정착하길 바랐지만, 〈샌드라인〉의 첫 대규모 계약은 열대 지방의 한 섬에서 불명예스럽게 퇴출당하는 것으로 끝났다. 파푸아뉴기니의 총리 율리어스 찬이 〈샌드라인〉을 고용했다. 파푸아뉴기니에는 태평양의 파푸아 섬 서쪽과 그 주변 영토에 거주하는 여러 다양한 공동체들로 이루어진 6백만 명의 사람들이 거주했다. 파푸아뉴기니의 국경은 솔로몬 제도의 부갠빌 섬까지였는데, 부갠빌에서는 분리주의 반란이 일어나 중앙정부의 권위가 침식되었다. 부갠빌 혁명군은 1998년 이래로 섬의 독립과 섬의 막대한 광물자원이 제공하는 부의 분배를 늘릴 것을 요구하고 있었다. 찬 총리는 혁명군을 격퇴할 공격을 〈샌드라인〉이 선두지휘해 주길 바랐다.

스파이서가 이끄는 팀은 인상적인 화력무기들로 무장했다. 이들은 러시아산 무장 헬리콥터뿐 아니라 스파이서가 이후에 "창공의 외침"sky shout이라 부르게 될 항공기를 몰고 왔다. 스파이서에 의하면, "〔거〕기에는 항공기에서 지상까지 송수신이 가능한 굉장히 강력한 녹음기와 스피커가 장착되어 있다." "이것은 심리전을 위한 것이다"라고 그는 설명했다. 〈샌드라인〉은 부갠빌 반란군을 총으로 쏘는 것은 물론이고, 반란군에게 소리도 지를 생각이었다.[13] 그러나 결과적으로는 파푸아뉴기니 사람들이 스파이서보다 더 세게 그리고 더 크게 총을 쏘고 소리를 질렀다. 파푸아뉴기니에 스파이서의 부대가 도착했을 때 파푸아뉴기니 군이 작전에 불복종하고 반란을 일으켜 용병들에 총부리를 겨누었고 용병들을 잡아가뒀다. 수도 포트 모르즈비 전역에 군인들을 지지하는 시위와 폭동이 확산되었다. 군과 시위대는 이 작전이 파푸아뉴기니의 광물자원이 주는 부를 강탈하려는 제국주의자들의 모험이라고 생각했다. 스파이서에게도 총부리가 겨누어졌고 며칠 안에 풀려났다.

이 사건들은 "미친" 마이크/밥 드나드의 섬나라 모험 그리고 〈워치가드〉의 정부 계약 모델 사이 어딘가에 위치하는 듯했다. 〈익세큐티브 아웃컴즈〉라는 남아프리카공화국의 업체가 파푸아 사건에 참여한 용병 일부를 제공했었다. 〈익세큐티브 아웃컴즈〉는 아프리카 대륙에서 피비린내 나는 싸움을 이따금 치러 온 오랜 역사를 가진 기업이었다. 물론 〈샌드라인〉도 [파푸아뉴기니] 정부와 외관상 합법적인 계약을 체결한 상태였다. 그러나 태평양 지역에서 〈샌드라인〉이 겪은 대실패에는 몇 가지 뚜렷한 새로운 특질들이 있었다. 콜롬비아에서 〈디펜스 시스템스〉가 그러했듯이 〈샌드라인〉도 광물 산업 연줄 그리고 유명 서구 기업과의 연줄을 가진 듯했다. 부갠빌섬에 위치한 대규모의 판구나 광산은 분리주의 반란에서 가장 싸움이 치열한 지역 중 하나였다. 광산이 가져온 환경 피해로 부갠빌 주민은 분노하고 있었고, 주민들은 또 이 거대 시설이 자신들에게 별다른 경제적 이익을 주지 않는다고 항의했다. 세계에서 가장 큰 채광 기업 중 하나인 〈리오 틴토 징크〉가 이 광산의 일부를 소유했다.

파푸아뉴기니 사건에 대한 반대 심문을 받는 자리에서 〈샌드라인〉이 파푸아뉴기니의 광물 자원을 손에 넣기 위해 군사력을 사용한 것이 아니냐는 변호사의 질문을 받고서 팀 스파이서는 "창백해지는 기색이 역력했다." 〈샌드라인〉은 광산에 대한 주식으로 대금을 받기를 원한다는 편지가 증거로 제출되었다. 파푸아뉴기니 국방장관에게 보낸 서신에서 스파이서는, "부갠빌 광산 재탈환 후, 귀 정부와 당사, 그리고 〈리오 틴토 징크〉가 합작 투자 사업으로 광산 재개장과 운영을 해 나갈 것을……제안하는 바입니다"[14]라고 말했다. 〈리오 틴토 징크〉는 이 같은 제안을 받은 적이 없다고 주장했지만, 〈샌드라인〉이 광산업계·채광업계의 작은 선수들과 접촉한 것은 분명하다. 유전개발 업체, 다이아몬드 채광업체, 용병업체 등의 이사회를 거쳐 온 사업가 토니 버킹엄이 파푸아뉴기니 계약에서 스파이서를 도왔다. 버킹엄은 정계 연줄을 제공했다. 버킹엄은 영국 의회 로비스트 안드류 기포드와 전 자유당 당수 데이비드 스틸을 설득하여 자신의 기업 중 하나였던 〈헤리티지 오일〉의 이사회에 그들을 앉힌 적도 있었다. 또 버킹엄은 〈샌드라인〉과 〈익세큐티브 아웃컴즈〉 같은 군사 기업들과의 사업적 연줄도 조성했다.[15] 스파이서의 기업은 부갠빌 반란군과의 대적에 실패했을 뿐 아니라 자신들을 고용한 정부의 추락도 재촉했다. 그러나 이후 〈샌드라인〉에 대해 진행된 수사는, 이 회사가 그럼에도 불구하고 좋은 평판을 얻게 되리라는 점을 분명히 했다. 국제 사법 체계도 동참했다. 〈샌드라인〉은 파푸아뉴기니 정부가 계약을 이행하지 않았다며 소송을 제기했다. 전쟁터에서 이길 수 없었던 〈샌드라인〉은 법정에서는 승리했다. 1998년, 국제중재재판소는 〈샌드라인〉이 2천만 달러의 배상금을 받아야 한다는 판결을 냈다. 최종 합의에서 파푸아뉴기니 정부는 〈샌드라인〉의 무장 헬리콥터, 소총 및 섬에 제공되었던 다른 물품들을 반납해야 했다.[16] 파푸아뉴기니 정부가 배상금 지급을 미루자, 〈샌드라인〉은 파푸아뉴기니를 괴롭혔다. 이들은 룩셈부르크 재판소[17]의 명령으로 파푸아뉴기니의 국제 계좌 몇 개를 동결시켰다. 국제적인 자금이 동결되자 파푸아뉴기니로 가던 지원금 일부가 중단되었다. 파푸아뉴기니 총리 빌 스케이트는 "이 사람들은 역겨울 정도로 혐오스럽다. 〈샌드라인〉은 파푸아뉴기니 사람들을 볼모로 삼고 몸값을 요구하고자 한다"고 단언했다. "찬 정부가 부갠빌에서 파푸아뉴기니 사람들을 학살하라고 이 업체에 1천8백만 달러를 지급한 사실만으로도 충분히 불쾌했다. 이제 이들은 우리가 현재 필요로 하는 재정 지원을 받는 것을 방해하고 싶어 한다"고 스케이트는 덧붙였다. 스케이트 총리의 속이 불편하거나 말거나, 이 기업은 현금을 챙겼다.[18]

　　〈샌드라인〉에게 파푸아뉴기니는 군사적으로는 실패였지만 재정적으로는 성공이었다. 시에라리온에서의 또 다른 대규모 사업이 이들을 영국 정치 무대의 중심으로 불러왔다. 〈샌드라인〉은 남아프리카공화국의 〈익세큐티브 아웃컴즈〉라는 용병업체와 긴밀한 관계였다. 〈익세큐티브 아웃컴즈〉에는 아파르트헤이트[19] 시절의 악명 높은 "특수 부대"(예컨대 "제32대대")에서 모집한, 전장에서 단련된 병사들이 많이 소속되어 있었다. 〈샌드라인〉은 이런 부류의 전사들을 이용하여 파푸아뉴기니에 파병된 자사의 영국군 출신 부대를 보강했다. 이 두 기업은 토니 버킹엄이 책임지고 있는 광산 기업들과 계약으로 엮여 있었고 [구성원들 간의] 관계성으로도 엮여 있는 듯했다. 〈샌드라인〉은 〈익세큐티브 아웃컴즈〉의 제휴사 내지는 대행업체로 일하는 것처럼 보일 때도 있었다.

〈익세큐티브 아웃컴즈〉는 늦어도 1995년부터는 시에라리온에서 사업하고 있었다. 영국의 식민지였던 아프리카 국가 시에라리온은 1961년 독립 이래로 쿠데타와 대항쿠데타, 반란에 시달려 왔다. 1990년대에는 갈등의 주요 전선이 (민주적으로 선출된 카바 대통령을 비롯하여 여러 군사 정권을 거쳐 온) 정부와 〈혁명군사전선〉 사이에 처져 있었다. 〈혁명군사전선〉은, 수도 프리타운에 있는 정부에 반대한다는 것 이상의 이데올로기나 기획을 가진 세력이 아니었다. 이들은 아동병을 동원했으며 수많은 민간인을 살상했고 매우 잔혹했다. 〈혁명군사전선〉은 정치 집단이라기보다 군벌 부대였고 자신들이 통제권을 가진 지역의 다이아몬드 광산에서 나오는 수익에 의존하고 있었다. 〈혁명군사전선〉은 또 이웃나라 라이베리아의 군벌 찰스 테일러의 지원을 받고 있었다. 〈익세큐티브 아웃컴즈〉는 1995년에 프리타운의 정부와 접촉하여 〈혁명군사전선〉에 대항할 군사적인 원조를 제공하겠다고 제안했다. 회사 측 소식통은 시에라리온 정부와의 거래를 『옵서버』 지에 다음과 같이 묘사했다. "우리가 말했지. '당신들 골치 아프게 됐어.' 그들이 돈이 없다고 했지. 그래서 우리는 여유가 생기면 돈을 달라고 했지."[20] 이 투기적인 거래에 대한 지불금은 시에라리온의 광산업에서 지급될 예정이었던 듯하다. 비록 〈익세큐티브 아웃컴즈〉 측은 채광권 양도로 대금이 지급될 것이라는 추정들을 부인했지만 말이다. 시에라리온에서 〈익세큐티브 아웃컴즈〉가 활동하고 있었기 때문에 〈샌드라인〉과 연계된 채광 기업들이 거기서 더 쉽게 발판을 마련할 수 있었다. 1996년, 캐나다 채광기업 〈다이아몬드웍스〉는 시에라리온에 있는 〈다이아몬드웍스〉 소유 광산을 방어하기 위해 〈익세큐티브 아웃컴즈〉를 고용하겠다고 발표했다. 파푸아뉴기니에서 〈샌드라인〉을 위해 활동했고 그때부터 정기적으로 〈샌드라인〉의 홍보업무를 주도한 마이클 그룬버그의 발표였다.[21]

1997년의 어느 시점이 되면 〈샌드라인〉이 카바 대통령에게 고용되고 시에라리온의 다이아몬드 광산 경비 업무를 맡으면서 〈익세큐티브 아웃컴즈〉를 추월한다. 사실 이듬해에 〈샌드라인〉은 파푸아뉴기니 대실패와 남아프리카공화국 내에서의 용병 불법화 압력의 증대로 사업을 접게 된다. 1998년 『옵서버』지의 보도는, 〈샌드라인〉이 시에라리온에 35톤의 무기를 들여오는 과정을 시에라리온에 부임할 영국 대사가 지원했다고 추정했다. 이 무기는 카바 정부의 〈혁명군사전선〉 반란군 격퇴에 힘을 보탤 예정이었다. 사실이라면 이는 유엔 무기수출 금지조치를 위반하는 것이었다. 유엔은 카바 정부를 복귀시킬 수 있는 국제적 합의안이 도출되길 원했지 상업적인 용병 사업을 원하지 않았다. 『옵서버』의 폭로에 대한 영국 정부의 반응은 신속했고 분노에 차 있었다. 외무부 각료 사이먼스 남작은 보도가 사실이 아니라고 의회에 말했다. 또 다른 외무부 각료 토니 로이드는 기사가 "무지하고 상스럽다"고 표현했다. 그는 "영국 공직자들"과 "고용된 살인자들"과의 접촉도 "악명 높은 용병과의 연계"도 전혀 없었다고 말했다. 일 년 후, 외무장관 로빈 쿡은 다음과 같이 단언하게 된다. "〈샌드라인 인터내셔널〉, 그리고 그 자매그룹들의 주된 관심은 민주주의가 아니라 다이아몬드였다." "윤리적"인 외교 정책을 표방하는 새로 선출된 노동당 정권은 〈샌드라인〉을 다이아몬드에 눈이 먼 용병, 고용된 살인자 조직이라고 비난하고 있었다. 관세청은 스파이서의 자택을 급습했고 무기수출 금지조치에 위배되는 〈샌드라인〉의 활동에 대한 수사에 착수했다.

그러나 약간의 문제가 발생했다. 단속이 시작되자 〈샌드라인〉은 정부 관료들과 접촉한 횟수와 무기 수출 계획에 대해서 그간 얼마나 많은 지지를 받아 왔는지를 정확하게 공개했다. 실제로, 토니 로이드가 외무부 컨퍼런스 석상에서 시에리리온의 카바 정부 지원 건에 관해서 발언하였을 때, (〈샌드라인〉과 연계된 업체의 이사로 재직하던 전직 M16 요원) 루퍼트 보웬이 초청인사 자격으로 그 자리에 있었다. 〈샌드라인〉은 외무부 관료들과 현역 대령들의 지지를 받았고 "여왕 폐하의 정부의 완벽한 사전 인지와 승인 아래서" 무기를 수입하였다고 밝혔다.

이 새롭고 "윤리적이고 싶은"would-be-ethical 정부가 용병을 비난했지만, 정부의 낡은 구조들은 용병과 함께 일하며 군사력의 균형을 변화시키고 있었다. 〈샌드라인〉은 수도 프리타운에 카바 정권을 복귀시키는 과정에서 대부분 나이지리아 병사들로 이루어진 부대를 지원했다. 환호하는 군중은 도시의 거리로 나와 〈혁명군사전선〉의 지배가 끝난 것에 기뻐했다. 영국 정부는 선택의 갈림길에 서 있었다. 유엔이 지원하는 합의된 대안으로 카바가 복귀된 것이라고 믿고, 물밑에서 이루어진 용병 작전을 부인할 수 있었다. 실제로 유엔군은 1999년 시에라리온에 투입되었고 겉으로 보기에 로빈 쿡은 유엔군의 계획의 연장선상에서 활동하는 것처럼 보였다. 반대로 영국 정부는 낡은 원칙보다는 "효과가 있는 해법"what works에 전념하기로 할 수도 있었다. 결과적으로 보면, 파푸아뉴기니에서 〈샌드라인〉의 개입이 대혼란을 초래했고, 용병들의 무장 헬기가 반란군뿐 아니라 민간인도 살상했으며, 유엔의 권위에 도전하는 것은 위험한 일이었지만, 〈샌드라인〉이 손목을 자르곤 하는 군벌을 소탕한 것은 사실이었다. 토니 블레어는 이 [두 번째]

경로에 열중하기로 한 것이 분명했다. 그는 "선한 사람들good guys이 이겼다"고 선언했으며 용병에 대한 비판은 잘못되었다며 "요란한 비판의 상당 부분이 과장되어 있다"고 덧붙였다.

1999년, 용병의 입지를 재평가하는 일이 시작되었다. 그러나 이 문제에 대한 정부의 공식 입장의 개요를 수록하는 [영국 정부의 정책 제안서인]『녹서』Green Paper의 발간은 3년간 연기되었다. 토니 블레어가 직접 『녹서』 발간을 늦추라고 지시했는데, 왜냐하면 블레어는 "아프리카로 무기를"Arms to Africa 건에 대한 기억이 아직은 창피스럽다고 생각했고 총선을 치러야 했기 때문이다. 선거 이후에도 정부는 입장 발표를 늦추며 불안감을 드러냈다. 영국 정부는 2002년에 와서야 민간 군사 활동에 대한 문서를 발간했다. 즉 대테러전쟁에 착수하려는 시점에 정부는 용병 사용을 거부할 것이냐 합법화할 것이냐 사이의 갈림길에 놓여 있었다. 2001년 6월 토니 블레어는 쿡의 지위를 강등하고 그 자리에 잭 스트로를 앉혔다. 내무부 장관으로서 잭 스트로는 그의 "혐오감"을 극복하고 수감자들을 민간 교도관들에게 맡겼다. 외무 장관으로서 스트로는 이제 전쟁을 민간 병사들에게 맡기는 것을 두 팔 벌려 지지할 요량이었다.

스트로의 『녹서』22의 핵심은 시장이 민간 군사 기업들을 규제할 수 있다는 주장이었다. 용병soldiers of fortune 23들의 죄는 모두 옛일일 뿐이고, 이제 신노동당 정권을 위해 일해 줄 새로운 용병이 존재하는 것이었다. 이 문서는 "의심스러운 폭력배"들인 "용병"과 신종 "민간 군사 기업"의 차이를 드러내려 노력했다. (시장, 사영화, "효과가 있는 해법", "생각할 수 없는 것을 생각해 내는 것" 등을 선호하는) 신노동당의 모든 편견이, 현실에서 벌어진 당혹스러운 사례들에 전혀 구애받지 않고, 외무 장관의 주장의 근거로 사용되었다. 용병에 대한 스트로의 열정은, 냉전 종식에 이어 발생하는 새 전쟁들을 치르는 일을 용병이 수월하게 만들어 줄 것이라는 생각에 기초하고 있었다. 스트로는 변화를 생각하게 된 근거가 "작은 전쟁들과 약한 국가들이 가득한 세계에서 살아간다는 점을 우리가 깨닫게 되었"기 때문이라고 말했다. 머지않아, 부분적으로는 잭 스트로 덕분에, 이 모든 것이 변하게 된다. 이라크전쟁으로 인해서 우리는 우리가 큰 전쟁과 더 취약한 국가들로 가득한 세계에 살고 있음을 알게 된다. 그리고 "큰 전쟁과 더 취약한 국가로 가득한 세계"는 용병 사용의 증대를 정당화하는 근거로 사용될 것이었다.

스트로는 "인도주의적 개입"의 필요성이 용병을 위한 더 큰 시장이 있음을 의미한다고 생각하는 듯했다. 스트로의 문서에 따르면 이 신종 폭력 거래의 배경이 되는 중요한 부분은 "국제 공동체의 개입 필요성이 증가하고 있는 것"이었다. 그는 "유엔 활동의 특정 기능을 민간 군사 기업에 맡기면 국가군을 동원하는 것보다 비용이 훨씬 낮다"고 강조했다. 그러나 스트로는 용병 사용과 국가군 사용의 상대적인 가격차를 입증하는 자료를 제시하지 않았다. 이것은 아마 사설 군대의 사용이 초래하는 여타의 정치적·사회적 비용을 차치하더라도, 비용 절감 효과가 환상에 불과하다는 것이 경험을 통해 드러났기 때문일 것이다. 대테러전쟁의 주도적인 정책 담당자인 스트로는, 새로운 용병들이 새로운 작은 전쟁들과 개입들에서 싸울 준비가 된 값싸고 효율적인 병력을 제공한다고 확신했던 것이 분명하다. 용병 업체들은 이후 발생할 전쟁에서 수익을 얻을 유리한 입지에 있었을 뿐 아니라 용병 업체의 존재는 사실 전쟁 발생의 가능성을 높였다. 스트로 같은 정치인들은 동원할 수 있는 새로운 병사 집단이 생겼기 때문에 전쟁 개시가 더 쉬워졌다고 생각했다. 사설 군대의 존재는 군사행동 착수에 이르는 장벽을 낮췄다.

스트로의 『녹서』는 용병 사용의 모든 근본적인 위험들을 검토하면서, 모든 경우에 시장의 보이지 않는 손이 잠재적인 문제요인을 전부 제거할 것이라고 보았다. 깔끔한 업체 사무실과 진지해 보이는 레터헤드로 용병들이 믿을 만한 사업체들로 탈바꿈했다. 스트로의 문서는 "민간 군사 회사는 자유 계약 용병과 다르다. 왜냐하면 민간 군사 업체들은 기업체로 존속할 것이며, 신뢰받는 조직으로서의 평판을 유지하고 싶어 할 것이기 때문이다"라고 주장했다. 회사들의 평판 걱정과 기업의 사회적 책임에 대한 업체들의 약속이, 폭력과 범죄행위의 가능성에 대한 우려들을 안도했다. 『녹서』는 구식 용병들은 "인권 침해한 전과"가 있다고 인정했지만, 사업체로서의 민간 군사 기업들의 태도는 이와 같은 우려를 불식한다고 주장했다. 왜냐하면 사기업들에게는 "규율discipline을 위한 유인 동기가 더 클 것이다. 회사는 일반적으로 기업으로서 존속하길 원한다. 만일 회사가 나쁜 평판을 받게 되면, 특정 사업 부문들에서 스스로 발을 빼게 될 것이다."

기업 평판이라는 요인이 있기 때문에 민간 군사 기업들이 아군을 바꾸거나 사리를 채우는 일은 없을 것이다. 왜냐하면 "그런 행태는 장기적으로 민간 군사 기업의 평판과 사업 전망을 해칠 수 있기 때문이다." 심지어 군사 기업들이 "손쉽게 얻을 수 있는 광물 자원"의 "경제적 착취"에 매료된 것처럼 보인다는 점도 문제점이 아니라 이점이었다. 『녹서』는 "민간 군사 기업과 광물 채광의 연계성은 긍정적인 측면을 갖고 있다"고 주장했다. 왜냐하면 "광물 채광에 대한 관심으로 인해서 민간 군사 기업이 평화와 안정 확립에 관심을 갖게 되기" 때문이다. 노동당이 〈엔론〉에 대해서 책임감 있고 믿을 만한 업체라고 믿고 〈엔론〉의 돈을 받았듯이, 스트로는 민간 군사 기업이 기업적 도덕성의 최신 경향을 반영한다고 생각했다. 이 문서에서 가장 한심한 지점은 아마도 용병의 존재가 전쟁 기간을 연장시키는지를 검토한 부분일 것이다. 이 문제는 신모범 노동당이 다른 모든 문제들에 대처했던 방식과 마찬가지로 관료적인 목표와 계약서 조항으로 해결될 수 있었다. 『녹서』는 용병이 "갈등 상황에 대처하는 대가로 돈을 받기 때문에 어떤 사람들은 용병들이 갈등을 종결시켜야 할 이해관계를 갖고 있지 않다고 주장한다"는 우려들을 언급하기는 했다. 그러나 해법은 컨설턴트들이 개발해 내는 것과 같은 적절한 관리 기술이었다. "계약서에 실적 조항들을" 포함하면 "민간 군사 기업들에게 임무를 완수시킬 명확한 유인동기를 부여할 수 있을 것이다." 영국 외무부의 『녹서』는 용병 관련 인권 및 주권 문제들을 둘러싼 우려들을 조사한 유엔 특별조사관의 조사 내용을 "바예스테로스 씨의 때때로 혼란스럽게 제기되는 우려들"이라며 가볍게 외면했다.

『녹서』는 신종 군사 기업들을 대상으로 하는 각종 "규제 방침"을 고려했으나 그 방침들을 다시는 논의하지 않았다. 민간 군사 기업을 감시하거나 통체하기 위한 프로그램들이 제안되지 않았고 의회에서 그것들이 논의되거나 어떤 다른 방식으로도 진척이 되지 않았다. 그 대신―이 같은 도덕적인 뒤틀림에 지친―정부는 할 바를 모두 한 것이라고 결론을 내렸다. 『녹서』를 통해 법과 규칙이 새로 제정되지는 않았으나 새로운 용병들이 합법화되었다. 곧 벌어질 이라크 개입에서 용병을 광범위하게 사용하기 위한 준비가 완료되었다. 문서는 고집스럽게 강조했다. "민간 군사 행동이 일반적으로 탈post식민적 갈등이나 신neo식민적 갈등에 연루된 다소 불미스러운 종류의 용병을 의미하던 1960년대와 오늘날의 세계는 전혀 다르다." 사실, 이 신종 용병들은 가장 불미스러운 신식민적 갈등에 향후 수십 년간 관여할 준비를 한 것이었다.

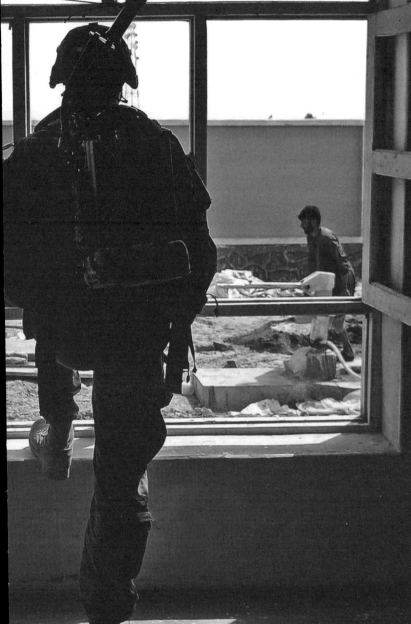

1990년 10월 10일 "가족을 보호하기 위해" 나이라^Nayirah라는 신원확인만 된 한 15세의 쿠웨이트 소녀가, 사담 후세인의 이라크 군대가 이웃 쿠웨이트를 침공했을 때 보여준 그들의 잔혹성에 대해 섬뜩한 증언을 하였다. "나이라"는 미국 상원 인권 청문회에의 한 회의 자리에서 자신이 알-이다르 병원에서 자원봉사를 했다면서 다음과 같이 말했다. "나는 그곳에 있을 때 이라크 군인들이 총을 들고 병원으로 들어오는 것을 보았어요. 그들은 인큐베이터에서 미숙아들을 꺼낸 다음에 인큐베이터를 가지고 돌아갔어요. 그들은 아기들이 차가운 바닥에서 죽도록 내버려 두었어요."[1] 이 충격적인 이야기는 1991년에 쿠웨이트에서 사담 후세인의 군대를 몰아내기 위해 미국이 이끈 그 전쟁의 핵심 표어 중 하나가 되었다. 분명히 사담의 쿠웨이트 침공은 정당한 이유가 없는 침략 행위였다. 그러나 지구 반대편에서 수만 명의 군대를 동원하기 위해, 권위주의적이고 비민주적이며 국민들을 착취하는 쿠웨이트 정부에 대한 서쪽 사람들의 공감을 이끌어내는 것은 쉬운 일이 아니었다. 살해된 영아들에 대한 이 끔찍한 이야기는 전쟁에 대한 지지를 불러일으키기에 충분한 공감을 이끌어내며 전쟁의 중심적인 이미지가 되었다. 부시 1세 대통령은 그 이후 수 주 동안 열 번 이상 이 사례를 언급하면서, 미국인들에게 "인큐베이터에서 꺼내져 바닥에 땔감처럼 내동댕이쳐진 아기들"[2]에 대한 공포를 상기시켰다. 상원 의원들, 기자들, 그리고 추방된 쿠웨이트인들은 사담 후세인의 병사들이 죄 없는 사람들을 끔찍하게 학살했다는 점을 반복해서 언급했고, 결국 미국의 여론은 사담 후세인에 대한 전쟁을 지지하게 되었다.

죽은 아기 이야기에 관해 두 가지 점이 주목할 만했다. 첫째, 그것은 사실이 아니었다. 둘째, 이 이야기는 〈힐 앤 노울턴〉이라는 민간 홍보회사가 열심히 일한 덕분에 기사화될 수 있었다. 사실 나이라는 주미 쿠웨이트 대사의 딸이었다. 쿠웨이트에서 이라크 군대가 추방된 후 이 인큐베이터 대량살상이 사실임을 확인해 줄 수 있는 믿을 만한 근거는 없었다. 또 수많은 목격자는 명시적으로 이 같은 사실을 부인했다. 그녀의 증언은 〈자유로운 쿠웨이트를 위한 시민들의 모임〉이라는 위장단체가 수행하고 거대 홍보회사 〈힐 앤 노울튼〉이 지휘한 [정치] 캠페인의 일환이었다. 쿠웨이트 석유 재벌이 이 캠페인에 자금을 지원했다. 이 캠페인은 전쟁을 위해 치러진 주목힐 만한 사영화된 선전 사업의 사례로 단언 돋보였다. 〈힐 앤 노울턴〉의 쿠웨이트 캠페인은 ─ 심지어 전쟁이 끝난 후에도 ─ 공중파 텔레비전에서 조사되고 자세히 검토되었다.3 민간 홍보회사가 전쟁을 추진하는 데 이토록 중심적인 역할을 한다는 것은 충격적이었고, 이 사례는 보기 드문 일처럼 여겨졌다. 그러나 새로운 대테러전쟁에서는 이 같은 민간 홍보회사의 전쟁 선전이 예외이기는커녕 일반적이었던 것으로 드러났다.

지난 15년 동안 정부들과 다른 여러 기관은 선전 전쟁의 최전선에 정보 전사들을 공급하기 위해 민간 부문에 의존하는 것을 반복하기 시작했다. 대테러전쟁에 관해서 말하자면, 두 가지 이유로 인해 새로운 영미Anglo-American 캠페인에서 사영화된 선전이 중심적인 전선이 되었다. 첫째로, "대테러전쟁"은 이데올로기적 성격이 짙은 전쟁터였다. 미국의 대통령과 영국의 총리는 이 전쟁이 사상전이라는 사실을 분명히 했다. 대테러전쟁에는 해외 주민을 설득하기 위한 캠페인이 의도적으로 포함되어 있었다. 반反서구적이고 이슬람주의적인 생각idea을 거부하게 하는 것이 목적이었다. 이 전쟁에는 영국과 미국 시민들이, 그들의 지도자가 실행할 전략을 무조건 지지하게 하기 위한 전투도 포함되었다. 그 전략은 일련의 논쟁적인 안보, 군사, 정치 전략을 전부 통합하여 하나의 단일한 전쟁으로 상상이 되는, 야만과 "테러"에 대항하는 전쟁을 만들어 내는 것이었다. 대테러전쟁에서 홍보는 총만큼 중요했다. 둘째로, 영국과 미국 정부는 서비스 제공자로서 민간 부문이 국가보다 모든 면에서 월등하다는 생각에 완전히 빠져 있었다. 민간 부문을 사용하는 것은 적들에 맞서 싸우는 지식 전사들intellectual war-riors에 대한 정부의 책임과 의무를 낮춰 주었기 때문에 영국과 미국의 엘리트는 그것을 매력적으로 느꼈다. 사영화가 전쟁의 다른 영역에 대한 정부의 공공연한 개입을 축소한 것과 마찬가지로 말이다. 이 전략들은 첫 번째 걸프전에서, 그리고 이어진 사담 후세인과의 때로는 비밀스럽고 때로는 공개적인 전쟁에서 시연되었다. 9·11 이후 사영화된 선전 전쟁은 서방의 전략에서 핵심적인 요소가 되었다.

쿠웨이트 사건이 일어나기 훨씬 전부터 공보public affairs 4기업들은 논란의 대상이었다. 기본적으로 이들은 공공정책, 입법 및 규제 등을 집중적으로 다루는 홍보기업들이다. 홍보업자의 책략을 정치적 영역에서 모두 사용하는 것은 그 본질상 논쟁적인 성격을 띨 수밖에 없다. 숨은 설득자들이 그저 우리가 입는 셔츠의 색상이 어떠해야 하는지가 아니라, 무엇이 합법이고 불법인지를 설득하려고 시도하게 되면 논란은 피할 수 없다. 〈힐 앤 노울튼〉의 역사 자체가 민간 홍보업계라는 불안한 세계의 좋은 표본이다. 이 회사는 기자 출신 존 와일리 힐이 1927년에 홍보 사무실을 열면서 설립되었다. 그는 수익성이 높은 두 분야의 업무 덕분에 자신의 회사를 전 세계에서 가장 큰 통신회사 중 하나로 성장시켰다. 힐은 사람들이 파업을 그만두게 하고 담배를 계속 피우게 하는 것에 자신의 재능을 쏟았다.

힐은 1930년대에 노동조합 결성 시도들을 저지하고 있었던 미국 철강 산업과 계약을 체결했다. 철강 산업의 방해활동에는 총격전도 포함되어 있었다. 1937년에 이 기업의 경관들이 노조 결성에 찬성하는 시위대에 발포했다. 이 "리퍼블릭 스틸 학살"Republic Steel Massacre로 열 명이 사망했다. 힐은 경관들이 정당방위로 발포했으며, 노동조합들은 "공산주의자들의 침투"에 해당한다고 주장하는 수천 부의 소책자와 팸플릿 제작을 감독했다. 1953년 이래로 힐의 회사는 업무 영역을 더욱 확장했다. 힐의 업체가 암을 비롯한 다른 건강문제와 담배를 연결 짓는 증거의 증가를 축소하기 위한 계약을 담배회사들과 체결한 덕분이었다. 이 두 개의 캠페인을 통해 힐은 몇 가지 기본 원칙을 수립했다. 첫째, 기업들은 독립적인 것처럼 보이는 중재자나 비밀활동 조직을 이용할 때 자신들이 의도하는 메시지를 가장 잘 전달할 수 있다. 그래서 철강 기업들은 반反노동조합 "시민위원회"에, 담배 기업들은 "담배산업연구위원회"에 각각 자금을 지원했다. 둘째, 기업들은 논쟁에서 우위를 점하기 위해 노력하면서 단순하고 명료하며 신빙성이 있는 내용에 집중해야 했다.5 공보기업들은 결국 입법자들에게 영향을 미치기를 원했기 때문에 정치적인 연줄을 유지하기 위해 애를 썼다. 그러나 그와 동시에 이러한 공보기업들은 자신들의 메시지가 일반 대중으로부터 비롯된 것처럼 보이게 만들어야 했다.

파업을 파괴하려는 경찰관의 총탄과 담배 기업이 생산한 담배로 사람들은 죽어갔다. 그러나 평화 시에 전쟁을 판매하는 행위는 이 홍보회사를 새로운 영역으로 이끌었다. 상업적 광고업자들은 2차 세계대전 당시에도 정부와 협력을 하였다. 그들은 애국적인 선전활동을 하는 자발적인 〈전쟁 홍보 위원회〉를 조직했었다. 〈전쟁 홍보 위원회〉는 전시 공채를 사거나 군대가 재활용할 수 있는 금속 부스러기와 폐타이어, 폐지를 모아 군사적인 노력을 지원하라고 미국 시민을 설득하는 캠페인을 벌였다. 이 기구는 냉전 시기에 〈홍보 위원회〉로 존속하면서, "대중 자본주의"People's Capitalism를 칭송하는 전시를 개최함으로써 소련 공산주의와의 경쟁에서 자신감을 유지하라고 미국인들에게 용기를 북돋워 주었다. 광고업자들과 홍보업계는 〈미국 해외공보처〉라는 해외 선전 조직과도 협력했다. 이러한 활동들은 1948년의 〈스미스-먼트 법안〉의 규제를 받았는데, 이 법안은 미국 시민을 대상으로 하는 선전 활동을 위한 국고의 사용을 분명하게 금지했다. 선전 활동이 법률에 저촉되지 않기 위해서는 자국이 아닌 외국을 대상으로 해야 했다. 대테러전쟁에서 미국은 자국이 우월하다는 전반적인 공감대를 형성하기 위해 홍보업계 출신의 사람들을 기용하는 냉전의 모델로 회귀할 것이었다. 그러나 〈힐 앤 노울튼〉의 쿠웨이트 캠페인은 전혀 새로운 분야를 개척하였다. 이것은 장기 지속하였던 냉전cold war에서처럼 모호한 가치를 지지하는 것이 아니라 매우 구체적인 열전hot war에 착수하려는 목적이 있으면서 상당 부분 미국 대중 자체를 겨냥한 선전활동이었다.

미국은 베트남 전쟁 이후의 세계에서 일련의 "지방 실력자들"을 지원함으로써 자신의 권력적 지위를 확보하였다. 그리고 미국은 완전히 불가피할 때에만 직접적인 개입이라는 처방을 내리며 이 국제 질서를 유지했다. 1990년에 사담 후세인은 이러한 실력자 중 하나였다. 때때로 사람들은 근육을 만들기 위한 손쉬운 방법으로 스테로이드를 사용한다. 미국의 지방 실력자들은 경제적·외교적 지원뿐만 아니라 무기 판매라는 스테로이드로 자신들의 지위를 굳혔다. 스테로이드 사용은 통제 불능의 분노 증상인 "로이드 레이지"roid rages를 일으킬 수 있다. 사담 후세인이 이웃 쿠웨이트에 침공군을 파견했을 때 그는 군사적 "로이드 레이지" 증상을 일으킨 것처럼 보였다. 침공 8일 전에 미국의 주 쿠웨이트 대사 에이프릴 글래스피가 미국은 "이라크와 쿠웨이트 간의 국경 분쟁에서 어떠한 입장도 취하지 않는다"고 확언한 사실이 사담 후세인의 군사 행위를 부추겼을지도 모른다.[6] 사담 후세인에 대한 미국의 지원 이력 때문에 후세인의 쿠웨이트 침공에 대항한 미국의 직접적인 군사 개입은 설득력을 얻기 어려웠다. 쿠웨이트 정권의 성격 또한 이 어려움에 한몫을 했다. 쿠웨이트 정권은 비민주적이고 권위주의적이었으며, 고립주의를 표방했다. 또한, 이들은 정당한 대우를 받지 못했던 외국인 노동자로 이루어진 부대에 의존하고 있었다.

쿠웨이트 정부는 이러한 장애물들을 극복하고 정권을 되찾는 데 필요한 개입에 대한 지지를 확보하려고 했다. 그래서 이들은 담배 판매와 반노동조합 캠페인을 도왔던 사람들을 고용했다. 쿠웨이트 정부는 전쟁을 선전하는 대가로 〈힐 앤 노울튼〉에 천만 달러 이상을 지급했다. 이 회사는 정치적 연줄도 제공해 주었다. 부시 1세의 절친한 친구이자 그의 정권에서 참모총장을 지냈던 크레그 풀러가 이 업체의 워싱턴 사무실을 이끌었다. 풀러는 이후 〈필립 모리스〉 – 말보로 맨7 – 의 홍보부를 맡기 위해 이 회사를 떠남으로써 전쟁 선전과 담배 선전 간의 연계를 강화하기도 했다. 〈힐 앤 노울튼〉은 두 개의 전형적인 홍보 전략에 착수했다. 먼저, 이들은 전쟁 찬성 캠페인을 진행할 〈자유로운 쿠웨이트를 위한 시민들의 모임〉이라는 비밀 활동 단체를 설립했다. 둘째, 풀러의 표현에 의하면 이들은, "뚜렷하고 간결한 메시지를 개발하여 이 이야기를 효과적으로 전달"하려고 했다.8 이 메시지는 소책자와 텔레비전 방송국을 위한 무료 홍보영상, 원외 교섭단체 회의의 형태로 양산되었고, 인큐베이터 사태로 마침내 실현되었다. 이것은 이 캠페인의 진실 왜곡 활동을 보여 주는 하나의 사례이다. 미국 국회의사당에서 열린 〈미국 하원 인권협의회〉의 청문회는 꼭 공식 의회 일정처럼 보였지만, 사실 어떠한 법적 근거도 없는 자리였다. 의회에서 열리는 실제 청문회와 달리 이 모임의 참석자들은 위증죄로 기소될 수 없었다. 이 이야기를 추궁당한 것에 난처해하는 사람들도 있었다. 인큐베이터 사건과 관련된 소문들을 신뢰했던 〈국제 앰네스티〉는 이후 그와 관련된 자신들의 지지를 철회하기도 했다. 그러나 〈힐 앤 노울튼〉과 부시 대통령, 쿠웨이트 정부는 그들의 전쟁을 획득한 뒤 과거를 돌아보아야 할 필요를 느끼지 못했다. 이 사건은 2001년 9월 11일 이후 엄청나게 성장하게 될 민간 전쟁 선전사업의 발전에서 첫걸음이기도 했다. 사영화된 선전활동의 이러한 새로운 발전은 대부분 미국에서 2001년에 이르는 십년 동안에 이루어졌다. 그러나 대서양을 횡단하는 연줄들이 있었다. 〈힐 앤 노울튼〉은 이 당시 영국 회사인 〈더블유피피〉WPP의 자회사였다. 2차 걸프전쟁 이후에는 더 많은 수의 영국 회사들이 이 홍보 전투에 가담하게 되었다.

2001년에 조지 W. 부시가 대테러전쟁에 착수했을 때 〈힐 앤 노울튼〉이 수주한 정부 업무의 양은 그들의 경쟁업체들에 비해 적었다. 그리고 이 업체는 계약을 수주하기까지 다른 업체들보다 더 오랜 시간 기다려야 했다. 첫 번째 걸프전쟁에서의 〈힐 앤 노울튼〉의 역할이 상대적으로 잘 알려졌다는 사실은 새로운 분쟁에서 이 업체의 평판을 손상했을 것이다. 그럼에도 불구하고 〈힐 앤 노울튼〉은 여전히 존재감이 있는 업체였다. 2006년에 미국 외무부는 아프가니스탄 사람들의 진심 어린 지지를 얻기 위해 〈힐 앤 노울튼〉과 4백만 달러짜리 계약을 체결했다. 특히 아프가니스탄인이 양귀비 경작을 포기하도록 만드는 임무가 〈힐 앤 노울튼〉에 주어졌다. 탈레반을 쫓아낸 나토군은 과거의 근본주의 정권과 동맹한 세력들과 격렬한 총격전을 치르는 중이었다. 국가 재건이 실패하면서 이 세력들은 새로운 지지층들을 확보한 상태였다. 그와 동시에 아편 생산량이 급격히 증가하면서 서방 세계의 지원을 받는 정권의 지배에 도전하고 있었다. 대테러전쟁과 그것의 전신인 마약과의 전쟁이 하나로 합쳐져 있었고, 〈힐 앤 노울튼〉은 이 상황을 저지하기 위해 고용되었다. 이 회사는 독립적이라고 알려진 아프가니스탄의 새로운 정부의 운영을 돕기 위해 외주계약을 맺었다. 계약서에 명기된 바에 따르면, 이 홍보회사는 아프가니스탄 정부 부처의 "역량을 구축"[9]하기 위해 세 개의 정부 부처 내부에 직원을 배치해야만 했다.

〈힐 앤 노울튼〉은 대테러전쟁의 전쟁터에 뒤늦게 도착했다. 이라크 인큐베이터 사건이 초래한 평판의 손상 때문에 늦어진 것으로 보였다. 이 업체는 더욱 더 포착하기 어려운 방식으로 이 새로운 이데올로기 전쟁에 연루되어 있었다. 〈힐 앤 노울튼〉의 중역이었던 제프 랄레이는 〈아프가니스탄 재건 그룹〉의 일원이 되어 아프가니스탄의 새 정부가 어떻게 대중적인 지지를 구축할 수 있는지에 대해 주미 아프가니스탄 대사에게 조언하였다.[10] 빅토리아 토리 클라크는 〈힐 앤 노울튼〉을 떠나 도날드 럼즈펠드의 언론 대변인이 된 인물이다. 그녀는 "종군 기자 심기"를 책임지고 있었다 — 이것은 연합군 부대 안에 기자들을 배치하는 전략으로, 아프가니스탄과 이라크에서의 연합군의 활동에 대한 동정적인 보도를 이끌어내는 데 일조했다.[11] 〈힐 앤 노울튼〉에서 클라크의 동료였던 던 마이어 또한 9·11에 대한 언론의 반응과 아프가니스탄, 이라크전쟁에 관한 홍보 전략들을 정교하게 공작하려고 노력하면서, 회사로 복귀하기 전까지 럼즈펠드 밑에서 일을 했다.[12] 나이라 사건을 비롯해 1990년에 이라크인들이 미국 상원에 증거를 제시하는 과정을 지도했던 〈힐 앤 노울튼〉의 중역 러리 핏츠-페가도 역시 대테러전쟁의 선전 무대에서 단역을 맡았다. 사담 후세인 소탕 작전이 이루어지는 동안 가장 극적이고 영웅적인 전투 중 하나에서, 미국 특공대원들이 이라크 병원에 있는 제시카 린치라는 여성 부상병을 구출했다. 처음에 이것은 무방비 상태의 여군 병사를 학대하고 있는 사악한 이라크인들과 그녀를 구출한 영웅적인 미군 병사들에 관한 이야기였다. 핏츠-페가도(이제 그녀는 다른 홍보회사에서 일하고 있다)는 이 교훈적인 우화의 극적인 한 버전이 담긴 책을 선전했다. 그러나 다시 들여다본 결과, "린치 일병 구하기"는 사실 전혀 다른 종류의 이야기였던 것으로 드러났다. 핏츠-페가도의 꾸며진 걸프 전쟁 이야기와는 정반대로, 이라크 의료진은 자신들이 최선을 다해 린치를 보살폈으며, 미국 구출 분대가 자신들을 괴롭히거나 자신들에게 총을 쏘지 않았더라도 그녀를 기꺼이 연합군에 인도했을 것이라고 말했다.[13]

〈힐 앤 노울튼〉이 대테러전쟁에서 일을 맡기 위해 기다리는 동안, 다른 회사들은 홍보책자와 브리핑을 완비하고 전선으로 달려갔다. 이들은 지난 10년 동안 이라크 문제에 매진해 왔던 홍보업계 개척자들의 뒤를 따르고 있었다. 이라크는 9·11 오래전부터 사영화된 정보 전쟁의 발전에서 핵심적인 지역이었다. 그리고 테러리스트 공격 이후에 이라크의 중요성은 더욱 증대되었다. 쌍둥이 빌딩으로 돌진했던 항공기 납치범들 대부분은 사우디인이었을 뿐만 아니라, 납치범 중에 이라크인은 아무도 없었다. 그런데도 이라크가 대테러전쟁에서 가장 중심적인 지역이 되었다. 뉴욕시에 거주하는 법학도였던 테드 앤더슨은 자기 상관의 지시사항을 적어 놓은 스티븐 캄보운의 메모를 입수했다. 세계무역센터가 무너진 지 몇 시간 후 도날드 럼즈펠드 국무장관이 내린 지시사항이 적힌 메모였다.[14] 그 메모에 의하면 럼즈펠드는 다음과 같이 지시했다. "위기의 초기 단계에서 목표 설정을 위해 필요한 것들은 ― 대규모 무력 공격으로 간다 ― 항공기 납치 사건과 관계가 있건 없건 모두 쓸어버린다." 이것은 럼즈펠드가 이 공격에 책임이 있는 이들을 찾아내는 데에만 관심이 있었던 것이 아니라, 테러 공격과 "관계가 없는" 이들마저 겨냥한 강력한 위력 행사로 이 공격에 대응하고자 했음을 시사한다. 이 메모는 또한 "최상의 정보를 빠르게 수집할 것. [오사마 빈라덴]뿐만 아니라 [사담 후세인도] 동시에 타격할 수 있는 정보인지 판단하라"고 적고 있다. 즉 럼즈펠드는 쌍둥이 빌딩이 무너진 직후에, 이 사건과 관계가 없는 것이 분명한 사담 후세인에 대한 대규모 공격을 제안했던 것이다. 이 메모들과 "대테러전쟁"에 이라크를 억지로 끌고 들어갔다는 사실은, 럼즈펠드가 9·11 테러에 응답함과 동시에 현존하면서 상호 관련 없이 미국에 위협으로 감지되고 있는 전술적 위협들에 대처하기 위해 반反테러 성전聖戰을 사용하려고 의도했음을 보여 준다. 백악관 지도부는 대테러전쟁이라는 깃발 아래 동맹군을 집결시키는 것을 목표로 했다. 그러나 이들은, "테러리스트"인지 여부와 상관없이 자신들에게 적으로 여겨지는 모든 이들에 맞서 싸우는 데 이 성전을 활용할 생각이었다.

모하메드 아타와 그의 동료들이 여객기를 무기로 사용한 지 한 달 뒤, 럼즈펠드는 이 대량 살상에 대한 즉각적 반응을 메모해 놓으며 남겨두었던 빈칸들을 일부 메웠다. 국방부 브리핑 자리에서 그는 이렇게 혼잣말을 했다. "어쩌면, 정말 어쩌면, 세계가 지구상에 현존하는 이 위험을 충분히 인식하게 되어, 어떤 절박감이 야기되고, 어떤 기회들이 제공될 수도 있을 것이다. 2차 세계대전이 우리에게 제공했던 것과 같이 전 세계의 대부분을 재구성해 버린 그러한 종류의 절박감과 기회 말이다."[15] 이렇게 대테러전쟁은 뉴욕 실싱사건의 가해자를 뒤쫓는 경찰 작전이 되기보다 "전 세계를……재구성"하기 위한 광범위한 전략들을 제시하는 방법이 되었다. 부시의 전 반테러 정책 고문 리차드 클라크 또한 유사한 주장을 했다. 2001년 9월 12일 아침에 백악관에 도착한 그는 "다음 공격이 무엇일지 예측하는 회의들이 여러 차례 벌어질 것"이라 생각했지만, "그 대신, 이라크에 대한 일련의 논의들과 맞닥뜨렸다." 클라크는 자신을 "의심이 많은" 사람이라고 설명했다. 그러고 나서 그는 "날카로운 신체적 고통과 함께 럼즈펠드와 [그의 부장관] 울포위치가 이 국가적 비극을 이라크에 대한 자신들의 계획을 추진하기 위한 기회로 활용한다는 사실을 깨달았다"고 회상했다. 백악관은 9·11 테러리스트들이 범죄라도 저질렀다는 듯이 이 사건에 대응하려 하지 않았다. 범인들의 신원을 확인하고, 그들을 수사하고 기소하는 데 초점을 맞출 생각이 없었다. 대신 이 공격은 "전쟁"으로 취급될 것이었다. 이 공격이 미국을 약하게 보이게 만들었기 때문에, 정부는 테러리스트들과 직접 관련이 있고 없고를 떠나서 모든 지역에 강력한 이미지를 투사해야만 했다. 냉전과 마찬가지로 이것은 미국의 전반적인 군사적·정치적 우위를 위한 광범위한 캠페인이 될 것이었다. 모든 전쟁에서 그러하듯이, 적을 패퇴시킨다는 것은 시민 대중을 국가의 지도력 아래 단결시킨다는 것, 그리고 동맹국들을 자국의 지도 아래 집결시킨다는 것을 의미했다. 또한, 모든 전쟁에서 그러하듯이, 승리란 적을 무찌르는 것뿐 아니라 승전 국가 권력 간에 새로운 합의를 구축하는 것을 의미할 수 있었다. 승자들 사이에서 지도권을 획득하는 것은 적을 파괴하는 것만큼 중요한 포상일 수 있다.

미국이 첫 번째 걸프 전쟁에서 연합군을 조직해 사담 후세인을 추방했을 때 〈힐 앤 노울튼〉의 〈자유로운 쿠웨이트를 위한 시민들의 모임〉은 자신들의 임무를 완수했다. 이어서 쿠웨이트 정부는 정권에 대한 정치적 지지를 유지하기 위해 〈렌던 그룹〉이라는 새로운 홍보회사를 고용했다. 이 회사는 1980년대에 민주당 내부에서 선거운동을 한 적이 있는 랄프 렌던에 의해 설립되었다. 미국 중앙정보국은 중미에서 렌던에 관심을 갖게 된 것으로 보인다. 미국은 파나마의 노리에가 장군의 정권을 전복하고 싶어 했다. 사담과 마찬가지로 노리에가 장군은 이 지역의 독재자이자 미국의 우방이었던 인물로서, 자신의 전前 지배자를 향해 돌연 공격적인 태도를 보일 만큼 대담했다. 렌던은 노리에가의 반대파에게 홍보 자문을 제공하는 데 관여했다. 렌던과 미국 중앙정보국의 연계는 이때 시작된 것으로 보인다.

〈렌던 그룹〉은 쿠웨이트에서 『워싱턴 포스트』가 다음과 같이 묘사한 임무를 맡고 있었다.

다음과 같은 국가의 논쟁적 국면들로부터 세간의 관심을 돌리기. 민주적 정부 시스템의 부재, 여성을 열등한 시민 계급으로 취급하는 것, 쿠웨이트 엘리트층 구성원 일부의 화려한 생활양식, 그리고 외국인 이주노동자들에게 모든 기본적인 노동을 맡기는 것에 대한 선호.

쿠웨이트와 사우디 정부 모두 "반체제 인사들을 체포하여 재판 없이 고문하는"16 쿠웨이트인들의 경향에 여론이 집중되지 않기를 바랐다. 예를 들어서, 추방된 쿠웨이트인들이 카이로의 디스코 클럽에서 밤새 춤을 추고 있다는 기사들이 언론에 가득했을 때, 〈렌던 그룹〉은 미군에게 2만 장의 밸런타인데이 카드를 보내 이 사실을 대대적으로 선전했다. 또한, 이 회사는 새롭게 해방된 쿠웨이트인들의 손에 수천 개의 작은 성조기를 쥐어 주고, 쿠웨이트를 통과해 가는 미군 병사들을 향해 이들이 성조기를 흔들게 함으로써 인상적인 텔레비전 방송 장면을 연출했다. 쿠웨이트인들이 자금을 댄 〈렌던 그룹〉의 이 선전 작업은 미국 대중을 겨냥한 것이었다.

〈렌던 그룹〉이 그다음에 이라크와 맺은 계약에는 미국이 직접 자금을 제공했다. 이 회사는 사담 후세인 정권을 전복하는 것을 지원하기 위해 고용되었다. 겉보기에 〈렌던 그룹〉의 새로운 업무는 이라크에 집중되어 있었지만, 이들의 활동은 주로 미국인들에게 계속 영향을 미쳤다. 또한, 이는 사영화된 심리전의 발전을 의미하였으며, 대테러전쟁을 만들어 내고 구체화하는 데 일조했다. 사담 후세인의 "최고의 전쟁"mother of all battles은 전혀 실현되지 못했고, 그가 그토록 과시했던 〈공화국 수비대〉는 연합군의 압도적인 무력에 무너졌다(몇몇 전투에서 이들은 문자 그대로 녹았다. 공격자들[연합국]이 물타 산맥에서 소이탄燒夷彈을 아낌없이 사용했기 때문이다). 사담 후세인의 쿠웨이트 점령은 불명예스러운 퇴각으로 막을 내렸고, 이 독재자는 자신의 나라에서만 권력을 유지했다. 부시 대통령은 전쟁을 준비하는 동안 "이라크 사람들이 나서서 독재자 사담 후세인을 하야시킬" 것을 요청했었다. 사담 후세인이 쿠웨이트에서 패주한 뒤 이라크인들은 바로 그렇게 했다. 남부 도시 바스라에서는 퇴각하는 병사들이 시아파 반란을 촉발했고, 북부에서는 쿠르드 세력이 봉기했다. 그러나 미국 관료들은 남부 반란군이 이란 쪽으로 기울면서 이슬람 정치력에 이끌릴 것을 우려했고, 북부 반란군이 동맹국 터키와 문제를 일으키지 않을까 걱정했다 ― 터키 역시 반항적인 쿠르드족 인구를 보유하고 있었다. 백악관이 선호했던 선택지는 사담 후세인과 유사한 새로운 인물의 쿠데타였지만, 이는 실현되지 않았다. 그래서 연합군은, 종종 미군이 지켜보는 가운데 공화국 수비대가 극도의 잔인함으로 봉기를 진압하는 것을 보고만 있었다. 특히 정권의 공군력이 절대적으로 우세했음에도 불구하고 미국은 사담 후세인의 군대가 반란을 진압하는 데 미군의 중무장 헬리콥터를 사용할 수 있게 했다. 사담 후세인 정권에 대한 진정으로 독립적인 폭동에 직면한 미국은 당황했다. 이후 몇 년 동안 미국 정부는 자신들에게 의존하는, 신뢰할 수 있는 사담의 반대세력을 만들기 위해 노력하게 된다. 그러나 이라크의 거리에서 진짜 폭동이 일어났을 때는 이를 지원해야겠다고 생각하지 못했다.

폭동의 거대한 규모와 진압과정에서의 무자비한 폭력성은 사담의 권력을 한층 단단하게 하였으며 미국의 승리를 퇴색시켰다. 그 결과 미국은 〈렌던 그룹〉이 관여하는, 이라크에 대한 장기 심리전을 시작하였다. 이것은 사영 심리전으로 가는 길 위에서 이루어진 또 한 번의 큰 진전이었다. 〈힐 앤 노울튼〉과 〈렌던〉의 1차 걸프전 활동은 전쟁을 일으키는 선전활동이라는 새로운 영역을 개척한 것이었다. 당시 이들의 활동은 미국의 고위 정치인들의 협조로 이루어진 것이 분명했지만, 결과적으로 쿠웨이트인들이 자금을 지원한 사업들이었다. 그러나 〈렌던〉의 새 계약에는 미국이 직접 자금을 댔다.

사담 후세인이 쿠웨이트에서의 패배 이후에도 권력을 유지할 수 있었던 것은 자국 내에서 그의 반대세력들이 분열되어 있었기 때문이다. 그의 독재는 지하 저항조직이나 망명자들의 저항조직을 만들려고 시도하는 수많은 반란세력을 양성했다. 그러나 반란세력들은 하나의 지도력 아래 연합하지 않았다. 그 대신, 이들은 정치적 노선이나 종교, 국적, 집권 〈바스당〉과의 관계, 이라크와 국경을 맞대고 있는 여러 국가로부터의 후원 여부 등을 이유로 갈라졌다. 쿠르드, 시아파, 수니파, 이슬람, 세속주의자, 〈바스당〉, 군대, 그리고 그 밖의 여러 집단으로의 분열이 저항세력을 방해했다. 미국 중앙정보국은 〈렌덴 그룹〉을 고용하여 이라크 내 저항세력을 결집함으로써 사담 후세인에게 압박을 가하고자 했다. 1992년에 〈렌던 그룹〉의 지원으로 조직된 비엔나에서 열린 한 회담에서, 새로운 〈이라크 국민회의〉가 전 세계에 첫선을 보였다. 이 모임을 이끌었던 아마드 찰라비는 "우리는 지난 수십 년 동안 사담 후세인을 타도하는 데 실패한 사람들의 통치를 받았던, 전통적인 반대파를 제거하고자 한다"[17]고 선언했다. 찰라비의 허풍의 뒤에는 중앙정보국이 매달 〈렌던 그룹〉에게 지원하는 32만 6천 달러 가량의 자금이 있었다. 일부 자료들은 〈렌던 그룹〉이 1997년까지 〈이라크 국민회의〉와의 계약을 통해 1억 달러를 벌었다고 추정하기도 한다. 〈이라크 국민회의〉는 전형적인 선전 비밀활동 조직PR front으로 활약하는 것처럼 보였다. 이 조직은 겉으로는 이라크 민주주의자들의 독립적인 목소리를 대변하였지만, 실제로는 미국 중앙정보국의 복화술의 작품이었다. 알려진 바에 따르면 이 조직의 이름조차 〈렌던〉이 골랐다고 한다. 이 홍보회사와 〈이라크 국민회의〉 간의 관계는 너무도 긴밀하여, 〈렌던〉의 핵심 임원 중 한 명인 프랜시스 브룩은 역할을 바꿔 〈이라크 국민회의〉의 핵심 인사가 되기도 했다.

다른 해방 운동들을 기준으로 보면 〈이라크 국민회의〉는 비참한 실패작이었다. 이 조직은 사담 후세인에 대항하는 연합세력을 유지하지 못했다. 영국 외무부의 브리핑에 따르면 〈이라크 국민회의〉는 창립 후 "머지않아 내분 속에서 붕괴했다"고 한다. 〈이라크 국민회의〉의 가장 처참한 실패는, 1996년에 이라크에 있는 쿠르드 도시인 이르빌에서의 봉기 시도가 실패한 후 사담 후세인의 군대가 수백 명의 〈이라크 국민회의〉 지지자들을 살해했을 때였다. 외무부 문서들은 또한 사담의 대항세력 간의 분란 덕분에, 그리고 쿠르드 당 중 하나가 사담 후세인의 군대를 지원한 덕에 사담이 〈이라크 국민회의〉를 분쇄할 수 있었다는 점을 분명히 하고 있다. 2004년 외무부 브리핑 문서가 폭로하는 바에 따르면, 1995년에 〈이라크 국민회의〉는

미국 중앙정보국의 지원을 받아 사담 후세인을 제거하려는 시도에 실패했

다. 사담 후세인의 군대는 1996년에, [이르빌을] 재탈환하라는 쿠르드 민주당의 초청을 받았고, 그 이후 사담의 군대는 쿠르드 동맹세력과 함께 북부 이라크의 〈이라크 국민회의〉의 군사 기지를 공격하여 2백 명의 지지자를 죽였고 수천 명이 피신하게 만들었다.[18]

〈렌던 그룹〉은 미국 중앙정보국의 자금을 통해, 반反사담 집단들 간의 정치적 협의를 통해, 그리고 이라크를 겨냥한 선전활동을 통해 〈이라크 국민회의〉의 세력을 키우고자 했다. 〈렌던〉은 이라크군 장교들에게 변절을 요청하는 대본 작성을 도왔다. 이 대본은 사우디아라비아와 쿠웨이트에 송신기를 갖춘 두 개의 〈이라크 국민회의〉 라디오 방송국을 통해 방송되었다.[19] 또한, 〈렌던〉은 사담 후세인을 조롱하는 영상과 라디오 단막극뿐만 아니라 이라크의 잔학성을 담은 순회 사진전을 조직했고, 심지어 반反사담 만화책까지 출판했다. 그러나 이러한 '은밀한 홍보 캠페인'이 사담에게 미친 영향은 무시할 만한 수준이었다. 한 기자가 렌던에게 이렇게 질문했다. "이 캠페인은 사담을 끌어내리기 위해 기획된 것이었나요, 아니면 그저 그를 자극하려 기획된 것이었나요?" 렌던은 "잘 모르겠습니다"라고 답했다.[20]

이 사영 심리전이 이라크 정권을 짜증스럽게 만드는 것 이상이었는지 아닌지는 그것에 참여했던 사람들에게 명확하지 않았다. 그러나 이는 이 캠페인을 잘못 판단한 것이다. 이들의 활동을 이라크인이 아닌 미국과 영국의 대중을 겨냥했던 선전활동으로 바라보면, 그것은 완전히 성공한 것이었다. 렌던은 미국 중앙정보국 자금을 이용해 런던, 보스턴, 워싱턴에 〈이라크 국민회의〉 사무실을 세웠다. 영국 외무부가 이라크에서는 "거의 신뢰를 받지 못한다"고 소개했던 〈이라크 국민회의〉는, 렌던의 자문에 힘입어 영국과 미국에서 중대한 대항 세력처럼 굴 수 있었다. 〈이라크 국민회의〉는 사담이 고립되고 취약해진 독재자가 아니라 서구에 실질적인 당면 위협이라고 서구의 대중을 설득하면서, 전형적인 홍보 비밀활동 조직답게 행동했다. 또 〈이라크 국민회의〉의 작전은 수백만 달러의 중앙정보국 자금과 홍보회사의 지침을 활용해, 종종 이슬람주의적인 집단들처럼 여전히 1991년의 배신에 대해 분노하면서 분열된 채 조각나 있는 것이 아니라, 대체로 서구에 우호적인 성향을 가진 하나의 연합된 비종교적인 이라크 대항세력이 존재한다는 인상을 심어주려 하였다.

미국은 자국 시민들에게 영향을 미치는 선전활동에 자금을 지원할 수 있었다. 이들은 미국 시민을 겨냥하면서 정부로부터 자금 지원을 받는 선전활동을 금기시하는, 1948년의 〈스미스-먼트 법안〉을 교묘하게 피해가고 있었다. 선전전쟁을 사영화함으로써, 미국은 자신들의 행위에 대한 책임과 거리를 둘 수 있었다. 〈이라크 국민회의〉와 홍보회사들에 대한 미국의 지원은 사영화된 대테러전쟁의 다른 요소들이 가지고 있는 모든 위험을 보여주었다. 미국 정부는 전쟁에 대한 책임을 회피하기 위해 상업적 운영자들을 고용했다. 그들은 민주적으로 선출된 입법자들의 통제범위를 벗어나서 활동하는 사기업으로 권력을 이양했다. 이들은 결국 엄청나게 값비싸고, 많은 경우 무능한 장치를 만들어 냈다. 무엇보다도 더 큰 문제는, 더 많은 "안보" 지출을 위해서 영구적으로 자금을 조달하는 로비 조직을 만들어 냈다는 것이다. 1995년 사담에 대항한 군사행동이 실패한 후 미국 중앙정보국은 〈이라크 국민회의〉에 대한 자금 지원을 중단했다. 〈이라크 국민회의〉는 〈렌던 그룹〉의 지도 아래에서 사담에 실질적으로 도전할 능력은 키우지 못했지만, 서방 관료들을 로비하는 것에는 능해졌다. 〈이라크 국민회의〉는 자신의 로비술을 활용하여 새로운 자금줄을 찾아 나섰다. 미국 정치인들에게 끈질기게 접근한 결과 이들은 1998년부터 〈이라크 해방법〉에 따라 국무부로부터 수백만 달러를 받는 최고 수혜자가 되었다. 이들은 사담에 맞설 수는 없었지만, 공적자금을 찾는 것에 있어서는 미국 중앙정보국보다

한 수 위였다. 무엇보다 렌던이 지원하는 〈이라크 국민회의〉는, 사담의 소위 대량살상무기와 사담과의 테러리즘과의 연관성 등에 관한 이야기를 끊임없이 쏟아 냄으로써, 생물테러리즘, 핵 테러리즘, 국가 지원 테러리즘 등을 기초로 하나의 온전한 서사를 창조해 냈다.

또 다른 "공보" 업체로 인해 1999년부터 렌던의 일이 늘었다. 국제적인 거대 홍보기업 〈버슨-마스텔러〉의 자회사 〈비케이에스에이치〉BKSH는 〈이라크 국민회의〉의 "통신 발전계획"을 지원하기 위해 매달 2만 5천 달러를 받은 것으로 알려졌다. 〈버슨-마스텔러〉는 전반적으로 매력이 떨어지는 고객들의 명단을 갖고 있었다. 1990년대 중반에 이 회사는 말보로 담배를 제조하는 〈필립 모리스〉를 위해 "전국 흡연자 동맹"을 조직하여 흡연 규제에 대항하는 풀뿌리 저항 세력인 것처럼 행세했다. 이 회사는 미국에서, 억압적인 정권의 이미지를 윤색하는 데 오랜 경험이 있었다. 이들은 인도네시아 정부가 동티모르의 유혈 합병 사태에 대한 격렬한 비난에 직면해 있을 당시 인도네시아 정부를 대변했다. 또 이 회사는 루마니아의 니콜라이 차우세스쿠에서부터 사우디아라비아의 지도자sheikhs에 이르기까지, 여러 경우에 워싱턴에서 독재자들을 대변했다. 〈비케이에스에이치〉는 또한 강력한 정치적 연줄들을 갖고 있었다. 사장 찰스 블랙은 조지 부시 1세와 그의 아들의 대통령 선거 운동에 모두 참여했다. 〈비케이에스에이치〉는 이라 레빈슨을 〈이라크 국민회의〉의 업무에 참여시켰다. 그녀는 미국 보수주의자들에게 "반란군" 집단을 마케팅해 본 경험이 있었다. 그녀는 조나스 사빔비의 〈앙골라 완전 독립 민족 동맹〉UNITA을 성공적으로 대변했다. 그녀의 도움으로 〈앙골라 완전 독립 민족 동맹〉은 이 군벌의 아프리카 군대의 무시무시한 인권침해 경력을 은근슬쩍 얼버무리면서, 〈앙골라 해방 인민 운동〉MPLA 정부와 전쟁을 위해 필요한 미국의 자금을 따낼 수 있었다.[21]

〈렌던 그룹〉은, 사담이 테러리즘과 관련이 있다거나 그가 대량살상무기를 비축하고 있다는 이야기들을 〈이라크 국민회의〉가 유포하는 것에 직접 가담한 사실이 없다고 부인했다. 그러나 〈렌던 그룹〉은 〈이라크 국민회의〉를 지원하고 그것을 형성하는 데 일조했다는 사실을 부정하지는 않았다. 더욱이, 〈이라크 국민회의〉가 서방의 대중과 정부들을 상대로 사담에 관한 로비와 광고 및 선전 활동에 집중했다는 점은 홍보회사로서의 〈렌던 그룹〉의 경험과 강점을 반영하고 있었다. 〈렌던〉과 〈이라크 국민회의〉와의 계약이 갖는 그 영미적 특징은 대테러전쟁을 둘러싸고 나타날 많은 민간 계약들이 갖게 될 그것이었다. 〈렌던〉은 런던 사무실을 개소하여 〈이라크 국민회의〉와 자사의 활동에 착수하였다. 〈이라크 국민회의〉는 이 런던 사무실을 통해 사담에 관한 선전적 이야기들을 영국 신문사들에 유통했고, 그것이 곧 미국 언론에 영향을 미치게 되었다. 〈이라크 국민회의〉의 런던 사무실은 미국의 〈스미스-먼트 법안〉을 피하여 미국 정부가 자금을 지원하는 선전활동이 국내의 대중에게 다다를 수 있게 하였다. 즉 그것은 미국 내에 허위정보를 유포하는 통로와 같은 역할을 했다.

2004년 3월 〈나이트 리더〉 통신사는 〈이라크 국민회의〉가 미국 상원 세출위원회에 제출한 한 통의 서신을 입수해 미국이 이 집단에 수백만 달러의 돈을 전달했다는 사실을 증명했다. 실제로 이 서신은 미국이 승인한 "정보 수집 프로그램"을 위해 〈이라크 국민회의〉가 정기적으로 받은 4백만 달러를 위한 청구서이기도 했다 — 그러나 이 서신은 정보의 수집보다는 정보의 유포를 언급하고 있었다. "전 세계 주요 영문 언론에 인용된 ICP 생산물에 관한 요약(2001년 10월부터 2002년 5월까지)"이라는 제목의 이 서신은 〈이라크 국민회의〉가 홍보 외주업체의 역할을 했다는 것을 보여 주는 가장 명백한 증거였다. 즉, 사기업이 정보전에서의 자신의 업무에 관해 미국에게 청구서를 보내고 있었던 것이다. 이 문서는 홍보회사가 고객에게 보내는 송장처럼 읽힌다.

〈이라크 국민회의〉가 영국과 미국 신문에 실은 기사는 108개로, 이 기사의 출처는 〈이라크 국민회의〉가 가진 자료들이었다. 많은 기사가 전혀 사실이 아닌 "정보"를 담고 있었다. 사담의 대량살상무기 프로그램과 관련하여 상상 속에나 등장할 법한 정보들, 그리고 이라크와 알-카에다의 연관성에 관한 거짓된 소문을 담은 이야기를 유포하는 대가로, 〈이라크 국민회의〉는 미국 정부에 돈을 요청했다. 정보전의 이러한 부분들에 대한 통제권을 사적 조직에게 돈을 주고 맡겨 버림으로써, 미국 정부는 자신들이 가지고 있는 두툼한 "서류"에조차 포함하기 힘든 기괴한 신문들을 통해 기사들을 공적 영역 내로 진입시킬 수 있었다. 또 미국 정부는, 이 믿기 어려운 이야기들을 전하기 위해 제 3자를 고용함으로써, 전후에 특정 거짓말들에 관해 책임을 지는 것을 피할 수 있었다. 영국과 미국의 대중은 전후 이라크 점령의 실패로 인해 동요하고 있었고, 대량살상무기와의 연계나 테러와의 연계에 관한 증거가 전후 이라크에 전혀 없었다는 점에 관해서 매우 비판적 입장을 보이게 되었다. 부시와 블레어 정권은 자신들이 이라크에 관해 유통시켰던 정보와 관련된 장기간의 질문공세에 직면하였다. 그러나 〈이라크 국민회의〉 덕분에, 이들은 자신들이 자금을 지원한 가장 터무니없는 선전 중 적어도 일부에 관해서는 책임을 회피할 수 있었다.[22]

『뉴욕 타임즈』와 『워싱턴 포스트』 같은 주요 미국 신문들은, 전쟁 전에 자신들이 보도했던 이라크에 관한 허위 정보를 조사하는 고통스럽고 긴 과정을 거쳤다. 이와는 대조적으로 대부분의 영국 신문들은 사담이 테러리스트 공격에 연루되어 있다면서 자신들이 정교한 판타지를 만들었다는 사실을 무시하였다. 이들은 그저 180도 태도를 바꿔서 이라크에 관한 블레어 정부의 터무니없는 거짓말을 공격하기 시작했다. 그러나 영국 언론은 〈이라크 국민회의〉의 이 홍보 청구서에서 계산상 매우 중요한 항목이었다.

예를 들어서, 이라크인 토목기사 아드난 알-하이데리의 거짓말들이

〈이라크 국민회의〉가 제공한 많은 기사에 사용되었다. 그는 자신이 지하 생화학전 실험실을 건설했고, 이라크 핵 프로그램에 참여했다고 거짓 주장을 하였다. 〈이라크 국민회의〉는 「사담 무기고의 실상이 드러나다」[23]라는 제목의 『선데이 타임즈』 기사의 출처가 자신들이라고 밝혔다. 이 기사가 묘사하는 바에 따르면, 독재자는 "비밀 지하 실험실 네트워크"에서 대량살상무기와 "우유 배달 트럭으로 가장한" 일곱 개의 이동식 생화학 무기 실험실을 만들고 있었다. 이 신문은 이것이 "고급" 정보라고 말했다. 그러나 실제로 이 정보는 전혀 사실이 아니었다. 〈이라크 국민회의〉는 또한 『더 타임즈』와 『인디펜던트』, 『익스프레스』, 『데일리 텔레그라프』 지에 게재된 한 기사의 자료 출처가 자신들이라고 했다. 이 신문들은 모두 일말의 의심도 없이, 비밀 지하 무기 공장에 관한 알-하이데리의 거짓말을 전하고 있었다. 영국 신문에 실린, 〈이라크 국민회의〉가 영감을 준 기사들은, 바그다드의 병원들 지하에 숨겨진 공장 등 여러 장소에서, 이라크 정권이 핵폭탄 및 다른 끔찍한 무기들을 비밀리에 만들고 있다고 보도하기까지 했다.[24] 〈이라크 국민회의〉는 또한 영국계 미국인 저널리스트 크리스토퍼 히친스가 작성한 여러 개의 기사를 열거하였다. 이 중에는 사담이 "전 세계를 파멸시킬 수 있는 물건을 손에 넣는 날이 머지 않았"으며 "그가 신경가스와 화학 무기를 보유한 것은 분명"하다고 주장하는 『이브닝 스탠다드』와 『가디언』 지에 실린 기사들이 포함되어 있었다.[25]

　　〈이라크 국민회의〉가 돈을 받고 유포시켰다고 주장한 이야기 중 다수는 사담과 테러리즘의 연관성에 관한 것이었다. 이는 〈이라크 국민회의〉의 중심적 기능 중 하나가 대테러전쟁에 이라크를 끌어들이는 것이었음을 보여 준다. 9·11의 배후에 사담이 있다는 주장은 미국이 자금을 지원한 〈이라크 국민회의〉의 선전활동 목록에서 중요한 부분이었다. 예를 들어, 사담이 "빈라덴을 무장시켰고 알-카에다의 동맹자들에게 자금을 지원"했으며,

"이라크가 아프가니스탄의 오사마 빈 라덴에게 재래식 무기를 보냈고, 생물학 혹은 화학 무기도 보냈을지 모른다"는 『데일리 텔레그라프』의 기사가 있었다. 〈이라크 국민회의〉는 또한 이라크 내에 "항공기 납치 방법을 가르치는" "테러 훈련 캠프"가 존재하며, 이것이 사담이 9·11 사건에 "개입하고 있음"을 시사한다는 『타임즈』지 기사의 출처가 자신들이라고 밝혔다.[26] 사담과 테러를 연결 지으려고 했던 〈이라크 국민회의〉의 가장 인상적인 성공 사례는, 『옵서버』지에 실린 2천5백 자 분량의 "특별 집중" 코너였다. 이 기사는 사담이 9·11 공격의 배후에 있을 뿐 아니라 미국에서 벌어진 "탄저균 우편물"과도 관련이 있을 것이라고 주장하였다.[27] 〈이라크 국민회의〉가 심어놓은 이 이야기들이 수백만 명의 독자를 가진 신문들에 수천 단어씩 실렸다. 이 기사들은 쌍둥이 빌딩 공격과 이라크 침공 사이의 몇 년 동안 유포되어, 전쟁으로 가는 길에 꾸준히 장단을 맞춰 주었다. 이러한 선전활동은 미국 정부의 자금 지원에 의한 것이었지만, 신빙성이 있는 제3자로부터 비롯되는 것처럼 보였다. 그러므로 그것은 매우 귀중한 선전활동이었다.

이라크를 대테러전쟁의 전선戰線으로 만드는 데 일조한 통신사들의 활동은 비밀은 아니었지만, 완전히 공개적인 것도 아니었다. 사담의 몰락 이후 영국과 미국 정부는 더욱 개방적으로 그리고 공격적으로, 더욱 확장된 전쟁터 위에서, 선전전쟁에 사기업들을 활용하기 시작했다. 대테러전쟁에 참여한 연합군은 냉전의 접근법과 매우 유사해 보이는 공식적인 정보정책을 갖고 있었다. 즉, 그것은 신뢰를 구축하고 특정 캠페인에 맞서 싸우는 데 일조하도록 정치계와 광고계에서 자발적으로 동원된 남녀 구분 없는 연합이었다. 냉전기의 〈전쟁광고위원회〉를 모방하여, 미국 정부는 마케팅 세계의 거물들을 동원했다. 엉클 벤스 라이스[28]를 홍보하며 명성을 쌓은 샬롯 비어스가 2001년에 공공외교 담당 국무부 차관이 되었다. 비어스는 상업적인 브랜드를 판촉하다가 "미국이라는 상표"를 팔기 위해 이직한 것이었다.

2005년에는 〈사찌앤사찌〉의 사장이자 "브랜드 전문가"인 케빈 로버츠가, 이슬람 극단주의와의 사상 전쟁을 의논하기 위해 펜타곤에 초청되었다. 2001년에는 토니 블레어의 신경질적인 언론 대변인 알라스테어 캠벨과, 매우 치열했던 2000년 대선 당시 부시의 플로리다 주 승리를 확보하는 데 매우 적극적이었던 공화당 관료 터커 에스큐를 중심으로 〈연합정보센터〉가 세워졌다.

영국과 미국 정부의 이러한 홍보 전략들은 모두 심각한 문제들에 봉착했다. 샬롯 비어의 시도들은 무효했다는 평가가 지배적이었다. 또 케빈 로버츠는 도무지 인기를 끌지 못한 선전문구인 "폭력적인 극단주의에 대항한 전지구적 투쟁"으로 대테러전쟁의 이미지를 쇄신하려 했던, 그 한시적이고 실패한 시도의 책임자로 알려져 조롱을 받았다. 사담의 대량살상무기가 환상이었음이 드러난 후, 〈연합정보센터〉가 생산한 자료들은 재검토되었다. 아프가니스탄과 이라크에 대한 연합군의 모든 언급은 그들의 운명의 족쇄가 되었고, 연합군의 운명이 뒤바뀔 때마다 그들이 내건 공약들은 언론의 재검토 대상이 되었다.

연합군은 선전전쟁의 대부분을 상업적 회사들을 이용해 치름으로써 더 이상의 창피를 면했다. 연합군은 민간외교와 공보활동에 속하는 공식적인 행위들에 대해서는 책임을 졌지만, 상업적으로 운영되는 정보작전으로 자신들이 더럽혀지는 것은 피하였다. 그러나 이 점이 대테러전쟁에서 기업적 홍보활동의 완벽한 성공을 의미하지는 않는다. 즉, 서양의 언론사들은 서양의 대중을 대상으로 하는 선전활동을 지원할 때는 효과적이었지만, 중동의 청중을 겨냥할 때는 보통 무력했다. 이라크에서 사영화되어 제공된 다른 여러 사업과 마찬가지로, 언론활동의 결과도 많은 경우 재앙적이었다. 유럽과 미국의 유권자들이 이라크 침공을 지지하게 하는 선전전쟁에서 승리를 거두는 데 사기업이 도움을 제공하였다. 하지만 그들은 대체로 이라크인들이 서양의 군대를 환영하게 하는 선전전쟁에서 패배했다. 민간 홍보사의 "전문성"은 대체로 이라크에서는 미숙하고 쓸모가 없는 것으로 드러났다. 이 업체들은 선전활동에 쓰일 서양의 현금을 모집하는 일에는 소질이 있었지만 이들의 생산물은 끔찍한 것인 경우가 많았다. 그러나 연합군은, 이 업체들의 실패에 대해 매우 잘 알고 있었음에도 계속해서 정보계약자들에게 자금을 던져 주었다. 선전전쟁에 대한 직접적인 책임을 이 업체들에 떠넘길 수 있다는 장점이, 부실하게 전달된 선전내용이 초래하는 비용을 능가한다고 판단했던 것이 분명하다.

사담의 퇴진 이후 연합군은 이라크에 새로운 언론 제국을 세웠다. 카타르에 근거지를 둔 〈알-자지라〉 위성 채널을 비롯해 현기증이 날 정도로 많은 종류의 새로운 이라크 신문들과 경쟁해야 한다는 사실을 이들은 알고 있었다. 때때로 연합군은 언론 경쟁이 갖고 있는 위협에 직접적인 방법으로 대처하기도 했다. 〈알-자지라〉 방송국의 바그다드 사무실은 사담의 퇴진 직전 미군의 미사일에 공격을 당했고, 이라크의 〈마디군〉[29]과 연계된 신문인 『알-하우자』는 미국의 이라크 최고행정관 폴 브레머가 "사담의 전철을 밟고 있[었]다"는 기사를 게재한 후 2004년 미군에 의해 폐간당했다. 그러나 연합군은 정보전쟁에서 [네거티브한 방식으로가 아니라] 포지티브하게 승리하고 싶었다. 오늘날 전쟁에서 텔레비전 방송국이란 미사일 포병중대만큼이나 중요한 요인이자 권력의 핵심이기 때문에, 점령자들은 지상에서뿐 아니라 언론에서도 이라크에서의 대테러전쟁이 승리하기를 원했다. 그러나 결과적으로, 이 임무를 맡은 민간 계약자들은 처참히 실패했다.

〈알-이라키야〉 방송국과 『알-사바』 신문으로 이루어진 〈이라크 미디어 네트워크〉를 운영하는 첫 번째 계약은, 미국계 다국적 기업 〈사이언스 어플리케이션스 인터내셔널〉(이하 〈사이언스〉)에게 돌아갔다. 이 기업은 사담 이후 이라크의 새로운 감옥 체제를 구축하는 데 도움을 주려는 계약들도 맡고 있었다. 이 회사는 텔레비전 방송국 운영, 신문 출간, 라디오 방송국 운영 등 계약서에 포함된 위와 같은 업무를 한 경험이 전혀 없었다. 그러나 〈사이언스〉가 가지고 있었던 것은, 정부와 체결한 여러 건의 계약들과 군수산업 복합체와의 강력한 연줄이었다. 전직 유엔 무기 사찰관이었던 — 이후에 미국 대통령이, 사담의 대량살상무기를 찾기 위한 마지막 헛된 수색을 할 때 의지하게 되는 인물인 — 데이빗 케이가 1993년부터 2002년까지 〈사이언스〉의 부사장이었다. 이 회사는 미국 국가 안보 기관에서 일한 경력이 있는 직원들을 여럿 고용했다. 이들은 많은 군사 계약들을 확보하고 있었는데, 모든 계약이 성공적이지는 않았다. 2004년에는 미국 군사 기지를 청결하게 유지해 준다는 컴퓨터 시스템의 효능을 과장했다는 소송에서 패소해 50만 달러의 벌금을 물었다. 이듬해에는 텍사스 주에 있는 공군 기지를 청소하는 계약에서, 대금을 과도하게 청구했다는 이유로 250만 불의 벌금을 물었다.[30]

군사 기지를 청결하게 유지하지 못한 것도 문제였지만, 이라크 언론을 운영하는 데 실패한 것이 전체적으로 더 심각한 문제였다. 11개월이 지난 후, 〈사이언스〉의 TV 방송국이 이라크인들의 지지를 이끌어 내기에는 아마추어적이고 지나치게 선동적이라는 지적을 받은 뒤, 펜타곤은 다른 회사에 이 계약을 넘겼다. 〈사이언스〉는 사담 퇴진 후 첫 해에 수백 수천만 달러의 정부 돈을 삼켰지만, 고작 아랍 노래들과 정보센터 발표내용 몇 개를 내보냈을 뿐이었다. 〈사이언스〉에 자문을 했던 NBC 텔레비전 네트워크의 저명한 통신원 던 노쓰는 이 방송국이, "임시연합당국의 부적절한 대변자로, 뉴스와 매우 흔한 프로그램들을 다뤘다"고 말했다. 〈사이언스〉는 이 계획을 위해 엄청나게 많은 돈을 낭비했다. 이 계약을 감사했던 펜타곤의 감찰관은, 〈사이언스〉가 청구한 비용이 150만 달러에서 820만 달러로 갑자기 증가했다고 밝혔다. 계약자들은 휴가 중에도 돈을 받았다. 경영진은 사륜 험비 차량을 이라크로 공수해 달라고 요청하기도 했다. 그러나, 이 방송국의 제작물들은 이라크인들의 이목을 사로잡지 못했다.

전후 점령을 좀 더 잘 지휘하라고 그의 상관인 부시를 설득하지 못했다는 이유로, 토니 블레어 총리는 비판의 세례를 받았다. 점령군이 이라크에 대한 통제를 상실하기 시작했던 이유는 그들이 현지인의 정서를 전혀 고려하지 않고 이 지역에 서방의 군대와 기업들을 강요했기 때문이었다. 그리고 영국 정부는 이 부분에 대한 미국의 교만을 저지하기 위해 아무것도 하지 않고 있는 것처럼 보였다. 그러나 언론에 엄청나게 민감한 블레어 정부는 점령자들이 정보전에 실패하는 사례들을 매우 빠르게 포착했다. 점령 실패에 대한 조지 패커의 분석적인 연구[31]는 블레어가, 점령 이후 이라크 공식 언론의 부진에 관해 분노하고 있었음을 보여 준다. 패커는 "바그다드에 있는 모든 사람이 언론 프로젝트가 대실패였다는 사실을 알고 있었다. 런던에서는 토니 블레어가 이 사실을 알고 있었고, 이것을 바로잡으려고 머리를 쥐어뜯고 있었다"고 전한다. 이 사실은 영국의 중동 지역 고위 외교관 존 서어스가 다우닝 가에 보낸 메모를 통해서도 확인되었다. "이라크: 무엇이 잘못되고 있는가?"라는 제목의 이 메모는 〈이라크 미디어 네트워크〉의 실패를 재빨리 포착하였고, 이라크 언론보다 "모든 미군을 죽이자고 외치는" 거리 전단이 이라크 대중에 훨씬 더 호소력 있게 다가가고 있다고 지적했다. 점령자들의 텔레비전 방송국은 "엄격하게 통제된" 내용 때문에 고민했고, "신뢰를 받지 못할 수도 있다는 위험성"을 안고 있었다. 서어스는 "시간이 가고 있었다"고 경고하면서, 점령 당국은 "지도력이나 전략, 조정 능력, 구조를 전혀 갖추고 있지 않으며, 평범한 이라크인에게 다가가고 있지 못하다"고 우려했다. 그는 이 텔레비전 방송국이 자신의 선전적 성격을 위장하기 위해 가장 먼저 할 일은, 이라크인들에게 영국 프리미어 리그 축구 경기를 매일 한 개씩 방송하는 것이라고 제안했다. 서어스는 맨체스터 유나이티드·첼시·아스날[32]의 축구경기 녹화테이프를 틀어 이라크인들을 회유하는 것을 미국인들이 거부했다는 사실에 깊이 실망했으며, 미국 관료들이 "정말 뭘 모른다"고 불평했다.

이라크 "재건"의 다른 분야들이 혼란에 빠져 있는 동안, 블레어는 이 나라의 텔레비전 방송의 방향성을 바꾸는 데 충분한 압박을 가한 것으로 보인다. 〈사이언스〉는 〈해리스 커뮤니케이션스〉라는 또 다른 회사로 대체되었다. 〈해리스 커뮤니케이션스〉도 대체로 군사기업이었지만, 약간의 방송 경험이 있었다. 영국은 〈이라크 미디어 네트워크〉에 더 많은 자문을 제공하기 위해 영국 해병대 출신 사이먼 하이스록이 운영하는 〈알바니 어소시엇스〉라는 또 다른 계약업체를 데려왔다. 하이스록은 보스니아에서 유엔 대변인으로 일한 경력이 있었고, 언론매체에 정통하다는 이유로 임명되었다. 이라크 텔레비전을 지원하기 위해 고용된 또 다른 회사로는, 영국군의 심리전 부대에 복무했던 전직 대령이 운영하는 〈칠턴 브로드캐스트 매니지먼트〉가 있었다.

공식적인 이라크 텔레비전의 운명은 포퓰리즘적 선전을 통해 개선되었다. 영국 프리미어 리그 축구를 방송하는 것이 아니라, 잔인한 행위들을 방송하는 형태로 개선된 것이기는 했지만 말이다. 2005년 〈알-이라키야〉 텔레비전 방송국은 훗날 이 나라에서 가장 대중적이게 될 텔레비전 프로그램을 방송하기 시작했다. 자신의 포퓰리즘적 기질에 눈을 뜬 〈알-이라키야〉는, 이라크인들을 텔레비전 앞으로 모이게 하는 한 리얼리티 쇼를 방송하고 있었다. 〈정의의 손아귀에 붙잡힌 테러〉는 삼류 연예인이나 연예인 지망생들이 까불거리며 노는 장면 대신에 생포된 테러리스트들이 경찰 심문관들에게 자백하는 모습을 보여 줬다. 이라크인들, 특히 종파적 공격에 고통 받아 온 시아파 교도들은 자신들의 적이 약하게 그려지고, 모욕을 당하는 모습을 방영하는 프로그램에 매료되었다. 생포된 전사들은 소름 끼치는 살인을 저질렀다고 자백했을 뿐 아니라, 자신들이 술주정뱅이이며 범죄자이며 동성애자라는 사실을 인정했다. 섬뜩한 살인자들이, 모스크에서 동성애자들의 문란한 술잔치가 벌어지고 있다고 고백한 것이다.[33] 이 프로그램은 선전전의 강력한 무기였고, 반란세력 중 한 집단의 정당성을 파괴했다. 이 프로그램 덕에 "무자혜딘"mujahedin은 "게이"를 뜻하는 길거리 속어가 되었다.

영국에서 자금을 지원받았던 계약업자 사이몬 하이스록은 이 프로그램을 두둔하면서 비비씨에, "우리에게 익숙해질 독립성과 전문성을 갖춘 공적인 접근이 있고, 이 프로그램을 통해 자신들에게 가해졌던 일들에 대한 보복을 보길 원하는 사람들의 관점에서 이해 가능한 충동이 있다. 그리고 이 둘 사이에 합당한 균형점을 끌어내는 것"이 중요하다고 말했다. 그러나 이 프로그램의 "보복" 수위는 계약업체들이 암시했던 것보다 훨씬 격렬했으며, 결국 이라크에 새로운 위험을 초래하였다. 이 자백은 어떠한 승인된 법적 절차를 따르지도 않았으며, 자백하는 테러리스트들 다수는 선명하게 멍이 들어 있었다. 일부 자백들은 믿기 어려운 내용이었으며, 공포심에 이루어진 것처럼 보였다. 이 테러리스트들은 "늑대단"wolf brigade이라고 쓰인 현수막 앞에서 자백했는데, 이 "늑대단"은 종파적 살인과 고문, 비밀 감옥 운영의 혐의를 정기적으로 받아 온 엘리트 경찰 유격대였다. 한 회에서는 이라크의 사마라라는 마을에서 온 한 전직 경찰관이, − 겁에 질려 있었고, 숨을 쉬기 어려워하며, 양쪽 눈에 멍이든 채로 − 종파적 살인을 저지른 사실을 자백했다. 며칠 내로 이 경찰관의 주검은 그의 아버지의 집으로 배달되었다.[34] 수개월이 지난 후, 시체 보관소들이 고문을 당한 주검으로 가득 차자, 연합군 국가들의 정치인들은 이라크가 잔혹한 종파 간 내전에 휘말리고 있다고 걱정하게 된다. 이들이 놀랐다는 것은 뜻밖의 일이다. 왜냐하면, 이 내전은 영국 − 그리고 미국 − 이 돈을 댄 기업들이 만들어 낸 방송국이 방영한 프로그램을 통해, 텔레비전에서 먼저 연습된 것이기 때문이다.

연합군은 민간 계약업체를 이용해 선전전의 다른 전투들도 치렀다. 그러나 〈알-이라키야〉의 결과물이 잔인하지만 효과적이었던 것과는 달리, 선전전의 다른 부문들은 덜 성공적이었다. 2005년에, 펜타곤은 세 개의 기업 — 〈사이언스〉, 〈사이콜맨〉, 〈링컨 그룹〉 — 이 참여하는 3억 달러짜리 계약이 성사되었다고 발표했다. 이들은 군대의 〈합동 심리전 지원반〉과 함께 일하게 될 것이었다. 군에 의하면 이 업체들은, "매체 접근 계획, 시제품 개발, 상품화 가능한 품질의 제품 개발, 상품 유통과 보급, 매체 효과 분석" 등의 업무를 하게 될 것이었다.

이 말만 번지르르한 사영 선전 사업은, 그것의 조잡한 속내가 드러나면서 미국에게 엄청나게 부끄러운 일이 되었다. 〈링컨 그룹〉은 군사업무 경력이 전혀 없는 젊은 옥스퍼드 대학 졸업생 크리스찬 베일리가 운영하는 작은 신흥 기업인 것으로 드러났다. 그의 학교 친구들이 기억하기로, 베일리는 "범생이"이고 "괴짜"였지만 자기학습 비디오테이프를 판매하는 회사를 차렸던 사업가적 기질을 가진 소년이었다. 그러나 이라크에서 베일리는 선전 전문가로 다시 태어났다. 그의 회사는 전직 미군 해군과 전 영국군 정보 장교를 고용했지만, 그럼에도 그들의 작전은 확실히 아마추어적이었다. 이 회사는 미군이 회사에 전해 주는 "좋은 소식"을 담은 기사들을 게재하라며 이라크 신문들에 수천 달러를 지불했을 뿐이었다. 기사 전달을 맡고 있던 한 인턴사원은, 자신이 옥스퍼드 대학을 졸업하자마자 모집되었으며 현금 더미와 기관단총을 쥐고 동네를 돌며 기사 내용을 알리고 다니라는 지시를 받았다고 말했다.[35] 윌렘 맑스라는 이름의 이 인턴 사원은 〈링컨 그룹〉에서 "진짜로 아랍어를 할 줄 아는 사람도 없고 많은 이라크 기자들과 친한 사람이" 아무도 없어서, 이들은 이라크 신문들이 자신들의 이야기를 다루게 만들려고 그저 좀 더 많은 돈을 주는 것에 의지했었다고 설명했다.

선전의 내용은 조잡했다. 맑스는 "모든 기사가 이라크 문제의 책임을 테러리스트에게 돌렸고, 연합군의 활동을 찬양했다. 나는 이런 식의 저널리즘을 한 번도 본 적이 없다"고 기억했다. 〈링컨그룹〉이 기사를 위해 돈을 준다는 사실이 폭로되면서 이 아마추어리즘은 역효과를 낳았다. 〈링컨그룹〉이 돈을 주고 좋은 소식들을 다루게 하였다는 사실이 폭로되면서 미국의 이라크 정책은 창피를 당했지만, 미군은 그다지 신경을 쓰지 않는 듯했다. 한 공식 감사 자료는, 관료들이 적절히 기록을 남기지 못한 것은 규정에 어긋나지만, 거짓 기사를 위해 돈을 지급한 것은 관료들이 아니었다고 밝혔다.[36] 제3자인 선전가의 고용으로 얻는 장점은 분명히 매우 매력적이었다. 〈링컨그룹〉은 계약을 해지 당하지 않았다. 오히려 그들에게는 6백만 불짜리 계약이 추가로 주어졌다.

이라크 점령은 오즈의 마법사 같은 성격을 띠고 있었다. 엄중하게 방어된 그린존에서 나오는 공식 뉴스들은 에메랄드 시티에서의 삶만큼이나 자기 기만적이었다. 이라크의 대다수를 차지하는 레드존의 폭력과 혼란은 그린존의 공식 언어에 반영되지 않았다. 좋은 소식이 있는 이 지역은 홍보 회사 군단의 능숙한 지원을 받았다. 2004년에 〈벨 퍼팅어〉사가 이라크의 새 헌법을 홍보하기 위해 고용되었다. 이 영국 회사는 팀 벨이 이끌고 있었다. "대처 여사가 가장 선호하는 광고맨"이라는 별칭을 가진 벨 상원의원은 1979년 이후로 계속해서 보수당 선거 운동의 지휘를 도왔던 인물이다. 그의 회사는 또한 블레어의 최측근이었던 데이브 힐을 고용함으로써 신노동당 정부와도 우호적인 관계를 구축하였다. 새로운 이라크 헌법에 따라 이라크인들이 드디어 선거를 치르게 되었다. 비록 선거 이후에도 여전히 미국이 이라크 정부의 상관으로 남아 있긴 했지만 말이다. 〈벨 퍼팅어〉는 자유와 민주주의를 찬양하는 수천 장의 전단을 살포하는 레드존 전략을 갖고 있었다. 그러나 임시연합당국의 관료들은 곧, 이 우아한 홍보 캠페인이 새로운 헌법에 대한 노골적인 정치 공격으로 인해 손상되는 것을 목격하게 된다.

〈벨 퍼팅어〉의 텔레비전 광고가 방영되거나 이들이 만든 소책자들이 배포되기 전에, 새로운 헌법을 비방하는 전단이 이라크의 거리에 파란을 일으키고 있었다. 선거에 대한 서방 언론의 보도는 〈벨 퍼팅어〉의 캠페인이 지적한 점들을 전부 강조하고 있었다. 그 논점은 새로운 헌법이 법의 지배 아래 이라크에 자유와 민주주의를 창설하고 있다는 것, 다시 말해 현지의 비판은 무시되었다는 것이다. 결과적으로, 2005년 선거 이후 반란과 종파 간 투쟁이 증가한 것은 영국과 미국의 대중들을 혼란스럽게 만들었다. 민간 정보전은 계속해서, 대테러전쟁의 적들에게 무장 해제를 설득하기보다는 서방의 유권자들만을 기만할 수 있는 것처럼 보였다.

7장
미스테리
트레인[1]

2005년 11월, 영국의 안보 계약자들이 이라크의 고속도로를 달리며 자동차 뒤창을 통해 찍은 한 영상이 인터넷에 올라갔다. 같은 도로를 달려오는 이라크 자동차들과의 간격이 자동차 열 개 정도의 길이로 좁혀지자, 이 계약자들은 이라크 차량의 엔진 블럭[2]에 자동 화기를 난사하여 이라크 운전자들이 도로를 벗어나게 했다. 한 이라크인 운전자가 망가진 차에서 내리자, "저것 좀 봐, 웃거서 숨넘어 가겠네"라고 말하는 영국인의 목소리를 들을 수 있었다. 이 영상은 영국의 안보 회사인 〈이지스〉에 불만을 품은 이 회사의 전前 직원이라고 주장하는 사람들이 배포한 것인데, 이 회사는 이라크에 무장요원을 공급하고 다른 용병들을 조직하고 통제하는 임무로 미국 정부와 대규모 계약을 체결했었다. 이 영상은 정부군과 민간 안보 기업들이 어떤 특정한 성질들을 공유하고 있음을 생생하게 보여 주었다. 그것은 점령군의 오만함이 평범한 이라크인들을 총격으로 위협할 준비가 되어 있다는 것이다. 이러한 행동으로 인해, 점령군은 사담 후세인의 퇴진으로 얻은 대중적 신뢰의 대부분을 잃었다. 이렇게 "전리품" 영상을 만들어 자신들의 전 고용주를 창피 주기 위해 방송으로 내보낸 그 무장요원들은 그 영상에 음악을 입혔다. 서구의 총알을 피해 달아나는 이라크 자동차의 영상에는 엘비스 프레슬리가 부르는 〈미스테리 트레인〉이 흐르고 있었다.[3] 이 음악을 선곡한 것은 탁월했다. 연합군은 이라크에서 용병의 광범위한 활용을 승인하고 추진했지만, 이 새로운 전술이 어떤 방향으로 흘러갈 것인지 전혀 예측하지 못하고 있었기 때문이다. 미지를 향한 여정 – 사실 원곡에서 이 여정은 무덤으로의 여행을 의미한다 – 에 관한 프레슬리의 잊히지 않는 이 발라드는, 전쟁 사영화의 거대한 실험실로 이용되고 있는 이라크의 상황과 꼭 어울리는 노래였다.

이 전쟁 사영화 실험으로, 연합군은 훨씬 더 쉽게, 이라크를 대테러전쟁의 중심지로 만들 수 있었다. 민간 계약업체들의 존재는 연합군이 군사 행동을 선택할 때 부딪히는 장벽을 낮춰 주었다. 군 지휘관들은 이라크 작전 전에도, 그리고 작전 중에도, 병력 부족으로 상황을 감당할 수 없다며 불평을 했다. 그러나 영국과 미국의 정치 지도자들은 계약서에 서명만 하면 계약업체들이 숙련된 인력을 충분히 공급하여 군사력을 보강할 수 있을 것으로 판단했다. 영국과 미국의 정치인들은 시장의 우월성이 의미하는 효과 때문에 이라크 용병들이 점령군에게 효과적이고 창의적인 도움을 제공할 것임을 확신했다. 그러나 실제로 이 사영화는 점령에 방해되었다. 계약업체들은 부패, 실패, 폭력이라는 결과를 낳았다. 결정적으로, 계약업체들은 이라크라는 국가의 붕괴에 한몫을 했다. 안보 회사와의 계약을 통해 나라를 재건하려는 시도가 실패함으로써, 이라크 정부와 이라크 경제는 "재건"의 혜택을 받았던 것이 아니라 산산조각이 났다.

2007년에 데이비드 페트레이어스 장군이 이라크 다국적군의 총사령관 자리에 앉았다. 장군에 대한 기대치는 높았다. 오류와 실패로 얼룩진 점령의 역사에 마지막 구원의 기회를 제공했던 그는, 명석한 두뇌와 뛰어난 전술 능력을 지닌 지성적 전사戰士처럼 보였다. "대對저항세력 활동" 전문가였던 페트레이어스는, 반대세력을 진압하고 새로운 이라크 정부의 권위를 공고히 다지기 위해, 미군 병력의 대대적인 증원을 주도할 예정이었다. 많은 사람에게 이것은 생사결단의 전략이자 이라크에 던져진 마지막 주사위 같았다. 페트레이어스가 자신의 인사청문회에서 상원 의원들에게 계약업체들이 미군의 강점 중 하나라고 반복적으로 이야기했던 것은 이라크 점령에서 용병이 얼마나 중심적인 존재였는지를 보여 준다. 그는 이라크에서의 승리를 위한 자신의 계획에서 용병의 숫자가 핵심이라고 말했다.

페트레이어스는 반란세력과 싸울 연합군의 숫자가 현재 "불충분하거나 최소치이다"라는 사실을 부인하지 않았다. 그러나 "수만 개의 사영 안보 부대군이 존재"한다는 이유로 그는 낙관할 수 있었다. 용병들이 군 시설을 경비하고 기관들을 보호함으로써, 병사들은 반란세력에 대한 공격적인 작전들로부터 해방될 수 있었다. 페트레이어스의 대對저항세력 지침이 드러내었듯이, 이 전쟁의 전선들은 분명하지 않았다. 보급 수송대를 비롯하여 모든 경제 기반시설과 공공 구역이 잠재적 전쟁터였다. 종종 민간 병사가 경비하거나 방호하는 지역이 최전선이 되기도 했다. 미국 상원의 한 청문회에서 페트레이어스는 회의적인 의원들을 향해 문서상으로는 대對저항세력의 병력 규모가 충분하지 않지만, "수만 개의 사영 안보군이라는 추가 병력"으로 기존 병력을 보강할 수 있다는 말을 반복했다. 장군은 이 계약업체들의 활용이 "대對저항세력 전략의 현대적 진화"라고 설명했다. 페트레이어스는 용병들이 미국 군사 기계에 어느 정도 통합되었는지와 함께 용병의 중요성에 대해 다음과 같이 지적했다.

> 미국 대사관은 계약직 안보요원들이 경비한다. 지난 출장 때 내 개인 경호도 외주업체가 맡아주었다. 영국 안보 회사로 기억하는데, 이들 덕분에 경호를 받지 못했던 나의 직원들을 보호해야 했던 헌병대의 부담을 덜어줄 수 있었다. 외주 덕분에 또 한 번 우리 군에게 자유를 줄 수 있었고, 그것은 여러 다른 경우에도 적용될 수 있었다.

그러니까 이라크에 있는 미국의 가장 핵심 자산 중 두 가지인 미국 대사관과 페트리어스 자신이, 고용된 병력의 경호를 받았던 것이다. 이 이라크 연합군 최고지휘관의 말에 따르면, 그는 고용된 자들의 도움 없이는 반란세력에 맞설 수 없었다.

페트레이어스는 이라크 점령에 관여한 계약업체들의 정확한 숫자를 밝힌 적이 한 번도 없었다. 아무도 그들을 세지 않았기 때문이었다. 계약업체들에 관한 추정 수치는 다양했지만 모두 근사치일 뿐이었다. 2005년 12

월, 미국 육군 중앙사령부가 개략적인 조사를 진행했고, 이라크에 있는 미군의 숫자는 14만 명이며, 계약자들의 수는 10만 명이라고 밝혔다. 직접적인 비교가 힘들었던 이유는 이 계약자들이 수행하고 있던 운전·건설·행정 등의 활동을, 초기 파견 당시에는 병참이나 토목 관련 편대가 맡기도 했지만, 현지 민간인들이 수행하는 경우도 있었기 때문이다.[4] 2004년에 폴 브레머는 이라크에 2만 명의 민간 안보업체 직원이 일하고 있다고 추정했다.[5] 이는 완전히 군사적이거나 준군사적인 영역에 종사하는, 제복을 입은 무장인력의 수치였다. 다른 추정치들에서는 사영 무장인력의 숫자가 3만 명에 육박하거나 그보다 더 높은 경우도 있었다. 한 계약업체의 동업조합은 180여 개 업체에서 파견된 안보요원 4만8천 명이 이라크에 근무하고 있다고 추정했다.[6] 군인을 대체한 민간 업체 직원의 숫자는 2만 명에서 10만 명 사이였다. 변화된 전장에 고용된 계약 직원들의 절대적 숫자와 그 비율 모두 전례가 없는 것이었다. 이 무장한 계약자들은 지난 1백 년 동안에는 찾아볼 수 없었던 규모의 사영 군대였다. 이런 상업화된 부대들은 중앙의 명확한 통제나 계획 없이 성장했다. 대테러전쟁에 등장한 이 강력한 군대의 성장에 대해 사전 논의를 진행하거나 이들의 등장을 미리 경고했던, 어떠한 선출된 입법기관도 – 미국, 영국, 이라크 중 그 어디에서도 – 없었다. 정치적·사회적 비용을 차치하고서라도, 이들로 인한 재정 지출의 규모는 엄청났다.

2005년에 이르면, 이라크 재건에 지출된 총 36억 파운드 중에서 "가장 큰 규모를 차지하는 단독 항목"은 안보 지출이었다.[7] 사담 후세인의 실각 직후 주요 안보업체들은 경비원 한 명의 고용 비용으로 하루에 650파운드를 청구할 수 있었다. 민간군사업무 "계통"에 있는 전직 〈영국 공수특전단〉 출신은 하루에 5백 파운드까지 받을 수 있었다. 3년 후, 시장의 압력에 의해 일당은 낮아졌지만, 〈영국 공수특전단〉 출신은 여전히 325파운드에서 4백 파운드 사이의 일당을 요구할 수 있었다. 영국 보병대 하사관 출신이 팀

장급으로 고용되면 일당 250파운드 정도, 영국 육군 출신은 175파운드 정도를 받을 수 있었다. 구르카나 피지처럼 "제3세계 국가"의 국적을 가지고 있는 사람들은 일당 30에서 40파운드 정도로 훨씬 적은 금액을 받았지만, 그것은 이라크인 경비원이 받는 일당의 세배가 넘는 액수였다. 시장은 높은 일당을 점점 낮추었고, 개발도상국이나 이라크 출신 경비원들 쪽으로 일자리들을 몰아주었다. 그러나 자신들이 제공하는 서비스로 비용을 청구하는 업체들은 여전히 장구裝具, 무기, 장비, 무장 차량, 부동산, 그리고 이익과 은행이자를 위한 돈이 필요했다. 안보지출은 미국이 재건에 지출한 총 180억 달러의 20퍼센트에서 30퍼센트 비율로까지 치솟았다.[8] 영국 정부는 침공 후 초기 4년 동안 – 영국의 이라크 원조 예산 총액의 4분의 1인 – 1억65만 파운드를 안보에 지출했다.[9]

민간 군사 계약업체들이 초래한 가장 큰 비용은 정치적인 것이었다. 이들의 존재와 영향력은 전략을 왜곡시켰고, 대테러전쟁을 더욱 더 큰 규모의 군사행동으로 이어지게 했다. 전쟁이 발발하기 전에 이라크에서의 용병 사용에 대한 어떠한 공적인 논의도 없었다. 이것이 이라크 점령에서 용인될 수 있는 접근방식인가에 관한 논의 또한 없었다. 영국과 미국 정부는 어떠한 발표도 없이 이라크에 침공한 다음 용병을 보냈다. 영국이나 미국의 정치인들이 지난 1백 년 동안 용병의 대규모 사용을 정당화하거나 논의하려고 시도한 적이 없었기 때문에, 이 정책의 근본적 원리가 무엇이어야 하는지에 관한 몇 가지 단서만이 있었을 뿐이다. 그러나 침공을 단행하기 전의 공식적인 발표들은 민간 계약업체의 활용 가능성과 그들의 의욕적인 자세가 이 전쟁을 부추겼음을 암시한다. 다시 말해, 이라크로 들어가는 연합군 기차에 드리웠던 민간 계약업체들의 존재감이, 애초에 정책입안자들이 이 여정이 가능하다는 결정을 내리는 데 일조했던 것이다.

침공이 이루어지기 전, 미국의 최고위급 군사 지도자들은 침공 이후 이라크를 점령하기 위해서는 대규모의 병력이 필요하다고 경고했었다. 2002년에 미국 육군참모총장 에릭 신세키 장군은 사담 후세인의 실각 이후 20만 명의 병력만 있으면 이라크를 안정화할 수 있다고 주장해, 미국 국방장관인 도날드 럼즈펠드로부터 공개적인 비난을 받았었다. 그해, 전직 중동지역 사령관 안소니 진니 장군은 "전후에 투입해야 할 병력과 비용의 규모에 대해 우려"를 표현했다. 이렇게 거대한 규모의 병력과 자원을 투입해야 할 필요가 발생할 수도 있다는 점은 이라크전쟁 개전의 의욕을 꺾는 강력한 요인이었다. 심지어 9·11이 ─ 새로운, 더 공격적인 외교 정책을 허용하는 방향으로 ─ 미국의 정치를 근본적으로 변화시킨 후에도, 부시 정부는 여전히 국제적인 개입에 대해 불안감을 느끼고 있었다. 예를 들어, 2001년 아프가니스탄 침공의 후반부에 미국은 상대적으로 적은 숫자의 지상군만을 아프가니스탄에 투입했다. 이라크로의 대규모 군사이동을 위한 정치적 용기를 갖고, 배후에서 합의를 하는 것은 쉽지 않은 일이었다.

그러나 민간 계약업체들이 미국의 불안한 속내를 진정시켜 주었다. 민간 부문은 안보와 재건 그리고 군수품 제공에서 자신들이 충분한 지원을 제공할 수 있다고 약속했다. 그래서 럼즈펠드는 진니나 신세키가 필요하다고 추정한 병사의 숫자보다 훨씬 적은 수로 이루어질 "가벼운 침공"을 제안할 수 있었다. 시장의 마법에 따른 점령의 사영화는, 무책임한 정부가 시장에서 상품화된 규격품 한 세트를 구매해 사용하면 전쟁의 어려운 부분들을 해소할 수 있다는 것을 의미했다. 이 새로운 상품은 비용에 대한 걱정을 없애 주었다. 왜냐하면, 관료들은 이 상품만 있으면 저절로 자금이 모일 것으로 믿었기 때문이었다. 즉 이라크의 석유가, 이 나라를 미국 자본주의와 유사한 형태로 재건하려는 회사들에게 돈을 줄 것으로 믿었던 것이다. 미국은 제국주의적 확장이라는 성가신 문제에 직면하지 않고도 가벼운 조절자 역할만 수행하면 되었다. 그들의 역할이란 이라크에서 이루어지는 사업이 우호적이며 번성하는 국가 재건을 이끌어나갈 수 있게 돕는 것이었다. 어쨌든 이론상으로는 이러했다. 전쟁이 시작되기 전에 국방부 부장관 폴 월포위츠는 의회에서, "우리는 상대적으로 이른 시일 안에 재건 비용을 스스로 마련할 수 있는 국가를 다루고 있다"고 말했다. 또 백악관 대변인 아리 플라이셔도 이라크인들이 "자신들의 재건을 위한 부담을 대부분 책임질" 수 있을 것이라고 주장했다. 이는 이라크인들이 비용 부담을 떠안는 동안 서방 기업들이 수익성 높은 계약들로 이득을 챙길 것이라는 의미였다.

실제로는 상업화된 점령에 결점과 난점 들이 많은 것으로 드러났다. 그러나 정치 지도자들은 이미 공공부문보다 기업들이 더 효과적이라고 생각하는 경향이 있었다. 이들은 군사 계약업체들의 말재간에 넘어간 것이 분명했다. 군사 계약업체들은 호객행위를 하고 있었고, 자신들의 능력에 대한 긍정적인 소문을 돌게 하는 데 관심이 있었다. 군 지도자들에게 전쟁은 자국 군대에 대한 위협을 의미했지만, 사기업 입장에서 전쟁은 새로운 사업기회와 새로운 수익을 의미했다. 그로부터 몇 년 후인 2005년에 나는 민간 군사 기업들의 "할 수 있다"는 태도와 그들이 자신들의 능력을 과장하는 방식을 조금 체험해 볼 기회가 있었다. 노동당 경향의 싱크탱크인 〈외교정책센터〉가 이라크에 관한 비공식 회의를 열었다. 이 센터는 노동당 지도부와 강력한 연줄을 갖고 있다. ─ 토니 블레어가 센터의 후원자이고 내각 각료들은 이 조직을 자주 언급하곤 했다. 블레어의 이라크 특사였던 제레미 그린스톡 경의 연설로 회의가 시작되었다. 〈콘트롤 리스크스 그룹〉이라는 회사의 이사직을 맡기 위해 제복을 벗고 양복을 입었던, 육군 준장 출신 에릭 웨스트롭도 그린스톡과 함께 있었다. 웨스트롭의 기업은 바그다드에 있는 영국 외무부 직원을 경호할 무장요원들을 공급했다. 이 회사는 〈외교정책센터〉를 후원하는 업체이기도 했다. 그린스톡은 "현장 상황이 좋지 않았다"고 인정하면서, 이라크 안보 상황에 대해 현실적인 비관적 분석을 내놓 있다. 그는 저항세력과 마찬가지로 "이라크 보안대와 연합군 또한 언제 어떤 때라도 자신들이 처한 전략적 입지만을 확보하고 있었다"고 덧붙였다. 실제로 연합군은 그들이 발을 딛고 있는 그 영역만을 통제했다. 그린스톡이 풀이 죽어 있었다면 웨스트롭은 낙관적이었다. 웨스트롭은 그가 "미소지으며 손 흔들기 정책"이라고 불렀던 방법으로 그의 회사의 사설 무장요원들이 이라크인의 마음을 사로잡았다고 주장했다. 즉 그의 주장은 바그다드의 친절한 신문팔이들에게 미소를 짓고 손을 흔든 덕분에, 〈콘트롤 리스크스〉가 이라크인의 환심을 얻었고, 그래서 폭파범들을 물리치는 데 이라크인의 도움을 받을 수 있었다는 것이다. 이어진 사건들은 그린스톡이 옳았고 웨스트롭은 이라크 내부의 사정에 관해 전혀 알지 못하고 있었다는 것을 보여 줬다. 그러나 웨스트롭에게는 두 개의 강력한 무기가 있었다. 돈과 낙관적인 메시지였다. 그의 회사는 돈을 써서 정치적 논쟁의 중심에 설 수 있었고, 이라크에서의 승리에 관한 그의 터무니없는 낙관주의가 정부의 귓가에 달콤한 음악처럼 들렸음이 틀림없다. 이 안보 회사는 정부가 이라크에서 더욱 쉽게 승리할 수 있다고 믿게 하였던 것이 분명하다. 마지막에 승리한 사람들은 〈콘트롤 리스크스〉의 경영진과 주주들뿐이었지만 말이다.[10]

그러나 사기업들 덕에 전쟁의 시작은 훨씬 쉬워졌지만, 승리는 더욱 어려워졌다. 사기업들은 자신들이 광고한 내용에 부응하는 데 실패했다. 민간 산업이 안보활동 영역으로 침입하는 데 걸린 시간은 장장 10년이었다. 이들은 전진과 스캔들로 인한 후퇴를 반복했다. 그러던 중에 전후 이라크에서 안보업계가 크게 도약을 하게 된 것이었다. 이라크에 대한 연합군의 점령과 "재건"의 모든 부분에 민간 계약업체를 활용했고, 종종 민간 계약업체들에 전적으로 의존하는 경우도 있었다. 이라크 자유 작전의 모든 실패 또한 부분적으로 민간 안보업계의 관여에서 그 원인을 찾을 수 있다. 민간 업체들은 이라크인들이 점령세력과 대립하면서 점령군에 환멸감을 느끼게 된 상황을 만드는 데 일조했을 뿐 아니라, 이라크를 오늘날까지 내전의 위기로 내몰고 있는 이라크 국가의 붕괴와 이라크 사회의 붕괴를 초래하는 데도 한몫을 했다.

초기의 이라크 침공은 군사적 승리였다. "충격과 공포" 전술과 사담 후세인군의 취약성으로 인해 연합군은 전쟁터를 지배할 수 있었다. 장갑 호송차들의 첫 번째 바그다드 "번갯불 습격"은 2003년 침공이 시작된 지 2주 만에 이루어졌고, 미국은 한 달 만에 수도를 점령했다고 발표했다. 압도적인 무력, 치밀하게 시간 계산된 폭격과 포격, 기계화된 군대의 신속한 기동성이 압도적인 승리를 초래한 것이다. 비록 이 모든 것들이 이 나라의 이미 취약해진 사회적 기반을 엄청나게 파괴하기도 했지만 말이다. 연합군이 가벼운 손실 본 반면, 이라크인들은 다수의 사상자와 대규모 파괴로 고통을 받으며 무거운 짐을 떠안게 되었다.

그러나 침략의 성공에 필적하고도 남는 점령의 실패가 머지않아 드러났다. 민주주의를 확립하겠다는 이라크인들과의 약속은 2003년 5월 23일, 연합군이 자신들을 "점령군"으로 선언하면서 연기되었다. 전쟁이 미국의 군사력을 증명했듯이, 평화는 미국의 경제적 실력을 보여줄 것이었다. 무력으로 중동을 지배할 수 있는 미국의 능력을 보여 주기 위해 이 전쟁이 이용되었듯이, 평화 국면에 대한 애초의 계획은 이라크 사회를 경제적으로 그리고 정치적으로 지배할 수 있는 미국의 능력을 보여 주기 위한 것인 듯했다. "임시연합당국"이라는 미국의 총독부가 설립되었고, 소수의 지명된 이라크인 망명자들이 "자문"을 담당하는 장식품으로 존재했다. 이라크의 모든 정부 부처들과 〈바스당〉, 이라크 군대는 해체되었고, 점령자들은 마음대로 이라크를 통치할 수 있었다. 미국인 관료들이 정치를 주관했고 경제의 상당 부분은 서방 기업에게 넘어갔다. 블레어 총리와 그의 고문들은 점령 이후에 점령의 정당성을 찾아냈다. 총리의 특사 존 서어스는 이라크인들의 "문제적 태도"가 이라크인들이 자치를 감당할 수 없음을 의미한다고 선언했다. "급진주의자"들이 "온건주의자들을 감당할 수 없는 압력에 노출해" 그들의 약점을 "포착"할 것이기 때문에 제대로 된 민주주의가 작동하지 못한다는 것이다. 블레어의 특사는 "점령이라는 관념에 대한 본능적인 저항"이 있을 것을 우려했지만, 이것은 "사담 후세인 제거에 대한 압도적인 지지와 비교한다면" 부차적 문제라고 생각했다. 그러나 현실은 반대였다.[11] 유혈 해방에 대한 이라크인들의 "감사 표시"는 제한적이었고, 거만하고 폭력적이며 무능한 점령으로 인해 이 얕은 호의의 우물은 증발해 버렸다. 점령자들은 이라크인들에게 통치권을 넘겨주지 않았고, 권력 수단을 계속 갖고 있거나 서방 기업들에 권력을 내주었다. 분열되어 있던 저항은 종파별로 나누어진 반란세력으로 자라났다. 수니파와 시아파 민병대는 서로 싸우며 점령자들과도 싸웠다. 연합군은 지배에 실패했고, 뭉치지 못한 저항세력도 이들을 무력으로 내쫓지 못했다. 결국 이 난국은 천천히, 삐걱거리며 내전으로 이어졌다.

조지 부시는 전쟁을 정당화하기 위해, 침공 전에 행한 국정 연설에서 "사담 후세인은 테러리스트들을 원조하고 보호한다. 그 테러리스트 중에는 알-카에다 조직원들도 포함되어 있다"고 선언했다. 토니 블레어 역시 영국 하원에서, 다소 더 강력하게 경고와 주의를 시키면서 "알-카에다와 이라크 간의 연계성에 대해 알고 있다"고 말했다. 후세인이 화학무기, 생화학무기, 또는 핵무기를 알-카에다에 지원할지도 모른다는 가능성은 전쟁 정당화를 위한 핵심적인 수단이었다. 그러나 이 사실들은 서로 전혀 연결되지 않은 것으로 드러났다. 사담 후세인은 무기도, 알-카에다와의 연계성도 갖고 있지 않았다. 그러나 점령의 재앙은 대테러전쟁에서, 가공의 전선이었던 이라크가 실제 전선이 되었음을 의미했다. 사실 이 전쟁으로 이전까지 이라크 내에 존재하지 않았던 알-카에다 세력이 출현했다. 딕 체니는 한 요르단 테러리스트 아부 무사브 알-자르카위가 사담 후세인과 알-카에다의 연계를 입증하는 증거라고 주장했다. 실제로 이라크 관료들은 그들이 혐오해 마지않는 자르카위를 잡기 위해 위원회를 구성했었다. 그 당시 자르카위는 알-카에다에 연루되어 있지 않았다. 이 모든 상황은 침공 이후 달라졌다. 자르카위는 전후의 혼란스러운 상황을 이용하여 이라크 공격에 착수했고, 이제 자신이 알-카에다의 지역 대표라고 선언했다. 즉, 이라크 모험은 대테러전쟁의 핵심 전투로 계획되었지만 실제로는 주요 테러리스트 적의 영향력을 상승시켰던 것이다.

이라크 침공은 이 나라를 대테러전쟁의 중심에 위치시켰고 이것은 곧 민간 안보 산업을 전쟁의 최전선에 위치시켰다. 그리고 계약업체들은 점령 실패의 모든 방면에 긴밀하게 엮이게 되었다. 민간 안보 산업에 대한 연합군의 신뢰는 이라크군의 해체를 독려했다. 계약업체들은 이라크군이 해체된 뒤의 치안 공백을 메울 방법을 제공하는 듯 보였지만, 이것은 거짓된 약속이었음이 증명되었다. 민간 병사들은 이라크인들과의 무력 갈등에 가담하는 일에 능했지만 치안을 유지할 수는 없었다. 이라크인 보안대의 훈련과 재건 업무를 맡은 계약업체들은 일을 망쳐 놓았다. 외국인 무장 계약업체들로 뒤죽박죽인 상황은 이라크 민병대들의 성장을 조장했다. 이라크 경제를 재건하는 업무를 맡은 계약업체들은 철저히 실패했고, 이라크인을 분노하게 했고, 억울하게 만들었으며, 일자리도 잃게 하였다. 전후 이라크의 공식적인 방송 매체를 제작한 계약업체들은 종파 간 갈등을 추동했다. 심지어 계약업체들은 점령자들의 가장 악명 높은 정치 스캔들에도 연루되어 있었다. 그것은 아부 그라이브 스캔들이었다.

부시가 개입한 상업화는 전투가 시작되기 전에 개시되었다. 총 한 발도 쏘기 전이었던 3월에, 미국 국제개발처는 이라크 "재건" 계약에 입찰할 5개의 기업을 불러들이며 전쟁을 준비하기 시작했다. 이 업체들에겐 아직 망가지지도 않은 것들을 고친다는 명목으로 5억 8천 파운드 규모의 계약들이 제시되었다. 군사적 케인스주의의 이 이상한 작품에 가담하겠다고 나선 기업들은 군수산업복합체와 정치적으로 연계된 참가자들이기도 했다. 〈할리버튼〉의 자회사 〈켈로그 브라운 앤 루트〉가 유전을 다루는 계약으로 재건 업무의 가장 큰 조각을 차지했다. 이와 동시에 이들은 자신들이 수리하게 될 유전 설비를 파괴한 미국 병사들을 위한 기지를 이라크에 건설할 예정이었다. 부통령 딕 체니와의 연계와 군사 부문에서의 전적(2장 참조)은 이들이 계약을 따내는 데 확실히 유리하게 작용했다. 마찬가지로 끈끈한 정치적 연줄을 가진 기업 〈벡텔〉에는 특히 닉슨과 레이건 정부 시절 요직을 옮겨 다니다가 〈벡텔〉 이사회로 움직여 온 조지 슐츠가 있었다. 〈벡텔〉은 〈할리버튼〉과 함께 이 계약 횡재를 누렸다. 이 회사는 이미 이라크에서 충분한 경험이 있었다. 〈벡텔〉은 미국 정부와 마찬가지로, 사담 후세인 정권과 이전에 접촉한 적이 있었고, 이라크 내에서 여러 건의 공사를 맡았었다. 1983년의 일화는 이들 간의 긴밀한 관계를 명료하게 보여 주는데, 당시 국무 장관이었던 슐츠는 장래 국방부 장관이 될 도널드 럼즈펠드를 이라크에 보내 〈벡텔〉이 관심을 두고 있던 송유관을 논의하게 했었다.[12]

이라크 "재건"을 미국 기업들에 나눠주는 것은 재앙적인 결과를 초래했다. 이 결정은 미국이 이라크의 자원을 통제하고 싶어 한다는 대다수 이라크인의 의심을 사실로 확인해 주었다. 심지어 이 회사들의 업무 수행 실패로 이라크인들은 전기, 수도, 위생, 직장이 모두 없는 상황에 부닥쳤다. 1991년 1차 걸프전의 파괴 이후 이라크 기술자들이 신속하게 기반 시설을 복구하였을 때와 달리, 미국 계약업체들은 2003년의 전쟁 이후 전기가 들어오게 하고 수돗물이 나오게 하는 것을 어려워했다. 2006년에, 전후 미국의 계획에 대한 미국의 공식 감사인 이라크 재건 특수 감찰관은 "하수도,

관개, 배수, 대규모 관개사업, 댐 건설 분야에서 계획되었던 사업들이 대부분 취소되었다"고 진술했다.[13] 바그다드에서 전기는 "2003년 갈등의 전보다도 가용성이 떨어졌다."[14] 감찰관은 의회에서, "전국적으로, 이라크인은 타국의 많은 사람이 당연하게 여기는 것들을 바라고 있다. 끊기지 않는 전력, 깨끗한 물, 제대로 운영되는 위생시설, 직업, 소득 등"이라고 말했다.[15]

미국 계약업체들에 이라크 경제의 상당 부분을 내이준 것은 점령에 반대하는 민족주의 세력이 결집하는 계기가 되었다. 이 회사들은 자신들에게 맡겨진 업무나 그와 비슷한 어떤 일도 해 내지 못했고, 그럴수록 저항의 열기는 더욱 뜨거워졌다. 이라크인들에게 직장을 제공하지도 못했고, 이라크인들의 기초 시설을 복구하는 데에도 실패한 이 기업들은, 민병대와 반란조직 같은 무장집단을 위한 모병상사의 역할을 하고 있었다. 계약업체들은 치솟는 비용과 불완전한 업무실행을 으레 저항세력의 공격과 "관용적인 환경"의 부재 탓으로 돌리곤 했다. 외국계 계약업체들의 등장이 애초에 저항세력의 공격력 결집에 계기를 제공한 것은 사실이었지만, 이러한 변명도 부분적으로는 사실이었다. 감찰관에 의하면, 안보 지출이 많게는 26퍼센트까지 재건비용을 높이고 있었다. 그러나 현실적인 대안이 있었다. 이라크 재건을 이라크인들에게 맡기는 것이었다. 침공 직후 영국의 걸프 지역 고위 군 간부 브라이언 버릿지 공군 중장은 영국이 통제하는 남부 이라크 지역의 핵심 항구 움 콰사르를 이라크인들이 관리해야 한다고 말했다. 토니 블레어는 미국계 기업에 이 항구를 순순히 넘겨주며, 이러한 조치를 저지했다. 전쟁 전에 이라크의 전기 시설망에 공중 폭격이 미칠 영향에 관한 연구를 수행했던 샘 가디너 미국 공군 대령은 이라크 기술자들에게 계속해서 일을 맡기는 것이 중요하다고 말했다. "만약 우리가 이라크인들에게 지금까지 하던 대로 하라고 철사 몇 줄과 약간의 공간을 줬더라면, 상황은 지금보다 나았을 것이다. 그 대신 우리는 전면적인 해체를 계획한 미국의 거대 기업들에게 일을 맡겼다."[16] 공식 보고서들에 의하면 재건의 실패에는 안보문제 외에도 다른 여러 이유가 있었다. 미국 감찰관은 "2004년에" 가장 규모가 큰 사업들을 맡은 설계-시공 계약업체들의 "모집 시점과 실질적인 공사 시점 사이의 지연 때문에" 이 업체들에게 지출된 간접비용[17]이 높았다는 점을 발견했다. 이라크를 "재건"하는 기업들은 "입찰 없이" 계약을 따냈다. 즉 이 업체들은 경쟁 없이 선정되었으며, 그 과정에서 이들이 강력한 정치적 연줄들에 의존했음이 분명했다. 전속 시장[18]에서 활동한 이 회사들은 "과잉고용"을 하여, 임금이 비싼 서구인 직원들에게 계속해서 월급을 주며 청구서의 금액을 높이고, 공사가 시작되어도 설비들을 사용하지 않고 놀리는 것처럼 보였다. 그 와중에 이라크인들 또한 이 업체들처럼 일이 없어 놀고 있었고, 그들의 분노는 점점 더 커졌다.

유명한 바스라 아동병원은, 사영화된 이라크 "재건"의 고비용과 낮은 생산성의 결합을 잘 보여 주는 사례였다. 국가적으로 중요한 이 의료시설에 투여된 예산은 ─ 이 사업은 전 영부인 바바라 부시와 곧 국무장관이 될 콘돌리자 라이스의 특별한 주목을 받았었다 ─ 5천만 달러로 추정되었다. 그러나 공사를 맡은 지 2년이 지난 시점에 〈벡텔〉은 9천8백만 달러가 더 필요하며 완공까지는 한참 남았다고 말했다. 결국 〈벡텔〉이 〈미국 육군공병단〉에 공사를 넘기면서, 이 사업은 효과적으로 국영화되었다. 세계에서 가장 큰 토목공사 업체 중 하나인 〈벡텔〉보다 군대가 병원을 짓는 데 필요한 장비들을 더 잘 갖추고 있었던 셈이었다. 이러한 상황은 병원, 진료소, 학교, 고속도로를 비롯하여 이라크 전역에서 이루어진 토목공사 계약들에서 반복되었다.

미국 재계가 이라크 경제에 침공한 것은 대테러전쟁의 "소프트" 파워'soft' power로 간주하였다. 대신, 재건의 실패는 두 가지 면에서 저항세력을 성장시켰다. 첫째로, 기초 서비스 제공의 실패로 이라크 대중들을 소외시켰다. 사담 후세인 시절보다 수도는 더 지저분했을 뿐만 아니라, 전기 공급은 더 원활하지 못했고, 병원과 학교의 질은 더욱 낮아진 상황이었다. 또 이라크 고용주들과 피고용인들은 재건 지출이 가져다줄 경제적 수익을 기다리는 대기행렬의 가장 끝에 서 있었다. 돈은 이라크인의 손에 채 도착하기 전에, 미국 기업을 통해 걸프 지역 국가와 계약을 맺은 업체의 수중으로 흘러 들어 갔다. 돈의 흐름이 편파주의, 뇌물, 부패로 인해서 얼룩지고 손상되었다. 이로 인해 분노에 가득 찬, 일자리를 잃은, 정부에서 기초 서비스조차 받지 못했던 대중들은 저항세력의 외침을 받아들일 수 있었다. 둘째로, 이라크에 있는 민간 계약자들로 인해, [정부의] 통제를 받지 않는 용병이 연루되는 경우가 증가했다. 자신들의 안보를 직접 책임져야 했던 재건 회사들은 민간 군사 기업들에 의존했다. 규제를 받지 않는 용병이 이라크에 대거 들어와 있는 상황은 이라크 치안체계의 붕괴를 발생시키는 원인이었다. 이라크 사회가 점점 군벌주의로 미끄러져 들어가면서, 용병은 이라크에서 또 하나의 무장집단을 형성했다.

재건 기업들은 이라크에서 민간 안보 기업들이 필요했다. 그러나 이들이 군사 시장의 유일한 소비자는 아니었다. 가장 먼저 용병을 사용한 기관은 다름 아닌 국가였다. 영국군은 이라크전쟁에서의 자신의 공적을 떠올리면서 만족할 만했다. 미국의 제일 동맹국으로서 영국은 소수의 사상자만 내면서 사담 후세인의 부대를 몰아내고 압도적인 군사적 승리를 이루는 데 자신의 역할을 다하였다. 그러나 영국 정부는 자국 병사들의 이러한 공적을 대단치 않게 생각한 것 같다. 정부는 영국군이 이라크에 치안을 제공할 능력이 없다고 결정했다. 당시 유행했던 군사 전술 덕분에, 임시연합당국 남부 사령부 – 바스라에 위치한 임시연합당국 영국 측 본부 – 는 〈그룹 4〉 민간 무장요원들의 보호를 받고 있었다. 불과 몇 개월 전에 이 회사는 영국 법정에서 "웃음거리"로 불린 바 있었다(1장 참조). 그러나 이제 이들은 최전선의 군사 안보를 제공하기 위해 채용되어 있었다. 이와 동시에, 마찬가지로 영국군을 신뢰하지 못했던 것이 분명한 영국 국제개발부는, 직원들에게 "철저한 경호"를 제공하기 위해 〈택티컬 미티오릭 솔루션스〉라는 업체에 소속된 남아프리카 공화국 특수부대 출신들을 채용했다. 또 외무부는 두 개의 민간 회사들－〈콘트롤 리스크스〉와 〈알멀 그룹〉－이 외교관들을 가장 잘 보호할 수 있다고 생각했다. 규제를 받지 않는, 능력이 입증되지 않은, 별반 알려지지 않은, "안보 회사"의 무리가 이 나라에서 세 번째로 큰 무장 세력이 될 것이라는 첫 번째 징조가 이와 같은 계약들이었다. 이어진 1년 동안, 용병회사들에 대한 영국의 열정으로 인해 정부 당국은 아프리카에서 벌어진 난잡한 쿠데타, 아파르트헤이트 시대 남아프리카공화국의 가장 잔인한 암살자들, 그리고 이라크의 새로운 부패들에 연루되었다. 그와 동시에, 우월하다고 여겨지는 자유 시장의 방식들에도 불구하고, 민간 병사들의 사용은 전후 이라크의 안정화에 아무런 기여도 하지 못했다.

이라크 안정을 위해 용병을 쓰겠다는 결정은 이내 사담 후세인 이후 이라크의 붕괴에 한몫을 했다. 임시연합당국은, 전후 이라크에서 중앙의 권위에 도전하는 수많은 군벌집단과 무장집단을 무력화시키는 데 커다란 어려움을 겪었다. 동시에 이들은 해외의 용병을 이라크로 초대하고 있었다. 다국적 용병이 이라크의 핵심적인 경제 시설들을 경비하고 있는 상황에서, 이라크인들에게 이 전쟁의 목적이 외국인들의 착취로부터 이라크의 석유와 산업을 해방하는 것이 아니라, 사담 후세인에게서 이라크인들을 해방시키는 것에 있다고 설득하는 일도 쉽지 않았다. 해외자본이 소유하는 민간 안보 기업의 사용으로 이라크인들이 이라크 안보에 관여하는 정도는 전보다 한층 더 낮아졌다. 이것은 재앙적인 결과를 초래했다. 왜냐하면 석유, 전력, 그리고 여타 핵심 서비스들을 지키는 데 필요한, 국토에 대한 지식과 자신들의 미래에 대한 의지를 갖춘 사람들은 결국 이라크인들뿐이었기 때문이다. 무크타다 알-사디르의 〈마디군〉은 실질적인 직장을 가질 수 있었다면 해산했을지도 모른다. 한 〈마디군〉 병사는 『가디언』지 기자에게 "지금 구할 수 있는 일에는 세 종류가 있다. 경비, 건물관리인, 아니면 미군 기지를 위해 샌드백을 만드는 일이다"라고 말했다. 다른 많은 이라크인과 마찬가지로, 점령군에 맞서 싸우는 일이 그에게도 훨씬 더 매력적인 일이었다.

임시연합당국은 이라크에서 적을 패배시켰지만, 자기편이 별로 없다는 사실을 발견했다. 여론조사가 보여 주었듯이 사담 후세인 정권의 퇴출로 인한 이라크인들의 안도감은 곧 점령자들을 향한 분노로 전환되었다. 일자리·전기·수도를 제공하지 못한 것, 학교와 병원을 제대로 재건하지 못한 것, 그리고 병사들이 학대사건을 저지른 것은 이라크인들과 일심동체를 이루는 데 방해가 될 뿐이었다. 사담 후세인 퇴진 직후에도 침공자들에 대한 이라크인들의 태도는 기껏해야 모호했다고 할 수 있었다. 이후에 미군은, 열광적인 소수의 군중이 모여 피르도스 광장에서 후세인의 동상을 무너뜨리는 유명한 장면이, 근방 팔레스타인 호텔에 묵고 있던 기자들을 위해 한 미군 사령관이 "군사심리작전"팀의 지원을 받아 주도한 일이었음을 인정했다.[19] 미국 부통령 체니는 전쟁이 시작되기 전에 다음과 같이 말한 바 있었다. "나는 정말로 우리가 해방군으로서 환영받을 것으로 생각한다." 그러나 침공군에 대한 이 우호적인 정서는 점령의 열기 속으로 금세 증발해 버렸다.

낯선 도시에서 외롭고 친구가 없었던 상당수의 기업 중역들은 저녁 시간을 같이 보낼 친구를 고용했다. 임시연합당국과 이들의 기업가 친구들도 마찬가지였다. 이라크의 새로운 방문자들을 서비스하는 이 에스코트 업체들은 하이힐을 신은 여성 대신 무장한 남성을 공급했지만 말이다. 민간경호요원 제공 사업을 위한 입찰 안들이 이라크 보안군 재건을 대체했다. 그리고 이것은 역효과를 냈다.

2003년 5월에 이라크군을 해산시킨 임시연합당국 최고행정관 폴 브레머의 결정으로 이라크에는 미국군과 영국군을 제외하고 효과적인 안보장치가 전무하게 되었다. 이것은 또한 이라크군의 무기고가 방호되지 않고 있으며 무기 사용 훈련을 받은 70만 명의 병사가 이제 실업자가 되었음을 의미했다. 이로써 이 나라의 군벌들을 위한 물자와 인력이 갖춰졌다. 많은 정당과 종교단체가 이미 자신들만의 군사집단을 갖고 있었고, 다른 집단들은 무장조직을 만들면 되었다. 〈이슬람 다와당〉[20]이나 〈이라크 이슬람혁명 최고평의회〉[21] 등 임시연합당국과 협력하는 집단들도 무장조직을 보유하고 있었다. 〈이라크 이슬람혁명 최고평의회〉의 "바드르 여단"[22]이나 쿠르드계 페시메르가[23] 게릴라처럼 일부는 사담 후세인에 저항해 온 오랜 역사 속에서 생겨난 조직들이었지만, 이들은 후세인의 퇴진 이후 규모가 더 커졌다. 알-사디르의 〈마디군〉 같은 군사집단들은 주로 점령군에 대한 반발로 결성되었다. 이 군사집단들은 후세인이 퇴진한 이후의 무법천지 속에서 기초적인 안전을 제공하고, 불만에 찬 청년들에게 일거리를 주고, 국가 존엄과 자치의 기치를 내세움으로써 이라크인들의 충성심을 끌어냈다. 이들의 존재 자체가 임시연합당국의 지위에 대한 심각한 도전이었다. 팔루자의 무장조직들이 미국 해군과 전투를 벌이고 있었을 때, 〈마디군〉이 임시연합당국에 대한 저항 작전을 개시한 적이 있었다. 이때 임시연합당국은 가장 큰 고비를 맞았다. 점령자의 반응은 과거의 제국주의 지배 당시와 달랐다. 수세기 동안 지속한 영국의 인도 점령은 자체적인 군대를 보유한 민간 기업인 〈동인도회사〉가 구축한 것이었다. 그러나 인도병사들이 영국 점령자들에 대항해 반란을 일으켰던 1857년의 항쟁으로 이 회사는 해산되었다. 항쟁이 진압된 후 영국 정부가 직접 나서서 인도 지배를 책임지게 되었다. 그들은 제국의 미래를 민간이 운영하는 군대에 맡기지 않았다. 그러나 〈마디군〉의 봉기 이후 이라크 점령세력은 반대 방향으로 움직였다. 이들은 사기업들에게 안보를 더 많이 맡겼다. 안보를 사영화하려는 영국과 미국 정부의 집념이 너무나 강력했기 때문에 이 수요를 맞추기 위해 새로운 기업들이 출현할 정도였다. 안보업체들은 사업가들에게 납치에 대처하는 법을 알려주거나, 기자들에게 안전수칙을 교육하고 세계 분쟁지역에서 간혹 그들을 경호하거나, 해운업체에 해적의 위협에 대비하는 방법을 조언하는 한 두 개의 컨설팅 회사를 보유하고 있었다. 이들은 이라크의 쟁쟁한 준 군사 세력들의 매니저로 변모했다.

이라크 군벌의 해산은 임시연합당국의 최우선 과제였다. 당국은 2003년 5월에 통과시킨 세 번째 법령에서 이 문제를 언급했다. 이 법령은 공공장소에서의 무기 소지를 불법으로 규정했으며, 점령 세력은 이 법령을 이용하여 이라크의 불법적인 무장 집단들을 척결할 것이라고 선포했다. 그러나 2003년 12월에 더해진 이 법령의 수정안이 새로운 용병들을 합법화했다. 새로 도입된 규정에 의하면 민간 군사 회사들은 "등록된 총기와 군사무기를 소지하고 사용할 허가를 내무부에서 받을 수 있다". 그러나 사기업들이 어떤 경우에 이라크인을 총으로 쏴 죽일 수 있는지를 포함하는, 무기 "사용"에 관한 규제는 불명확하게 남아 있었다. 놀랍게도, 임시연합당국은 실제로 이라크인들을 죽인 외국계 계약자 모두에게 면책을 해 주었다. 폴 브레머는 2004년 6월 27일 임시연합당국의 행정명령 17을 발포하였는데, 이것은 계약자들이 "자신들의 계약 내용 및 조건에 관한 사안에서 이라크 법률이나 법령의 규제대상이 되지 않는다"고 선언하는 놀랄 만한 내용이었다. 어떤 방식으로든 미국이나 영국 정부를 위해 일하는 모든 민간 기업체들은 이라크 법의 규제에서 자유로웠다. 민간 용병들은 오직 "파견법"에 의해서만 기소될 수 있었다. 브레머는 바로 다음 날 정권을 장악한 소위 자주적이라는 이라크 정부를 위한 선물로 이 같은 선포를 하였다. 그리하여 이 새롭고 이론상으로 독립적인 이라크 정부는 자국 영토에 와 있는 외국 병사와 용병 모두에 대해 어떠한 권한도 갖지 못했다. 브레머가 비밀리에 헬리콥터를 타고 이라크를 떠나기 전에 선포된 그의 명령은, 다국적군(미국과 영국군 병사들)의 마지막 일원이 이라크를 떠날 때까지 그 효력이 지속되었다. 이 법규는 "무기와 총기의 허가와 등록에 관한 조항 등 이라크의 민간 안보 기업의 존속과 활동에 관한 기존의 규정"이 효력을 발휘하도록 남겨 두었다. 그러나 이것이 이 법규가 말하고 있는 전부였다. 브레머의 규정들은 상업 집단의 무기 소지 허가를 허용해 주었다. 이 규정들은 언제 민간 병사들이 무기를 발포할 수 있는지에 대해서는 침묵했다. 당연하게도, 이라크인들은 자신들의 무장집단을 무장해제하기를 거부했다. 그들은 위험을 무릅쓰고 군벌의 지배에 가까운 수많은 무장집단을 이라크 내에 만들었고, 점차 대테러전쟁의 또 다른 최전선에 있는 아프가니스탄을 닮아 갔다.

민간 안보 기업과 민병대, 그리고 이라크군의 분열 간의 관계는 시설보호국의 사례에서 가장 극명히 드러났다. 이라크군을 해산시키고, 〈바스당〉을 해산시켜 이라크 경찰을 무능력하게 만든 뒤, 임시연합당국은 이라크에 안정적인 서비스를 재건하기 위해 애썼다. 그러나 한 기관이 예상을 뛰어넘는 성장을 했다. 2003년 8월 임시연합당국은 새로운 시설보호국의 창설을 선포했다. 이 기관은 정부부처와 병원 그리고 다른 공공시설물의 경비를 고정적으로 담당할 예정이었다.[24] 당국은 결국 이 기관이 1만1천 명 정도 규모의 경비 인력으로 구성될 것이라고 말했다. 2006년에 이르면 시설보호국은 15만 명 정도의 무장경비를 갖춘 그야말로 제멋대로 뻗어 나가는 괴물에 가까웠다. 또한, 시설보호국은 민병대와 암살대, 범죄자들이 이라크 국가로 침투하는 주요 매개체 중 하나이기도 했다. 시설보호국 내에는 어떠한 유효한 중앙의 통제기구도 없었다. 이라크 내무부 장관 바인 자비르는 이 기관이 "우리의 통제 속에 있지 않다"고 말할 정도였다. 자비르는 정부의 통제력을 벗어나 있는 무장집단의 예로 이라크의 민간 안보 업체를 구체적으로 언급하며 그들과 이 기관을 비교했다. 이 같은 비교의 배경에는 시설보호국이 민간 안보 업계에서의 중앙권위의 부재를 모방하고 있을 뿐 아니라 소속 경비들이 실제로 안보업체에서 모집된 이라크인 직원들로 이루어졌다는 사실도 있었다.[25]

　이라크전쟁 이후로 대테러전쟁에서 상업화를 추동하려는 경향이 너무나 강력해져서, 단지 약간의 구성 요소만을 가진 무수히 많은 새로운 기업들이 마법처럼 튀어나왔다. 저곳에서의 약간의 군사 경험, 이곳에서의 연줄, 그리고 하나의 새로운 "안보 업체"가 나타났던 것이다. 예를 들어, 영국군 참모총장 찰스 거스리 경의 전속부관이었던 해리 레그-부르크는 〈올리브 시큐리티〉를 세웠다. 레그-부르크는 영국의 윌리엄 왕자와 스키를 타는 사이였고 부르크의 누나는 영국 왕족의 보모였다는 점은 이 기업에 왕실의 명성을 부여했다. 그의 사업파트너 조나단 알럼은 영국 토목기술 기업 〈할크로우〉의 중역 중 한 사람인 토니 알럼의 아들이었다. 전리품을 챙기지 못할까 봐 걱정한 영국 정부는 이라크 재건과정에서 영국을 위한 계약을 따내기 위해 토니 알럼을 보냈다. 이 출장으로 〈할크로우〉와 〈올리브〉 두 회사 모두 〈벡텔〉과 외주계약을 맺고 각각 토목기술자와 무장 경비인력을 공급하게 되었다.

　〈올리브〉는 전직 임시연합당국의 시설관리 담당으로 일하다가 이후 점령세력 내부에서 고위관료가 된 앤디 베어파크를 고용하였다. 1980년대에 베어파크는 마가렛 대처의 개인비서였다. 대처의 사무실을 떠난 뒤 베어파크는 발칸 전쟁 이후 재건 전문 영국 관료가 되었다. 그는 보스니아와 코소보에서 대처주의 처방전을 수행하며 근무했다. 코소보에서 유럽연합 담당관으로 일하던 베어파크는 "민간 투자자를 유인할 수 있도록 경제를 전진시키는 것이 문제"라고 말하면서, 수천 명의 실업자를 남기는 공장 폐쇄를 주장했다. 베어파크는 이라크에서도 유사한 사영화 제도를 감독한 바 있고, 그것은 결국 임시연합당국에 대적해 각종 무장집단에 참여하는 것외에는 할 일이 없는, 분노에 차 있고, 일자리를 잃은 사람들을 양산했다. 그러나 정작 그는 실직상태를 맞이하지 않고도 임시연합당국에서 급성장하고 있는 민간 안보 업계로 수월하게 이동하였다.[26]

피로 물든 이라크에서 꽃핀 또 하나의 영국 기업 〈글로벌 리스크스〉 또한 왕실에 연줄을 갖고 있었다. 이 업체의 홍보담당 나탈리 힉스-로베크는 윌리엄 왕자의 친구였다. 찰스 왕자 또한 2004년 2월에 바스라에 있는 이 회사의 경비인력들을 방문하여 사기를 북돋웠다. 〈글로벌〉은 〈올리브〉보다 몸집이 큰 선수로, 이라크에 약 1천여 명의 무장인력을 보유하고 있었다. 미국 감찰관에 의하면 2004년에 이르러서는 〈글로벌〉과 임시연합당국이 맺은 계약의 규모는 3천5백만 달러에 달하였다. 〈글로벌〉은 바스라에 있는 영국 본부를 방호하는 계약을 따냈다. 이 회사는 이라크인 경비들을 보유하고 있던 〈그룹 4〉를 대체했다. 〈그룹 4〉의 대변인이 내게 말해준 바에 따르면, 반▷사담 후세인 이라크 관료들은 조심스럽게 후세인의 이라크 경비들을 관리하였다. 이들에겐 근무 중일 때만 숫자가 매겨진 무기가 부여되었고, 근무시간이 끝나면 그 무기는 회수되었다. 이라크 경비들은 안보에 위협적이라고 여겨졌기에 주의를 기울이면서 활용할 필요가 있었다. 〈글로벌 리스크스〉는 이 복잡한 과정을 피하기 위한 쉬운 방법을 찾아냈다. 이들은 이라크인 대신에 피지인과 네팔 구르카인을 모집했다. 이 기업은 전해군 데미언 펄과 스코틀랜드 근위대 출신 찰리 앤드류스에 의해 설립되었기에 군사 부문과 연줄이 있었다. 무엇보다 이들은 과거 영국군을 위해 피지인 동료들을 모집해 본 경험이 있는 피지인 사키우사 라이보체 대령을 고용했다. 이라크에서 라이보체 대령은 이번에는 〈글로벌〉을 위해 일할 피지인들을 고용했다. 이들 피지인과 그들이 함께 일하게 된 구르카인들은 많은 장점을 갖고 있었다. 구르카인들은 군사 경험이 있었고, 영국군 출신 인력보다 상당히 값이 쌌고, 또 이라크인들이 가진 잠재적 안보 위험성이 이들에겐 없었다. 한 임시연합당국 대변인은 〈글로벌〉의 경비들은 〈그룹 4〉에서 일했던 이라크인 전임자들과는 달리 연합군 주택군 구내에서 "상점이 달린 집"에서 살았다고 나에게 말해 주었다.[27]

　〈글로벌〉의 계약들은 민간 안보 기업이 이라크의 결집력을 어떻게 해치는지의 예증이 되었다. 〈글로벌〉이 맡은 가장 주요한 계약 중 하나로는 새 화폐를 이라크 전역에 보내는 것을 호위하는 일이었다. 임시연합당국은 이라크의 화폐 교체 작업에 우선순위를 부여했다. 이전의 화폐에는 사담 후세인의 얼굴이 그려져 있었고, 정권의 잔존 무리가 테러리스트 활동을 지원하기 위해 예전 화폐를 다량으로 소유하고 있는 것으로 여겨졌다. 그러나 이라크인들은 예전 화폐가 바그다드의 조폐국에서 주조되었음에 반해 새 화폐는 영국 바싱스토크에서 만들어졌고[28], 그 새 화폐들이 영국계 기업을 위해 일하는 피지인들을 통해 배달된다는 사실을 인지할 수밖에 없었다. 〈글로벌〉은 이 작업을 위해 〈이라크개발기금〉에서 1천7백만 파운드를 받았다. 유엔이 임시연합당국에 이양한 이 기금은 석유 영수증들로 조성되었다. 즉 이라크의 석유로 번 돈은 바싱스토크에서 찍힌 이라크의 신화폐를 유통하는 영국 기업의 피지인 노동자들에게 지급하기 위해 사용된 것이다. 자국의 화폐에 대한 이라크인들 자신의 통제력은 미미해 보였다. 결과적으로 이들 안보조치는 내부 범죄를 막기에는 속수무책이었다. 〈글로벌 리스크스〉는 지폐를 도둑으로부터 안전하게 지켰지만, 예전 화폐가 새화폐로 교체되면서 2천2백만 달러에 달하는 디나르를 유실했다. 〈글로벌 리스크〉의 노력에도 불구하고 새 정권의 타락으로 인한 이라크 돈의 유실을 막을 수는 없었다. 그리하여 먼저, 12명의 말단 은행 출납 여성 직원이 절도죄로 수감되었다. 그리고 이들을 수감시킨 각료들도 체포되었다. 사라진 화폐는 되찾지 못했다.[29]

　〈글로벌〉의 또 다른 주요 계약인 스카이링크 사업은 민간 안보 기업들이 전후 이라크의 취약한 결집력에 미친 영향을 보여 주었다. 스카이링크 사업에 의해서 〈글로벌〉은 이라크의 수도 바그다드와 외부를 잇는 전략적 요충지인 바그다드 국제공항의 안보를 맡았다. 2005년에 선출된 이라크 정부는 이 협상의 일부로 지급을 보류하면서, 즉각 월 4백만 달러의 비용을 삭감하는 협상에 돌입했다. 2005년 6월과 9월, 〈글로벌〉은 수도를 고립시키며 "파업"을 감행해 가면서 대응했다. 이라크의 교통 장관은 2005년 9월 〈글로벌〉의 2차 파업 이후 공항을 재개장하기 위해 병력을 파견할 것이라고 말했다. "이것은 이라크의 주권에 관한 문제이다. 그 누구도 공항을 폐쇄할 권한을 갖고 있지 않다"고 그는 강조했다.[30] 미군 측은 이 위기에 대응하기 위해 신속히 동원되었다. 이라크군이 접근하자 이들은 계약업체들을 방어하고 공항의 폐쇄를 지원하려는 듯이 바리케이드를 쳤다. 이라크 교통 장관은 "대립상황을 만들고 싶지 않았기" 때문에 "첫 번째 검문소에 미군이 배치되자 [이라크]군에게 후퇴하라고 명령"하였다는 사실을 인정할 수밖에 없었다. 미국 정치인들은 이라크 정치인들에게 미군으로부터 안보를 넘겨받기 위한 준비가 필요하다고 말하면서, 계속해서 이라크의 새로운 정권을 가르치려 들었다. 그러나 이라크가 서방의 민간 병사들에 저항하려고 하자, 이들은 곧 점령자들과 이들의 외주업자들로부터 저지를 받았고 모욕을 당했다.

또 하나의 주요한 안보 계약은 군사력의 사영화가 이라크 정부를 얼마나 비참하게 약화했는지를 보여 줬다. 〈이라크 과도통치위원회〉의 미국 지원을 받는 일원이었던 이야드 알라위는 아마드 찰라비의 〈이라크 국민회의〉가 이라크의 핵심 송유관을 수비하는 대규모 계약을 체결하고 있던 〈에리니에스〉라는 한 안보 업체와 의심스러운 관계를 맺고 있다고 주장했다. 알라위는 과거 추방된 자들이 결성한 반사담 계열 집단의 지도자였으며, 찰라비의 오래된 적수였다. 알라위는 찰라비의 집단과 〈에리니에스〉 간에 사업적으로 연관이 있음을[31], 그리고 〈에리니에스〉의 무장인력 중에

〈이라크해방군〉 구성원들이 포함되어 있음을 밝혀냈다. 이 〈이라크해방군〉은 펜타곤에 의해 찰라비와 함께 이라크에 들어온 소규모 〈이라크 국민회의〉 무장부대였다. 알라위는 찰라비가 이라크 석유를 경비하는 계약과 함께 한 작은 민간 부대와 연계되어 있다는 사실을 두려워했다. 알라위는 『파이낸셜 타임즈』에 "만약 이러한 안보 기업들이 중앙정부의 통제 속에 놓이지 않는다면 무정부상태가 도래할 것이다"라고 말했다. 알라위는 이러한 안보 기업들이 민간부대로 있을 것이 아니라 이라크 정부의 통제 하에 있어야 한다고 말했다. 찰라비는 점령자들로부터 인기가 떨어졌고, 알라위는 이라크의 과도 대통령으로 미국의 선택을 받았다. 그러나 알라위는 정권 획득 과정에서 자신이 미국과 영국의 군대에 완전히 의존하고 있음을 발견했다. 새로운 이라크군은 독자적으로 반란군과 저항세력에 맞설 수 있는 수준이 아니었다. 자신의 안보를 위해 연합군에 의지하면서 알라위는 또한 그들의 사영화 계획에 순응해야 했고, 그리하여 〈에리니에스〉의 유정 경비 계약은 연장되었다. 신생 이라크 정부는 민간 안보 회사보다 권력도 적었고 중요성도 떨어졌으며, 이라크의 가장 핵심 자원인 석유의 안보조차 좌우하지 못했다. 이라크 대중에 대한 지배력을 강화하려는 시도 대신에 그린존 속에 고립된 이라크 정치권은 안보 기업들과 세력 다툼을 하는 신세로 전락했다. 이런 상황에서 산산 조각난 채로 사영화된 이라크 국가가 반란군을 정복할 수 없었던 것은 놀라운 일이 아니었다.

〈블랙워터〉로 불렸던 미군 군사기업 소속인 한 회사의 한 경비가 근무 중이었던 것은 아니었지만 아마도 술에 취한 상태에서, 2006년 크리스마스이브에 이라크 부통령 아딜 압둘-마디의 개인 경호원을 사살했다. 그리고 이 사건은 민간 안보업계에 대한 이라크 정부의 굴종적인 상황을 폭력적으로 표현했다. 그린존에서 일어났던 이 사건은 흔치 않은 보안 사고였다. 그러나 계약업체들에 대한 법률적 면책권 때문에 사살자는 어떠한 고발조치도 없이 이라크에서 빠져 나갔다. 〈정보 공개법〉에 따라 공개된 문서들은 이라크 부통령이 "어떻게 외국인이 이라크인을 죽이고 자국으로 자유롭게 돌아갈 수 있는지 이라크인들은 이해할 수 없을 것이"라며 미국 국무장관 콘돌리자 라이스에게 호소하고 있었다는 사실을 드러냈다. 그러나 이라크 부통령은 자국민이 분노할 것이라는 사실을 알았지만, 미국인들에게 계약 업체 직원을 기소하도록 설득하는 일도 어려우리라는 것을 알고 있었다. 그리하여 결국 사건은 은폐되고 말았다. 주이라크 미국 대사는 압둘-마디가 "대중의 시선에 이 문제가 노출되지 않도록 노력했고 언론에 용의자의 국적을 공개하지 않았다"고 말했다.[32]

　신생 이라크 정권의 좌초에 더하여 민간 안보 계약업체들은 날이 갈수록 동요하는 이라크 대중과의 가장 직접적인 대립들에 연루되어 있었다. 계약업자들은 일반 병사보다 훨씬 비쌌지만, 이들에겐 사상자 숫자를 늘리지 않는 이점이 있었다. 이라크에서 〈올리브 시큐리티〉, 〈글로벌〉, 〈콘트롤 리스크스〉를 비롯한 여러 기업은 총격과 폭격에 의한 사망자가 있었지만, 민간 안보 계약업자들의 죽음은 언론의 사상자 집계에 포함되지 않았기 때문에 점령자들은 정치적 부담을 덜 수 있었다. 그러나 이 민간 안보 계약업체들은 사망자를 내기도 했을 뿐만 아니라 이라크인을 죽이기도 했다. 내가 만난 기업 중 한 곳을 제외하고 모두 자사의 "계약규정"을 논의하기를 꺼렸다. 그러나 대부분의 주요 안보 기업들은 생명에 위협을 줄 수 있는 무력을 언제 사용할 수 있는지에 대한 각자의 규정들을 가지고 있었다. 〈올리브 시큐리티〉의 대변인은 자신들이 영국군의 "옐로카드"yellow card 규정을 모델로 삼고 있다고 했다. 다른 기업들은 돈을 벌기 위해 어떻게, 언제, 어떤 근거로 이라크인들을 죽일지에 대한 질문에 답하기를 꺼렸다. 〈글로벌〉의 직원은 『텔레그라프』 지에게 힐라에서 정부 건물을 방어하기 위한 강도 높은 무력을 사용하고, 반란세력을 죽이고, 대여섯 명의 이라크인을 죽이면

서 마을로 진입해 들어간 사례들을 증언하였다.[33]

　이러한 무장대립에는 정치적 비용이 뒤따랐다. 안보 계약업체들은 이라크 점령의 핵심적인 전환기 중 하나에 연루되어 있었다. 점령자와 피점령자 사이에서 나타난 불화의 명백한 징후는 2003년 4월 팔루자에서 군인들이 주둔하는 것에 항의하는 주민들에게 미군이 사격을 가한 사건에서 시작되었다. 그해 6월 미군 병사들은 바그다드에서 자신들의 실직에 대해 시위하는 해산된 이라크군에게 총격을 가했다. 한 달 뒤, 영국 병사들이 강제적인 무기수색에 대항하는 시위대에 플라스틱 총탄 - 이라크에선 플라스틱 총탄이면 양반이다 - 을 쏘자마자, 한 이라크 시위대가 여섯 명의 영국 헌병을 죽이는 사건이 발생했다. 그러나 이러한 모든 사건보다도 2004년 3월 미국 기업 〈블랙워터〉 소속이었던 네 명의 민간 병사들이 살상된 사건이, 점령의 정치에 더 큰 전환을 불러왔다. 이들 미국인 경비원들은 국제재건사업에 참여하는 사람들에게 음식을 제공하는 영국 요식업계의 대기업 〈컴패스〉를 위해 팔루자 외곽에서 일하고 있던 와중에 공격당하고 살상되었다. 이들은 실수로 적진에 진입했고, 지역 괴한들에 의해 살상되었다. 경비원들이 죽임을 당한 이후 이들의 까맣게 탄 사체는 차 뒤에 매달려 끌려다녔고, 길거리에서 밟히고 뭉개졌으며 도시 외곽의 다리에 걸렸다. 이 잔혹한 그림들은 클린턴 대통령이 소말리아에 대한 미국의 개입을 중단하도록 설득하는 데 도움이 된, 1993년 소말리아의 모가디슈에서 미국 군인들의 시체가 전시되었던 사건과 닮아 있었다. 부시 대통령은 이 반복적인 메아리가 이라크에서 미국의 권력행사를 저지하게 할 수 없도록 하겠다고 결심했다.

　미국의 이라크 총독 폴 브레머는 경비원들의 죽음에 대해 응징하겠노라고 맹세했다. 〈블랙워터〉가 브레머의 개인 경호인력을 제공하는 2천3백만 달러 상당의 계약을 체결하고 있었다는 사실이 그의 화에 기름을 끼얹었을 수도 있었다. 미국 병사들은 실패한 도시 점령 시도로 대응했고, 이어진 포위 공격으로 마침내 팔루자에 대한 압도적인 공격을 성공시켰다. 이것은 모두 〈블랙워터〉 계약업자들의 살상사건으로 인한 일이었다. 이것은 점령에서의 전환점이었다. 반란세력과의 전투가 어떤 전쟁과도 다를 바 없이 격렬하게 진행된다는 선언이었다. 팔루자의 수니파가 미군과 싸우는 동안 〈마디군〉과 연루된 바그다드와 남부의 시아파 또한 봉기했다. 두 전선에서 전투에 직면한 미국은 훗날 이 지역을 점령할 것을 대비해 반란세력을 분열시켰지만, 하나의 종파적 틀을 만들어 가고 있었다. 그리고 실제로 시아파의 흡수를 시도하는 와중에 수니파를 공격하였다. 이처럼 이라크에서 벌어진 "대테러전쟁"의 핵심 전투 중 하나는 순식간에 새로운 전장을 형성했던 민간 계약업체들의 연루에서 기인했다. 〈블랙워터〉의 직원들은 2004년에 있었던 잔인한 살인의 희생자였지만 이들 또한 살해에 능했다. 2004년에 촬영되어 2006년에 수면위로 떠오른 한 영상은 지붕 위에 있는 〈블랙워터〉 직원들이, 자신들이 "마디군"이라고 주장한 병사들을 향해 사격하는 장면을 보여 준다. 사실상 이들은 나자프의 남부 반란세력과 대척하고 있었다. 이들은 아래쪽의 사람들과 연이은 총격전을 펼치며 목표물을 맞히고 있었다. 이어서 한 〈블랙워터〉의 소총병이 "빌어먹을 이건 상대가 안 되잖아!"라고 외쳤고, 그러자 그의 사격을 관측하던 이가 "네가 애들을 완전히 쓸어 버렸어"라고 말한다.[34]

〈블랙워터〉는 대테러전쟁으로 인해 작은 기업이 대형 금융 군사 기업으로 변모한 또 다른 사례였다. 설립자는 에릭 프린스로 그의 아버지의 자동차 부품 사업으로 상속 재산을 물려받은 자였다. 프린스가는 정치적으로 연결된 공화당 백만장자 집안으로 미국의 종교적 우파 조직을 지원한 오랜 역사가 있었다. 프린스의 부친 에드가는 동성애자 결혼 합법화 반대 캠페인을 하고 "창조론"을 학교에서 가르치는 것에 찬성하는 기독교 보수 단체인 〈가족연구회〉를 설립하고 자금지원을 하는 데 일조했다. 프린스는 미 해군에서 "실"SEAL 35 특수부대 장교로 복무했다. 그는 1997년에 준 군사 훈련 기업으로 〈블랙워터〉를 세웠고, 그래서 실제로 〈블랙워터〉는 버지니아 주에 위치한 거대한 사격장으로 출발했다. 프린스는 사업확장을 위한 실마리를 얻을 수 있는지 보기 위해 [사회적] 참사들을 열성적으로 주시하고 있었다. 1999년의 콜롬바인 고등학교 총기 난사사건 이후에 블랙워터는 구내에 "고등학교여 준비되었는가"라는 이름의 학교건물을 지어 유사한 공격의 발생에 대비해 경찰 훈련을 제공했다. 9·11 항공기 납치 이후 며칠 만에 이 회사는 자살항공기납치 사건의 결과로 항공기 보안을 위해 고용된 무장경관인 "항공사복경관"을 훈련하는 사업을 광고하고 있었다. 또 한 명의 미 해군 실SEAL 출신의 〈블랙워터〉 사장 로버트 잭슨은 1998년에는 사업이 전혀 안정적이지 못했고 회사를 설립하는 것 자체가 위험부담이 컸다고 말했다. 잭슨은 이 모험에 관해 다음과 같이 말했다. "이건 룰렛이고 도박이었다."36 2000년에 〈블랙워터〉가 중앙정부와 맺은 계약의 규모는 1백만 달러의 4분의 1을 넘어서지 않았다. 2006년에 이르러서 〈블랙워터〉는 국무부와의 단 한 건의 계약으로 3억 달러를 벌었다. 이것은 위험이 존재하는 다양한 국제지역에 무장경관을 공급하는 "전 세계 개인 보호 서비스 계약"이었다. 〈블랙워터〉는 이미 강력한 정치적 연줄을 갖고 있었고, 2005년에 대테러분야를 담당했던 코퍼 블랙을 채용하면서 그 연줄을 더 끈끈하게 만들 수 있었다.

팔루자에서 네 명의 직원이 살해되고 2달이 지난 후 〈블랙워터〉는 중동사람들을 다루는 법에 대한 직원 안내물을 출간했다. 사보인 『택티컬 위클리』에는 퇴역 대령 에드 바돌라토가37 쓴 기사가 실려 있었다. 그는 〈블랙워터〉의 경호원들이 이라크에서 맞닥트리게 될 핵심적인 문제는 점령의 속성이 아니라 아랍적 풍토·아랍인들의 습성이라고 조언했다. 이들이 직면할 위험은 경호원들 자신의 행동이 아니라 아랍인들의 유년기와 문화에 의해 형성되었다. "아랍인처럼 생각하는 것을 배우기"라는 제목의 이 글에 의하면 용병들이 맞닥뜨릴 많은 행동양식은 아랍인들의 육아 방식에 의한 것이었다. 그의 분석에 의하면 아랍 세계의 젊은이들은 "애정이 넘치는 어머니와 단호하고 엄격한 아버지" 밑에서 자라나고 있다. 이로 인한 "애정과 엄격함 사이에서" 비롯되는 "동요"는 "분열증적 성격을 조장한다." 성인들에게 이것은 "태연한 자기 통제적 모습에 이어 나타나는 통제되지 않은 감정의 공공연한 폭발로 설명되곤 하는 롤러코스터와 같은 행태"로 이어졌다. 소위 "분열증적" 아랍인들이 〈블랙워터〉의 용병부대에 여러 가지로 위험요소가 된 것이다. "아랍 군중은 감정적으로 매우 예민하며 스트레스와 위기 상황에서 폭력적인 군중은 자주 목격할 수 있는 일"이라고 그는 경고했다. 덧붙여서 그는 "아랍 세계에서"

> 자기통제를 상실한 상태나 서구인들이 공공장소에서의 감정의 히스테리성 분출로 생각될 수 있는 행태에 대해 낙인이 심하지 않다. 이것은 특히 집단적인 역학 관계에서 자주 나타나는 요소이며 군중이 급작스럽게 분노를 폭발시키고 폭력을 행사하는 방식으로 종종 나타난다.

대체로, 바돌라토는 "개인적, 집단적, 또 심지어는 국제적 차원에서 갈등은 아랍인들의 집단 역학의 너무나 일반적인 행동 특성으로 보인다"고 말했다.[38]

〈블랙워터〉의 아라비아 '전문가'가 가지고 있는 이 기묘한 생각은 군사 병력의 사영화가 이라크 전장에 전문성을 도입하지 않았다는 것을 암시하고 있다. 그 대신에 민간 기업들은 이라크 침공 이후 폭발 직전의 혼란한 상황 속에서 허풍쟁이 약장수의 군사 버전을 연출하고 있는 듯했다. 수익성 높은 이라크 시장은 공화당 정치, 군사 경력, 그리고 기업가적 무모함이 뒤

뒤죽박죽된 유사한 성격의 기업들을 끌어들였다. 몇몇 기업은 무차별적인 폭력과 경제적 부패라는 두 가지 향료를 더 첨가했다. 침공 정부들은 민간 군사계약업체들이 무장한 경영 컨설턴트 역할을 해 주는 능수능란한 사업 조력자가 되어주길 기대했다. 그러나 이라크라는 새로운 동부의 황야에서 계약업체들은 무법자와 불량배처럼 굴었다.

1978년 냉소적인 록가수 워렌 제번은 이 세계의 어두운 귀퉁이에서 곤경에 빠진 위기의 남자에게 필요한 것은 "변호사, 총기, 그리고 돈"의 재빠른 전달이라는 노래를 발표했다. 한 계약업체 〈커스터 배틀스〉는 이 내용을 길잡이로 삼은 듯했다. 이 업체의 초고속성장은 연합당국이 군사업체의 창업에 얼마나 절실히 돈을 퍼붓고 싶었는지를 보여 준다. 이 업체는 2001년 두 명의 전직 군인에 의해 설립되었다. 전 특수 부대 장교 스콧 커스터와 마이클 배틀스는 9·11 공격에 힘입어 의회에서 한 자리를 차지하기 위해 처음 의기투합했다. 배틀스는 로드아일랜드[39] 선거구를 가로지르는 마라톤 도보 유세를 통해 공화당 후보자 지명을 따내려고 했다. 그의 군 동료 스콧 커스터는 이 행진에 자외선차단 로션과 깨끗한 티셔츠들로 협조했다. 배틀스의 보좌인 중 한 명은 그의 유세가 "민주주의를 위한 걸음"[40]이라고 선언하는 푯말을 들었다. 배틀스는 9·11 이후 군사적 배경이 정치인의 핵심적인 자질인데, 다른 후보들은 "전쟁에서 싸우고 승리하기 위해선 무엇이 필요한지에 관해 충분한 이해를"[41] 갖추고 있지 않다고 주장했다. 유권자들은 동의하지 않았고 배틀스는 선거전에서 패배했다.

커스터와 배틀스는 대테러전쟁을 통해 출세하려는 또 다른 방편을 시도했다. 2003년 초 이들은 중동으로 날아가 요르단에서 바그다드로 가는 택시에 올라탔고 위성전화와 달러 한 뭉치를 들고 이라크 수도에 도착했다. 이들은 영국군과 미군 출신을 모아 〈커스터 배틀스〉를 창업했다. 민간 안보업계가 병력을 증강하기를 바라는 연합당국의 열망은 이처럼 강력하여,

2004년에 이르러서 이 업체에게 바그다드 공항의 일부를 경비하고 사담 후세인의 얼굴이 사라진 새 화폐를 수송하는 수천, 수만 달러 규모의 계약이 주어졌다. 이 업체는 2천 명 정도의 무장인력을 보유하는 규모로 불어났고, 이라크에서 가장 큰 민간 안보업체 중 하나가 되었다. 배틀스는 이라크가 "이 세기 초 뉴욕 이래로 가장 훌륭한 투자 환경"을 갖춘 곳이며, 군사적 그리고 사업적 활력이 있는 자신만의 고유한 기질 덕분에 이곳 이라크에서 돈을 벌 수 있었다고 말했다. 그는 "특정 기술능력과 지능이 필요하며, 경영학 석사MBA를 딴 특수부대원이 그것이다"고 지적했다. 그는 사업의 토대를 닦기 위해서 "벤처 기업"을 넘어서서 사고해야 했으며, 그리하여 그의 새로운 사업방식을 "모험 기업"[42]이라고 부르기로 했다. 경영학 학위와 방탄조끼, 돌격용 자동소총과 "할 수 있다" 태도로 무장한 배틀스는 사영화된 대테러전쟁에 안성맞춤인 군인이었다.

이라크의 새로운 군사산업에 대한 배틀스의 낙관적이고 "발랄한" 태도를 이해하기는 어렵지 않다. 고작 일 년 전에 택시를 타고 교전 지역으로 들어온 두 명의 남자들이 만들었을 뿐인 이 회사에서 수백만 달러의 자금이 유통되고 있었다. 그러나 세계에서 가장 강력한 군사 기계가 이런 삼류 기회주의자들에게 어떠한 종류의 책임이라도 넘기고 있다는 사실을 이해하는 것은 다소 어렵다. 2년 후 상황이 어지러워진 것은 놀랄 일도 아니다. 총기와 돈 이후 변호사들이 등장했다. 전직 미국 연방수사국 요원을 포함한 〈커스터 배틀스〉의 직원 두 명은 이 회사가 청구서 조작과 이중 청구, 훈련을 적절히 마친 안전요원을 계약에 약속된 바에 따라 공급하지 않는 등의 방법으로 미국 정부를 속여서 돈을 뜯어내고 있다고 주장했다. 새 화폐를 이라크 곳곳에 수송하기 위해 이 업체가 공급한 다수의 트럭이 고장으로 저항세력이나 도적의 손쉬운 목표물이 되어 군 측에서도 문제가 발생하고 있었다. 몇몇 전 직원들은 웨일즈 사람인 낙하산병 출신 요원이 이라크

도시 히트^{Hit}에서 사살된 사건의 책임이 〈커스터 배틀스〉에 있다고 강력히 주장하기도 했다. "인원이 부족하고" "장비가 부족한" 이 업체는 점령에 반대하는 시위가 벌어지고 있는 상황을 어리석게 간과하면서, 이 마을에 호송차량을 보냈고, 결국 상황이 악화되고 호송차량이 공격당하면서 그 웨일즈 사람이 죽었던 것이다.[43]

〈커스터 배틀스〉는 일련의 법정 다툼에서 내부고발자들에 대항해 자신들을 지키기에 바빴다. 한 사례에서는 담당 판사가 업체의 고용주인 임시연합당국의 법률적 지위가 충분히 명확하지 않다고 판단하여 유죄판결을 피할 수 있었다. 그러나 판사는 이 사건에서 〈커스터 배틀스〉가 "거짓되고 부정하게 과장된 송장"을 제출했다는 증거는 충분하다고 판시했다. 내부고발자들은 자신들이 기업의 경영진에 적발되어, 무장해제당하고, 총으로 협박당한 다음, 안전한 그린존에서 벗어난 바그다드의 외곽의 거리로 혈혈단신으로 쫓겨났다고 증언한다. 이 사건의 배심원은 이들이 부당하게 희생당했다는 것에 동의했다.[44] 이라크에서 군사력의 사영화로 인해서, 최고로 중요한 전략적 요충지들을 경비하는 가장 유력한 무장단위들 중 하나인, 한 경영진은 첫째로 자신들에게 돌아올 수백만 달러의 보너스에 집중했고, 둘째로 이 보너스를 법정에서 지키려고 온 힘을 쏟았다. 〈커스터 배틀스〉는 법정 싸움들에서 고군분투했지만, 군을 위한 업무 수행이 금지되었고, 이라크를 떠났다. 두 중심인물은 이라크에서 번 돈을 챙겨 플로리다주에 정착했다.

〈커스터 배틀스〉가 이라크에서 맺은 모든 계약은 루마니아에 본사를 두고 있었지만 궁극적으로는 영국령 버진 제도에 위치한 또 다른 기관의 소유였던, 한 알 수 없는 신흥 기업 〈다뉴비아〉에 넘어갔다. 이 전환의 불투명성으로 인해 많은 이들은 〈다뉴비아〉가 여전히 금지된 기업 〈커스터 배틀스〉와 연관이 있거나, 임시연합당국의 전직 관료들과 관계가 있는 것이 아닌가 하는 추측을 했다. 〈다뉴비아〉는 확실히 전임자가 수행했던 계약뿐 아니라 그것의 직원들 중 다수를 물려받았다. 이 새 기업도 역시 머지않아 새로운 말썽들을 일으켰다. 〈다뉴비아〉의 사업전략은 경쟁자들보다 가격을 내리는 것이었다. 예를 들어, 〈다뉴비아〉는 위험한 서부 안바르 황무지를 지나는 호송차량을 보내는 비용으로 다른 업체들의 1만 5천 달러보다 싼 7천5백 달러를 요구했다. 다뉴비아는 동유럽이나 파키스탄에서 온 값이 싼 전직 군인들을 사용하여 비용을 절감하고자 했다. 2006년에 팔루자를 지나 물자공급 트럭을 호송하던 이들 특가 군인들은 여정 중에 도로변 폭탄, 저격병, 기관총 사격전으로 인한 세 건의 사고로 인해 병력과 차량을 잃는 결과를 초래했다. 이라크국가방위군은 이 사건에 대한 보복으로 〈다뉴비아〉 요원들이 방위군 병력을 향해 발포를 시작해, 한 이라크 대령과 그의 부대에 소속된 세 명의 병사들을 사살했다고 밝혔다.[45] 이 신흥 기업은 미군에 의해 이 지역에서의 호송업무가 금지되었고, 이라크에서 업체의 존재감은 전보다 무척 작아졌다. 이라크에서 커져만 가는 위험의 수위는 몇몇 민간 안보 기업들에 대한 평가와 이들의 지위를 하강하는 소용돌이 속으로 내몰고 있었다.

민간 안보요원에 의한 이라크 국가방위 병력의 살상은 상업적 군인과 전통적 군인 간 마찰로 기록된 사건 중 최악의 경우 중 하나였다. 그러나 이러한 긴장은 이라크 개입 초반에도 존재했다. 2005년에 미 해군은 〈자빠타 엔지니어링〉이라는 기업의 직원 18명을 체포했다. 〈자빠타〉는 이라크에서 오래된 포탄과 여타 탄약을 폐기하는 것을 돕기 위한 계약을 따낸 소규모 업체였다. 그러나 점령 중 안보 관리의 방식 때문에, 이 업체 또한 자체의 무장인력을 유지해야 했다. 그리하여 이 건설업체는 효과적이었다고 말할 수는 없는 무장집단으로 전환했다. 팔루자 인근의 해군들은 〈자빠타〉 직원들이 화물차와 소형 트럭 위에서 자신들에게 수차례 총격을 가했다고 증언했다. 〈자빠타〉 직원들은 그저 지역 건설 노동자들이 미국 기술자들로부터 멀리 떨어져 지나가도록 이라크 건축업자들의 화물차에 경고사격을 했을 따름이라고 주장했다. 체포된 〈자빠타〉 직원들은 해군이 옷을 벗기고 학대했으며, 고환을 짓누르고, 자신들을 이리저리 밀치고 계약자들의 높은 봉급에 대해 화풀이를 했다고 주장했다. 결국 〈자빠타〉 직원을 기소하지 않기로 했던 이 해군들은 이 같은 혐의를 부인했고 계약업자들이 앞뒤를 가리지 않고 무모하게 행동한 것이라고 강조했다.[46]

〈트리플 카노피〉라는 또 다른 회사의 한 선원은 유사한 억지 주장에 휘말렸다. 〈커스터 배틀스〉와 마찬가지로 〈트리플 카노피〉는 이라크 모험으로 인해 태어났다. 이 기업은 미국 특수부대 장교 출신 집단에 의해 2003년 9월에 설립되었다. 시장에 뒤늦게 뛰어든 신입이었음에도, 이 업체는 아무것도 없는 상태에서 몇 년 안에 1억 달러 정도되는 계약을 따내는 규모로 성장했다. 〈트리플 카노피〉는 이라크를 비롯한 여러 곳에서 미국 고위관료들과 사업가들을 경호하는 안보 계약들을 따냈다. 세 명의 이 업체 직원은 기업 내에 섬뜩할 정도로 열의에 불타오르는 분위기가 존재한다고 주장했다. 〈트리플 카노피〉의 직원들은 자신들의 관리인이 2006년 여름 이라크인들에게 무차별적인 사격을 가했다고 말했다. 이들의 법정 진술에 따르면, 삭발한 머리와 턱밑 염소수염을 한 6피트 3인치의 특별 유격대원 출신으로 만화 주인공과 닮았다는 이유로 "슈렉"이라는 별명을 가졌던 이들의 팀 리더가 며칠 동안 "총기 난사"를 하며 돌아다녔다. 요원들은 그가 24시간만 있으면 휴가로 이라크를 떠나기 때문에 "오늘 누군가를 죽일" 것이라고 단언했다고 전했다. 이들은 그가 아무런 이유도 없었고 화를 내지도 않으면서도 한 이라크 차량에 여러 차례 기관총 세례를 쏟아부었고, 권총으로 사람을 죽여본 적이 없다고 말한 뒤에 자신의 권총으로 지나가는 이라크 택시에 사격해서 보란 듯이 운전자를 쏘아 맞혔다고 했다. 〈트리플 카노피)의 대변인은 이 같은 혐의들을 부인하면서 이들이 총기 사건을 보고하지 않은 이유로 해고된 직원들에게 자극을 받아 지금에 와서 보복이나 재정적 이익을 위해 법정에 선 것이라고 주장했다. 업체에 대한 불만으로 자발적으로 퇴사하여 어떠한 법정 공방도 하고 있지 않았던 세 번째 피지인인 요원은 이 어떠한 도발도 없었던 총격 사건에 관한 이야기를 『워싱턴 포스트』지에서 입증하였다. 이 피지인이 업체를 떠난 이유에 대해서 그 스스로 증언하는 바에 따르면, "그곳에서 일어나는 일들을 견딜 수 없었다. 그들은 매일매일 무언가를 숨기기에 바쁜 듯 보였다."[47] 그는 또한 기자들에게 〈트리플 카노피〉의 직원들은 술고래들이며, 본사에 이들이 매우 자주 들르는 술집이 있으며, 이들은 어떤 공식적인 명령에 따르기보다 자체적으로 창설, 집행되는 "형님들의 규칙"에 의해 일하고 있다고 주장한다고 전했다.[48]

계약업체들의 존재는 점령의 방향을 왜곡했으며 부패의 동력이 되었다. 2003년 침공 이후 몇 년 동안 수백만 달러의 이라크와 미국의 돈이 장부에서 사라져버렸다. 이 같은 부패로 기소당한 관료들은 소수였다. 그러나 조사관들은 2005년 중남 지역의 임시연합당국의 감사관, 재정담당 관료 로버트 스타인이 저지른 부패의 덜미를 잡았다. 그는 이라크에서 절도와 뇌물 수수를 일삼는 네트워크를 운용한 죄로 법정에 서고 처벌받았다. 스타인은 필립 블룸이라는 미국 사업가에게 계약을 가져다주었다. 그 대가로 블룸은 스타인과 다른 관료들에게 백만 달러의 현금과 스포츠카, 오토바이, 귀금속, 주류와 다른 여러 선물을 제공했다. 블룸은 또한 스타인이 사무실에서 훔친 수백만 달러어치의 달러 "덩어리"를 세탁하기도 했다. 스타인과 블룸은 자동소총과 수류탄을 훔치기도 했다. 블룸은 이 무기와 자금을 이용해 이라크에서 〈아나콘다〉라고 불리는 자신의 민간 안보업체를 세울 계획이었다. 그는 자신의 공모자 중 한 사람에게 보낸 이메일에서 "이 회사의 목표는 우리를 멋있어 보이게 하고 멋진 것들을 가질 수 있도록 돈을 버는 것이다. 그건 뭐 별로 어렵지 않은 일일 것이다"라고 밝혔다. 따라서 계약업체 사용에 몹시 의존한 이라크 안보 계획이 이 나라를 혼란의 도가니로 몰아넣었고, 이 나라를 관리하는 관료들은 "멋있어 보이는" 민간 안보 업체처럼 되기 위해 도둑질을 할 준비가 되어 있었다.[49]

남아프리카 연줄

해가 갈수록 점령지에서 이라크의 몇몇 군사 계약업체들이 자행한 부패와 무능은 점점 더 두드러졌다. 그러나 다수의 계약업체와 남아프리카공화국의 구 아파르트헤이트 정권과의 끈끈한 관계는 이라크전쟁터의 사영화가 초래할 불쾌한 결과의 조짐을 진작 보여 주고 있었다. 주요 군사 기업들의 경영진 중 일부는 인종차별주의적인 남아프리카 국가의 대[對]저항세력 프로그램에 깊이 관여했었다. 이들 보병 중 일부는 아파르트헤이트 정권의 마지막 혈전들에서 벌어진 잔인하고 난폭한 살상에 참여했었다. 민간 군사 기업의 사용을 제안하는 이라크전쟁 전의 『백서』[50]에서, 영국 외무장관 잭 스트로는 이 새로운 용병들이 어두웠던 지난날에 "악명"을 쌓은 "평판이 나쁜 불량배들"이 아니라 "훌륭한 조직들"일 것으로 예측했다. 하지만 이라크에 온 일부 병사들의 과거 행적이 보여 주듯이 스트로의 희망은 천진난만한 것이었다.

아파르트헤이트의 종식은 지난 십 년 동안에 일어난 국제적인 진전 가운데 가장 긍정적인 것 중 하나였다. 남아프리카 정부는 인종차별적인 지배를 유지하기 위해, 인접 국가와의 전쟁에서, 그리고 남아프리카공화국 내부의 전쟁에서 길고 피비린내 나는 전투를 해 왔다. 이 수십 년간의 갈등은 학살, 암살, 민간인에 대한 공격, 비밀 첩보원과 대리전사[51]의 사용, 그리고 다른 여러 잔인한 행위들로 얼룩져 있었다. 놀랍게도 그 오랜 폭력의 세월을 보낸 후에도 아파르트헤이트의 최후는 상대적으로 평화로웠다. 아파르트헤이트의 난폭한 전사들은 "진실과 화해"의 과정을 통해 성공적으로 해산되었다. 블레어 정권의 구성원 중 상당수는 반ᅟ아파르트헤이트 활동을 지원하는 데 긴밀히 관여했었다. 그러나 얼마 지나지 않아 이라크의 민간 군사기업들이 아파르트헤이트의 더욱 난폭한 전사들을 재동원하고 있다는 사실이 확인되었을 때, 블레어 정권은 침묵을 지켰다.

이라크에서 활동하는 가장 큰 용병 집단 중 하나가 남아프리카공화국에서 왔다는 사실은 곧 명백해졌다. 아파르트헤이트 정권은 인접 국가들과의 대리전쟁에서 실질적인 적으로 간주한 자들을 공격하고, 국경 내에서의 더러운 전쟁을 치르면서 마지막 십 년 동안 가장 맹렬한 전투를 벌였다. 정부의 지원을 받으면서도 잘 알려지지 않았던, 때때로 민간 "안보" 업체로 정확히 둔갑했던 집단들이 지금은 이라크에서 고용되고 있다. 이들은 실질적이고 잠재적인 적들을 상대로 잔인하고 피비린내 나는 전쟁을 치러 왔다. 아파르트헤이트 정권의 붕괴로 인해, 이 전쟁에서 싸웠던 자들은 일자리를 찾는 중이었다. 이들은 자신들이 가지고 있던 "대ᅟ저항세력"들 덕분에 이라크에서 일자리를 얻고 있다. (뱀의 머리를 한 그리스의 보복의 여신의 이름을 딴) 〈에리니에스〉는 이라크에서 가장 규모가 큰 민간 군사 계약업체가 되었다. 이 업체는 2001년에 설립되었고, 2003년에 이라크의 석유 산업 기반을 경비하는 계약을 따냈다. 2004년에 이르자 민간 안보 업체들은 점점 더 많은 수의 이라크인을 고용하기 시작했다. 〈에리니에스〉에 소속된 영국과 남아프리카공화국 출신 장교들은 AK-47으로 무장한 1만 4천 명의 거대한 이라크 무장 병력을 통솔하였다. 3년밖에 안 된 민간 기업이 3천9백만 달러짜리 계약으로 7개 연대 규모의 병력을 관리했었던 것이다. 이 사실은 이라크가 새로운 용병 기업들을 경영하는 퇴역 군인 사업가들의 호주머니에 재물을 채워 주면서, 민간 군사 업계의 호황을 어떻게 주도했는지를 생생하게 보여 주고 있다.

내가 처음 〈에리니에스〉에 주목했던 것은 준 바스라[52]의 영국 장교들 때문인데, 이들은 이 업체를 남아프리카공화국의 회사로 알고 있었다. 사실 〈에리니에스〉는 보다 오래된 영국 민간 군사 업체들과 관련되어 있었다. 〈에리니에스〉가 이라크에서 일거리를 찾기 시작했을 때, 〈영국 공수특전단〉 장교 출신 알라스테어 모리슨은 이 회사의 중역이었다. 모리슨은 모가디슈[53]로 납치된 〈루프트한자〉[54] 항공기의 인질을 석방하기 위해 서독 특수부대를 도운 일로 대영 제국 4등 훈장[OBE]의 작위를 받은 인물이었다. 그는 1980년대에, 영국 군사 기업 〈디펜스 서비쓰스 리미티드〉[이후 〈알멀 그룹〉으로 이름을 바꿈]의 설립이사 중 한 명이었다. 다른 〈디펜스 서비쓰스 리미티드〉 출신 베테랑들도 〈에리니에스〉에 영입되었다. 이후 모리슨은 또 다른 영국군 장교인 존 홈스[55] 육군소장에 의해 대체되었다. 홈스는 〈영국 공수특전단〉 제22연대 지휘관 출신으로 이후에 영국 통합 특수전 사령부의 사령관에 오른 인물이다. 그는 2004년에 〈에리니에스〉의 이사회의 일원이 되었다.

그러나 〈에리니에스〉의 아프리카계 연줄 또한 강력했다. 이 회사가 아프리카계 업체로 널리 알려진 것은 〈남아프리카공화국 국가 방위군〉 출신의 군인들을 너무 많이 영입했기 때문이다. 〈에리니에스〉의 이사진 또한 아파르트헤이트 정권과 연계되어 있었으며, 회사의 설립자 중에는 션 클리어리가 있었다. 1980년대에 나미비아가 남아프리카공화국에 의해 불법적으로 점령당하고 있을 때 클리어리는 "행정 총독" 밑의 부사령관이었다. 남아프리카공화국은 당시 이웃한 국가 나미비아에 아파르트헤이트 법제들을 수출하고 있었다. 클리어리가 행정총독실의 책임자로 총독의 나미비아 지배를 돕고 있는 동안에, 유엔은 〈남서 아프리카 인민기구〉[56]가 나미비아의 적법한 지배자라고 공인했다. 1985년에 클리어리는 개인 회사들을 설립했다. 그는 나미비아에 〈트랜스컨티넨탈 컨설턴시〉라는 회사와, 〈스트래티지 네트워크 인터내셔널〉이라는 홍보업체를 설립했고, 이 두 업체 모두 런던에도 사무실이 있었다. 그의 새로운 민간 홍보회사는 남아공 정부로부터 150만 파운드를 받고, 프레토리아[57]의 이해관계를 정력적으로 대변하기 시작했다. 이후 니코 배쓴이라는 한 남아공의 장교가 나미비아에서의 클리어리의 계약은 "작전 동의"와 연관된 것이었다고 말했다. 이것은 유엔이 지원했던 1989년의 선거[58]에서 〈남서 아프리카 인민기구〉의 평판을 떨어뜨리기 위한, 수백만 파운드짜리 비밀 계획의 암호명이었다. 작전 동의의 활동에는, 남아공을 지지하는 〈남서 아프리카 인민기구〉의 적들에게 다양한 비밀 활동 조직을 통해 자금, 항공기와 차량을 전달하는 것은 물론이고, 비방 유인물 배포, 거짓 루머 유포, 〈남서 아프리카 인민기구〉와 유엔 평화유지군 내에 밀고자를 심는 것도 포함하고 있었다.

클리어리는 남아공의 또 다른 이웃인 앙골라에서의 권력 투쟁에서도, 남아공이 지원하는 게릴라 단체인 죠나스 사빔비의 〈앙골라 완전독립 민족동맹〉과 〈앙골라 해방 인민운동〉 간의 전쟁에서 〈앙골라 완전독립 민족동맹〉의 고문이 되기도 했다. 〈앙골라 완전독립 민족동맹〉은 이길 가망이 없는 〈앙골라 해방 인민운동〉과의 권력 투쟁에서, 대량 학살, 살인, 고문, 신체 일부 절단, 성행위 강요 등 지독한 인권 침해를 한 것으로 알려졌었다. (〈앙골라 해방 인민운동〉도 이 중에서 몇몇 인권 침해를 저질렀다.) 〈앙골라 완전독립 민족동맹〉이 앙골라 해방 인민운동의 선거 승리에 대해 불복한 후 (약 1만 명이 죽었던 후암바시 포위 공격을 포함한) 피비린내 나는 내전을 다시 시작했던 1993년에도, 클리어리는 여전히 사빔비에게 조언을 해주고 있었다고 신문 보도들은 말했다.

클리어리의 친親아파르트헤이트 전략에는, 그의 런던 사무실을 통해 마음이 통하는 영국 하원의원들을 모집하는 것도 포함되어 있었다. 그의 로비회사는 〈앙골라 완전독립 민족동맹〉이 자금을 지원하는 하원의원들의 앙골라 방문과 〈남아공 광산업회의소〉가 자금을 지원하는 남아공 여행 등을 마련했다. 〈스트래티지 네트워크 인터내셔널〉 사무실에서 일했던 보수당 로비스트 데렉 로드는 보수당 하원의원 닐 해밀튼을 아프리카 방문을 통해 영입했다. 이후 해밀턴은 이 회사의 컨설턴트로 일했다. 그가 클리어리의 〈스트래티지 네트워크 인터내셔널〉사의 컨설턴트로 일했다는 사실을 공표하지 못했던 것은 해밀턴을 추잡한 급류에 휘말리게 할 일부분에 불과했다. 또한, 클리어리의 업무는 그를 퇴역 장성들의 집단 속으로 이끌었다. 그는 〈블랙워치〉[59] 대위 출신 패트릭 왓슨과 런던에서 〈스트래티지 네트워크 인터내셔널〉을 공동 설립했다. 클리어리는 〈앙골라 완전독립 민족동맹〉이 남아공 용병과 연계되었을 당시에도 이 조직을 위해 위해 일하고 있었다. 〈앙골라 완전독립 민족동맹〉은 에벤 발로우의 회사인 〈익세큐티브 아웃컴즈〉의 무장 요원을 고용했었다. 이들은 지금과 마찬가지로 그 당시에도, 이 요원들이 용병이 아니라 유정 시설을 경비하는 "경비 요원"들이라고 주장했었다.

2003년에 〈에리니에스〉 사가 언론의 주목을 받기 시작하면서 션 클리어리가 퇴사했다. 회사의 대변인이 나에게 말해준 바에 따르면, 당사자 쌍방이 "완전히 분열"된 관계였지만 그 합의는 "원만"했다고 한다. 〈에리니에스〉의 이사 조나단 가랏은 "우리는 모두 영국인이며, 우리는 영국령 버진 제도에 등록되어 있고, 남아공에 작은 자회사를 가지고 있을 뿐"이기 때문에 〈에리니에스〉는 영국 회사라고 말했다. 남아공 회사 문서에 의하면, 영국군 장교 출신인 가랏은 그때 당시, 요하네스버그와 프레토리아 사이에 위치한, 안보가 철저하고 훌륭한 골프장 시설을 갖춘 게이티드 커뮤니티gated community에 살고 있었다. 그는 또한 케이프타운에도 집을 두 채 갖고 있었다.

영국 정부는 〈에리니에스〉를 영국의 성공 사례로 만들려고 애썼다.

2004년 런던에서 열린 "이라크 재건" 회의에서 토니 블레어의 이라크 특사 브라이언 윌슨이 연설을 했다. 이 회의는 〈에리니에스〉를 비롯하여 〈셰브론〉, 〈셸〉, 〈엑슨〉 등 석유 회사들의 후원 하에 열렸다. 노동당 출신 통상산업부 장관 파트리샤 휴윗이 국회에서, 〈에리니에스〉는 영국 기업이 이라크 재건 과정에서 성공적으로 계약을 따낸 사례라고 말했다. 〈에리니에스〉는 영국령 버진 제도에 있는 비밀 역외域外 등록지에서 사업을 운영하고 있었으며, 영국 기업등록소에는 하나의 자회사도 등록하지 않았다. 그러나 휴윗의 대변인은 그래도 이 회사는 영국 회사라고 강조했다. 왜냐하면 "경영진과 직원이 영국인이다. 따라서 이 회사는 영국인을 고용하여 영국에 이득을 가져오고 있다고 볼 수 있다. 최근에는 세계화로 인해서, 수년 전에 가능했던 정도로 어떤 회사의 국적을 하나로 특정할 수 없게 되었다"고 말했다. 에리니에스의 국제적인 연줄 중에는 미국 정보부와 일한 적도 있고, 26년간 미군에서 복무한 뒤 거대 엔지니어링 기업 〈벡텔〉의 경비 고문으로 일했던 빌 엘더가 있었다. 엘더는 〈에리니에스〉 이사회의 고문도 맡고 있었다. 그러나 무엇보다 놀라운 사실은 〈에리니에스〉의 남아공 연줄이었다.

2004년에 두 명의 〈에리니에스〉의 직원이 호텔 폭탄 공격에 희생되면서, 이 회사의 아파르트헤이트 베테랑들의 성격이 폭로되었다. 이들의 이름이 밝혀지면서 〈에리니에스〉 직원들의 아파르트헤이트 시기 경력에 대한 경고가 울린 것이다. [폭탄 공격으로] 부상을 당한 디언 고우스는 수많은 살인 사건에 연루되었던 악명 높은 암살단 〈발크플라스〉의 단원 출신이었다. 남아공 〈진실과 화해 위원회〉는 고우스가 정치적 활동가들의 자택에 화염병을 투하하는 일에 40번이나 넘게 가담했다는 것을 시인하자, 그의 사면을 허락했다. 고우스는 〈아프리카 민족회의〉ANC 활동가 피에트 은투리를 사망하게 한 1986년의 차량 폭파 사건과 반反아파르트헤이트 활동가 파비안 리베로에 대한 방화 공격(리베로는 같은 해에 총격으로 살해되었다)

에 가담했던 사실도 자백했다. 또한, 같은 해에 한 남아공 비밀 요원은 남아공 블라크폰타인에서 아홉 명의 청소년을 모집했다. 이 청소년들(이들 중에는 고작 14세인 이도 있었다)은 자신들이 〈아프리카 민족회의〉에 입대하기 위해 모집된 줄로 알고 있었다. 하지만 예상과 달리 데온 고우스가 이끄는 집단은 기관총을 난사하여 청소년들을 살해했다. 그러고 나서 고우스는 이들의 주검을 불태웠다. 이라크 폭파 사건에서 사망한 프랑소와 스티르덤은 살인과 고문으로 유명한 나미비아의 대對저항세력단 〈코에보에트〉Koevoet(아프리카안스[60]로 "쇠지레"라는 뜻) 단원 출신이었다. 〈에리니에스〉는 외주업체를 통해 고용된 "이들의 전력을 확인할 수도 부인할 수도 없다"고 나에게 말했다. 이 회사는 자신들이 파괴공작원들로부터 이라크의 정유 산업을 보호할 수 있다고 생각했지만, 불쾌한 전력을 가진 직원을 고용하는 것으로부터는 허술하게 자신들을 방어하고 있을 뿐이었다. 가랏은, "우리는 직원들의 전력을 확인하기 위해 우리가 할 수 있는 가능한 모든 것을 하고 있으며, 과거에 범죄로 기소된 경력이 없으며 불법적인 준 군사 집단에 속한 적이 없다는 진술서에 서명하게 한다"고 나에게 말했다. 그러나 이 사건의 경우, 이러한 체계가 실패했을지도 모른다는 점을 인정한다고 덧붙였다.

〈에리니에스〉는 "민간 군사 계약자"라는 꼬리표를 단호하게 거절하면서, "우리는 경비에 관여하는 안보업체다. 우리는 군사적 해결책을 고안해내는 업무에는 관심이 없다"고 단언했다. 이라크를 차지하기 위한 이 전투에서 고정된 전선은 존재하지 않았기 때문에 이 말은 미묘한 차이를 갖는다. 즉, 여러 개의 머리를 가지고 있는 저항 세력이 전 국토에 걸쳐서 목표물을 향해 자신을 내던지는 상황에서, 안보 업무와 군사 활동 간의 실질적인 구분은 존재하지 않았던 것이다. 〈에리니에스〉는 자신들이 "악한들"에 대한, 그리고 "테러리스트들의 공격"에 대한 안전을 보장하고 있을 뿐이라고 주장했다. 그러나 이것은 외국에 의해 강제로 수립된 정부 전복이나 점령 종식을 목적으로 이라크 저항 세력들이 일으킨 게릴라 전쟁에 대항해 병력을 공급하는 것으로 볼 수도 있다.

2004년 1월, 〈에리니에스〉는 국제적인 민간 무장 요원을 고용하면서 이라크의 안보를 재건하는 과정에서 갈등이 나타남을 보여 주었다. 새로운 이라크에서 어려움을 겪고 있는 경찰과 민간 계약업체들 중에서 누가 더 중요할까? 이라크 북부의 도시 키르쿠크의 〈에리니에스〉 요원들은 현직 이라크 경찰 총경을 쏘아 죽였다. 〈노던 오일 컴퍼니〉에서 일하던 〈에리니에스〉의 무장 요원들은 검문소를 지나가고 있던 총경을 살해했다. 그를 살해한 아홉 명의 이라크인 요원들은 체포되었다. 〈에리니에스〉의 사장 조나단 가랏이 내게 말해준 바에 따르면, 모하메드 샤반 알-낫사리 총경은 "〈노던 오일 컴퍼니〉 대문 앞에 모였던 대규모의 구직자 군중 속에 있었다. 군중은 일자리가 없다는 말에 공격적으로 변했다. 그리고 뒤이은 소동 중에 제복을 입고 있지 않았으며 나중에 알-낫사리 총경으로 밝혀진 군중 속의 한 사람이 총기를 꺼내 발사했다. 그 때 〈석유 수호군〉 중에 한 사람이 총경에게 사격한 것이다."

영국인이 이끄는 또 다른 안보업체 〈하트 그룹〉도 아파르트헤이트 살인자들에게 일자리를 제공했다. 2004년에 이 업체는 남부 이라크의 발전소와 송전선을 보호하기 위해 2천5백 명의 이라크인을 고용했으며, 170명의 외국인 장교가 이들을 이끌고 있었다. 〈하트 그룹〉은 버뮤다에 등록되어 있었고, 웨스트베리 상원의원의 아들이자 〈영국 공수특전단〉과 스코틀랜드 근위대 출신인 리차드 베델이 운영을 맡고 있었다. 〈에리니에스〉와 마찬가지로 이 업체는 〈알멀 그룹〉과 연계되어 있었다. 베델은 〈디펜스 시스템스〉의 설립 이사 중 한 명이었지만 법정까지 간 논쟁으로 인해 회사와 사이가 틀어졌다.

2004년 4월에 쿠트[61]의 시아파 민병대는 〈하트 그룹〉의 상급 요원 그레이 브랜필드를 살해했다. 그의 죽음으로 『가디언』 지의 1면을 장식하게 된 이 이야기는 연합군 병사들이 브랜필드의 보호 요청을 들어주지 않았기 때문에 용병들이 자신을 보호하기 위해 더 강력한 무기가 필요했음을 시사한다. 브랜필드의 죽음 이후, 남아프리카의 비밀 전쟁들에 관해 광범위하게 글을 쓰고 있던 작가 피터 스티프가 브랜필드의 과거사를 서술했다. 브랜필드는 로디지아[62] 경찰에서 대對저항세력을 전담하는 경위로 근무했었다. 브랜필드는 남아프리카공화국 방위군의 "바나클 프로젝트"[63]에 가담하면서, 〈아프리카 민족회의〉를 상대로 한 비밀 전쟁을 치르던 중 마침내 백인 우월주의를 위한 로디지아에서의 전쟁에서 패배했을 때 남아프리카를 떠났다. 그는 레소토[64]의 마세루에 대한 1982년의 급습을 계획했다. 〈아프리카 민족회의〉의 지도자 크리스 하니를 암살하기 위한 이 시도는 다섯 명의 여성과 두 명의 어린이를 포함해 총 42명의 목숨을 빼앗았다. 또한, 브랜필드는 1985년 보츠와나 하바로네[65]에서 있었던 "〈아프리카 민족회의〉의 표적들"을 기습하는 계획에도 가담했다. 남아프리카공화국의 특공대원들은 세 명의 여성과 6세의 어린이 한 명을 포함해 총 13명을 살해했다. 스티프에 의하면, 브랜필드는 이 습격에 대해 유보적인 태도를 취했다. 1998년에 브랜필드는 짐바브웨의 치쿠루비 교도소 습격을 주도해, 짐바브웨의 〈아프리카 민족회의〉 사무실에 자동차 폭파 공격을 가한 다섯 명의 남아공 요원을 빼내려고 했다. 이 살인자 지망생들은 실업자 한 명을 꼬드겨 폭탄이 장착된 차를 몰고 〈아프리카 민족회의〉 사무실로 돌진하게 했다. 원격조정 폭탄에 의해서 숨진 운전자가 이 사고의 유일한 사상자였다. 자동차 폭파범들을 빼내기 위한 브랜필드의 습격은 중단되었고, 그들은 교도소에 남았다. 브랜필드는 확실히 용감했다. 그는 1986년에 잠비아에서 비밀리에 체포되어 고문을 당했지만 탈출했다. 그는 수적으로 열세였던 이라크에서의 대규모 총격전에서 숨졌지만, 그의 다섯 동료의 목숨은 안전했다.

〈하트 그룹〉의 사이먼 포크너는 내게 브랜필드의 배경에 대해서 "전혀 모르고 있었다"고 말했다. 그는 "내가 면접한 이 사람이 어떠한 불법행위나 암살의 경험이 있다는 걸 알고 있었다면 나는 그를 고용하지 않았을 것"이라고 덧붙였다. 포크너는 자신의 회사가 "일종의 심사 절차를 갖고 있다. 우리는 지원하는 모든 사람을 면접한다. 이것은 매우 어려운 일이다. 액면 그대로 믿어야만 하는 것들이 있다. 우리가 어찌할 수 있는 여지가 별로 없다"고 말했다. 이러한 결점들에도 불구하고, 포크너에 따르면 사규社規가 개별 직원의 전횡을 막을 수 있다고 한다. "말하자면, 우리 회사에는 지휘체계가 있다. 우리에게는 지휘관이 있다. 우리는 사람들을 마구잡이로 쏘면서 돌아다니지는 않는다." 사실, 쿠트에서 이 회사의 지휘관은 브랜필드였다. 포크너는 "그가 총 쏘기를 즐기거나 싸움을 찾아다녀서 그랬던 것이 아니다"라고 강조하면서, 브랜필드의 죽음에 대해서 다음과 같이 말했다. "그렇게 생각하는 것 자체가 말이 안 된다. 그날 밤에 일어났던 일은 전혀 공격적이지 않았다는 걸 말해 주고 싶다. 막사 안에는 60명 남짓의 광포한 민병대의 공격을 받는 다섯 명의 사람이 있었다. 그는 순수하게 방어적인 행동을 한 것이다."

영국 국제개발부가 선택한 무장 요원을 공급할 계약업체들 또한 아파르트헤이트의 과거와 연관되어 있었다. 그러나 문제가 된 것은 아프리카의 현재와의 그들의 관련성이었다. 영국 국제개발부와 계약한 〈택티컬 미티오릭〉은 프레토리아의 발할라 지구에 본사를 둔 회사였다. 이 회사의 임원진과 대부분의 직원은 남아공 경찰 특별기동대 출신 퇴역 군인들이었다. 남아공 경찰 특별기동대는 포위망 뚫기, 인질 구출, 고위 관리 경호 등에 사용되는 고도로 훈련된 준군사 경찰 집단이었다. 페스투스 반 루옌은 〈택티컬 미티오릭〉의 공동창업자 3인 중 한 사람이었다. 그는 이 경찰 특별 기동대가 "본국의 〈영국 경찰 특공대〉SO19나 〈영국 공수특전단〉의 인질 구출기동대와 비슷하다"고 말했다. 이 기동대는 1976년 소웨토 학생봉기에 대처하기 위해 꾸려졌고, 시위 통제 훈련과 대^對저항세력 기술에 긴밀하게 관여해왔는데, 아파르트헤이트의 난폭함과는 몇 해 동안 관련되지 않았었다. 반 루옌은 자사의 직원들은 숨기고 싶은 비밀이 없다고 나를 안심시키려고 애썼다. "[아파르트헤이트 기간 동안] 우리 회사의 직원들은 모두 경찰에 복무했었지만, 모든 직원이 [남아공] 구정권 밑에서도 일하고, 신정권 밑에서도 일하면서 넬슨 만델라, 타보 음베키, 프랑스의 미테랑, 야세르 아라파트, 토니 블레어, 그리고 당신의 나라의 여왕을 보호하는 기쁨을 누렸다"고 나에게 말했다. 그의 회사의 직원들 일부는 군인 출신이었지만, 훨씬 더 많은 직원이 자신과 같은 경찰관 출신이라고 말했다. 이 회사는 영국 국제개발부를 위해 일했을 뿐만 아니라, 이라크에 온 스위스의 소규모 외교사절단에게 고용되었다. 그리고 "특별 기동대"SWAT 스타일로 새로운 이라크 경찰들을 훈련하는 계약을 임시연합당국과 체결했다.

이러한 비교적 점잖은 시작들에도 불구하고, 〈택티컬 미티오릭〉의 또다른 두 명의 공동설립자들은 이라크에서 일하는 도중에도 시간을 내서 아프리카의 쿠데타 음모에 가담했다. 2004년 3월에, 이 회사의 세 명의 소유자 중 두 사람은 적도 기니에서 쿠데타를 모의한 죄로 악명 높은 용병 사이먼 만과 함께 짐바브웨에서 체포되었다. 루렌스 "루트지" 혼과 헤르마누스 "해리" 카를스는 다른 용병들과 함께 체포되어 짐바브웨의 치쿠루비 감옥에 수감되었다. 이들은 사이먼 만의 쿠데타를 위한 선발대를 형성한 혐의를 받고 있었고, 적도 기니 정부를 무력으로 전복시키기 위한 책략에 사용할 무기를 구입하기 위해 하라레⁶⁶에 도착했었다. 이 세 사람은 AK-47 소총 61정, 소총 탄약 4만 5천 발, 대전차포 탄약 1천 발, 수류탄 160개 등의 무기를 구입하려 시도했다. 3월 말에 하라레로 비행기를 타고 도착할 70명 정도의 용병들이 이 무기들을 사용하려 했던 것으로 추정되었다. 이 용병들은 나미비아와 앙골라에서의 남아공의 전쟁들을 겪은 퇴역 군인들이었다. 이들은 적도 기니의 수도 말라보에서, 석유가 풍부한 이 작은 아프리카 나라의 전제 군주적인 통치자 오비앙 대통령을 납치하여 살해하려는 습격 계획을 하고 있었다. 체포된 이들은, 자신들이 단지 콩고민주공화국의 다이아몬드 광산에서 안보 요원으로 고용되었을 뿐이라고 주장한다.

이 쿠데타 계획은 아프리카 용병들의 어두운 과거를 떠올리게 했다. 와트니 양조 명가의 일원인 만Mann은 〈익세큐티브 아웃컴스〉의 전문 요원이었다. 그는 동료들에게 감옥에서 빼내 달라고 부탁하면서, 감옥에서 탈출하기 위해서는 "큰 얼룩을 가진 비둘기"〔현금〕이 필요할지도 모르겠다고 말했다. 이 계략에 투자했던 사람 중에 과거의 잔재를 떠올리게 하는 또 다른 이름들이 포함되어 있음을 증명하는, 다양한 버전의 '비둘기' 목록이 유포되었다. 이 목록에는 전 영국 총리의 아들 마크 대처 경도 있었다. 그는 결국 이 계획에 참여한 죄로 벌금을 물었다. 반 루옌은 자신의 예전 동료들의 활동에 분개했다. 그가 내게 말하기를, "우리는 그러한 종류의 활동으로부터 자신을 완전히 분리하고 있다. 그 소식을 듣고서 나는 회사 변호사에게 연락하여 그들과 모든 공식적이고 재정적인 연결을 파기하게 했다." 반 루옌은 자신의 동료 이사들은 짐바브웨에서 휴가 중일 때 체포되었다고 말하면서, 다음과 같이 덧붙였다. "그들의 체포 소식을 듣고 나는 충격을 받았다. 그러한 활동은 회사 정책에 전적으로 어긋난다." 또 반 루옌이 말하기를, 루렌스 혼은 "사냥터에서 긴장을 풀기" 위해 남아공으로 돌아가기 전까지, 즉 2004년 2월까지 영국 국제개발부와의 계약을 비롯하여 회사의 이라크 활동에 대한 책임을 지고 있었다. 헤르마누스 카를스는 그보다 일찍 이라크를 떠났다고 한다. 이들은 함께 〈미티오릭 택티컬 솔루션스〉를 설립했다. 그러나 반 루옌은 더 이상 전직 사업파트너들을 상대하지 않겠다고 했다. "그들이 자신들의 잠자리를 스스로 깔았으니, 이제 그곳에 누워야 한다"고 반 루옌은 말했다. 그의 예전 동료들은 짐바브웨의 감옥에서 구타를 당했고 불친절하게 다뤄졌지만, 그들이 체포될 당시에 무기를 소지하고 있지 않았다고 짐바브웨 국가 당국이 판결했기 때문에 그들은 석방되었다.

이들은 남아공으로 돌아오자마자 경찰에 자수했다. 남아공의 길고 피비린내 나는 용병주의의 역사에 대한 반작용으로, 〈아프리카 민족회의〉 정권은 자국민의 청부업자 활동을 금지하는 엄격한 법률을 통과시킨 바 있었다. 〈아프리카 민족회의〉 정부는 이라크에 있는 군사 기업들에게 연합군에 남아공 사람들을 기용하는 것을 용인했지만, 동일한 업체들이 아프리카 대륙에서 군사 사업에 관여하자 신속하게 행동했다. 집안 문제에 가까우며 과거를 떠올리게 하는 일이기 때문에 모른 체 지나갈 수 없었다. 또 남아공 경찰은 〈택티컬 미티오릭〉 자체도 폐쇄했다. 남아공 경찰은 반 루옌이 그 계략으로부터 자사를 분리시켰다는 점을 액면 그대로 받아들이지 않았던 것으로 보인다. 남아공인들과 마찬가지로 스위스인들도 이번 사태를 심각하게 받아들였다. 스위스 국회의 안보위원회 소속이었던 하원 의원 바바라 해링은, 남아공 출신 용병이 실제 군인으로 대체되어야 한다고 주장했다. 왜냐하면 "그럴 때만, 그들이 민주주의적 통제 아래에 있고 인권을 존중하도록 훈련받았다는 확신을 할 수 있기" 때문이다. 스위스 당국은 자국 병사의 이라크 파병보다 용병을 사용하는 것을 선호했기 때문에, 바바라 해링의 주장이 성공을 거두지는 못했지만, 적어도 그녀가 제기한 문제는 의회에서 논의될 수 있었다.

그러나 영국 각료들과 하원의원들은 난처한 듯 이 문제를 앞에 두고 침묵했다. 영국 국제개발부를 위해 일했고, 이라크에서 영국 국제개발부 장관 힐러리 벤을 직접 경호했었던 두 명의 용병은 이제 초라하고 실패한 쿠데타에 휘말려 있었다. 비록 고의는 아니었을지라도, 영국 국제개발부는 이 음모를 조장했다. 〈택티컬 미티오릭〉의 두 사람은, 비록 작은 규모였지만, 영국 정부를 위해 일하면서 벌어들인 돈을 쿠데타 계획에 투자했다. 그뿐만 아니라 용병들을 고무시킨 또 다른 방식이 있었다. 적도 기니는 이라크처럼, 인기가 없으며, 악랄한 독재자의 지배를 받는 석유 자원이 풍부한 나라였다. 만일 용병이 주도한 말라보 습격의 결과로 오비앙 대통령이 실각하고 좀 더 친절한 지배자가 그 자리를 대체하게 되었더라면, 과연 서구는 이의를 제기했을까? 비록 당사자는 부인했지만, 야당 총수 세보로 모토가 이 계획에 관여했을 가능성이 제기되었다. 용병들의 관여가 곤란한 상황을 만들었을 수도 있는데, 왜 영국과 미국은 자신들의 이라크 점령을 강화하기 위해 용병들에 의존하면서, 그 동일한 용병들이 아프리카의 독재자를 몰아내는 데 반대했던 걸까? 쿠데타가 성공했더라면, 거기에 투자했던 사람들은 값비싼 석유 채굴권을 획득할 수 있었기 때문이다. 이 사건은 용병 사용의 위험성을 보여 주는 전형적인 사례이다. 즉, 정치적인 동기나 애국심보다는 돈에 눈이 멀게 되었던 이들은 별 문제 없이 단순 군사적 기능을 수행하는 사람들에서 해적 행위나 폭력배의 갈취 행위와 다를 바 없는 일을 수행하는 사람들로 전락할 수 있었던 것이다.

팀 스파이서의 귀환

"아프리카로 무기를"arms to Africa이라는 스캔들(이 책 5장 참조) 이후로 영국 정부는 민간 군사 기업에 열중했다. 그러나 영국 정부는 명백히 팀 스파이서와 그의 회사들과 거리를 두려고 노력하는 것처럼 보였다. 영국 관료들은 비밀리에 혹은 은밀한 경우에만 스파이서와 만났고, 그의 회사들과 전혀 계약을 맺지 않았다. 영국 정부는 자신들이 보기에 훌륭하다고 생각되는 〈알멀 그룹〉이나 〈콘트롤 리스크스〉 같은 기업들과의 거래에 만족하고 있는 것처럼 보였다. 그들은 스파이서가 마치 경계 밖에 있는 사람인 것처럼 그를 취급했다. 영국 정부는, 〈샌드라인〉 사건이 진행 중일 때 자신들이 스파이서를 비난했던 것을 잊기도 어려웠고, 스파이서가 자신들을 곤란하게 했던 것을 용서하기도 어려웠다. 유감스럽게도, 영국 정부는 총책을 맡고 있지 않았지만, 이라크에서는 자신들의 동료이면서 상관인 미국의 변덕에 따라 움직였고, 새로운 안보 시장에 속수무책으로 휘둘리는 처지에 놓여 있었다. 둘 다 스파이서의 관여를 배제할 수 없는 경우였다.

이라크에서 받은 가장 큰 안보 계약 중 하나를 보면 영국이 민간 군대 시장을 어떻게 주도했는지 알 수 있다. 또 이 새로운 무장 병력 시장이 몇몇 친숙한 옛 인물들을 끌어들이고 있다는 것도 알 수 있다. 영국에 본사를 둔 〈이지스 시큐리티〉사는 "프로젝트 관리 부서"의 안보를 통합하고 부서 직원들의 "안보를 보장하는" 계약을 수여했다. 단조롭게 들리는 이 설명이, 실제로는 〈이지스〉사를 이라크에 있는 대부분의 다른 민간 안보 업체들의 책임자로 만들었다. 또 그와 동시에 이 설명은, 약 2억 9천3백만 달러를 지급하는 대가로 점령군을 위한 소규모 근위대를 직접 조직할 것을 〈이지스〉에게 요구했다. 〈이지스 시큐리티〉는 그 전에 〈샌드라인〉을 운영했던 팀 스파이서가 운영했고, 사이먼 만을 부사장으로 두고 있었다. 만은 적도 기니에서의 실패한 쿠데타 이후 짐바브웨에 구류되어 있었기 때문에 이라크에서 스파이서를 도울 수 없었다. 스파이서의 〈샌드라인〉은 전쟁으로 피폐해진 시에라리온에 무기를 수출(이는 유엔 무기수출 금지조치에 어긋나는 것이었다)하다 적발되어 노동당 정부를 곤혹스럽게 만든 적이 있었다(이 책 5장 참조). 영국 정부는 아프리카로 무기를 보내기 사건 이후에 태도를 180도 바꾸어 민간 군사 기업의 사용을 장려하였지만, 결코 스파이서를 용서하지는 않은 것 같았다. 외무부는 주도면밀하게, 용병 합법화에 관한 공개초안에 스파이서의 이름이 들어가지 않도록 하였다. 또한, 그와 은밀히 접촉을 유지하긴 했지만 공개적으로는 그를 절대 고용하지 않았고, 심지어 그에게 말을 걸지도 않았다. 그런데, 유감스럽게도 미국 정부가 스파이서에 감명을 받았고, 영국 관료들은 당혹감을 숨기고 스파이서의 새로운 역할을 받아들였다.

아프리카로 무기를 보내기 사건으로 인해 평판이 손상된 스파이서는, 예상 밖의 도움으로 새로운 회사를 준비했다. 용병 이야기인 『전쟁의 개들』을 비롯하여 여러 편의 스릴러물을 쓴 프레더릭 포사이스는 스파이서의 회사의 창립 투자자였다. 그는 이 투자가 어쩌면 그에게 새로운 줄거리를 제공할 수도 있을 것이라고 기대했다. 스파이서는 "후레쉬 브레쓰"Fresh Breath 치약을 판매하며 경험을 쌓은 마케팅 이사 사라 피어슨의 협조로 그의 용병 회사를 다시 세웠다. 그러나 그녀는 스파이서의 과거를 새하얗게 닦아 주지는 못했다.

영국 각료들이 스파이서가 지명된 사실에 난처한 듯 침묵으로 응답하는 사이에, 미국에서도 그의 역할에 관해 논란이 불거졌다. 미국의 한 적극적인 운동[세력]은 스파이서가 북아일랜드에서 군인 생활을 했던 과거 때문에 스파이서에 반대했다. 아마도 이것이 스파이서가 영국에서 유일하게 일으킨 파문일 것이다. 영국 정부는 스파이서에 관해서 조심스러웠지만, 북아일랜드를 둘러싼 문제들에 관해서는 동요하지 않았다. 예를 들어 〈알멀 그룹〉이, 북아일랜드 왕당파 테러리스트들에 협조한 전과가 있는 한 전직 해병대원을 이라크로 보내 〈벡텔〉의 경비로 일하게 했을 때, 영국 정부는 공식적으로 우려를 표명하지 않았다. 이 〈알멀〉의 사병私兵은, 조니 "미친 개" 아데어의 〈얼스터 자유전사들〉이 공격 목표를 정하는 것을 돕기 위해, 그들에게 군사 기밀 서류를 전해 준 후, 열 건의 살인을 청부한 죄로 1995년부터 4년 동안 감옥에 가 있었다. 전과자 출신을 만난 복무 중의 영국 군인들은 격분했다. 하지만 영국 정부는 냉정했다. 영국은 〈알멀 그룹〉과 기꺼이 계약을 체결했는데, 이 회사 또한 노동당 지도부와 연계된 씽크탱크인 〈외교정책센터〉에 자금을 조달해 주면서 훌륭한 집단들 내에서 움직이고 있었다.

그러나 아일랜드인 인구의 규모가 큰 미국에서, 북아일랜드 갈등은 상당히 다른 각도에서 고찰되었다. 스파이서의 이력은 분노를 불러일으켰다. 〈샌드라인〉을 창업하기 전에 스파이서는 〈왕립 그린 재킷〉의 장교로서 포클랜드 전투에 참전했다. 또 스파이서는 무장하지 않은 피터 맥브라이드라는 남자를 살인한 죄로 기소된 두 명의 스코틀랜드 근위병을 통솔하고 있었다. 맥브라이드는 공화당과 아무 관련이 없는 인물이었고, 1992년에 군 검문소를 등지고 가는 도중에 등에 총을 맞았다. 스파이서는 자신의 휘하에 있던 이들 두 명의 병사의 석방을 위한 운동에 성공했다. 맥브라이드의 살해에 대한 스파이서의 태도를 이유로, 아일랜드계 미국인들은 이라크에서 〈이지스〉와의 계약을 취소할 것을 요구하는 떠들썩했지만 성공적이지 못했던 운동을 시작했다. 또 〈이지스〉는 미국에 다른 적들도 갖고 있었다. 이 회사가 계약을 따내자 경쟁 용병 업체인 〈다인코프〉가, 거래를 중지하고 스파이서의 과거를 조사하라고 미국 당국을 설득했다. 그러나 〈다인코프〉는 결국 성공하지 못했다. 스파이서의 화려한 과거에 대한 〈다인코프〉의 주장들은 〈다인코프〉의 직원들의 범죄에의 관여로 인해 다소 약화되었다 (이 책 4장 참조).

이라크의 대차대조표

이라크는 전장의 사영화와 군사 점령의 외주화에 있어서 가장 거대한 실험실로 전락했다. 그 결과는 불을 보듯 뻔했다. 새로운 용병들은 이라크에서의 실패를 가중했다. 민간 군사 기업에 관한 영국 정부의 전전戰前 공개 초안은, "민간 군사 기업을 사용할 타당하고 논리적인 필요"가 있음을 암시했다. 또 "군사적 능력을 갖춘 무장 저항세력이나 범죄 집단의 위협에 처해있는 국가"가 "안보를 재확립하기" 위해서 민간 군사 기업이 유용할 수 있음을 시사했다. 이라크가 정확히 그러한 국가였다. 그러나 사병私兵의 광범위한 사용은 이 나라의 분열을 가중시켰다. 영국 외무장관 잭 스트로는 무장 기업들을 사용하는 것이 "국군을 훈련하려는 시도보다 값싸고 빠를" 것으로 생각했다. 새로운 용병들과 점령에 참여한 다른 계약자들은 싸지 않았다. 이들은 자신들의 시장 권력을 부당하게 이용했고, 경우에 따라서는, 단순 매수買收를 사용하여 안보 지출이 기초 [공공] 서비스의 재건을 사실상 중단시킬 때까지 이라크로부터 돈을 착복하기도 했다. 이라크의 자체적인 군사력을 구축하지 않고 안보 회사들을 사용하는 것의 장점이라 여겨지는 모든 점이, 전부 환상에 불과하다는 것이 곧 입증되었다.

2005년에 이르자, 이라크의 자체적인 무장 병력을 민간 기업들로 대체하려는 시도는 반란 세력을 억제하는 데 실패했고, 오히려 단지 국가가 경쟁하는 무장 집단들의 영지로 분할되는 과정을 가중한 것처럼 보였다. 냉정하고 이성적인 정부라면 이라크 실험을 돌이켜 보고서, 전장 계약자들의 이와 같은 광범한 사용을 중단하기로 했을 것이다. 그러나 그것은 이라크 점령의 가장 중심적인 전략 중 하나가 완전히 잘못되었음을 인정한다는 것을 의미했다. 이것은 화이트홀과 워싱턴이 모든 정치적 권력을 이용해 반대할 것이 분명한 조처였다. 영국과 미국 정부는, 이제 군사 행동을 시작하는 것에 있어서 민간 기업들에 크게 의존하고 있었기 때문에, 어떤 결과가 있을지라도 이 정책을 유지하기로 한 것처럼 보였다.

8장

사설
첩보 요원

정보기관들은 청부 계약과 관련된 오랜 역사가 있다. 조셉 콘라드의 소설『비밀요원』에서 제목이 지칭하는 스파이는 런던에 있는 외국 대사관에서 정기적으로 돈을 받아가는 러시아인 아나키스트 M. 벨록이다. 벨록은 돈을 받는 대가로 체제 전복적 망명자들의 세계에서 온 정보를 대사관에 전달하고, 심지어 아나키즘에 불명예를 안기려는 자신의 고용주들을 돕기 위해 폭파 계획을 추진하기도 한다. 벨록은 청부업자다. 이러한 기본 구조는 책 속에뿐 아니라 현실 속에도 존재했다. (다양하게 변장해 가면서 정부 상근 직원으로 소속되어 첩보활동을 하는) 제임스 본드 부류의 매혹적인 비밀 요원은 영화 속에서 더 큰 역할을 한다. 그러나 어쩌면, 국가로부터 독립적이지만 비밀리에 그들의 요원으로 일하는 벨록과 같은 더러운 인물들의 영향력이 더 클 것이다. 주요한 서구의 정보기관들은 엄청나게 광범위한 종류의 벨록들을 외주업자로 사용해 왔다. 예를 들어서 냉전 시대에,『인카운터』라는 잡지는 미국의 주류보다는 한참 좌측이면서 동시에 공격적인 반反소련 성향을 띠는 유럽 필자들의 기사들을 전문적으로 게재해 왔다. 이 잡지는 미국 중앙정보국에서 비밀리에 자금 지원을 받았다. 따라서 이들을, 유럽의 좌파를 공산주의의 동조자들에게서 멀어지게 하려고 고용한, 그리고 소비에트 블록에 대항한 지적인 방파제의 역할을 위해 고용한 미국 정보기관의 외주업자라고 볼 수도 있다.[1]

『인카운터』지에 대한 자금지원은, 〈문화 자유 의회〉[2]를 중심으로 조직된 미국 중앙정보국의 주요한 정치적·재정적 운동의 작은 부분에 불과했다. 미국에 의해 고용된 무수한 반反소련 집단들이 실제로는 미국 첩보기관의 외주업자들이었다. 1960년에 피그즈 만에서 쿠바인 망명자들이 카스트로 정부에 가한 실패한 급습도 중앙정보국의 자금지원을 받은 작전이었다. 피그즈 만에서의 굴욕적인 실패에도 불구하고, ― 쿠바군은 침공자들을 제압했고, 이후 수백만 달러어치의 의료지원과 침공자들을 교환했다 ― 중앙정보국은 이 특정한 "회사"를 사용하는 것에 열성을 보였다. 또 볼리비아에서 체 게바라를 추적하기 위해서, 그리고 1960년대 초반에 콩고의 반란을 진압하기 위해서 미국 중앙정보국은 쿠바 전사들을 고용했다. 비밀 첩보 활동의 이 모든 형태는 일종의 사영화를 대표한다고 할 수 있다.

그러나 이와 같은 민간 요원의 사용은 본질적으로, 비밀을 유지해야 하는 필요 때문에, 그리고 안보기관의 활동을 다른 어떤 집단의 활동인 것처럼 보이게 만들기 위해 "부인의 가능성"을 유지해야 하는 필요에 의해 추진되었다. 대테러전쟁이 시작되었을 무렵에는 새로운 종류의 정보기관의 외주업체들이 등장하였다. 이 비非비밀 요원들은 돈벌이를 위해 국가의 첩보 활동을 공개적으로 수행하는 회사들의 시장을 형성했다. 중앙정보국의 비밀 외주업체 네트워크는 다수의 정치 및 군사 조직들을 포함하였을 뿐만 아니라, 뚜렷한 상업적 구조를 가진 단체들도 포함하였다. 1960년대 이래로 중앙정보국은 첩보활동을 다루는 『옐로 페이지스』3를 가득 채울 만큼 많은 수의 "위장" 기업들을 설립했다. 중앙정보국 내에서 이 기업들은 "비밀기업"으로 알려졌다. 이들 중 일부는 그저 중앙정보국 요원들을 위한 위장 직장을 제공하기도 했다. 그러나 몇몇 회사들은 특히 운송에서 미국 중앙정보국을 위한 폭넓은 업무들을 수행했다.

가장 잘 알려진 중앙정보국의 "비밀기업"인 〈에어 아메리카〉는 미국 공군의 저돌적인 〈플라잉 타이거스〉 출신 퇴역 조종사들이 만든 민간 항공사인 것처럼 보였다. 그러나 미국 중앙정보국이 이 회사의 지분 전체를 소유하고 있었다. 〈에어 아메리카〉는 165대의 항공기와 5천 명의 직원을 가진 주요한 항공사였다. 이 회사의 중앙정보국 임무 중에는 베트남을 비롯한 동남아시아 국가들에서의 중앙정보국의 "비밀" 전쟁에 게릴라 부대, 용병, 자금과 무기를 낙하산으로 투하하는 것이 있었다. (이 전쟁들은 미국 시민들에게는 비밀이었지만, 동남아시아의 희생자들에게는 비밀이 아니었다.)

〈에어 아메리카〉를 비롯한 중앙정보국 "비밀기업"들은 피그즈 만에서의 대실패에서뿐만 아니라 인도네시아, 콩고, 베트남에서도 전투를 치르기 위해 여분의 미국 폭격기를 활용했다. 〈에어 아메리카〉는 민간 항공사처럼 보였지만, 중앙정보국이 소유하는 회사였고, 동남아시아에서 비밀 화물 수송기의 역할을 담당했다. 〈에어 아메리카〉는 이후에 대테러전쟁 주식회사를 구성할 기업들과 연관되어 있었지만, 그 상업적 구조의 본질은 재정적인 것이라기보다는 중앙정보국을 위한 위장에 가까웠다. 실제로, 중앙정보국 요원들은 그저 평범한 회사를 운영하는 것처럼 행세하면서 세간의 주목을 피하라는, 그리고 상업적 성공을 피하라는 지시를 받았다. 이는 요원들을 곤란하게 만들었다. 한 요원은, 사업적인 실패가 요원의 신분을 보호해 줄지는 몰라도, "얼간이 같아 보여"서 "내 자식들도 내가 낙오자라고 생각한다"며 불평했다.[4]

1970년대 중반에 미국 첩보기관들은 지속적인 정치적 어려움에 직면했다. 베트남에서의 실패와 워터게이트 스캔들은 많은 미국인이 정보기관의 역할에 관해 의문을 갖게 했다. 1975년, 프랭크 처치가 이끄는 상원의원들로 이루어진 위원회가 국내의 첩보기관들이 저지른 부정행위에 대해 다방면에 걸친 일군의 조사를 시작했다. 상원의 "〈처치 위원회〉"는 국가·국제·군사·경찰 등 모든 영역에 걸친 단위들의 비밀 활동들을 자세히 검토하고 폭로하였으며, 미국 연방수사국과 중앙정보국의 운영을 모두 문제 삼는 14개의 보고서를 발표하였다. [또한, 이 위원회는 이들이 행한] 미국 시민에 대한 첩보 활동, 비밀 공작원들의 활동, 암살 계획, 비밀 전쟁과 쿠데타의 추진, 그리고 여러 다른 충격적인 행동들의 목록을 만들었다. 이 위원회는 미국 정보기관들의 어두운 구석들을 폭로했던 정치 운동가들과 추적 보도 기자들의 전례를 따르고 있었다. 그 결과 정치적인 위기에 직면한 담당자들은 물러났으며, 일부는 매각되기도 했지만 대다수 비밀기업의 규모가 단계적으로 축소되었다. 그리고 이 과정에서 수립된 상업적 관계가 새로운 양식의 첩보 계약업체로 성장하게 될 회사 중 일부에게 기반을 마련해 주었다.

그러나 비밀기업의 위축으로 나타난 즉각적인 효과는 영리회사와 안보기관 간에 모호하게 경계를 유지하는 것을 다소 시대에 뒤처진 것으로 보이게 만들었다는 점이다. 1980년대에 미국의 행정부들은 대처의 영국에서 벌였던 실험을 따라서, 사영화 물결을 시작했다. 대처식으로 안보기관을 외주하는 것은 중앙정보국의 영리 자회사를 만들어 내기보다는, 중앙정보국, 연방수사국, 그리고 국방부에 자신들의 서비스를 판매할 수 있는 순수 독립기업들의 설립에 잠재적으로 이바지하는 것이었다. 그러나 처음 공개적으로 공표된 중앙정보국 사영화의 계획은 가까스로 시작되었다. 1982년에 미국 정부는 연방정부 건물들 외부에 배치된 7백 명의 경비를 사영화하려 시도했다. 그러나 중앙정보국, 국무부와 국가안전보장국은 자신들의 경찰관들이 임대경찰이 되는 것을 저지하면서 사실상 이 제안을 부결시켰다.[5] 1983년에 미국 정부가 다시 시도했고, 이번에는 중앙정보국 사무실 청소원들을 사영화하는 것을 목표로 했으나[6] 흐지부지되었다. 1984년에 가서야 비로소 레이건의 외주화 공세가 중앙정보국에 도달했다. 중앙정보국은 2천 명의 민간 시설관리인 및 전기기사들과 청부계약을 체결했다.[7] 그러나 이것은 변변치 않은 일에 불과했다.

이 기간에 안보기관을 사영화하려는 다른 시도들 역시 실패했다. 인사관리국[8]의 비밀취급인가[9]를 집행하는 2백만 달러짜리 계약을 사기업인 〈인터텍트 그룹〉이 맡았다. 인사관리국은 중앙정보국의 외부에 있는 안보 직종의 직원들을 심사했다. 핵무기 산업과 다른 업계의 일자리를 기다리는 1천여 명의 인력에 대한 검사가 밀려 있어서, 인사관리국은 사설탐정들에게 이 업무를 넘겼다. 그러나 관료들은 심사 보고서에 관해 이 회사가 "창조적 글쓰기"를 하고 있다고 업체를 비난하고, 업체 측에서는 관료들이 방해가 되고 있으며 "이 사업이 실제로 실행될 수나 있었던 것인지"가 의심스럽다고 주장하면서, 이 계약은 험악한 논쟁 속에서 마무리되었다.[10] 1996년에는 인사관리국의 심사 기능 전체가 사영화되었고, 정치적인 연줄이 있는 〈칼라일 그룹〉이 부분적으로 소유하는 〈유에스아이에스〉USIS라는 회사가 설립되었다. 이 새로운 사기업은 이라크에서의 반反테러리스트 훈련 프로그램을 위해 장교들을 고용하고 심사하기 시작하면서 대테러전쟁에 직접 관여하기 시작했다.[11]

레이건 행정부는 미국의 첩보 활동에 새로운 활력을 불어넣었다. 레이건의 당선은 미국의 자신감이 부활했음을 알리는 신호였다. 구체적으로 말해서, 다른 국가에 군사적으로 개입하기 위한 자신감 말이다. 레이건의 열광적 지지자들은 새로운 대통령의 당선을, 그의 민주당 전임자 지미 카터의 집권기를 특징짓던 자기성찰과 자기비판을 종식할 수 있는 방안으로 간주했다. 일부 레이건주의자들은 워터게이트 사건과 베트남 전쟁으로 인해 국가의 비밀 임무들이 비판에 노출되고, 인원 감축이 동반된 것에 대해서 분개했다. 이후 이 시기 비밀 전쟁 중 하나에 참여했으나 스스로 각성을 한 어떤 이에 따르면,

> 레이건의 캘리포니아 마피아는, 미국 국민에게 어떤 지령을 받았다는 생각으로 집권했다. 그것은 정신이 번쩍 드는 것 같은 베트남에서의 항복과 전후에 자기 채찍질의 세월을 겪고 이제 미국이 본때를 보여줄 준비를 갖고 돌아왔다는 것을 세계에 보여 주어야 한다는 지령이었다.[12]

여러 정황을 종합해 봤을 때, 미국 첩보 전쟁의 부활이 더욱 뚜렷한 상업적 성격을 띠게 되었음을 알 수 있다. 첫째로, 일부 군사 및 정보 요원들은 〈처

치 위원회)의 폭로 때문에 계속해서 영향을 받아 새로운 첩보 모험들에 관련되는 것을 꺼렸다. 그리하여 올리버 노쓰 대령 같은 레이건 정부 인사들이 중동과 라틴 아메리카에서의 임무를 위해 공식적인 경로를 우회할 방법들을 찾게 되었다. 그러나 공식적인 경로를 피하는 것은 공식적인 공적 자금을 피한다는 의미이기도 했다. 따라서 노쓰는 직접 자금원을 찾아야 했다. 그는 그 지역에서 세력을 얻기 위해 이란에 무기를 판매하고, 그렇게 번 돈을 〈콘트라〉를 지원하는 데 사용한다는 '참신한 계획'[13]을 갖고 있었다. 〈콘트라〉는 니카라과의 싼디니스타 좌파 정권에 맞서 싸우고 있는 집단들이었다. 노쓰의 사업은 직접 자금을 조달하고, 공적 규제를 회피하고, 수상한 이란인 무기거래상과 동맹한 몇몇 정치적 '중개업자'들에 의존하고 있었다. 이에 대해 다수의 논평가는 본질적으로 외교 정책이 '사영화'된 것으로 간주했다.[14]

과거의 중앙정보국 "비밀기업"들도 이란 〈콘트라〉 사건에 관련되어 있었다. 중앙정보국 소유였던 이 회사들은 매각되어 이제 수익을 내는 업체들이었다. 서투르게 사업하라는 "얼간이" 지시는 사라졌다. 이 새로운 준* 중앙정보국 기업들은 잡다한 동기들을 가진 것으로 보였다. 이들은 자신들의 소유주를 위해 돈을 벌어야 했을까 아니면 정보기관을 위해 군사적인 분란을 일으켜야 했을까? 니카라과의 산디니스타 정권이 〈콘트라〉로 무기를 수송하고 있던 헤라클레스 항공기를 1986년에 격추했다. 포로로 잡힌 조종사 유진 하센퍼스는 이 항공기가 〈써던 에어 트랜스포트〉의 소유라는 사실을 밝혔다. 이 회사는 1976년에 매각되기 전까지 중앙정보국 "비밀기업"이었다. 이 회사는 이제 순수한 영리기업이었는데, 첩보 군사 임무들을 계속해서 수행했다. 기록에 따르면 〈써던 에어〉 역시 이란에 판매하기 위해 미국의 무기들을 중동으로 수송했다. 이 회사의 항공기들은 앙골라에 있는 조나스 사빔비의 〈앙골라 완전독립 민족동맹〉 반군에게도 물자를 운송하고 있었다. 〈에어 아메리카〉 사건이 되풀이되고 있는 것 같았다. 다만 이번에는 이 회사가 실제로 돈벌이에 뛰어들었다.

〈써던 에어〉는 산디니스타와의 비밀 전쟁에서 사영 공군으로서 해야 할 역할을 맡았다. 미국 알라바마 주에 본부를 둔 〈민간 군사 원조〉라는 조직이 이 부대를 편성했다. 〈민간 군사 원조〉는 용병들로 이루어진 잡색 부대를 니카라과로 보냈다. 이러한 〈민간 군사 원조〉의 역할은 산디니스타 전사들이 이들 잡색부대의 헬리콥터 중 하나를 격추했을 때 널리 알려지게 되었다. 이 조직은 여러 우파 단체들로부터 재정 지원을 받았다. 그러나 대부분의 자금은 올리버 노쓰의 사업에서 나왔다. 실제로 이 업체의 공동창업자 중 한 명이었던 잭 테렐이 노쓰의 역할을 가장 먼저 폭로한 사람이었다. 그는 무능하고 돈에 눈이 먼 이 회사의 성격에 환멸을 느끼게 되자 노쓰의 역할을 폭로했다.[15] 〈민간 군사 원조〉와 〈써던 에어〉가 노쓰의 사업을 위한 자금을 받았지만, 이들이 국가로부터 독립적으로 설립된 것은 분명했다. 중앙정보국의 광범위한 대對저항세력 활동들은 닉슨 정권의 위기 이후 축소된 바 있었다. 레이건 행정부는, 새로운 비밀 공격을 시작하기 위한 정치적 의지를 부분적으로만 재형성할 수 있었다. 그러나 올리버 노쓰는 민간 자금과 사기업들을 활용하여 국방 및 정보 당국의 망설임을 피해 비밀 총격전으로 복귀할 수 있었다.

이란 〈콘트라〉 사건은 당혹스럽게 끝이 났다. 비록 마지막에 소송은 기각되었지만, 노쓰 대령은 결국 법정에 섰다. 〈민간 군사 원조〉를 설립한 탐 포우지도 여러 건의 소송에 직면하였고 결국 미군으로부터 야시경을 훔친 죄로 감옥에 가게 되었다.[16] 〈민간 군사 원조〉 소속 용병 중 많은 수가 프랭크 캠퍼가 운영하는 알라바마 주 돌로마이트에 위치한 용병 학교에서 훈련을 받았다. 캠퍼의 일대기는 대對저항세력 및 첩보 활동이 공식적인 것에서 비공식적인 것으로 이행하는 과정을 보여 준다. 그는 베트남에서 특수 부대의 장교였다가 미국 연방수사국의 첩보 요원이 되어 공산당의 알라바마 지부에 잠입했다. 그리고 나서 정보기관을 위해 〈흑인 해방 전선〉 같은 단체들을 수사할 목적으로, 그러한 단체들에 자신이 "군사적 조언자"인 척했다. 그러나 1980년대에 이르자 그는 개인 회사를 설립했고, 모든 구매자들에게 그의 용병 학교에서 군사훈련을 받을 수 있게 했다. 캠퍼 역시도 〈콘트라〉와의 무기 거래 사건에 연루되어 있었다. 이란 〈콘트라〉 스캔들 직후에 캠퍼는 폭파를 계획한 혐의로 2년 동안 수감되었다. 그는 불만에 찬 직원들의 차량을 폭파해 달라는 두 명의 여성 사업가에게 고용되었는데, 음모가 실현되기 전 투옥되었다.[17] 만일 비열하고 저급한 이 시도들이 "대테러전쟁"에서 이루어진 첩보 활동의 원형이 되지 않았더라면, 그것은 그저 미국 중앙정보국이 전후에 저지른 탈선행위들의 지저분한 종결부였다고 볼 수도 있을 것이다. 캠퍼의 탈선행위들은 역사 속으로 사라졌어야 했다. 하지만, 안보 제공을 명목으로 독립적인 영리 사업체들을 사용하는 것은 9·11 이후에 부활했다.

〈콘트라〉를 지원하는 데 사기업들을 사용하는 것을 고무시켰던 주된 요인 중 하나는 정치적 책임의 문제를 회피하려는 욕구였다. 미국 민주당은 〈볼랜드 수정법안〉(니카라과 전사들에게 직접적인 자금 지원을 금지한 법안)을 통해, 〈콘트라〉를 지원하려던 레이건의 법률적 시도를 막을 수 있었다. 그러나 〈볼랜드 법안〉을 교묘하게 빠져나갈 수 있는 뒷문과 같은 사적인 경로들이 있었다. 〈콘트라〉에 대한 공식적인 지원 경로는 막아낼 수 있었으나, 그 결과는 곧장 이해관계의 충돌, 부정과 부패가 눈덩이처럼 불어나는 것으로 이어졌다. 이 사업에 참여하였다가 환멸을 느꼈던 잭 테렐이 기억하듯이, "〈볼랜드 수정법안〉은 이 행정부가 산디니스타에 대한 압력을 사영화해야 한다는 것을 의미했다." 그러나 "그 사영화는······수많은 사람이 민주주의의 이름으로 일어나고 있던 부도덕하고 불법적인 활동들을 외면하게 되었음을 의미했다."[18]

조지 W. 부시가 대통령에 당선되고 〈콘트라〉를 지원했던 과거를 되돌아보았을 때, 그와 그의 부하들은 사영화가 촉발했던 스캔들보다는 그것이 허용했던 즐거운 자유에 대해서 더 생생하게 기억하고 있는 것처럼 보였다. 부시 행정부는 정치적인 감시를 피하고자 사영화를 이용했을 뿐만 아니라 그들이 보기에 지나치게 까다로운 국무부와 중앙정보국의 사고방식을 설복하기 위해 사기업들을 활용했다. 대테러전쟁에서 사기업들은 첩보 활동에 대한 권한을 보다 공격적인 국방부 관료들의 손에 쥐어주려는 방안을 제공했다. 물론, 그럼에도 불구하고 사기업의 사용은 기업들 자신의 수중에도 권력을 가져다주었다. 중앙아메리카를 중동으로 대체해 보면, 〈콘트라〉 사건에 대한 테렐의 묘사가 대테러전쟁에 대한 예측처럼 들린다. 그는 다음과 같이 썼다.

그 사업에 대한 국회의 감독이 전혀 없었으며, 행정부의 통제도 없었다. 부주의와 부패, 범죄행위는 고질적이었다. 관련된 사람들 대다수에게 미국의 외교 정책의 목표들은 부차적인 관심사였다. 〈콘트라〉 전쟁은 소수 개인의 호주머니를 채우기 위해 고안된 돈벌이 계획이 되었다. 미국인들이 세금을 낼 때, 니카라과의 농부들은 목숨을 지급했다. 때에 따라서, 금전적인 이해관계가 애국심보다 우위에 서기도 했다. 이 전쟁은 돈을 많이 벌 수 있는 전쟁이었다.[19]

스탠스필드 터너 해군 대장은 레이건 대통령의 전임자 카터 대통령 밑에서 중앙정보국 국장을 지낸 인물이었다. 그는 이란 〈콘트라〉 스캔들에서의 첩보 활동에 상업적 부문의 활용에 따르는 위험성을 지적했다. 터너 자신도 비밀 작전을 위한 위장 수단으로 "비밀기업"들을 사용한 적이 있었다. 그러나 1987년에 이란 〈콘트라〉 스캔들이 대중에게 알려지기 시작하면서 터너는, 첩보 업무를 위해 실제 영리 목적을 가진 사업체를 사용하는 것의 위험성을 강조했다. 그는 첩보 요원들에게 그럴듯한 또 다른 자아를 만들어 주기 위해서 가짜 회사를 사용하는 방안과 정보 업무를 수행하기 위해서 상업적인 필요성을 가지고 있는 진짜 회사들을 사용하는 방안을 대조했다. 터너에 의하면, "이 기관이 여러 해 동안 경험한 문제들의 근원 중 하나가 비밀기업들이었다." 그는, 작전에 참여한 사업가들이 정보 요원들을 정치가 아니라 이윤을 위해 움직이도록 설득할 위험이 있다고 주장했다. 그는 이것을 "꼬리가 개를 흔드는 것"이라고 불렀다.[20] 터너의 분석은 이란 〈콘트라〉 사건에 관한 것이었지만, 그것은 오늘날의 상황에 더욱 적합한 분석이다. 대테러전쟁의 사영화는, 사기업들이 레이건의 집권 기간보다 비밀 작전들에 훨씬 더 광범위하게 관여하게 된다는 것을 의미했다. 사업 꼬리의 위치는 정보 개를 흔드는 데 있어 훨씬 더 유리해졌다. 그러나 이란 〈콘트라〉 스캔들이 잠잠해진 후 터너의 논평은 잊혔다. 그리고 새로운 공화당 행정부가 레이건 행정부에 의해 더욱 작은 규모로 시작된 "계약에 의한 첩보 활동" 정책으로, 열성적으로 복귀했다.

이란 〈콘트라〉 사건의 결정적인 폭로는 이러한 종류의 비밀 작전들의 사영화를 한동안 지연시켰다. 그러나 일시적으로 보류되었을 뿐, 쓰레기통에 버려진 것은 아니었다. 9·11 공격은 보류 상태를 종식시켰고, 부시 행정부는 그 계획으로 되돌아갔다. 단지 이번에는 훨씬 더 큰 규모였다. 〈콘트라〉 게이트는 과거 미국의 추악한 한 조각 – 볼품없는 작은 상인들에 의해 이루어진, 냉전의 첩보 과잉에 할애된 흔적들 – 으로 남지 않았다. 그 대신에 그것은 대테러전쟁에서 훨씬 더 광범위하게 사업체가 주도하는 첩보 활동의 시범 사례가 되었다. 부시 정권은 이란 〈콘트라〉 사건에 관여했던 다수의 인사를 복귀시킴으로써 레이건의 중앙아메리카 스캔들에 대한 자신의 태도를 표현했다. 부시는 엘리엇 에이브람스를 〈국가 안전 보장 회의〉의 "민주주의 촉진" 책임자로 임명했다. 에이브람스는 국무부 차관보로 재직하며 〈콘트라〉를 지원하기 위해 수백만 달러의 민간 자금을 조성하려 했고, 이란 〈콘트라〉 사건에 관해 국회를 오도한 혐의를 인정한 인물이었다. 산디니스타를 공격하기 위해 무기를 판매한 돈으로 구입한 용병을 사용하려는, 올리버 노쓰의 계획이 "작전명 민주주의"라고 불렸던 사실이 메아리처럼 되풀이되고 있었다. 니카라과의 이웃 나라 온두라스의 미국 대사로 있으면서 〈콘트라〉에 대한 지원을 감독했던 존 네그로폰테가 주이라크 미국 대사가 되었다. 엘살바도르(엘살바도르 정부는 비밀 암살 조직들과 긴밀히 협조했다)의 고위 군사 고문이었던 제임스 스틸 미군 대령은 〈콘트라〉를 위한 지원을 관리·감독했었다. 그는 사담 후세인의 퇴진 이후 가장 악명 높은 이라크 경찰대의 고문으로 재등장했다.[21] 부시 대통령은 이란 〈콘트라〉 정치인들을 재고용했을 뿐 아니라, 대^對저항세력 작전에 사기업과 국외 자본을 사용하는 올리버 노쓰의 "깔끔한 계획"에 크게 의존했다.

대테러전쟁과 마찬가지로 이란 〈콘트라〉 사건에 연루된 사기업들은 영국과 미국의 문제였다. 미국이 개입의 정치적 의지, 힘과 자본을 갖고 있었지만, 영국은 제국이 남긴 유용한 전문 지식을 계속해서 어느 정도 갖추고 있었다. 또 영국은 미국의 엘리트와 정치적으로 밀접한 관계였다. 〈콘트라〉와 전투를 하러 가는 중이었던 영국과 미국의 합동 용병 부대가 1985년에 코스타리카에서 체포되었다. 그중에는 〈그린자켓여단〉 출신으로, 버밍험 근처 솔리헐에서 라틴아메리카로 가고 있던 영국 국방 의용군 장교도 있었다.[22] 알라바마 용병들 이외에도, 올리버 노쓰는 데이빗 워커라는 전 〈영국 공수특전단〉 부대원과 계약을 했는데, 이 자는 두 개의 민간 군사 기업을 설립한 영국 대령 출신이었다. 문서자료에 의하면 노쓰는 〈살라딘〉과 〈키니미니서비스〉(영국 공수특전단 속어에서 비롯된 명칭)[23]이라는 두 개의 영국 기업을 고용하여, 니카라과에서의 "군사 행동을 수행"하게 했다. 이들이 어떤 행동들을 수행했는지 노쓰가 밝히지는 않았지만, 언론의 추측에는 산디니스타의 무기 더미를 공격했고, 〈콘트라〉에 무기를 항공 수송했고, 사보타주 전술을 훈련했다는 사실 등이 포함되어 있었다.[24] 워커의 회사들은 최근 영국 대사관에 경비를 제공하는 계약을 따내며 점점 신용을 쌓기 시작하고 있었다. 그러나 니카라과 사태에서의 이들의 역할이 폭로되면서 이 같은 종류의 용병 회사의 부흥에 차질을 빚었다. 워커는 1994년에 다시 상류 사회로 마음 편히 복귀할 수 있기까지 7년을 기다려야 했다. 그때[1994년]은 보수당 국방부 장관을 역임한 아치 해밀턴이 〈살라딘〉의 사외 이사로 채용된 후였다. 당시 해밀턴은 그 민간 군사 업체를 위한 계약 체결을 노리고 영국 대사관들에 접근했다.[25] 부시 정권으로 환영을 받으며 복귀한 이란 〈콘트라〉 사건의 정치인들이 대테러전쟁을 시작했을 때, 〈살라딘〉은 대테러전쟁에서 새로운 사업기회들을 만들어 낼 수 있었다. 2006년경, 〈살라딘〉은 아프가니스탄에서 복무하고 있는 2천 명 규모의 무장 병력을 가졌다고 주장했다.

　〈콘트라〉 게이트의 폭로가 상업적 첩보 활동을 한동안 지연시켰다. 그러나 국내에 초점을 둔 기업적 첩보 업무의 또 다른 가닥은 영향을 받지 않았고, 그것은 대테러전쟁에서 번영할 사기업들을 육성하는 장이 되었다. 사설탐정 산업의 소매 부문은 이혼, 소환장 송달, 실종 사건 따위에 집중되어 있지만, 그것의 기업 부문은 전통적으로 훨씬 복합적이고 논쟁적인 업무를 다뤄 왔다. 특히 미국은 사립 탐정들이 스파이 혹은 정부 공작원, 민병대 ─ 그리고 실제로는 첩보 활동의 전 부문에서 ─ 의 역할을 해 온 오랜 전통을 갖고 있다. 1850년대에 알란 핑커튼이 미국의 첫 번째 사립 탐정사무소를 개업했다. 그의 사무소의 로고인 "커다란 눈", 그리고 그의 모토인 "우리는 잠을 자지 않습니다"로부터 "사설탐정"private eye이라는 말이 유래되었을 가능성이 있다. 핑커튼은 남북 전쟁 중에 〈연합군 정보국〉에서 자신의 첩보 기술을 활용하여, 에이브라함 링컨에 대한 암살 계획을 좌절시키기도 했다.

핑커튼은 스코틀랜드에서 태어났다. 그가 미국으로 떠나기 전에 그는 19세기의 노동운동이었던 차티스트의 일원이었다. 그러나 핑커튼과 그의 아들들은 영국의 초창기 노동운동을 억제하기 위한 요원들을 파견함으로써, 가족 회사를 대규모의 전국적 세력으로 만들어 냈다. 미국이 산업화함에 따라, 새로운 광산업, 철광업, 철도 산업 분야에서 노동조합이 결성되고 파업투쟁이 일어났다. 핑커튼 사무소는 이러한 쟁의 속에서 엄청난 사업 기회를 찾아냈다. 핑커튼은 철도업·탄광업의 거물인 프랭클린 B. 가우엔에 의해 고용되었고, 펜실베이니아 광산 노동자들의 노동조합에 잠입할 첩보 요원을 보냈다. 핑커튼의 요원은, 한 재판에서 광산 노동자들이 〈몰리 매과이어스〉라는 이름의 폭력 비밀 결사를 결성했다는 주장을 제기하기 전까지 수년간 투사 행세를 했다. 이 요원이 거짓말쟁이에다 정부 공작원이었다는 의혹은 과거에도 있었고, 여전히 그러한 의혹이 존재한다. 그러나 1877년에 그의 증언을 토대로 열 명이 교수형에 처해졌다. 이러한 성공을 등에 업은 핑커튼 사무소는 거물 고용주들에게 다음과 같은 주장을 써서 보냈다.

노동계급 내에서 불만이 너무나 커서 미국 전역에서 비밀 노동 결사들이 조직되고 있습니다. 우리는 노동력을 대규모로 고용하는 개인들뿐만 아니라 철도 회사들과 다른 기업들에도 제안을 드리는 바입니다. 자사의 직원 가운데, 비밀 노동 결사를 도모하기 위하여 다른 직원들에게 이러한 조직에 가입하라고 권유하고 궁극적으로는 파업을 일으키자고 권유하는, 술수를 획책하는 자들을 주의 깊게 감시하는 것이 좋지 않겠냐고 말입니다.

〈핑커튼〉 사는 "그들의 직원과 어울리며 이 정보를 입수하는 데 적합한 사립탐정"을 제공할 수 있으며, 파업이 일어날 경우 그것에 대처할 "사설 경찰력"을 제공할 수 있다고 말했다. 그리하여 핑커튼 사무소는 노동조합 속의 잠입 첩보 요원들을 관리했을 뿐만 아니라, 파업을 깨기 위한 수천 명의 무장 병력을 배치하기도 했다. 이것은 당시 미국의 상비군보다 더 큰 규모였다. 그러나 1892년, 핑커튼 군단 3백 명이 피츠버그 근처의 홈스테드에 있는 〈카네기 제강 공장〉에서 파업 노동자들과 총격전을 벌였을 때, 열 명의 파업 노동자와 일곱 명의 요원이 사망했다. 이 스캔들은 ─ 그리고 〈핑커튼〉이 전투에서 패배하여 주 민병대에 의해 구출되어야 했었다는 사실은 ─ 〈핑커튼〉의 무장 사업을 종료시켰다. 연방의회 차원의 수사, 그리고 뒤이어 나온 〈핑커튼〉 경비대에 불리한 일련의 주州법들로 인해, 이 탐정사무소는 파업 파괴자로서 무장 인력을 사용하는 것을 중지하게 되었다. 그러나 이 회사는 노동조합 내에서의 첩보 활동을 지속하여, 그 직원들이 정부 공작원으로 활동한다는 비난을 계속해서 불러일으켰다. 1930년대 미국에서 노동조합의 성장과 파업의 새로운 물결은 새로운 합의로 이어졌다. 노동에 우호적인 새로운 법률들, 그리고 상원의 위원회 ─ 〈폴렛 위원회〉 ─ 에 의한 폭로, 이 양자의 결합은 노동 스파이의 모든 특성을 갖춘 이 활동들로부터 핑커튼 가와 다른 탐정사무소들을 몰아냈다.

핑커튼 가의 역사가 보여 주듯이, 초기에는 사기업들이 노동계와 충돌했다 하더라도, 후자가 더 강력해지면 국가가 간섭한다는 것을 알 수 있다. 인도의 세포이 항쟁이 〈동인도 회사〉의 국유화를 재촉했듯이, 19세기 후반 그리고 1930년대의 노동의 반란은 사장과 노동자의 관계를 국가가 장악하고 규제하는 결과를 낳았다. 비록 좀 더 작은 규모였지만, 핑커튼 가의 정신과 유사한 그 어떤 것이 〈와켄허트〉 속에 남아 있었다.[26] 〈와켄허트〉는 고용주들이 결함이 있는 직원을 추려내는 것을 돕기 위해 "체제 전복자"들의 블랙리스트를 보유하고 있었다. 〈와켄허트〉는 1975년 연방 의회의 수사가 회사의 실체를 폭로하고 회사를 곤란하게 만들기 전까지, 당시 지속되고 있었던 "적색 공포"로 수익을 얻을 수 있었다.[27]

1990년이 되자 상업적인 탐정 기업 분야는 훨씬 더 보수적인 상황이 된다. 〈크롤〉과 〈콘트롤 리스크스〉라는 두 기업의 활동이 이 점을 깔끔하게 설명해 준다. 1972년에 검사 출신인 줄스 크롤에 의해 설립된 〈크롤 어소시에이츠〉는 기업 부정 조사를 전문으로 했다. 이 업체는 특히 기업인수와 취득에서 수익을 냈다. "월스트리트의 사설탐정"은 한 회사가 다른 회사를 매입하려고 할 때, 숨겨진 기업 비밀을 찾는 일을 도왔다.[28] 〈크롤〉은 이라크에 무장요원을 공급하는 비운의 〈크롤 시큐리티 인터내셔날〉을 설립해서, 이라크전쟁 후 군수 경기의 호황을 이용하려고 시도하였다. 이 업체는 영국 특수부대의 수장 출신인 제레미 핍스, 그리고 전 세계적으로 가장 큰 민간 군사 업체 중 하나의 설립자인 〈영국 공수특전단〉 출신 알라스테어 모리슨 등과 같은 사람들을 채용했다. 〈크롤〉은 또한 1980년대에 〈핵무기 감축 운동〉을 상대로 싸웠던 만화 주인공 같은 보수당 활동가 레이디 올가 마이탈렌드를 채용했다. 마이탈렌드는 〈핵무기 감축 운동〉에 대항하는 시위를 개최하기 위해 핵무기를 찬성하는 〈국방을 생각하는 가족들〉이라는 운동단체를 설립하였다. 마이탈렌드의 단체는 "미사일을 좋아하는 엄마들"이라는 조롱 섞인 별칭을 얻었다. 그러나 크롤은 마이탈렌드를 매우 중요하게 생각했다. 마이탈렌드는 자신의 외교력을 이용하여, 자주 사보타주되는 석유 굴착 플랫폼을 위해 민간 안보 요원들을 사용하는 〈크롤〉의 계획을 나이지리아에 판매하려 시도했다. 그러나 〈크롤〉은 안보 계약들을 계속 유지하지 못했고, 2006년 민간 군사 업무로 진출하려다가 실패했다.

〈콘트롤 리스크스〉 그룹은 특히 남미 지역에서의 납치 위험에 대해 자문을 하는 한 보험회사의 자회사로 출발했다. 고위 영국 경찰관료 케네쓰 뉴만 경이 1987년 이 업체에 합류하며 작은 소동을 빚기도 했다. 또 다른 런던 경찰국장 출신 로버트 마크 경과 전직 북아일랜드군 사령관 프랑크 킹 장군이 이미 경영진에 포함되어 있었다. 그러나 이 회사는 다른 종류의 기업 부정 수사로 사업을 확장하면서 세간의 이목을 피했다. 후세인의 퇴진 이후 이 회사는 이라크에 무장 요원들을 공급 – 그리고 잃기도 – 했지만, 1980년대와 1990년대에는 재계에서 조용히 움직였다.[29]

그러나 1990년대에, 두 가지 상호 연관된 경향들이 기업 비밀 수사 업계에 변화를 일으켰다. 첫째, 공산주의의 붕괴 이후 지배계급은 결국 "반세계화 운동"으로 성장하게 되는 형태의 새로운 위협을 발견하였다. 환경, 평화를 비롯한 다른 운동들에 기초한 급진적인 시위운동이 성장하고 서로 연합했다. 도로 건설, 저개발 국가에 대한 착취, 원주민들의 운명, 심지어 즉흥적인 "애시드 하우스"[30] 파티 불법화에 대한 반대 등 다양한 쟁점들에 대한 행동주의가 새로운 세대를 정치 운동으로 이끌었다. 1990년대 말에 이르면 이러한 운동들은, 1999년 시애틀에서 열린 세계무역기구 회담 장소 밖에서 일어난 시위에 엄청난 규모의 인원이 모인 이후, 반세계화라는 광범위한 기치 아래에 결집하였다. 1999년의 시위는 이 새로운 정치적 흐름의 절정이었지만, 실제로 이 흐름은 수년 동안 계속 성장해 오고 있었다. 전통적인 사회민주주의와 사회주의가 모두 쇠퇴하는 동안, 시위자들은 새로운 운동을 전개했고, 종종 특정한 기업을 목표로 삼기도 했다. 영국에서는 도로 건설에 반대하는 시위자들이, [건설] 계획을 후원하는 정치인보다는 건설회사와 그들을 수행하는 로비업자와 안보 회사를 중요한 적으로 보았다. 이와 유사하게, 무기 거래에 반대하는 시위자들은 무기 제조업체에 집중했다. 이러한 전개과정은 많은 좌파를 흥분시켰지만, 지목된 기업들에 대한 노골적인 집중은 이 기업 이사회에 있는 자들을 불안하게 했다.

환경운동 시위대가 아무리 난폭하고 무질서했다고 하더라도, 이제는 그러한 공포가 가슴 아플 만큼 소중하게 느껴질 정도로 그들은 우리에게 훨씬 더 심각한 국제적 테러리즘의 위험성을 알려주고 있다. 그러나 9·11 이전에는 "난폭한 아나키스트들"이 당시 신문지상의 마귀였다. 기업적 안보 산업은 이것을 상업적인 기회로 재빠르게 인식했다. 핑커튼 사무소를 연상시키는 새로운 민간 정보 산업은, 새로운 시위대의 소위 "위협"에 유료로 대응할 방책을 회사들에게 제공하면서 사업을 키웠다. 이 정보 회사들의 상업적인 성격은 더욱 광범위한 몇몇 사영화 경향에 의해 고무되었다. 이 새로운 안보 회사들을 고용한 이사회들은, 국가가 뒤로 물러나고 민간 부문이 과거에는 공적이었던 서비스들을 인계받게 되는 일반적 경향에서 영향을 받은 것이 분명했다. 정보의 사영화를 보다 직접적으로 촉진한 요인들도 있었다. 첫째로, 영국 정부는 도로 건설과 무기 프로그램을 민간 부문으로 이양했다. 보수당 정부는 민간 업체가 건설한 도로를 증가시켜 국영 철도 노선의 축소를 상쇄했다. 그리고 국유 무기 제조업체 〈로얄 오드난스〉를 민간 군사 업체 〈브리티시 에어로스페이스〉에 넘김으로써 민간 군사 산업의 규모를 증대시켰다. 민간 안보 산업은 이렇게 새롭게 사영화된 부문들에서 서비스를 제공하면서 사업을 형성했다. 새로운 민간 첩보 요원들을 고용한 기업들 자신이 국가 부문의 축소로 이득을 보았다. 그러므로 이들은, 새로운 안보 "위협들"에 대해 사영 해법을 찾는 것을 아마 당연하게 생각했을 것이다.

둘째로, 공산주의의 붕괴 이후 득세하고 있는 새로운 대처주의 정신은, 영국 안보 기관들 내에서도 민간 업체의 영향력이 감지되기 시작했음을 의미했다. 한동안 M15나 M16 출신이 할 수 있으면서, 세간의 가장 많은 이목을 끌고 있는 돈벌이 계획은 몇몇 당혹스러운 폭로들이 담긴 책의 출간이었다. 그러나 이제 전직 첩보 요원을 사용하는 새로운 세대의 기업들이 설립되어 〈크롤〉, 〈콘트롤 리스크스〉와 경쟁하고 있었다. 이 기업들의 일부는 〈핑커튼〉이나 〈와켄허트〉를 연상시키는 오래되고 제약이 별로 없는 활동들을 제공하면서 시장에 진입하는 것처럼 보였는데, 여기에는 아마도 퇴임한 지 얼마 되지 않은 정부 요원들의 거만함이 반영되어 있었을 것이다.

1995년에는 다국적 기업에 위험성 분석과 정보수집 서비스를 제공하는 민간 업체 〈해클루트 파운데이션〉이 문을 열고 M16 요원 출신 직원을 다수 영입했다. 『파이낸셜 타임즈』에 의하면 안보 기관들은 전직 정보기관원들을 바탕으로 설립되는 〈해클루트〉와 같은 업체의 설립을 암묵적으로 승인했고 심지어는 그것을 응원하고 있었다고 한다. 이러한 업체들이 점차 감축되고 있는 M16 예산에 의한 공백을 메꿀 수 있기 때문이었다.[31] 튜더 왕가의 여행자이며 모험가였던 사람의 이름을 딴 이 회사는 까다로운 외국 영토에 대한 정보를 회사들에게 제공하겠다고 약속했고, 구소련이나 개발도상국같이 파도가 일렁이는 바다를 뚫고 헤쳐 나가는 법을 투자자들에게 안내했다. 그러나 이 회사는 가까운 곳에서 스캔들에 휘말리게 되었다. 비판자들에 대한 정보 수집을 위해 〈브리티시 페트롤륨〉과 〈쉘〉에 의해 고용된 〈해클루트〉는 런던과 뮌헨, 취리히에 있는 환경 단체들에 대한 염탐 활동을 하는 첩보 요원을 두었다.

맨프레드 쉬릭켄라이더는 1980년대부터 독일 정보기관에서 일해 왔다. 그는 1990년에 직접 사업체를 차렸다. 좌파 다큐멘터리 감독으로서 잘 가꿔진 가짜 신분을 갖고 있었기 때문에 그는 카메라를 이용해 수많은 활동가에게 접근할 수 있었다. 그러나 스위스의 한 좌파 단체인 〈혁명의 원리〉가 그에 대한 의심을 품고 쉬릭켄라이더가 그 자신이 주장하는 사람이 아니라는 것을 증명하는 문서들을 확보했다. 이 문서들에는 "〈그린피스〉 조사"라는 명목으로 〈해클루트〉에게 보내는 우편물들이 포함되어 있었다. 이들이 문서를 살펴본 결과 그가 〈쉘〉과 〈브리티시 페트롤륨〉을 위해 〈지구의 벗〉, 〈바디 샵〉, 〈그린피스〉 등에 대한 염탐을 하고 있었음이 드러났다. 이 석유 기업들은 나이지리아 활동가 켄 사로-위와Ken Saro-Wiwa의 살해와 환경오염에 관련된 운동에 동요했다. 〈해클루트〉가 제공한 정보는 석유 기업들이 운동가들에 맞선 대항 선전운동을 일으키거나 운동가들에 대한 법정 소송을 제기하는 것을 도왔다. 〈쉘〉과 〈브리티시 페트롤륨〉사는, 해클루트가 어떤 방식을 사용하는지 몰랐다고 말했다. 또한, 이 가짜 다큐멘터리 감독의 문서들은, 맨프레드 쉬릭켄라이더가 광물업계 거물인 〈리오 틴토 징크〉를 위해서도 자료를 생산하고 있음을 보여 주었다.[32]

이것은 독립된 사건이 아니었다. 에블린 르 쉔느는 정보기관들 내에 강력한 연줄을 가진 사람이었다. 그녀는 영국과 미국의 군사·정보기관 엘리트만 가입할 수 있는 〈특수 부대 클럽〉의 일원이었다. 1990년대에 그녀는 〈쓰룃 리스폰스 인터내셔날〉이라는 회사를 차렸다. M16의 부국장 출신으로 1993년에 〈그룹 4〉라는 민간 안보 회사의 이사진에 합류했던 베리 게인은 영국군 육군 소장 출신 밥 허지스와 마찬가지로 〈쓰룃 리스폰스〉 이사회에서도 한 자리를 맡고 있었다. 르 쉔느의 아들 에이드리언은 〈쓰룃 리스폰스〉의 자회사인 〈리스크 크라이시스 아널러시스〉를 경영했다.

에블린 르 쉔느는 민간 안보 산업이 진출한 다른 분야에서의 경험도 갖고 있었다. 그녀는 〈앙골라 완전독립 민족동맹〉의 조나스 사빔비와 매우 친밀한 관계인 것으로 알려졌다. 사빔비의 단체는 "맑스주의적"인 〈앙골라 해방 인민운동〉의 손아귀로부터 앙골라의 일부를 지키기 위해 미국의 후원을 받으며 싸웠다. 그들은 용병을 쓰기도 했고, 자신들에 맞서는 용병과 전투를 벌이기도 했다. 또한, 보도에 따르면 르 쉔느는 데이빗 스털링 경과 "프로젝트 로크Lock"에 관여했던 것으로 알려졌다. 스털링 경은 직접 자신의 용병 사업체를 차리기 전에, 2차 세계대전 중에 〈영국 공수특전단〉을 창설한 인물이었다. 프로젝트 로크는 〈세계 야생 생물 기금〉이 남부 아프리카에서의 밀렵을 막기 위해 1980년대에 시작한 기획이었다. 그러나 스털링의 〈케이에이에스KAS 엔터프라이즈스〉의 용병들은, 밀렵꾼들의 모임에 침투하고 그들과 싸우는 것에서 〈아프리카 민족회의〉 전사들과 겨루는 것으로 곧 전공을 바꿨다. 이들은 남아프리카공화국 정보기관과 공모하여 밀렵꾼들과 동일한 이동 경로를 사용하는 반反아파르트헤이트 활동가들을 공격하기 위한 위장사업으로 "프로젝트 로크"를 이용했다.

르 쉔느의 회사들은 새로운 급진 운동에 자세히 주의를 집중했다. 첫째, 이들은 석유회사, 무기회사를 비롯한 여러 회사들에게 그들의 비판자들이 위험하다고 설득하기 시작했다. 이들은 종종 반대자들의 세력을 과장했고 활동가들을 민심을 소란스럽게 조장한다고 묘사했다. 둘째, 이들은 시위자에 대해 가장 자세하고 개인적인 정보를 제공하겠다고 약속했고, 심지어는 첩보 사업을 통해 이들을 분열시키거나 와해시키려는 시도도 했다. 에이드리언 르 쉔느는 볼루느 근방의 자택에서 무기 산업에 반대하는 네덜란드 단체 〈에이엠오케이〉AMOK와 〈아시드〉라는 환경단체를 표적으로 삼았다. 그는 또한 급진적 환경운동 단체 〈어쓰 퍼스트〉에 초점을 맞췄던 것으로 보인다. 그와 그의 어머니 모두 〈어쓰 퍼스트〉가 새로운 저항운동 위협의 배후에 있는 가장 핵심적인 단체라고 생각했던 것 같았다.

암스테르담의 스캇 운동에서 생겨난 급진적 연구 집단 〈뷰로 젠센 앤 얀센〉BJJ에 의해 1988년에 그의 행위들이 폭로되었다. 〈뷰로 젠센 앤 얀센〉의 지지자 가운데 한 명이 보낸 편지가 이를 제보했다.

최근까지 나는 다국적 석유 회사 보안 담당자의 비서로 일했다. 그 당시, 회사를 공격할 계획을 갖고 있는 극단주의 단체들에 대한 정보를 판다며 내 상사에게 접근한 사람이 있었다. 그는 고위 간부들과 그들의 가족이 이

사람들로 인해 위험에 처해 있으며 이들이 매우 난폭하고 매우 위험하다고 말했다.[33]

〈뷰로 젠센 앤 얀센〉에 의하면, 이 '안보 컨설턴트'가 에이드리언 르 쉔느였다. 그는 유럽에 있는 여러 환경운동 및 정치 단체들에 가입하였고, 가짜 운동단체들을 설립하는 등 다수의 위장 단체를 발명해 냈다. 위의 밀고자가 분명히 밝혀주고 있듯이, 기업들과 계약을 체결하기 위한 르 쉔느의 전략에는 활동가들의 위협을 과장하는 것이 포함되어 있었다. 유럽에서는 1998년에 그의 정체가 폭로되었지만, 저항운동들에 관한 정보의 빈약함은 르 쉔느와 그의 모친이 2003까지 영국에서 비밀 첩보활동을 계속할 수 있었음을 의미했다. 〈뷰로 젠센 앤 얀센〉이 확보한 서류들은 그가, 프랑스의 주요한 무기회사 중 하나뿐만 아니라, 광물업계 거물 〈리오 틴토 징크〉, 그리고 무기 제조업체 〈브리티시 에어로스페이스〉를 위해서도 일하고 있었음을 시사했다. 그의 안보업체는 또한 나이지리아에서 〈쉘 오일〉의 행적에 대한 저항운동에도 관심을 기울였다.

르 쉔느는 최소한 1995년부터 〈브리티시 에어로스페이스〉를 위해 일했다. 그녀는 자신이 "〈핵무기 감축 운동〉 내부의 알려진 이름들, 노동 조합원들, 활동가들, 환경운동가들 등"이라고 부르는 14만 8천9백 명의 데이터베이스를 〈브리티시 페트롤륨〉을 비롯한 다른 기업들에 제공했다. 일부 인사들의 경우에는 그들의 모든 신상 정보가 들어 있었다. 〈브리티시 에어로스페이스〉에 제출한 한 보고서에서 그녀는 "신상정보를 모으는 것은 하룻밤 사이에 되는 일이 아니다. 사람들을 알게 되는 것, 그들의 별명과 취미 등을 알게 되는 일은 시간이 걸린다"고 설명했다. 그녀의 회사는 에이드리언 르 쉔느 등 비밀 첩보 요원들을 저항 단체 〈캠페인 어겐스트 암스 트레이드〉 내에 배치했다. 〈쓰릿 리스폰스〉 요원들은 회원 명단과 은행 계좌 기록 등을 포함하여 〈캠페인 어겐스트 암스 트레이드〉 본부 내 중앙 컴퓨터에 있는 모든 내용을 다운로드했다. 요원들은 [이 단체가] 하원의원들에게 보낸 서신과 이 단체가 무기 수출에 대해 법정에서 이의를 제기했던 사건들에 관한 법적 자문이 담긴 문서들을 수집했다. 요원들은 반전운동가들에 의한 시위와 언론 선전 활동의 세부적인 내용을 누설했다. 〈쓰렛 리스폰스〉는 〈캠페인 어겐스트 암스 트레이드〉 본부 내에 요원을 두고 있었다. 또 험버사이드에 있는 〈브리티시 에어로스페이스〉의 주요한 공장 근처에서, 이 단체의 지역 조직을 거의 도맡아 운영하고 있는 〈쓰렛 리스폰스〉 요원도 있었다. 아들보다 더 노련한 르 쉔느 여사는 자신에 대한 신뢰도를 구축하기 위해서, 그녀의 요원이 무기회사의 총회 장소 밖에서 벌어진 시위에서 체포되고 학대되도록 계획을 짜기도 했다.

〈브리티시 에어로스페이스〉에 보낸 르 쉔느의 보고서 중 1만4천 장 이상이 『선데이 타임즈』에 누설되었기 때문에 이 지역에서 이루어진 〈쓰렛 리스폰스〉의 행적은 문서에 의해 충분히 입증된다. 그러나 르 쉔느의 스파이들은 다른 곳에서도 활동했다. 서류들과 녹음된 통화 기록들은 그녀가, 뉴베리 우회로 건설에 반대하는 시위 캠프 등과 같은 영국 환경운동 집단들을 목표로 하였음을 보여 준다. 장기간에 걸쳐 그 지역에서 머물렀던 시위대는 자신들이 소중하게 생각하는 시골 지역을 관통하게 될 이 도로의 건설을 막으려고 시도했다. 시위대에 대처하기 위해 〈그룹 4〉 안전요원들이 고용되었다. 그리고 르 쉔느는 뉴베리에 요원들을 두었고, 활동가들의 전략에 대한 정보를 정기적으로 〈그룹 4〉에게 전했다고 주장했다. 또 〈쓰렛 리스폰스〉는 〈거리를 되찾자〉라는 창의적인 아나키스트 저항 단체에도 주목했다.

〈쓰렛 리스폰스〉의 문서들은 이 회사가 도로건설 반대 시위대와 무기 반대 시위대 간의 관계를 과장하려고 시도했음을 보여 주고 있다. 이 문서들은 활동가들 간에 "네트워킹"과 "보답"이 이루어지고 있으므로 〈브리티시 에어로스페이스〉의 문제들의 배경과 도로 건설 반대 운동의 배경을 모두 잘 알고 있는" 사람이 필요하다고 기업들에게 말했다. 이 회사는 반전 활동가들이 도로 건설 반대 시위에서, 가장 투쟁적인 전술들을 밀고 나가고 있다고 주장했다. 이러한 분석은 현실이라기보다는 이 회사 경영진의 상상력이 반영된 것이었다. 합법적인 시위가 수상쩍은 사업 행위를 정당화하는 엄청난 위험으로 해석될 수 있다는 사실은, 실제적이고 폭력적인 위협이 나타났을 때 그에 대한 금전적인 보수가 절대 작지 않을 것이라는 점을 시사했다. 〈해클루트〉와 〈쓰릿 리스폰스〉는 "반세계화 좌파"에 대한 반대를 기반으로, 안보 부대들과 긴밀히 연결된 사람들을 채용하여 민간 안보 사업체를 세울 수 있었다. 그리고 기업들이 자신들의 활동에 재정 지원을 하도록, 이 새로운 좌파가 사업에 실제적인 위협이라고 기업들을 설득할 수 있었다.

새로운 저항운동이 사회에 아나키즘적인 위협을 의미한다는 믿음이 당시 언론에 광범위하게 퍼져 있었다. 그러나 그보다 훨씬 치명적인 테러리즘의 위협을 고려해 본다면, 이러한 믿음은 거의 향수와 같이 느껴질 법도 하다. 그러나 새로운 안보 기업들이 시위대가 제기하는 낮은 수준의 위험에 기초하여 사업을 시작할 수 있었다면, 지구적 테러리즘이 제기하는 매우 실제적인 위협으로 그들이 무엇을 할 수 있을지를 상상해 보라. 아나키스트 요괴에 대항해 싸우겠다는 약속으로 안정된 사업체를 만들어 놓은 민간 정보 기업들은, 알-카에다 덕에 호황을 누렸다. 그리고 그 결과 새로운 기업들이 출현하게 되었다.

중앙정보국 관료 출신 짐 로스와 M15 출신 닉 데이가 설립한 〈딜리전스〉는 새로운 안보 산업에 따라올 몇몇 행로를 잘 보여 준다. 이 회사는 민간 안보 사업에 대한 영국과 미국의 지배를 반영하고 있었다. 또한, 이 회사는 대서양을 횡단하는 정치 엘리트들의 정치적인 도박 칩들이 현금화된 덕에 존재할 수 있었다. 영국 내무장관 출신이자 보수당의 당수였던 마이클 하워드가 2006년에 〈딜리전스〉의 사장으로 취임하였다. 그가 임명된 것은 민간 정보 업계의 신용이 상승하고 있다는 증거였다. 〈딜리전스〉는 또 다른 회사인 〈뉴 브릿지 스트래터지스〉로부터 재정적인 도움을 받아 설립되었다. 〈뉴 브릿지 스트래터지스〉는 고위 관료와의 연줄을 이용한다는 비난을 받아 왔다. 이 회사는 이라크 "재건"에서 고객들이 대규모 계약을 성사하는 것을 돕겠다고 약속했다. 이 회사의 이사진에는 조지 부시 1세의 고문이었던 두 사람이 포함되어 있었다.[34] 이 회사의 사장 죠셉 알바우는 재앙 지역에서 재건을 하는 것보다는 정치적 영향력을 구축하는 것을 더 전문으로 하는 것처럼 보였다. 알바우는 2000년 대선 당시 조지 W. 부시의 선거 사무장이었기 때문에, 대통령과 연락할 방법을 알고 있는 사람이었다. 그는 또 연방재난관리청의 수장을 맡았었다. 그곳에서 그는 재건을 전문으로 한다고 알려진 한 커다란 조직의 책임자였다. 그러나 알바우가 연방재난관리청을 떠난 직후 그가 조직에 남긴 유산이 시험대 위에 올랐고 심각하게 수준 미달인 것으로 드러났다. 뉴올리언스 허리케인 재앙에 대한 연방재난관리청의 대응은 한심했다는 의견이 지배적이었는데, 알바우가 연방재난관리청을 실제 재앙에 대처할 수 있을 정도의 건실한 상태로 만들어 놓지 않은 것이 적지 않은 이유였다. 그러나 알바우의 관리 능력보다는 회사가 부시에게 기대고 있는 정치적 연줄이 〈뉴 브릿시 스트래티지스〉의 투자자와 고객들에게 더 중요한 듯했다. 회사의 홈페이지는 알바우의 재난 관리 경력보다는, 그의 부시 그리고 체니와의 연줄을 더욱 강조하였다.[35]

결국 〈뉴 브릿지 스트래터지스〉는 〈딜리전스〉에게 자금을 지원하는 제휴사가 되었다. 〈딜리전스〉는 "정보를 수집하고 위험을 관리하는" 첩보 요원 출신들의 기술을 이용하여 사업체들이 번성하도록 돕겠다고 약속했다. 이 회사의 간부급 직원 일부의 성실성 자체에 대해서는 의심의 여지가 있다. 정치적으로 연결된 기업들의 세계는 좁다. 〈딜리전스〉의 사장 리처드 버트는 미국 대사 출신이었다. 그는 리차드 펄과 마찬가지로 『텔레그라프』지를 출간하는 〈홀린저〉의 이사를 지내기도 했다. 버트는 〈홀린저〉의 사장 블랙 경Lord Black의 지출을 확인하는 감사위원회 소속이었다. 그러나 감사위원으로서 버트가 알아차리지 못했던 것은 블랙이 주주들에게 손해를 끼치면서 회사를 개인적 영지처럼 운영하는 "기업자금 횡령"에 관여했다는 사실이다.

그러나 이 회사의 최고 경영진의 명백한 태만이 고객들을 떨어져 나가게 한 것처럼 보이지는 않았다. 이번에도, 버트가 〈홀린저〉 이사회 내의 심각한 금융 범죄를 적발하지 못했다는 사실보다 버트와 그의 전 직원들이 정치·안보 내부자 출신이라는 것이 더 중요했다.[36] 얼마 지나지 않아 〈딜리전스〉는 문제가 되는 방법으로 정보 기술을 사용했다는 혐의로 고발을 당했다. 회계 기업 〈케이피엠쥐〉KPMG는 〈딜리전스〉의 요원들이 "사기와 뇌물 수수를 포함하는 부적절한 방법을 통해" 문서들을 취득했다는 법정 소송을 제기했다. 〈딜리전스〉는 한 금융회사를 위해 일을 하고 있었고, 휴대폰 계약을 둘러싼 사업 갈등에 대한 버뮤다의 공식 수사 문서에 접근하길 원했다. 버뮤다 당국을 위해 수사를 진행하면서, 〈케이피엠쥐〉는 〈딜리전스〉 직원들이 회계원들로부터 기밀서류를 넘겨받기 위해 M15 요원처럼 행동했다고 주장했다. 〈딜리전스〉는 혐의를 부인했지만, 이 회사의 직원들이 기밀 문서를 확보하기 위해 범죄와 싸우는 정부 요원으로 가장했다는 혐의는 심각한 것이다. 이것은 사기 행위일 뿐만 아니라, 실제 안보기관의 수사도 위험에 처하게 하는 일이다. 가짜 스파이들이 현장에서 활동 중이라면, 앞으로는 회계원들이 실제 안보기관의 요원들과 쉽게 협조하지 않을 가능성이 높다.[37] 〈딜리전스〉는 어떠한 책임 소재도 부인하면서, 〈케이피엠쥐〉에 합의금 1천7백만 달러를 지급하는 것으로 소송을 끝마쳤다.

카리브 해에서의 모험에 관여하는 것 이외에도 〈딜리전스〉는 민간 안보 산업 전체가 그러했듯이, "황야의 서부" 같은 이라크에서의 사업 현장에도 매료되었다. 〈딜리전스〉는 〈뉴 브리지 스트래터지스〉라는 기업의 자금 지원에 회사의 재정적인 탄생을 빚지고 있다. 〈뉴 브릿지 스트래터지스〉는 이라크에서의 전후 사업 기회들을 이용하기 위해 설립된 회사였다. 아나나 다를까 〈딜리전스〉는 머지않아 이라크에 있는 기업과 정부에 무장된 안보 서비스와 정보 서비스를 공급하였다.

그리하여 기업들의 작은 무리가 반세계화 저항운동의 위협을 강조하면서 민간 정보 산업을 위한 시장을 형성했다. 이 시장은 "대테러전쟁"을 통해 엄청난 규모로 확장하였다. 기업들은 전직 정보 요원들의 기술을 기업 부문에 판매할 수 있었다. 구체적으로 말하자면, 기업들은 이라크와 아프가니스탄 같은 새로운 분쟁 지역의 최전선에서 일하거나, 혹은 테러리즘을 방지하기 위한 좀 더 일반적인 위험 평가와 안보 자문을 제공하였다. 이것은 테러 위협을 과장해서 경제적 이익을 챙기는 규모가 크고, 경제적으로 강력하며 정치적으로 연줄이 탄탄한 기업 로비가 존재한다는 것을 의미했다. 이들은 이란 〈콘트라〉 시절 동안 녹슬어버렸던 민간 정보 업무라는 발상을 부활시켰다. 그러나 이 기업들은 민간 부문에 서비스를 판매하면서 사업을 일으켰다. 아프간과 이라크 분쟁이 정보 업무의 사영화의 다음 단계를 도래하게 했다. 그것은 국가 자신이 민간 스파이를 사용하는 것이었다.

미군은 이라크와 아프가니스탄 분쟁을 통해 잡은 포로의 수를 감당하지 못하게 되었다. 이라크, 파키스탄과 인근 지역에서 검거한 억류자들은 쿠바의 관타나모 만에 있는 미국 수용소에 구류되었다. 이라크에서 연합군에게 사로잡히거나 어쩌다가 연합군의 손에 넘겨진 이라크인들은 후세인의 낡은 형무소인 아부 그라이브에 또는 점령된 나라의 곳곳에 여기저기 자리 잡은 임시 수용소에 수감되었다. 이 전쟁에 대한 미국의 설명에 의하면 이들이, 자유세계에 대한 공격적인 전쟁을 개시하여 두 번의 군사적 개입을 야기한 "나쁜 놈들"이었다. 이들은, 단순히 더 넓은 전쟁에서 잡힌 지역 주민이 아니라 적이었다. 그리고 이들이 서방세계에 대한 방대한 음모의 비밀의 열쇠를 쥐고 있었다. 이런 식의 전쟁 이야기는 오래가지 못했다. 구금된 지 수년이 지난 후에 관타나모 수감자 중에 납득할 만한 혐의를 가진 사람은 몇 명이 되지 않았다. 전쟁 전에 그토록 시끄럽게 주장되었던 이라크인들과 알-카에다의 연관성은 사담 후세인의 패배 이후 첫해에 실체가 없고 모호한 주장인 것으로 여겨졌다. 그러나 대테러전쟁에 대한 공식적인 분석은 이 수많은 포로로부터 테러리즘의 기밀을 알아내기 위해 이들을 심문해야 함을 의미했다. 미국은 심문할 사람이 심각하게 부족하게 되었고, 민간 부문에 의지하며 도움을 요청했다. 정보기관에 이미 기술 지원이나 컴퓨터 자문을 하고 있던 일부 기업들은 급히 정보 전문가들을 채용해야 한다는 압박을 받게 되었고, 그 와중에 이 수요를 맞추기 위한 여러 개의 신흥 기업들이 등장했다.

〈피닉스 컨설팅 그룹〉의 일대기는 민간 정보 산업의 근래의 역사적 발전 과정을 보여 준다. 이 회사는 정보 요원 출신 존 A 놀란 3세[John A Nolan III]에 의해 1990년에 설립되었다. 그와 그의 공동창업자들이 베트남에서 피닉스 작전[38]에 관여했었기 때문에 그는 자신의 회사에 피닉스라는 이름을 붙였다. 피닉스 작전은 미국 중앙정보국이 대대적인 암살과 잔인한 취조 방식을 사용하여 베트민[Viet Minh]을 와해시키려 했던 작전을 일컫는다. 그러나 초기에는 민간 부문에서의 활동이 놀란의 피닉스 작전을 억제시켰다. 그의 회사는 분명 상업적 첩보 활동에 주로 관여했다. 샴푸 회사인 〈프록터 앤 갬블〉은 경쟁사 〈유니레버〉를 염탐하기 위해 베트남 정보 베테랑을 고용했다. 그러나 정보를 수집하기 위해 목표 기업의 휴지통을 뒤지는 "덤스터 다이빙"dumpster diving 등을 포함하는 〈피닉스〉의 활동에 불편함을 느낀 〈프록터 앤 갬블〉의 최고 경영진은 〈피닉스〉와의 계약을 취소했다.[39] 그러나 대테러전쟁은 이 회사에 남겨진 이 창피한 오점을 씻어 주었다. 그리고 베트남 베테랑들은 군 동료들이 있는 곳으로 복귀할 수 있었다. 이제 이 회사는 정부에 정보 인력을 제공하는 주요한 공급업체로 자신을 스스로 광고하면서, "가능한 한 가장 경쟁력 있는 가격으로 가장 헌신적이며 능력 있는 정보 전문가들을 만날 기회를 정부 고객에게 제공할 것"이라고 말했다. 〈피닉스〉의 직원 중에는 관타나모 만에서 심문관으로 일했던 쟈넷 아로쵸-버카트가 있었다. 그녀는 관타나모에서의 심문 방식으로 징계를 받았었다. 그곳에서 그녀는 야한 옷차림을 하고, 수감자들에게 성적인 접촉을 하며 수감자들을 조롱했다. 한 번은 그녀의 속옷 안에서 나오게 한 붉은 잉크로 수감자의 얼굴을 뭉개면서 수감자가 그것이 생리혈이라고 믿게 하기도 했다. 이러한 비상한 방법들은 어떠한 자백도 얻어내지 못했지만, 최종적으로 그녀에게 경고를 하는 것으로 끝났다.[40] 이후 그녀는 〈피닉스〉에 취직하였고, 〈피닉스〉는 그녀를 아리조나에 있는 미군 첩보 학교로 되돌려 보내 신입생들에게 심문 방법을 가르치게 했다.

〈피닉스〉의 사례는 민간 정보 회사 중 일부가 가장 논쟁적인 국가 부문에서 성장했다는 사실을 보여 준다. 피닉스 작전으로 "베트콩 동조자"로 식별된 수만 명의 베트남인이 살해되었다. 〈피닉스〉의 프로그램은 이라크에도 그림자를 드리우기 시작했다. 미국의 후원을 받는 새로운 이라크 정부의 안보군 안에 암살대가 작전을 수행하고 있다는 증거는 수많은 논평가를 공포에 떨게 하였다. 이들은 미국이 성장하는 저항세력을 섬멸하기 위해 필사적으로 노력하는 가운데 새로운 피닉스 프로그램을 후원하고 있다는 사실에 두려움을 느꼈다. 예전에 중앙정보국 테러국을 이끌었던 빈센트 카니스트라로는 바그다드와 그 밖의 지역에서 수행되고 있는 "피닉스 같은" 첩보 살해 작전을 우려하는 사람 중 하나였다.[41] 관료들은 미국이 그러한 지저분한 움직임에 관여하고 있다는 혐의를 일축했지만, 동시에 피닉스 작전의 이름을 딴 회사를 고용하는 데 있어서 망설이지 않았다. 민간 정보 요원들이 인력 부족과 민간 기업에 대한 열의의 결합으로 인해서 안보 서비스의 세계로 되돌아올 때까지, 그들은 자신들의 기술을 삼푸 전쟁에 빌려주는 신세로 전락해 있었다. 그러나 이번에는 이윤을 창출하는 사업체의 형태였다.

과거에서 온 다른 유령들도 새로운 민간 정보 업계의 계약자로 다시 등장했다. 2003년에 〈유나이티드 플레이스먼쓰〉는 "퇴역 군인과 베테랑의 직종 전환, 그리고 미국 국방·국토안보 산업에서 안정적인 직종을 보장하는 정부 계약의 승인"[42]을 따내려는 의도로 사업에 착수했다. 이러한 과제의 일환으로 2004년에는 이라크에서 일할 30명의 "심문관"을 뽑는 광고를 내었다. 이들 심문관에겐 "5년의 정보 수집 활동"의 경력이 요구되었다. 이 광고의 업무 설명에 나타난 이라크에 있는 심문소의 거친 환경에 대한 암시에 따르면, 활동 지역은 "최소한의 의료 시설이 갖춰진 현장 환경"[43]을 갖추고 있었다. 〈유나이티드 플레이스먼쓰〉는 유력한 인사를 자신들의 "사업 파트너"로 영입했다고 자랑스럽게 발표했다. 〈유나이티드 플레이스먼쓰〉의 중요한 자문 인사는 다름 아닌 올리버 노쓰 대령이었다. 산디니스타들을 무찌르기 위해 민간 업체들과 무기 판매, 그리고 불법적인 첩보 활동을 한데 연결하는 "묘안"이 들통 난 후 노쓰는 루퍼트 머독의 폭스 방송사 프로그램을 진행하며 매스컴을 통해 먹고살고 있었다. 정보기관의 사영화 덕분에, 그는 이제 단순 미디어 전사 이상의 능력을 발휘하면서 대테러전쟁의 전투에 참여할 수 있게 되었다.[44]

정부와 계약한 다수의 민간 업체 직원들은 이후 관타나모와 이라크에서 벌어진 두 스캔들 모두에 연루되었다. 관타나모 수용소의 수감자 학대는 완곡어법으로 "수면 관리", "고통스러운 자세", "식이 요법 조절", "주변 환경 조정", "고함지르기/시끄러운 음악" 등으로 불린 기술들을 포함하고 있었다. 또한, 속옷에 지나치게 집착하는 듯했다. 정신적 혼란과 굴욕감을 주기 위해 수감자들을 취조하는 동안에 끈 팬티와 브래지어를 입히는 일이 일반적이었다. 관타나모 하사관 에릭 사Eric Saar에겐 끈 팬티가 머릿속에서 지워지지 않는 듯 했다. 그는 "문 뒤편에 걸린 고리에는 짧은 치마와 끈 팬티가 걸려 있었다"고 폭로했다. 그는 "이 옷차림이, 어느 날 밤 입을 열지 않고 있던 한 사우디 남자를 심문하던 팀의 일원이었던……한 여성 민간 업자가 썼던 것으로 알고 있다"⁴⁵고 밝혔다. 이라크 아부 그라이브 수용소에서 업자들은 훨씬 더 심각한 스캔들에 연루되었다. 2004년 4월, 미국의 텔레비전은 미군 수용시설에서 미군이 이라크 수감자들을 학대하고 굴욕감을 주고 있다는 것을 보도했다. 사담 후세인 시절 고문으로 악명 높았던 아부 그라이브 복합시설을 미국인들이 접수하였다. 미국인 수용소 교도관들이 전리품으로 찍은 사진 속에는 교도관들이 수감자들에게 옷을 모두 벗은 채로 서로의 몸 위에 올라가 이상한 형상의 인간 더미를 만들어 자세를 취하게 하는 것은 물론, 성적 행위를 흉내내도록 강요하는 모습이 담겨 있었다. 사진들로 수사에 착수한 미국 군대의 조사에 따르면, 교도관들은 수감자들을 폭행하고, 개를 이용해 공격하고, 그리고 기묘한 성적 행위로 모욕을 주는 등 "가학적이고, 노골적이며, 잔인한 범죄적 학대"를 저질렀다. 벌거벗은 이라크인들이 미소 짓고 있는 교도관들 앞에서 자위하도록 강요받는 모습이나, 그들이 개 앞에서 벌벌 떨며 움츠리고 있는 이미지들은 이라크에서 미군 주둔의 정당성을 난도질하였다.

이라크전쟁의 지지자들은 이 같은 행태가 자제력을 잃은 일부 말단 직원의 문제이기를 바랐지만, 공식 수사와 언론 취재는 다른 결과를 드러냈다. 2003년에 관타나모 수용소를 맡아 운영했던 밀러Miller 소장은 심문 체제의 기강을 잡기 위해 고문의 자격으로 이라크를 방문했다. 아부 그라이브 수용소에 쓸어 담아 둔 이라크인들에게서 별다른 정보가 나오지 않았으며, 사실상 관타나모만 수용소에 있는 아프가니스탄과 파키스탄 등 여러 국적의 사람들로부터도 그다지 유용한 정보를 얻을 수 없었다. 그러나 미국 정부는 이슬람의 위협에 대한 십자군 전쟁에서 고자세를 유지하며 자신의 실패를 인정하지 않았다. 대부분의 미군 병사들은 관타나모만灣을 "기트모"Gitmo라고 줄여서 불렀고 밀러 소장은 아부 그라이브 수용소를 "기트모화"Gitmo-ise하기 위해 나섰다. 그의 권고 사항 중에는 "교도관들이 수감자들을 성공적으로 착취할 수 있도록 환경을 조성하는 데 적극적으로 참여할 것"이라는 항목이 포함되어 있었다. 쉽게 말해서, 교도관들이 수감자들을 제압할 수 있어야 한다는 이야기였다. 또 개와 성적 모욕의 사용과 같은 구체적인 심문 기술이 기트모에서 전수된 것으로 보였다. 미국 심문관이 사용하는 주요한 무기 중 하나로 속옷이 다시 부상했다.[46] 학대 사건에 대해 타구바 소장이 작성한 보고서에 따르면 남성 수감자에겐 강제로 여성 속옷을 입혔다. 그뿐만 아니라, 케미컬 라이트 스틱[47]이나 빗자루 손잡이 등을 항문에 밀어 넣었으며, 옷을 벗긴 상태로 물과 화장실 없이 매우 작은 감방에 며칠씩 가두기도 했으며, 의자와 빗자루 손잡이 등으로 정기적으로 폭행한 사실이 드러났다.[48] 보고서는 수감자를 농락하는 사진을 찍은 평범한 교도관들이 상관과 심문관의 명령을 따르고 있었다는 점을 시사했다. 이 학대 사건에 고급 장교들만 연루된 것이 아니었다. 이 보고서는 계약업체들이 학대에 가담했고, 한 민간 업체는 아부 그라이브 수용소에 고문 기술을 가져오기 위한 군사적 도구였다는 사실 또한 분명하게 밝혀냈다.

〈씨에이씨아이CACI 인터내셔널〉[49]은 1962년 정보기술 업체로 출발했다. 이 업체는 컴퓨터 연산과 관리감독 관련 자문 업무를 하는 국방 및 다른 공공분야에서 큰 계약들을 토대로 성장했다. 기업화된 정보업계의 다른 기업들은 전직 국가기관 요원이 설립한 소규모 업체였던 것에 비해, 〈씨에이씨아이 인터내셔널〉는 안정적인 기반을 가진 대규모 다국적 기업이었다. 이것은 〈씨에이씨아이 인터내셔널〉가 새롭게 기업화된 안보 산업을 이 세계에 정치적 그리고 경제적으로 끌어들였음을 보여 주는 지표이다. 2003년에 〈씨에이씨아이 인터내셔널〉는 "전쟁 발발 시기에 이라크 전역에서 근무를 할 수 있는 가능 인력이 충분하지 않은 미군의 요청"에 응답했다. 〈씨에이씨아이 인터내셔널〉은 "정보 수집 및 분석 업무에 경력이 있는 적임자들을 발굴하고 채용하기"에 착수했다. 다시 말해서, 대테러전쟁의 인력 부족으로 군은 〈씨에이씨아이 인터내셔널〉을 찾았고, 그리하여 이 회사는 민간 정보 계약자로 탈바꿈하게 되었다.[50] 아부 그라이브 스캔들이 터지기 전까지 민간 심문관을 공급하는 〈씨에이씨아이 인터내셔널〉의 계약은 외부에 알려지지 않았다. 기이하게도, 이 계약은 미국 내무부와 체결된 것이었고, 이 사실은 미국 정부가 계약 사실을 상당 부분 비밀로 유지하기 위해 어떤 창의적인 회계를 사용했을지도 모른다는 의혹을 불러일으킨다.

〈씨에이씨아이 인터내셔널〉 심문관들은 "기트모화" 과정에서 핵심적인 인물들이 되었다. 아부 그라이브 수감자를 위협하기 위해 개를 사용한 것을 두고 벌어진 재판에서 두 명의 하사관들은 자신들이 상관과 〈씨에이씨아이 인터내셔널〉 계약자 모두의 명령에 따라 행동한 것이라며 스스로를 변호했다. 이 증인들은 법정에서 수감자를 위협하기 위해 개를 사용 — 때때로 자신들을 타락하게 만들기도 — 한 것이 관타나모 사령관 밀러 소장의 명령이었다고 증언했다. 이들은 또한 〈씨에이씨아이 인터내셔널〉 심문관 스티븐 스테파노워즈가 재갈을 물리지 않은 개를 사용하라는 지시를 내렸다고 밝혔다.[51] 195cm 키에 "거대한 스티브"라는 예명으로 불리는 해군 정보 장교 출신의 스테파노윅즈가 수감자 학대 스캔들에 관한 두 개의 공식 수사 보고서(타구바와 페이 보고서)에서 거론되었다. 학대죄로 기소 당한 하급 교도관 찰스 그레이너에 따르면, "거대한 스티브"가 그에게 심문을 목적으로 수감자들을 괴롭히고 해칠 것을 독려했다고 한다.[52]

페이 보고서는 몇몇 다른 〈씨에이씨아이 인터내셔널〉 심문관이 수감자에 대한 압박을 어떻게 가중시켰는지 설명하고 있다.[53] 보고서에 따르면, 한 〈씨에이씨아이 인터내셔널〉 심문관은 "한 수감자의 머리카락을 삭발하고 빨간색 여자 속옷을 입도록 한 것에 대해 자랑하며 소리 내어 웃었다". 또 다른 〈씨에이씨아이 인터내셔널〉 심문관은 한 사병에게 군이 수용한 "이라크 경찰[관]들을" "학대하라고 부추겼다". 이 계약자는 폭행과 개를 사용하여 이라크인들을 협박하고, "승인받지 않은 고통스러운 자세"를 취하게 하였다. 세 번째 〈씨에이씨아이 인터내셔널〉 심문관은 이렇게 말했다.

> (수갑을 찬) 한 수감자를 차량에서 붙잡아 끌어내어 땅바닥으로 내리쳤다. 그리고는 그를 심문실로 끌고 들어갔고, 수감자가 일어나려고 하자……매우 세차게 그를 휙 잡아당겨 다시 넘어지게 하였다.

이 〈씨에이씨아이 인터내셔널〉 심문관에겐 그 밖의 다른 업무 태만들도 있었다. 그는 아부 그라이브에서 "술을 마셨고" "취약한 작문 실력 때문에 보고서 작성 지도 수업을 수강해야 했는데, 강의를 듣지 않고 교실 뒤에서 강사를 외면하며 앉아 있었다". 정보보고서를 작성을 잘 하기 위한 시도들을 외면했을 뿐만 아니라 "군교도관의 지도도 따르지 않았다". 부적절한 심문 방식에 대해 직접 질문하자 그는 "난 20년 동안 이 일을 해 왔고 20살짜리에게 일하는 방법에 대해 조언을 받을 필요가 없다"고 대답했다.

〈씨에이씨아이 인터내셔널〉은 이라크에서 업무 수행에 관해 기소된 자사 직원이 없다고 지적하면서, 자사 심문관들이 아부 그라이브를 폭력과 성적 학대의 길로 내모는 데 일조했다는 점을 부인했다. 다른 계약업체들은 좀 더 심각한 혐의를 받았다. 또 다른 업체인 〈타이탄〉은 미군에 통역관을 공급했다. 이 기업은 현장에 4천 여 명의 통역관을 두고 있는 등 대규모 사업을 맡고 있었다. 이 사업은 1차 이라크전쟁에서 약 1백 명의 통역관이 사망했을 정도로 위험했다. 그러나 미군은 〈타이탄〉 통역관들의 자질에 대해 우려했다. 이들 중 다수는 전문적으로 훈련을 받은 통역관이 아닌 아랍어를 할 줄 아는 택시 운전사나 가게 주인처럼 보였다.[54] 〈씨에이씨아이 인터내셔널〉처럼 〈타이탄〉도 국방부에 컴퓨터 연산과 전자 업무를 제공하는 하이테크 업체였다. 9·11 이후 체결된 한 계약으로 이 업체는 민간정보업체로 탈바꿈했다. 2002년에 이들은 관타나모 만에 통역관을 공급하는 거래를 따냈고, 머지않아 이라크 전역에 통역관을 공급하는 것으로 사업을 확장했다. 〈타이탄〉은 캘리포니아 주 전화번호부에서 아랍권처럼 보이는 이름들을 검색하여 일부 통역관을 발굴했다.[55] 훈련받지 않은 이들 통역관도 수감자 학대에 관여하게 된다. 페이 보고서는 특히 한 타이탄 직원이 그로테스크하고 기이한 수감자들의 사진을 찍는 자리에 있었으며, 한 수감자를 심하게 때려 그에게 꿰매야 할 정도의 상처를 입혔다고 밝히고 있다.

〈타이탄〉 직원들은 이라크에서 다른 문제들도 일으켰다. 가짜 신분을 썼던 한 통역관은 군사 기밀 문서를 빼돌렸다. 수사관들은 그가 이라크 반란 세력의 요원이었을 가능성을 제기했고 군은 이 이름 없는 통역관이 이라크 전사들에게 군 기밀을 전달했을 가능성을 의심했다.[56] 또 다른 통역관은 고위 이라크 경찰관에게 수천 개의 방탄조끼 구매를 부탁하기 위해 뇌물을 준 혐의로 기소되었다.[57] 그는 자신의 회사를 생각하는 마음에서 우러나온 행동이라고 주장할 수 있었다. 그 직후 타이탄은 서아프리카 베닌의 대통령에게 2백만 달러의 뇌물을 준 것을 시인하며 2,850만 달러의 벌금을 물었다. 이 업체의 중역들은 방탄조끼 뇌물 사건이 아무것도 아닌 일이었다는 듯이, 베닌에서 커다란 통신 계약에 대한 대가로 뇌물을 지급하는 사건에 가담했다.

어떤 사건도 미군이 〈씨에이씨아이 인터내셔널〉이나 〈타이탄〉을 사용하는 것을 막지는 못했다. 계약업체들은 군을 위해 중요한 역할을 하고 있었다. 첫째로, 이들은 분명하게 미군이 이라크에서 새롭고 기상천외한 심문 기술을 도입하는 데 일조했다. 이 기업들은 군대 내부의 관료주의적인 명령 하달 구조를 통할 필요 없이 신속한 계약상 지침들을 내려 수감자를 취급하는 "관리방식을 변화"시키는 데 영향력을 행사했다. 둘째로, 사건이 벌어졌을 때도 계약업체들은 감쪽같이 자취를 감출 수 있었다. 이들은 법의 암흑지대에 살고 있었다. 일부 낮은 계급의 병사들이 아부 그라이브 수용소에서 수감자를 학대했다는 이유로 기소되기도 했다. 그런데도, 군대 규율에서 제외 대상이면서 동시에 일반적인 사법의 영향권에서도 대부분 벗어나 있던 계약업체들은 직원을 철수시키고, 몇 명을 해고한 뒤 사업을 계속해 나갔다. 미군 병사들이 아부 그라이브 수용소에서 이라크인을 학대한 죄로 수감된 반면, 〈씨에이씨아이 인터내셔널〉과 〈타이탄〉은 수백만 달러 어치의 새로운 계약이나 계약 연장을 얻었다.[58] 특히 〈타이탄〉은 자사를 매입하려는 더 큰 기업들이 줄을 서자 군사 계약업계의 성장에 기뻐하면서 아부 그라이브 스캔들은 잊어버렸다. 결국, 국방과 정보 분야에 상업적인 서비스를 제공하는 전문업체인 〈L-3〉가 〈타이탄〉을 매입했다.

2002년 12월 『워싱턴 포스트』지는 대테러전쟁에서 비롯된 "특별한 귀환"이라는 새로운 용어를 독자들에게 소개했다. 이 신문은 9·11 이후 미국 중앙정보국이 용의자에 대한 노골적인 고문을 위한 "규제를 피하는 법"을 찾아냈다고 폭로했다. 미국 요원들은 자신들이 행할 수 있는 학대의 수위에 불만을 품었고, 요르단·이집트·모로코 등지의 해외 정보기관에게 심문할 질문 목록을 주면서 용의자를 인도했다. 한 매사추세츠 주 하원의원이 지적했듯이, 이것은 사실상 "고문의 외주화"였다. 서부 런던에서 자란 에티오피아인 빈얌 무하메드는 아프가니스탄에서 돌아오는 길에 파키스탄에서 체포되어 관타나모 수용소로 끌려갔다. 미 당국은 그가 테러 계획에 가담했다고 주장했으나 그는 혐의를 부인했다. 그러나 무하메드가 쿠바의 수용소로 곧바로 끌려간 것은 아니었다. 그는 일 년 반 동안 모로코에서 지내야 했고, 그곳에서 심문관들은 그를 폭행하고 외과용 메스로 그의 성기를 베었다.[59] 2002년에는 캐나다인 마헤르 아랄이 튀니지에서 집으로 돌아오는 중에 뉴욕에서 강제로 환승하게 되었다. 미국 관리들이 그를 뉴욕에 구류했기 때문에 그는 캐나다로 돌아올 수 없었다. 미 당국은 마헤르 아랄이 테러리스트 계획에 가담했다고 주장했다. 그는 다른 비행기에 태워져 요르단에 떨어졌다. 그곳에서 다시 시리아로 가서 일 년간 고문을 당한 뒤에야 석방될 수 있었다.

이러한 "고문의 외주화"에는 국제적인 협력이 지대한 힘을 발휘했다. 실제로 고문을 한 국가들뿐만 아니라 환승 장소를 제공한 국가와 그들의 정보기관이 이 과정에 연루되었다. "인도된" 자들의 증언과 다른 증거들[60]에 따르면 영국 요원들은 수감자 일부를 심문하고 식별하는 데 일조했고 독일 요원들은 수감자를 운송하고 그들을 학대하려는 목적 자체로 사용된 유럽 내에 있는 비밀 기지의 존재에 대해 알고 있었다. 캐나다의 "기마 경찰단"은 자국 시민의 인도에 가담했다. 이 사업은 또한 항공기의 그림자 조직망과도 연결되어 있었다. 수갑을 채우거나, 눈을 가리고, 재갈을 물린 수감자들을 수송한 걸프 스트림과 747 항공기들은 〈에어 아메리카〉를 비롯해 미국 중앙정보국과 연계된 항공사 소유의 임대항공기들이었다.

그러나 여러 국가가 관여하는 것과 민간 업체가 관여하는 것에는 한 가지 핵심적인 차이가 있다. 한 국가의 공모는 깊이는 있겠지만, 여러 국가의 가담은 공식적 납치와 학대의 "거미줄"을 더욱 명료하게 드러날 수 있게 하는 측면이 있었다. 공식적 출처들로부터 정보가 새고 밝혀지기 시작하자 많은 국가가 자체 수사에 나섰다. 유럽 회의와 유럽 의회는 수감자 인도 프로그램에 관해 관심을 가지고 수사에 착수했다. 캐나다에서는 마헤르 아랄 사건에 대한 사법적 심사가 이루어졌다. 학대에 관여하는 능력에서는 개별 국가가 민간 업체만큼이나 능숙했지만, 이들은 각종 심사와 어떤 차원이든 민주적 심사를 가능하게 하는 정치 체계를 갖추고 있었다. 수감자 인도 사업에 대한 정치적 후폭풍은 향후 국가 차원의 개입에 각종 제한을 가져왔다. 또한, 실제로 사업이 비밀리에 이루어지는 중에도, 일부 국가의 요원은 이 프로그램에 대해 이의를 제기했다. 9·11 이후 몇 주의 시간이 흐른 뒤 미국은 보스니아에 있는 "독수리 기지"에 독일 정보 요원들을 초청했다. 독일 요원들은 미국 심문관들이 이 기지로 인도된 한 70세의 테러리스트 용의자를 총개머리로 폭행하여 머리에 20바늘을 꿰매야 할 정도의 상해를 입힌 것을 발견했다. 미국인들은 독일인들에게 "피로 얼룩진" 문서들을 제공했다. 독일 요원들을 심문 과정에 협조하기를 거부하며 독일 연방 검찰에 이 사실을 알렸는데, 그들은 세르비아인들이 "바로 이런 행태들 때문에 헤이그 국제재판소에 가게 된 것이었다"고 지적했다.[61] 독일 관료들이 당시 이 사건을 감추려 했기 때문에, 독일 요원들의 즉각적인 반응은 수감자를 학대하는 사람들에게는 아무런 영향도 미칠 수 없었다.

이와 대조적으로 민간 업체들은 이 같은 직관이나 전통 혹은 이의제기의 통로를 가지고 있지 않았다. 중요한 인도를 위한 수송수단 가운데 하나인 〈에어로 컨트랙터스〉에서 일했던 전직 비행기 조종사는 부정폭로 전문기자인 스티븐 그레이에게 자신들이 "대테러전쟁의 버스 운전사들"이었으며 "뒤에 타고 있는 사람들이 행복해 보이지 않았다는 점을 눈치 챌 수밖에 없었다."[62]고 말했다. 이것은 민간 수감자 특별인도 산업 내부에서 나온 흔치않은 목소리였지만 이 체계에 대한 어떠한 불안도 드러내지 않고 있었다. 전직 미국 중앙정보국 조종사가 설립한 〈에어로 컨트랙터스〉는 오늘날 〈에어 아메리카〉가 소유하고 있다. 그러나 수감자 특별인도 체계에 더욱 솔직하게 가담하고 있는 사업체들도 있었다. 보잉사의 자회사로 〈젭슨 인터내셔널 트립 플래닝〉[국제 여행 계획이라는 의미]이라는 발랄한 명칭을 가진 업체는 "우리는 모든 임무를 가능하게 만듭니다"라는 광고 표어를 사용하면서, "효과적이고 신경 쓸 필요 없이 국제 비행 임무를 위한 모든 것을 제공"하겠다고 약속한다. 이 회사의 직원 가운데 한 명은 『뉴요커』 지와의 인터뷰에서, 이 회사의 약속에는 번거로운 상황을 만들지 않으면서 특별인도 임무도 수행할 수 있다는 것을 포함한다고 밝혔다. 이 정보제공자는 회사의 사장이 "우리는 특별인도 비행을 전부 다 한다. 잘 알고 있듯이, 고문비행 말이다. 솔직히 말해서, 이런 비행은 종종 그런 식으로 이어지기에 십상이다"라고 말했다고 한다. "확실히 벌이는 좋다. 그들은 전혀 비용을 아끼지 않는다. 그들은 비용에 대해 아무런 걱정이 없다. 해야 하는 일이 있으면, 해낸다"고 이 직원은 덧붙였다. 문서들에 의해 이 회사가 훨씬 더 주목할 만한 특별인도 임무 중 하나에 일조했다는 사실이 입증되었음에도, 이 회사는 해당 주제와 관련된 질문에 대답하지 않았다. 누가 봐도 명백히 잘못된 신분 확인 때문에 칼레드 알 마스리라는 독일 자동차 판매원은 마케도니아에서 붙잡혀 이라크와 아프가니스탄에서 가혹한 심문을 겪은 뒤, 콘돌리자 라이스가 석방을 승인할 때까지 억류되어 있었다.[63] 이 사례는 특별인도 사업에 얽힌 민간 외주업체들이 외국 정부 요원들만큼이나 학대의 가능성을 인지하고 있었다는 점을 보여 준다. 그러나 국제 첩보 사회가 윤리적 문제를 걱정할 때 외주업체들은 오로지 돈에만 정신이 팔렸었다. 용의자 인도 비행에 관한 공식적인 국제적 협조의 문이 열리게 되었지만, 상업적 개입은 이 모든 기획을 사업 기밀과 "관련 사실 부인"의 불투명한 장막 뒤에 숨겨 놓았다. 특별인도 사업은 미국과 미국의 국제 동맹국들 사이의 관계에 긴장을 부여했을지 몰라도, 대테러전쟁에서 상업적인 외주를 더욱 매력적으로 보이게 했다.

"첩보"는 대테러전쟁에 있어 가장 경쟁이 심한 영역 가운데 하나가 되었다. 조지 부시는 2001년 9월 새로운 적과 싸우기 위해 "모든 첩보 도구"를 사용하겠다고 선언했다. 토니 블레어 또한 조지 부시가 테러리스트들을 쳐부수기 위해 맹목적인 폭력을 사용하지 않고 신중하게 첩보활동을 해 나간 것을 강조하면서 조지 부시의 전략에 대한 국제적 지원을 구축하는 임무를 시작했다. 부시가 첩보 능력의 사용을 강조한 그달에 블레어는 한 영국계 아시아 신문에서 다음과 같이 선언했다.

> 이 비극의 엄청난 규모에도 불구하고 미국은 보복을 위해 서두르려 하지 않고 있다. 이와 같은 크나큰 국가적 비극의 시기에 전 세계의 첩보 기관들의 도움을 받아 지난주에 있었던 공격의 배후에 있는 사람들과 집단을 드러내는 증거들을 수집하면서 미국이 보여준 인내력과 신중함을 높이 평가할 필요가 있다.[64]

불과 몇 년이 지난 후 정보기관들의 이미지는 스캔들로 점철되었다. 실존하지 않는 사담 후세인의 대량학살무기에 대한 거짓 소문들, "특별인도" 사업에서 벌어진 비밀스러운 납치 후 수감자들을 전 세계로 끌고 다닌 일, 아부 그라이브와 관타나모, 아프가니스탄의 바그람 항공기지를 비롯하여 다른 알려지지 않은 수용소와 "가혹한 현장"에서의 학대를 동반한 수감자 심문과정 등은 모두 동맹국 첩보기관의 얼굴 위에 남아 있었다. 정보기관들에 닥친 정치적 위기는 베트남전쟁 당시 미국 중앙정보국의 부적절한 행동에 대한 폭로에 뒤따른 위기상황만큼이나 결정적이었다.

정보기관들이 대중적 신뢰의 위기에 대처하려고 애쓰는 동안 이 같은 실패와 스캔들에 긴밀히 관여했던 민간 계약업체들은 대부분 상처받지 않은 채 남을 수 있었다. 황제의 새 옷을 만들었던 재단사들처럼 민간 업체들은 약탈품 자루를 챙겨 허둥지둥 달아났다. 반면 관료들은 창피를 모면할 수 있는 이라크 생화학 무기의 은닉처도 찾지 못하고 자신들이 저지른 거짓말과 고문으로 도덕적 껍데기가 발가벗겨진 상태가 되었다. 현실은 어떤 측면에서는 동화보다 더 지독했다. 황제의 재단사들은 처벌받지 않고 달아났을 뿐만 아니라 자신들의 특별한 옷감으로 수상쩍은 옷들을 더 만들어 달라는 요청을 다시금 받았다. 첩보 스캔들에 민간 업체가 긴밀하게 관여한 것은 더는 정보기관의 사영화를 저지하는 장벽으로 기능하지 못했다. 시장은 자신감에 차 있었다.

역사의 대차 대조표는 9·11 이후 서서히 증가하기 시작한 민간정보업체 시장이 대테러전쟁 동안 엄청나게 증가했다는 것을 보여 준다. 대처 전 총리의 사영화 추진에 따라 수많은 회사들이 전직 탐정 서비스를 개인 산업 부분에 도입하기 시작했다. 그리고 이따금 자유 시장 서비스 측면에서 명백한 스파이 게임 전술들을 내놓았다. 이 회사들은 업계의 변두리에서 활동하면서 종종 스캔들에 휩싸이는 동안에도 단지 호기심의 대상으로 남아 있고자 하는 것처럼 보였다. 그러나 대테러전쟁에 속도가 붙으면서 민간정보업체들은 이익을 대가로 국가의 적에 대항하는 전쟁 업무를 국가에게 제공했다. 이들은 변두리 기업을 넘어 10년간 가장 중요한 사건들의 주연이 되었다.

이 업체들은 서로 연동되는 방식으로 대테러전쟁의 범죄와 가벼운 범죄에 이바지했다. 첫째로, 이들은 "자유방임적인 환경"을 조성했다. 당연히 미국 정부는 대량의 자원을 퍼붓는 형태로 테러리즘의 위협에 대처했다. 그러나 사업의 규모가 그 효과를 보장하지는 못했다. 부시나 블레어와 마찬가지로 미국 부통령 딕 체니 또한 2001년에 대테러전쟁에서 첩보요원들의 역할을 강조했다. 체니는 어떤 의미에서는 솔직하게, 미국이 "어두운 영역에서 일하"고, 첩보 전쟁에서 "못되고 더럽고 위험한 사업"에 뛰어들 준비를 할 것이라고 약속했다. 그는 "그림자 영역에서 이루어지는" 미국의 활동에서 "매우 비도덕적일 수 있는 인물들을 고용"하여 "이 조직들에 침투할 것"[65]이라고 강조했다. 그러나 이어진 사건들 속에서 미군이 실제로 몇몇 비도덕적인 인물들을 고용하고 있다는 점이 드러났으며, 이들 중 소수는 이슬람 테러 집단들 속에서 첩보요원으로 일할 수 있는 정보제공자나 요원들이었다. 이에 업체들은 미국에 재고용된 상당수의 전직 미국 중앙정보국 요원을 공급했다. 빈 라덴을 추격하는 핵심 기지 중 한 곳이었던 중앙정보국의 이슬라마바드 기지에서 일하는 직원의 4분의 3은 미국 업체들에서 온 계약자들이었다. 바그다드의 중앙정보국 사무실에는 계약자들의 수가 고용된 직원의 수보다 많았다.[66] 계약업체들은 미국 정부가 정보 분야에 더 많은 인력을 충원할 수 있게 해 주었지만, 이러한 인력 증원이 곧바로 그들의 테러리스트 집단으로의 침투로 이어진 것은 아니었다. 미국은 아랍이나 아시아 계통의 이중첩보요원을 채용하는 대신 퇴임한 지 얼마 되지 않은 미국 관리들을 줄줄이 받은 듯했다. 기업화의 물결은 수적 측면에서는 번지르르해 보였지만, 정보기관의 질을 바꾸지는 못했다.

미국이 민간 정보 업체들에 의지했기 때문에 관료들과 입법자들에게 더 많은 업체를 고용하라고 설득하는 안정적인 상업적 로비 층이 만들어졌다. 연방정부 기록에 의하면 민간 정보 인력을 공급하는 기업들은 사업으로 벌어드린 재원의 일부를 의회 로비와 특정 후보 지원을 위해 사용했다. 현직 관료들은 민간 정보 업체들에서 퇴직 이후의 직장을 기대할 수 있었다. 그러나 이 모든 것들은 서방세계의 정보활동의 정확도를 높이는 데 전혀 기여하지 못했다. 그저 관련 업체를 위한 사업 기회들을 양산해냈을 뿐이었다.

정부 당국은 테러리스트들을 다루기 위한 개선책들을 찾으려 애쓰기보다 단순히 자신들에게 완벽하지 않았던 정보기관들의 확장만을 허용하고 심지어 조장했다. 또한, 민간 업체들은 첩보활동의 실패에 대한 책임소재를 모호하게 만들었다. 영국과 미국 의회 차원에서 이라크 대량살상무기의 소재를 설명하는 거짓된 공식 데이터에 관한 조사가 이어졌다. 대테러전쟁에 대해 광범위하게 유포된 허위정보에 대한 책임 소재를 만족스럽게 집어낸 곳은 아직 없지만, 이 조사는 적어도 대중에게 몇몇 중요한 사실을 알려주었다. 그러나 대량살상무기에 대한 설과 명백한 관계가 있는 민간 업체들(특히 〈이라크 국민회의〉를 위해 일했던 업체들(7장 참조)]은 공식적으로 검토되지 않았다. 이 민간 업체들은 공식 감찰의 범위를 넘어서 활동했다. 개전의 정당화 과정에서 민간 업체의 활약은 공식 조사를 위한 대상이 되지 못했다.

사담 후세인을 음해하는 허위사실을 만들어내는 데 두 개의 기업이 관여했다는 사실이 공식 수사에서 언급되었다. 이라크 침공 전에 중앙정보국은 이라크가 수입하려는 알루미늄 관이 폭탄을 제조하기 위해 우라늄을 정제하는 원심분리기에 사용되는 특수한 종류의 관인지 검사했다. 중앙정보국 검시관은 그렇다고 생각했고 에너지부와 다른 기관 전문가들은 그렇게 생각하지 않았다. 이들은 이 관들이 재래식 로켓을 위한 부품이라고 생각했고 핵무기를 제조하는 데는 쓸모가 없을 것으로 생각했다. 그러자 중앙정보국은 이 관들을 조사하여 이 교착상태를 풀어줄 계약자를 지명했다. 2002년에 이 계약업체는 중앙정보국의 돈을 받았고, 중앙정보국이 이들의 조사내용을 보고했으며, 이 업체는 중앙정보국의 분석에 동의하지 않는 부처의 관료들과는 접촉하지 않았다. 이 고용된 분석자는 하루 만에 이 알루미늄 관들이 사담 후세인의 핵무기에 대한 야심의 증거라는 주장에 동의했다. 2003년 관들에 대한 검사를 시행하기 위해 계약업체들이 다시 고용되었다. 처음에 이들은 관들이 핵무기 생산을 위해 적절한 종류가 아니라는 사실을 발견했다. 중앙정보국은 불평했고 업체들은 마음을 바꿔 알고 보니 이 관들이 핵무기를 위한 것이라고 "정정보고"를 했다. 이 두 사건에서 정보계약자들은 돈을 받고 요구받은 결론을 제출했다. 문제는 그 해답이 틀렸다는 사실이다. 이 알루미늄 관은 재래식 미사일을 위한 것들이었다. 사담 후세인에겐 핵무기 생산 계획이 없었다. 업체들의 분석은 개전을 정당화하는 데 핵심적이었다. 사담 후세인과 9·11을 연결할 수 있는 "결정적 증거"를 찾는 데 너무 많은 시간을 허비하면 다음 "결정적 증거는 핵폭발의 버섯구름"이 될지도 모른다는 콘돌리자 라이스의 유명한 발언은 이렇게 돈으로 산 가짜 결과에 근거한 것이었다.

이 업체들은 이라크에서 미국 정보활동의 실패를 검토한 두 개의 미국 공식 보고서에 언급되어 있다. 부시 대통령이 지시한 "롭-실버맨" 조사 위원회의 보고서와 첩보활동에 대한 〈미의회 특별 조사위원회〉의 보고서였다.[67] 그러나 상업적인 기밀성으로 인해 업체들의 신분은 가려져 있었다. 민간 업체들은 이라크전쟁을 발생시킨 허위 정보에서 핵심적이었지만, 아무런 처벌도 받지 않았다. 같은 방식으로, 대테러전쟁에서 수감자 학대에 관한 조사와 재판에서 때때로 성공적인 기소가 이어졌지만, 관여했던 민간 업체들은 어떠한 책임도 추궁당하지 않았다. 처벌받기는커녕, 이들에게 새로운 계약이라는 상을 줬다. 허위 정보와 수감자 학대의 두 경우 모두 미국 정부는 자신이 저지른 범죄와 오류에 대한 책임을 불투명한 상업의 암흑세계로 떠넘길 수 있었다. 사영화가 이루어진 영역에서는 아무도 책임을 지지 않는다. 이런 방식이 국가와 그들의 상업적 고용인에게 매력적이었다는 사실은 놀랄 일이 아니다.

9장

데이터베이스
국가

2002년 6월 미국 시민들은 새로운 테러 위협을 겨냥해서 국방부가 고안한 혁신적인 정보기술 프로그램에 대해 듣기 시작했다. 군대 측은 "통합정보인식"Total Information Awareness이라는 코드명이 붙은 컴퓨터 시스템을 개발 중이었다. 이 시스템은 테러리스트의 행위 정보를 "데이터 마이닝"[1]하면서, 수백만 건의 개인 금융거래 전자 기록을 파헤치는 것을 목표로 하고 있었다. 통합정보인식 사업은 잠재적 테러 행위의 증거를 찾아 신용카드 결제내역, 통화기록, 여행기록, 인터넷 사용기록, 은행계좌 기록 등과 같이 현존하는 사적 전자 정보를 자세히 조사하는 것을 목표로 하였다. 관료들은 미래의 테러리스트 위협을 색출해 내기 위해 테러리스트들의 상품 구매, 여행, 인터넷 서핑의 패턴에 대한 알고리즘을 구축하고자 했다. 미군 지도부는 이 공식에 따라 시민들의 전자 기록 발자취를 검시하는 것이 새로운 공공의 위험에 대처하는 가장 효과적인 방법이라고 주장했다. 이 프로그램으로 인해 미국 내에서 국방부가 시민의 자유와 위태로운 충돌을 빚는 것처럼 보였다. 더욱 최악이었던 것은, 통합정보인식 사업이 1990년에 로날드 레이건의 보좌관 출신으로 의회에 거짓증언을 하고 문서들을 파괴해서 사법기관의 조사행위를 방해한 혐의로 유죄를 선고받은 포인덱스터 해군대장의 소관이었다는 점이다. 『워싱턴 포스트』지는 이 사업이 "오웰을 읽는 대중을 위협하려는 구체적인 목표를 가지고" 고안된 사업으로 보인다고 지적했다. 의회에서의 소란으로 이 사업은 2003년에 사장되었다.[2]

통합정보인식 프로그램은 사라졌지만, 그 짧은 수명의 프로그램은 미국과 영국 정부가 앞으로 계속해서 대테러전쟁의 무기로 정보기술에 손을 뻗게 될 것이라는 사실을 알려주었다. 특히, 서방 국가들 내에서 테러리스트 제5부대를 찾아낸다는 명목으로 연산 시스템, 감시 프로그램, 신분 검사 등이 대중에게 적용될 것이었다. 이러한 정보기술 무기들은 시민의 자유를 침해하고 시민 위에 군림하는 새로운 데이터베이스 국가의 형성을 조장할 가능성이 있었다. 대서양 양 끝의 정치인들은 디지털 기술의 잠재력이 자신들의 사회를 변화시킬 정도라고 과장 선전해 두었기 때문에, 이들이 새로운 전쟁에서 이 기술을 주요한 무기로 사용할 것은 당연해 보였다. 영미 정권은 각자의 영토 내에서 자신들의 어깨를 짓누르는 위험과의 싸움에서 새로운 권위주의적 권한을 손에 쥐여줄 수 있는 이 기회에 기뻐했으며, 또한 강력한 상업적 로비가 이들로 하여금 이 기술적 행보를 선택하도록 독려했다. 9·11 이후 영미 정부들은 가장 강력한 위협들이 자국의 시민 대중 내부에 도사리고 있을지도 모른다고 생각했다. 즉, 대테러전쟁을 위해 개발된 새로운 무기 체계는 잠재적으로 위험한 사람들을 추적하기 위해 고안된, 규모가 크며 상업적으로 제공되는 데이터베이스를 포함하고 있었다.

테러 위협에 대한 이러한 기술적 해법은 이 새로운 데이터베이스를 공급하면서 막대한 부를 쌓을 것으로 기대한 민간 계약업체들에게 대단한 기회였다. 기업체들과 그들의 로비스트들은 정부에게 비판을 무시하고 기술의 행보를 택하라고 강력하게 설득했다. 이 허풍만 요란한 장사꾼들은 국가 권력을 쥐고 있는 사람들에게 구애하고 정부의 일부를 아예 접수해 버리면서 이 새로운 안보산업복합체의 중요한 부분을 이루었다. 영국과 미국의 정치가들은 자체적인 장비만 가지고 있었더라도, 테러의 위협에 대응하는 데이터베이스 국가를 스스로 만들려고 노력했을 것이다. 그러나 그들은 자체적인 장비를 가지지 못했다. 개인의 자유를 저해하면 저해할수록 이윤을 높이는, 새롭고, 비싸고, 권위적인 민간 디지털 경찰 시스템을 구축하기 위해 사업체들이 수십 년간 로비하며 영향력을 행사했기 때문이다.

대테러전쟁에 컴퓨터 전산 무기를 제공한 주요 기업 중 일부는 냉전 시기에도 중요한 국방 계약업체들로 막강한 영향력을 행사했다. 이들은 서방 세계의 정치, 군사, 관료 엘리트 집단과 긴밀하게 엮여 있었다. 장성과 정치인 들은 각 회사의 중역 자리와 국가 고위 관직 사이를 왕복하며 정치, 군사, 상업 세계 사이에 있는 회전문의 혜택을 받았다. 때때로 이들 업체는 자신의 영향력을 지나치게 몰아붙여 정치인, 관료, 경영자들 사이에 형성된 "철의 삼각지대"의 작동방식이 잠시나마 노출되게 만들었다. 그런데 1989년에 이 업체들에게 올 수 있는 가장 치명적인 위협인 평화가 찾아왔다. 군사 업체 출신 기업들은 거대한 복지 계약을 통해 은신처를 찾으려 했다. 전장에서 복지 국가 내부로 후퇴한 계약업체들은 정부 외주 계약에서 자신들이 개척한 새로운 영역을 "국토안보"를 위한 새로운 전쟁에서 관료적이며 기술적인 계약을 따내기 위한 교두보로 삼을 수 있었다. 무기 계약업체들은 1961년 아이젠하워 대통령에 의해서 "군산복합체"를 형성했다는 비난을 받았는데, 상품을 판매하려는 이 업체들의 욕구가 국가 정책을 결정했었지 그 반대가 아니었다는 이유 때문이었다. 사실 이 계약업체들이 군사 계약들뿐 아니라 이후 복지에 관한 입찰 계약 그리고 마침내 대테러전쟁에서도 "철의 삼각지대"를 형성하였다는 것은 분명하다. 각 사례에서 업체들은 효과적인 로비와 정치인들에게 가능성의 한계를 제시하는 자신들의 산업을 활용해서 정치적 과정에 영향력을 행사했다. 이 기업들은 군이나 국가기관이 보유한 것보다 규모가 큰 연구부서와 산업 기반이 있었다. 이들은 새로운 무기 체계나 데이터베이스를 고안하여 슈퍼마켓이 소비자를 위해 상품을 진열해 놓는 것과 같은 방식으로 정치인들에게 상품을 제시하기만 하면 되었다. 이들의 마케팅 부서와 로비스트들은 복잡한 정치적 난제들에 대해 매력적인 종합처방전을 제공했다. 특히 입법자들은 계약업체들이 반복적으로 값비싸고 제대로 기능하지 않는 체계를 제공했을 때조차 미끼를 물었다. 그리하여 계약자들은 상품을 팔아 처분하기 위해 정치인들이 계속해서 권위적인 단계를 밟아나가도록 부추겼다.

냉전의 종식은 거대 군수 업체들의 이사회 회의실에 공포의 기운이 흐르게 하였다. 무기 제조자들은 진실로 평화가 정착되기 시작하면 무기 판매가 떨어질 것으로 믿었다. 많은 무기 업체들은 살인 사업으로부터 떨어져서 사업 분야를 다변화하려 애썼다. 미국 거물 〈록히드〉는 평화운동 시위자들의 구호를 문자 그대로 받아들였고, 그와 동시에 전쟁에서 복지로 사업 방향을 전환했다. 이로 인해 이 회사는 예측된 무기 판매 저하 부분을 충당하기 위해 미국에서 컴퓨터 전산화된 이익 시스템을 운영하기 시작했다. 이후 전 세계 경찰의 민간 군 보안관이 될 군사 계약자 〈다인코프〉는 미국의 세 군데 주에서 직장 건강 검진을 운영하는 2천7백만 달러 상당의 계약을 따내[3] 세상이 점차 평화를 되찾으면 이윤이 덜 남을 것이라는 공포에 대비했다. 영국에서는 군함을 제조하는 〈보스퍼 소니크로프트〉사가 지역 교육 당국이 운영하는 취업정보제공서비스 계약을 따냈다. 이들은 이 사업에 대해 너무나 열정적이어서 전직 노동당 교육부 장관 블랙스톤 남작 부인을 경영진으로 채용해 교육 분야에서 자사의 인지도를 쌓는 데 도움이 되도록 했다.

　냉전을 이용한 돈벌이가 끝났다는 무기업계의 공포는 2006년이 되자 근거 없는 것으로 드러났다. 가장 큰 규모의 군수지출은 소련과 서방의 적대가 막바지에 다다랐을 때 이루어졌는데, 1987년과 1988년에 군사 쇼핑 중독자들은 5,470억 파운드를 지출했다. 그러나 2006년에는 1990년대 후반까지 감소하던 군수지출이 일 년에 5,610억 파운드 상당의 규모로 냉전 당시의 수준을 넘어섰다.[4] 대테러전쟁은 전통적인 무기 판매가 가지고 있던 과거 영광을 회복해 주었다. 그러나 소련이 패배한 적이 되고 난 후 무기업계는 오사마 빈 라덴이 그들의 시장에 활력을 불러일으킬 것이라는 사실을 예측하지 못했다. 1990년대에 이들은 공공 계약을 체결하며 사업을 유지해야 했다. 방위산업체들에게는 행복하게도, 그들이 비군사 영역에서 했던 일이 대테러전쟁에서 새로운 안보 사업을 따내기 위한 플랫폼 역할을 제공했다.

　관료제는 국가의 주요한 무기 중 하나이다. 관료제의 발달은 근대 국민국가의 형성을 규정한다. 관료 군단이 정부에 사회를 이해하고 통제할 권력을 부여했다. 그러나 영국과 미국에서 컴퓨터화와 기업화의 첫 물결은 국가 관료제의 확장이 정보기술의 발달을 뒤따라가지 못했다는 사실을 의미했다. 그 대신에 영국과 미국 정부는 컴퓨터 체제의 도래를 관료제 장치의 여러 부분을 민간 부문으로 이양하기 위해 사용했다. 이러한 과정은 특히 대서양 양쪽의 복지체계에서 두드러졌다. 공공부문 업체들과 군사 업체들은 정보기술을 기반으로 한 복지체계와 다른 정부 기능에 대한 통제권을 넘겨받았다. 대테러전쟁이 시작되었을 때, 각국의 정부는 이 새로운 위험에 맞서기 위한 관료제적 권한의 강화를 모색했다. 즉 이들은 감지된 위험에 대한 대응으로 국가권력을 전반적으로 강화할 수 있는 행정적 수단들을 찾기 시작했다. 그러나 정부는 다른 분야에서 지속해온 상습적인 방편을 좇아 이 새로운 권위체계들을 민간 기업들에 외주를 주는 방식을 택했다. 컴퓨터화된 정부 업무를 지원하면서 번영한 업체들이 새로운 데이터베이스 국가를 구축하는 데 있어서 분명한 장점을 가지게 되었음은 분명하다.

　그리하여 세계에서 가장 큰 무기업체 중 하나인 〈록히드〉는 1990년대 중반 복지 전문가로 탈바꿈했다. 그러나 〈록히드〉는 자사가 제공하는 복지업무에서 엄격한 통제와 심지어 가혹한 성격을 강조하면서, 자신들이 본래 가지고 있던 강인한 모습의 일부를 유지했다. 〈록히드〉의 F-16 "파이팅 팔컨"fighting Falcon 전투기는 1980년대 처음 비행을 시작한 후 중동을 비롯한 여러 곳에서 적들을 찾아내 파괴했다. 그 이후 〈록히드〉는 가장 먼저 주차위반벌금 대상자를 색출하여 받아내는 전자시스템을 만들며 비군사 계약 분야의 업무로 진출했다. 그 이후 과거 국가 관료들과 형성한 관계들을 이용해 사회보장제도로 업무 분야를 확장했다. 〈록히드〉는 가족을 부양하지 않고 있는 "게으름뱅이 아버지"deadbeat dad [5]들을 찾아내는 업무를 하겠다고 발표했다. 〈록히드〉는 미국 복지 국가 안에서 부양 자녀를 가진 가정들에 보조금을 지급하는 일을 통해 존재감을 확립하려 시도했다. 그러나 이들은 권위적이면서 사업에 밝고 비용까지 절감할 수 있는 제도적 조치를 약속했는데, 그것은 클린턴 대통령의 복지제도 개혁 방침의 방향과 일치하는 약속이었다. 클린턴은 복지 수당 액수를 삭감하고 개별 주에서 새로운 체계들을 실험하도록 허용하면서 수급자들의 "개인적 책임"을 강조하였다. 〈록히드〉는 정치적 경향성과 사업의 방향을 완벽하게 일치시키는 것에는 성공하였지만, 실제로 업무를 수행하는 능력에서는 불안함을 보였다. 감사원들은 이 회사가 "약속된 프로젝트팀을 구성하지 못했고, 결함이 있는 체계를 고안했으며, 체계 구성요소들의 적합성을 적절하게 시험하지 않았다"[6]는 사실을 발견했다. 캘리포니아 주와 〈록히드〉는 그 이후 5년간 법정 다툼을 진행했고, 결국 벌금과 법정 손실금을 통틀어 주 정부는 "골든 스테이트"[7]의 빈곤층을 위해 사용할 수 있었던 50억 달러를 허비했다. 비록 당국이 일으킨 추가비용에 비해 가난한 사람들의 고통은 거의 보고되지 않았지만, 각종 지연과 혼란을 겪어야 했던 복지 수급자들의 손실 또한 상당했다. 그 와중에 플로리다에서는 〈록히드 마틴〉의 시스템이 "게으름뱅이 아버지"들을 색출하려고 자녀 양육비를 거두는 과정에서, 고작 16만 2천 달러를 징수하기 위해 540만 파운드를 지출했다. 그것은 3센트를 징수할 때마다 25달러를 지출하는 셈이었다.[8]

　이러한 실패는 〈록히드〉의 정치적 야망을 저지하지 못했다. 캘리포니아 사건 당시 〈록히드〉의 로비스트들은 상원의원들에게 이 회사가 출납 체계를 바꿀 수 있는 "기술과 관리 기법"을 지원하기 때문에, 이제 "자녀 부양 서비스 분야에서 최고의 서비스 제공자가 되었다"[9]고 말했다. 〈록히드〉의 실패는 널리 알려졌지만 국가 관료들은 민간 계약자에 의존하게 되어 자력으로 체계를 유지할 수 있는 능력을 더는 갖추고 있지 못했다. 대신에 입법자들은 〈록히드〉와 다른 대여섯 가량의 대기업들에 돌아가면서 일거리를 줘야만 하는 신세로 전락했다. 복지 분야에서 〈록히드〉의 모험담은 절대 유일한 것이 아니다. 전산 관련 대기업인 〈유니시스〉는 군사 전산망을 비롯해 정부 계약을 전문으로 했다. 〈유니시스〉는 1986년에 〈버로우스 코퍼레이션〉 등의 기업들과 합병을 거쳐 설립되었다. 〈버로우스 코퍼레이션〉은 사악한 관료들에 대한 묘사로 점철된 소설을 쓴 실험소설 작가인 윌리엄 버로우스의 조부가 설립한 기업이다. 이후 이 업체의 행적을 생각해 볼 때, 불행하게도 그와 같은 버로우스의 묘사는 적절했다.

〈유니시스〉의 하드웨어와 소프트웨어는 조기 경보망, 해군 전산시스템 등을 지원했다. 〈유니시스〉는 국방 부문에서 영향력이 있는 업체였고, 또한 명명백백한 부패 업체였다. "일 윈드[III Wind] 작전"라 불린 미국 연방수사국의 수사는 이 회사의 국방 업무의 규모를 제시해 주었다. 연방 수사관들은 1986년 이래 3년 동안 〈유니시스〉의 계약들을 자세히 검토했으며, 그들이 적발한 사실들은 추악했다. 〈유니시스〉는 국방 업무를 따내기 위해 체계적인 사기와 뇌물 수수에 가담했다. 이 사기극의 하나를 보자면 한 고위 〈유니시스〉의 매니저가 회사 돈을 써서 카리브해와 건지 섬에 유령회사들을 설립했다. 이 가짜 기업들은 외주계약을 담당하는 해군 관료로부터 심하게 부푼 가격으로 휴양 별장을 구입했다.[10] 유령회사들은 다른 국방부 관료들에게 돈을 주기 위해 이용되었다. 그 대가로 〈유니시스〉는 기밀문서와 경쟁업체의 입찰에 관한 세부사항을 전달받았고, 그 결과 유리한 계약을 이끌 수 있었다. 이를 비롯해 뇌물 수수 행위에 여러 다른 증거들이 드러나자, 유니시스는 1991년에 1억 9천만 달러라는 기록적인 액수의 벌금을 지급하게 되었다.[11]

다른 미국의 군수 업체와 마찬가지로 〈유니시스〉로 합병된 업체들은 1980년대와 1990년대에 사담 후세인과 관계가 있었다. 이들은 당시 이란의 대항세력이었던 이라크 쪽에 기울어 있던 미국의 외교정책에 따라 움직였다. 〈유니시스〉의 업체들은 이라크가 핵 시설에 사용했을 가능성이 있는 컴퓨터들을 이라크에 판매했다. 불길하게도, 〈유니시스〉는 이라크 내무장관에게 인력관리 데이터베이스를 팔기도 했다. 무기거래통제 활동가 게리 밀홀린이 폭로했듯이, 이 8백만 달러짜리 컴퓨터 시스템은 반체제 활동가들에 대한 정보를 관리하는 데 사용될 수 있는 가능성이 존재했으며, 이라크의 잔인한 보안대를 관할하고 있는 부처에 판매되었다.[12]

군사 분야에서 거둔 성공에도 불구하고, 〈유니시스〉는 1990년대에 자사의 국방 관련 사업의 커다란 규모에 대해 우려하기 시작했다. 냉전의 종식으로 이 돈벌이 수단은 끝장났거나, 아니면 적어도 가망이 없었던 것일까? 1991년에 〈유니시스〉는 국방 관련 사업 부문을 매각하기 위한 준비에 들어갔지만, 구매자를 찾을 수 없어서 포기했다. 자사를 매각하려는 〈유니시스〉의 열정과 진지하게 구매를 고려하는 경쟁업체가 없는 상황은 냉전 시대에 적이 사라진 후 국방산업의 미래에 대한 시장의 냉혹한 전망을 보여 주었다.[13] 1995년에 시장은 조금 반등하는 기세를 보였다. 1989년에 미국 철학자 프랜시스 후쿠야마가 냉전의 종식은 오랜 갈등의 종결과 서구 자유민주주의의 승리를 의미한다면서 "역사의 종언"을 선언했다.[14] 그러나 1990년대 중반에 이르자 역사의 엔진은 몇몇 가혹한 지역 갈등을 필두로 다시 불꽃을 튀기며 살아나는 듯했다. 소련연방의 붕괴로 국방 예산은 상당히 감소하였지만,[15] 머지않아 국방 기업들의 이윤에 다시 불을 붙이기 위해 불확실한 신세계에서 전쟁이 벌어지기 시작했다. 군사 경제에서 보인 희미한 부활의 기미는 〈유니시스〉가 국방 사업 분야를 유지하도록 설득하지 못했지만, 1995년에 8억 달러에 자사를 매각할 수 있게 도와주었다.

전쟁 사업에서 자유로워진 〈유니시스〉는 복지 분야에서 돈을 벌기 시작했다. 국가의 사회보장관료제와 다른 부문들에서 일을 넘겨받을 것은 확실해 보였다. 이 업체는 해당 분야에서 항상 훌륭한 결과물을 가져오지 못했음에도 굉장한 재정적 성과를 이루었다. 1990년에 워싱턴 주의 건강과 사회복지부는 코스모스COSMOS라고 알려진 "공동체 복지 관리와 사업운영 체계"를 〈유니시스〉로부터 1천9백 만 달러에 사들였다. 그 긴 명칭에도 불구하고 이 시스템은 단순한 복지 혜택들조차 이행하지 못했다. 지역 복지 수당을 배분하는 〈유니시스〉의 이 시스템은 제대로 작동되지 않아 폐기되었다.[16] 1993에 미시건 주는 빈곤층에게 식량 배급표를 비롯한 다른 복지 수당들을 배분하는 컴퓨터 전산 시스템을 제공하는 대가로 〈유니시스〉와 5천3백만 달러짜리 계약을 체결했다. 이 체계는 2년이나 늦은 1998년에야 기존 예산 규모를 6천만 달러나 초과하면서 활성화되었다. 〈유니시스〉는 현금을 챙겼지만, 수급자들은 혜택을 위해 기다려야 했다. 행정당국자들은 이 체계가 느리고 비효율적이라고 보고했다. 사회사업가들은 "음식이 절실히 필요한데 식량 배급표를 받지 못하는 사람들"이 있다고 밝혔다.[17]

〈록히드〉처럼 〈유니시스〉는 복지 국가에 대한 권위적이고 통제적 접근법을 강조했다. 이 업체는 수급자들의 신분과 복지 혜택의 보안성에 집중했다. 〈유니시스〉는 서구의 체계를 전복하고자 했던 러시아인들을 물리치는 애국을 하면서 돈을 벌었다. 이제 이들은 복지 체계 내에서 사기를 치려는 복지 사기꾼들을 물리치는 새로운 애국 사업에 착수했다. 이들은 과거 세금납부자들의 돈을 속여서 빼앗는 자사의 역사는 전혀 신경 쓰지 않으면서 이 새로운 역할을 도맡았다. 1995년에 〈유니시스〉는 "대규모 정부 사업에 부정행위를 적발해 내는 종합적 개인 신분 관리 체계"를 선보였다. 이 업체는 연방과 주 정부 차원에서 미국인들이 "인적서비스조직"이라고 부르는 곳에서 일하는 관리들의 협의회인 〈미국 공공복지협의회〉에 이 새로운 신분관리 시스템을 소개하였다. 그러나 결과적으로 이 업체는 사기범죄와 싸우는 일을 늘 그렇게 잘하지는 않는 것으로 판명되었다. 심지어 이 업체는 시스템 내부에 사기를 끌어들이기도 하였다.

1996년에 〈유니시스〉는 매사추세츠 주에서 유권자 등록을 받는 계약을 맡았다가 주 관료들로부터 이 업체의 업무가 "질이 떨어지며 저급"하다는 평가를 받은 뒤에 계약을 파기 당했다. 1995년에는 위스콘신 주에서 의료 보장제도 운용을 소홀히 한 명목으로 220만 달러의 벌금을 물었다. 1998년에는 플로리다의 건강 보험 시스템에서 범죄 집단이 50만 달러를 훔친 사건으로 13명의 〈유니시스〉 직원이 감옥에 갔다. 기소배심원단은 〈유니시스〉 직원들이 "이와 같은 범행이 일어나는 것을 지도하지 않았으나, 직원들의 범죄행위를 묵인하는 사내 환경이 존재했다는 것을 발견하였다"고 밝혔다. 〈유니시스〉는 이 같은 혐의에 대해 부당하다고 반박하였지만, 질이 낮은 서비스에 대한 불평들이 쌓이자 계약기간이 끝나기 2년 전에 8천6백만 달러짜리 계약을 뒤로하고 떠났다.

신분감정과 감시는 〈유니시스〉와 같은 국방 계약업체들이 복지 국가로 침투할 수 있는 핵심적인 분야였다. 이것들은 또한 이 업체들이 9·11 이후 안보지출의 새로운 분야로 복귀하는 기회를 제공했다. 미국의 정치적 지도력은 테러리스트 공격에 휘청거렸고, 〈유니시스〉는 해결책을 제공했다. 군사분야, 공공분야의 외주계약을 맺은 역사가 있었기 때문에, 이 회사는 행정 관료들과 정치인들의 구미를 맞추는 데는 일가견을 가지고 있었다. 〈유니시스〉가 사업을 넓히기 위해 채용한 로비스트 중에는 잭 아브라모프라는 인물이 있었다. 2006년에 아브라모프는 그의 로비스트로서 활동 중에 행한 범죄들로 5년간 교도소에 수감되고 2천6백만 달러의 벌금을 물은 경력이 있는 자였다. 아브라모프는 부시 대통령과 그의 최측근 칼 로브[Karl Rove]에게 끈이 닿아 있었으나, 연줄을 이용한 그의 복잡한 활약상에 뇌물 수수와 부패가 연루된 것으로 밝혀지며 파멸하였다. 〈유니시스〉는 아브라모프나 그와 관련된 부패 사건에 대한 어떠한 법정 다툼과도 연결되어 있지 않았지만, 대테러전쟁에서 계약을 따내기 시작하면서 아브라모프가 로비를 한 업체에 50만 달러 상당을 지급했다.

〈유니시스〉는 업체의 우수 고객인 국방부에서도 몇몇 계약을 따냈다. 이 업체는 〈방첩국〉CIFA이라는 이상한 이름을 가지고 있는 새로운 대테러기관의 구축을 지원하는 3억 4천5백만 달러짜리 계약을 국방부와 체결했다. 〈방첩국〉은 2002년에 미국에 있는 군사 기지 경비를 지원하기 위한 첩보기관으로 설립되었다. 이 기관은 "이글 아이스"Eagle Eyes라는 프로그램을 받아들이면서 점차 더 거대해졌다. "이글 아이스"는 미 공군 직원들이 수집하는, 기지 주변에서 일어나는 의심스러운 행위에 대한 정보들을 중앙 사무실과 연결해 주는 프로그램이었다. 이 프로그램은 이후에 "위협과 지역관측" 또는 탈론TALON이라는 더 큰 프로그램으로 개발되었다. 탈론의 데이터베이스가 미국 시민들의 무해한 활동에 관한 보고로 가득 차 있다는 것은 2005년에 이르러서 분명해졌다. 합법적인 저항행동이나 시위, 항의서 작성, 정치적 모임들을 비롯한 여타 "이례적인 활동들"이 전부 알-카에다에 대처하기 위해 고안된 군사 데이터베이스에 기록되어 다른 법 집행기관과 공유된 것이다. 〈유니시스〉의 계약은 권위주의적 체계로 관료주의가 떠내려가는 이 상황이 상업적인 확장 때문에 조장되었음을 보여 준다.

2003년에 〈유니시스〉는 교통안전국의 출범을 지원하는 1억 달러짜리 계약을 체결하며 국방부 밖에서도 안보계약을 따낼 수 있음을 증명했다. 이 기관은 새로운 테러리즘의 위협에 대한 가장 직접적인 대응의 표상이었다. 이 기관의 말에 따르면, 이 조직은 "9월 11일의 비극적 사건 이후 즉시 결성되었으며" "국가의 교통체계의 안보에 대해 책임을 지고 있다". 테러리스트 항공기 납치범들이 비행기에 탑승할 수 있었던 이유는 부분적으로는 공항 보안이 아주 적은 예산으로 몇몇 민간 안보업체가 어지럽게 뒤섞인 형태로 유지되는 불안한 사업이었기 때문이다. 교통안전국의 설립은 적어도 서면 상으로 공항 보안 업무의 국유화를 포함하고 있었다. 여기에 대테러전쟁이 더 많은 사영화가 아닌 반대 방향의 결과를 초래한 분명한 하나의 사례가 있다. 이 새 기관이 출범한 후 곧 자신의 새로운 공적인 책무들을 민간 업체들에 이양하기 시작했다는 사실을 제외한다면 말이다. 미국이 직면한 끔찍한 위험을 인식한 〈유니시스〉는 일을 시작하면서 곧장 정부에게 과다한 비용을 청구하기 시작했다. 〈유니시스〉는 교통안전국 내부의 소통을 위해 컴퓨터, 무선 호출기, 휴대폰, 라디오, 유선전화, 고속 인터넷 등을 공급하고 설치하는 1억 달러짜리 계약을 체결했다. 그러나 2006년에 국토안보 감찰관에 의한 감사에 의하면 2009년까지 유지되어야 했던 이들의 예산의 전부가 이미 다 지출된 상태였음이 밝혀졌다. 공항보안 관리들은 기대했던 하이테크 통신 네트워크가 아니라 싸구려 전화기들과 다이얼 호출식 유선 인터넷 연결을 가지고 악전고투하고 있었다. 감사관들에 의하면 〈유니시스〉는 대테러전쟁에서 명백히 이익을 챙기려고 "실제로 필요한 것보다 긴 노동시간과 더 까다로운 노동조건들을 제안했다".[18] 교통안전국은 "저희는 교통안전국입니다. 저희는 위험으로부터 미국을 지킬 수 있는 창조적 방법들을 찾기 위해 상상력을 발휘하며 국방의 최전선을 지킵니다"라고 미국 대중에게 자신을 소개했다. 삐딱한 사람이라면 〈유니시스〉가 장부상의 이익을 챙기기 위해 상상력을 발휘하고 있다고 생각할 법했다.

〈록히드〉에게 있어서 대테러전쟁은 다양한 차원에서 횡재였다. 이 업체는 전통적인 무기제조사들이 가지고 있는 전쟁에 대한 열정을 지니고 있었다. 2002년에 전직 부사장 브루스 잭슨은 사담 후세인과의 전쟁을 요구하는 공화당 성향의 압력단체인 〈이라크해방위원회〉를 설립했다. 그 전쟁이 닥치자 〈록히드〉는 전쟁에 사용된 다수의 무기를 공급했다. 이 업체는

또한 9억 5천만 달러짜리 "미스티"Misty 위성 사업과 같은 고가의 정탐계약
도 담당하고 있었다. 상원의원들은 이 계획이 "아연실색하리만큼 값비싸
고", "도저히 정당화될 수 없으며", "대단히 낭비적"[19]이라고 단언했다. 그러
나 고도로 비밀스럽게 이루어진 기획이라 어째서 그러한 것인지를 외부에
발표하지 못했다. 보고서들은 정보예산 전체의 4분의 1을 차지하고 있는
이 위성이 기존의 하늘에 있는 눈들과 역할이 중복되며 밤이나 구름 낀 낮
에는 육지를 조망할 수 없다는 점을 보여 주고 있다. 〈록히드〉에게 있어 국
토안보는 상공이나 먼 외국이 아닌 미국 시민을 겨냥한 전혀 다른 새로운
시장을 열어주었다. 대테러전쟁 덕택에 이 군사업체는 미국 정부와 더 많은
계약을 체결할 수 있었다. 〈유니시스〉와 같은 다른 계약업체에게도 이 시장
이 열려 있기는 마찬가지였다. 냉전의 종식 이후 복지사업이나 공공관료제
로 옮겨가며 손해를 막으려 애썼던 거대한 군사 시스템 업체들은 이제 이
복지사업들로 인해 국토안보 분야에 열린 새로운 시장의 입장권을 끊게 되
었음을 발견했다.

　　그러니까 예를 들어서 〈록히드〉는 교통안전국(〈유니시스〉와 한바탕
했던 그 기관)에서 교통노동자 신분증 계약을 따내는 선두주자가 되었다.
9·11 이후에 예기치 못한 취약점들을 찾아 헤매며 안보 전문가들은 교통
수단과 관련한 악몽들을 여러 개 나열해 주었다. 예를 들어, 정유차는 그것
에 적합한 운전면허증이 있는 자살 테러리스트의 결심에 따라 거대한 즉
흥 폭파장치로 변모할 수 있다. 그리고 컨테이너선은 민간 여객기만큼이나
파괴적인 무기로 악용될 가능성이 있으며, 부두 노동자가 민간 선박을 침
몰시킬 수도 있다. 실제로 알-카에다가 미국 항구를 겨냥한 화물선을 구입
했다는 공포는 2001년부터 언론매체에서 떠도는 이야기였다. 비판자들은
이 신분증으로 인권 침해가 일어날 것을 염려했다. 2002년에 부시 대통령
은 "국가 안보"에 호소하며 서쪽 해안 항만 노동자들의 파업을 저지했다. 교

통산업 분야에서 반테러의 구호가 오용될 것이라는 공포는 이미 예민하게 느껴지고 있었다. 그러나 〈록히드〉는 그런 걱정을 하지 않았다. 자사가 그 업무를 해낼 수 있다고 약속하면서 정부에게 신분증을 도입하도록 독려할 따름이었다. 경영 컨설턴트 업체인 〈베어링포인트〉가 "안보와 신분관리 해결 프로그램에 있어서 십 년간의 경력"은 자신들이 교통노동자 신분증의 원형을 만들어낼 수 있음을 의미한다고 주장한 후 〈록히드〉가 이 계약의 선두주자로 올라섰다. 〈베어링포인트〉는 수백만 달러를 썼지만, 제대로 작동하는 원형을 고안해 내지 못하여 〈록히드〉가 개입할 기회를 주었다.

〈록히드〉는 또 다른 업체의 실패 덕에 주요 안보 계약을 하나 더 맡을 수 있었다. 〈사이언스 어플리케이션스 인터내셔널〉(6장 참조)은 대테러전쟁에서 손꼽히는 업체 중 하나였다. 많은 군사 계약업체들이 기름기가 쏙 빠져 날씬해진 국가의 신체를 보강해 주면서 따끈따끈한 몸체를 판매했기 때문에 "바디 샵"이라고 불렸음에 반해, 〈사이언스〉는 정부에게 지력을 판매하는 "브레인 샵"으로 통했다. 〈사이언스〉는 1969년에 설립되어 핵무기 기술을 특히 강점으로 삼으며 미군에 하이테크 해법들을 팔았다. 〈사이언스〉의 핵 관련 사업 중에서 1990년대에 핵폐기물에 관한 괴상한 내용의 계약들이 있었다. 이 업체는 미국 정부를 위해 핵폐기물의 "안전한" 노출 정도에 대한 지침을 개발하는 작업과 함께 영국 〈브리티쉬 뉴클리어 퓨얼스〉의 외주업체로 미국 방사선 폐기물을 식기류나 병원용 침대를 비롯한 다른 물체로 재활용을 기획하는 사업을 동시에 진행했다. 명백해 보이는 이익 갈등과 핵폐기물 위험에 대해 충격을 받은 한 워싱턴의 공익변호사가 이 업체의 모순적인 역할을 폭로하면서 위의 두 건의 〈사이언스〉 계약은 모두 급작스럽게 취소되었다.

〈사이언스〉는 전직 육해군 장성, 외교관, 정보기관 인사들로 경영진을 채우면서 군사·공공·핵 관련 계약을 성사시킬 수 있었다.[20] 해군소장 바비

레이 인맨과 클린턴 정권 아래서 미국 중앙정보국을 이끌었던 존 도이치는 모두 〈사이언스〉의 중역들이었다. 〈사이언스〉는 이라크 점령과 관련된 여러 건의 계약들을 체결했는데, 국토안보계약에서 눈에 띄는 큰 실패를 겪었다. 2001년에 〈사이언스〉는 미국 연방수사국의 무능한 구식 컴퓨터 데이터베이스를 "버츄얼 케이스 파일"이라는 새로운 시스템으로 대체하는 계약을 따냈다. 미국 연방수사국은 9·11 자살테러 전에 연방수사국 수사기록에 나타난 여러 명의 테러리스트 공모자들에 대한 정보 등, 9·11 사건에 대한 여러 실마리를 사전에 갖고 있었다. 그러나 부분적으로 컴퓨터 시스템이 지나치게 구식인 탓에 항공기들이 펜타곤과 세계무역센터 건물로 돌진하기 전에 이런 정보들이 적절히 조합되어 검토되지 못했다. 〈사이언스〉의 버츄얼 케이스 파일 프로그램은 전화 도청, 범죄 기록, 금융거래 기록 등 모든 연방수사국 데이터를 전산으로 검색하고 이용할 수 있도록 만드는 것이 목표였다. 그러나 〈사이언스〉가 1억 달러의 연방수사국 돈을 탕진한 후인 2005년에 이르러서, 감사와 실제 실험을 통해 이 시스템이 무용하다는 사실이 드러났다. 법무부 감찰관은 이것은 요원들이 "자신들의 책무를 다하는 데 심각한 손실"을 겪게 되었음을 의미한다고 말했다.

전직 〈사이언스〉 부사장이면서 한 차례 이라크 무기 감찰관을 지냈던 데이빗 케이는 이 사건에 회사의 책임이 어느 정도 있다는 사실을 분명히 알고 있었다. 그는 연방수사국이 〈사이언스〉에 잘못된 지침을 내렸고, 이 계약을 효과적으로 관리하지 못했다고 주장했다. 그러나 〈사이언스〉에게도 이 실패에 대한 책임이 있었다. 왜냐하면 이 같은 문제를 지적하기보다 태평하게 계속 돈을 받아갔기 때문이다. 케이는 다음과 같이 말했다. "〈사이언스〉가 잘못한 점은 고객에게 '당신, 이번 일은 망친 것 같다. 지금 당신은 스스로 뭘 하고 있는지 잘 모르는 것 같다. 당신의 역할을 제대로 하고 있지 못하기 때문에 이 사업은 실패할 것이 틀림없다'고 말하지 않은 업자들의 일반적인 태도에 있다."[21] 수년 동안 수백만 달러의 돈을 들였지만, 옛날과 똑같은 구식 시스템밖에 남지 않은 연방수사국에게 이 사건은 커다란 좌절을 안겨주는 경험이었다. 이것은 〈사이언스〉에게도 창피스러운 일이었다. 그러나 버추얼 케이스 매니지먼트를 그보다 세 배나 더 비싼 "센티넬"이라는 새 시스템으로 대체하는 계약을 신속하게 거머쥔 〈록히드〉에겐 희소식이었다. 국토안보 분야의 상승세는 정부가 테러리즘이라는 정치적 난제에 대한 새로운 정보기술의 해법을 찾아 민간 부문에 전에 없이 커다란 액수의 돈을 던져주며 계약업체들의 품 안에서 이리저리 옮겨 다니고 있다는 사실을 의미했다. 업자들은 실패했다. 그러나 소수의 다국적 거물이 지배하고 있는 시장에서는 하나의 톱니바퀴가 다음 톱니에 맞물려 돌아가는 것처럼 한 회사가 또 다른 회사로 대체되면 그만이었다. 〈록히드〉는 "탑승 보안 정책"Secure Flight이라는 시스템으로 계약업체의 실패에 제 몫을 다했다. 〈록히드〉는 교통안전국의 발주로 진행된 이 사업의 주요 공급자였다. 탑승 보안 정책은 9·11 테러에 직접 대응하기 위해 모든 항공기 승객을 테러리스트 명단과 대조하는 시스템이었다. 1억 파운드를 지출한 후인 2006년 말, 감사관들이 안보 취약점들을 찾아내어 탑승 보안 정책은 중단되었다.[22]

24캐럿짜리 순금에 가까운 이런 정보기술 프로그램들은 20년간 사영화와 외주화를 겪은 뒤 정보관리 능력이 심각하게 취약해진 정부로부터 국토안보 계약을 따내려는 업체들에 의해서 나타난 골드러쉬의 몇 가지 사례에 불과하다. 정부 관료들은 안보전문 기업들과 계약을 협상할 때면 자신을 제대로 방어하지 못했다. 하지만, 똑같은 관료들은 테러리스트 위협에 대해 기술적인 해법들이 제시하는 희망에 혹했고, "빅 브라더" 해결책들을 사도록 유인당했다. 이런 해법들이 실패하자, 정부들은 패를 다시 섞어 새로운 계약업체를 지정했다. 전통적인 군수산업과의 연줄을 통해서 정부와 접촉하고 있던 업체들은 계약을 따내기가 유리했다. 그리고 공공, 복지 기반 사업을 구축하는 데 시간을 쏟은 업체들은 의욕에 찬 행정 관료들에게 권위주의적인 기술 처방을 제공할 기회에서 더욱더 유리했다. 영국에서는 첨단기술업체들이 유사한 경로로 움직였다. 냉전 기간 높은 군사 지출로 부를 쌓은 기업들은 냉전 이후의 손실을 조금이라도 메워 보려고, 사영화된 복지부문에서 일거리를 찾으려 했다. 군대 성격을 지닌 다국적 기업들은 권위적인 복지 시스템을 만들기 위한 업무들에 착수하였다. 이 회사들은 이후에 정부가 테러리스트 위협에 대한 해답을 찾고자 할 때 자신들이 정부와 맺어놓은 관계가 큰 이익을 가져다준다는 사실을 알게 되었다. 이 계약업체들은 전쟁에서 복지로, 그리고 다시 새롭게 등장한 안보에 집착하는 데이터베이스 국가를 향해 움직였다.

〈세마〉SEMA는 〈비에이이〉BAE와 합작하여 〈비에이이세마〉BAESEMA로 불렸던 군함과 항공전자공학을 다루는 프랑스 회사였다. 해군에 관한 열정적인 관심으로 〈세마〉가 네 명의 영국 해군중령, 중장과 소장 각 한 명을 포함해서 총 18명의 해군장성 출신을 영입했다는 사실이 1995년에 폭로되었다.[23] 전직 해군본부위원회 제1군사위원 줄리안 어스왈드 경은 이 기간의 대부분 동안 이 업체의 경영이사였다(민영과 국영 군사기관 간의 회전문은 미국에서만큼이나 유럽에서도 활발하게 돌아가고 있다). 그러나 이 업체는 회사의 미래를 염려했다. 1996년에 〈세마〉는 "전리품들"이라는 회의를 개최하여 군사업자로 쌓은 방법들을 은행업과 금융업에 적용할 수 있다고 강조했다. 〈세마〉는 "부진한 국방 시장"에 관해 우려하면서 금융, 전기통신과 "외주계약"[24] 분야에서 사업을 개진하려 시도했다. 외주계약은 복지 기업화의 가면을 쓰고 이 회사 수입의 중요한 부분을 차지하게 되었다. 1998년에 신노동당 정권이 첫 번째 대규모 기업화를 감행했을 때, 사회보장부는 의료지원부서 사업을 〈세마〉에게 3년짜리 계약으로 2억 5백만 파운드에 넘겼다. 이 군함 기업이 이제 장애인 수급 신청자를 검토하는 일을 맡게 된 것이다. 〈세마〉는 신청자들이 정말 장애가 있는지 아니면 장애인인 척 위장하는 것인지 진단할 수 있는 의사들을 고용했다. 정부는 이런 사영화가 "고객과 세금납부자들에게 더 나은 서비스를 생산하기 위해 민간 부문의 전문성을 활용하는 것"이라고 주장했다. 의회에서 장관은 다음과 같이 주장했다. "오래된 이데올로기가 아니라 아이디어와 이상을 가진 정부가 될 것이다. 무슨 일을 하는가가 중요하다." 그러나 사영화는 장애인 "고객"에게 더 나은 서비스를 제공하지 않았다. 한 특별위원회의 하원의원들이 "현재까지의 업무수행 결과는 받아들일 수 없는 수준"이며 "[서비스의 질에 관한] 모범적 규준보다 수익성이 우선하는" 것은 아닌가 묻게 된다고 단언하면서, 이 계약을 무참히 비난했다. 장애인들은 오랜 기다림과 예약된 약속들의 취소, 심지어 퇴직하고 의욕 없는 미숙련 의사들로부터 인종차별적 태도마저 감수해야 했다. 미국 복지체계의 사영화와 마찬가지로 이 계약은 권위적이고 징벌적인 접근법을 취하고 있었다. 이 업체는 가짜 신청자들을 몰아내기 위해 고용된 것이었고, 많은 장애인 신청자는 이 업체들이 자신들을 정직하지 못한 사람처럼 대우했고, 수급을 받지 못하는 부당한 일을 당하면 길고 복잡한 신청과정을 거쳐 다시 수급대상자가 되어야만 했다고 불평했다.

〈세마〉는 자신들이 복지체계 안에서 사기 행위를 척결하고 있다고 주장했지만, 업체 관리자들은 좋은 일만 하고 있지 않았다. 2000년에 이 업체는 한 재정 스캔들 직후 파산의 위기를 겪었다. 2천4백만 파운드가 걸려 있는 내부거래가 한 이사에 의해 폭로되자 그에 상응하는 죗값으로 투자자들은 회사 주가를 밑바닥까지 떨어뜨렸다. 급부금 계약benefit contract은 짙게 퇴색된 왕관에 남은 보석 중의 하나였고, 이 부분은 미국 정유업체 〈슐룸베르거〉에게 팔렸다. 그리하여 장애를 가진 영국인들은 국제 시장에 팔

렸다. 미국 중앙정보국 국장 출신 존 도이치는 〈사이언스〉에서 일했을 뿐
아니라 〈슐룸베르거〉의 이사이기도 했다. 따라서 〈세마〉가 팔렸다는 것은
한때 미국의 최고 간첩이었던 자가 이제 영국 장애인 복지 혜택을 책임지
게 되었다는 것을 의미했다. 그러나 이후 이 사영화된 부문은 〈아토스 오리
진〉이라는 프랑스 기업에게 또 팔린다.

이 모든 매매 가운데 정부 수당 사영화가 가장 가치가 높은 아이템이
었다. 그러나 9·11 이후 기업은 이윤율을 높이기 위한 새로운 방법을 찾게
되었는데 그것은 신분증이었다. 군수 시장에서 복지 기업화로 옮겨온 기업
들이 대테러전쟁에서 안보산업으로 복귀할 기회를 얻게 된 것이다. 정부 기
관들이 사영화를 통해 쌓은 경험과 그 사업을 하면서 정치, 행정 엘리트들
과 맺은 인맥을 이용해 9·11 이후의 안보계약들을 따낼 수 있었다. 미국에
서는 연방국가라는 그 분산적 성격으로 인해 대테러전쟁에서 수많은, 중복
되는 데이터베이스들이 양산되었다. 미국보다 중앙 집중화된 영국에서, 정
치인들은 신분증이 상징하는 권위적인 기술적 성격에 사로잡혔다. 국민 신
분증 사업은 9·11 전에 몇 해간 화이트홀에서 논의되고 있었지만, 100억
파운드로 예상되는 소요예산과 그 도입에서의 정치적 어려움들 탓에 이 계
획들은 내무부의 서류 보관함 안에서 잠자고 있었다. 9·11 테러가 발생한
지 4일 만에, 내무부 장관 데이빗 블런켓은 이 계획을 다시 띄웠다. 그러나
몇 년 동안 각료들은 이 계획에 대해 불확실하고 방어적인 태도를 보였다.
예를 들어, 신분증 발급을 대중을 관리하려는 방편이 아니라 사람들이 복
지혜택을 받을 수 있도록 돕는 "수급권리증"이라고 포장하려 하기도 했다.
안보를 좋아하는 정치인과 안보사업을 하는 계약업체 간에 자유로운 인력
유통을 보여 주는 가장 좋은 예시가 바로 블런켓 자신이었다. 내무부 장관
직을 떠난 블런켓은 신분증 사업에서 일을 찾고 있었던 미국 기업 〈인트러
스트〉의 고문을 맡게 된다.

계약업체들은 신분증 사업이 기회라는 것을 감지하고 정부에게 사업에 착수할 것을 부추기기 시작했다. 신노동당 정권은 가장 좋은 시절을 보내고 있으면서도 로비스트들의 요청을 거절하기 힘들어했는데, 신분증 사업도 예외는 아니었다. 노동당 정권과 상업적 로비스트들은 상호 보완적인 관계를 맺는 법을 터득했다. 계약업체들은 전쟁, 복지와 안보문제에 관해 포장만 뜯으면 되는 간편 해법들을 제공하였고 정부는 장기 계약들을 던져주었다. 2002년에 〈세마〉는 노동당의 재정업무 지원업체였고 노동당 회원 데이터베이스를 전부 운영했다. 또 노동당 유력 인사들이 골치 아픈 문제에 휘말릴 때도 도왔다. 스코틀랜드 제1장관 도날드 데와의 특별 고문이었던 필립 찰머스는 홍등가에서 옆자리에 성노동자를 태운 채로 음주운전을 하다가 체포되어 공직을 박탈당했다. 〈세마〉는 이 실각한 노동당 측근을 재빨리 채용하여 자사가 정부에서 외주 받아 운영하고 있던 스코틀랜드 관광청 웹사이트를 맡겼다. 정부가 신분증 도입에 관해 안절부절못하자, 〈세마〉는 사업에 관한 대중의 광범위한 지지를 보여 주는 설문조사를 주문하고, 하원의원들에게 로비하기 위한 캠페인에 돌입하는 등 영향력을 행사하기 시작했다.

이 업체가 다시 프랑스계 소유로 되돌아왔을 때도, 경영진의 변화는 업체의 로비 전략에 아무런 영향을 주지 못했다. 오늘날 아토스라는 이름으로 불리는 이 회사는 상원의 노동당 측 구성원인 전직 장관 바넷 의원을 채용하여 이사회를 이끌게 했다. 업체는 노동당과 가까운 씽크탱크들에 자금을 지원하고 신분증 사업을 위해 계속 로비를 했다. 이 과정에서 다른 선수들도 합류했다. 〈유니시스〉는 미국 안보 데이터베이스 시장을 넘어 사업을 확장하기를 꾀하면서, 신분증 사업을 따내기 위해 로비를 시작했다. 〈유니시스〉는 노동당의 가장 오래된 씽크탱크인 〈페이비언 소사이어티〉에 신분증 사업을 지지하는 연구를 지원하였다. 이것은 안보 시스템을 팔아보려는 〈유니시스〉의 세계화 전략의 일부였다. 국제사회에서의 〈유니시스〉의 업무는 사실 더 많은 오점을 남겼지만, 각료들과 로비스트들은 최첨단 안보 해법이 가져올 장밋빛 미래를 기대하며 이런 점들을 무시했다.

파나마의 선거인단 위원회가 최첨단 디지털 카드에 대한 4년짜리 계약을 취소하면서, 2003년 〈유니시스〉의 국제 안보 시스템 사업은 실패했다. 한 콜롬비아인 남성이 5백 개의 백지 카드를 불법 소지하다 적발되고, 업체 측에서도 3만 개의 백지 카드 — 이 카드들은 전부 파나마 정부에 전달되었어야 마땅한 것들이다 — 를 보유하고 있다는 사실이 폭로되면서 유니시스는 계약 해지를 당한 것이다. 선거인단 위원회는 이 백지 카드들이 선거사기나 마약 범죄 음모의 일환이라는 소문에 대해서 사실이 아니라고 했지만, 일반적인 보안상 이유를 들어 계약을 파기했다. 〈유니시스〉는 파나마 정부에 대한 소송으로 응답했다.

이런 사건들이 〈유니시스〉를 신분증 사업에 고용하려는 영국 입법자들의 걱정을 키웠을 것으로 짐작해 볼 수 있다. 그러나 어떠한 장애물도 이 새로운 체계를 도입하려는 열정을 방해하지 않았다. 〈유니시스〉의 로비가 너무 뛰어났던 것일까. 아니면 각료들이 한 번 신분증 사업을 결정하고 난 뒤로 돌이킬 수 없었던 것인지도 모른다. 계약업체들은 새로운 안보 문제들에 쉽게 소화될 수 있는 해법들을 제시했다. 이들이 해결책의 문제점을 인식하는 순간, 각료들은 테러리즘에 대처할 전략을 처음부터 온전히 새롭게 고안해 내야 했다. 첨단기술로 무장한 영업자들은 상품의 잠재적 실패 가능성을 무시할 만큼, 거부할 수 없을 정도의 매력으로 포장된 정책적 해법들을 제공했다.

영국 신분증 사업에 입찰하기 위해 〈세마〉와 〈유니시스〉와 한 배를 탄 국방계통 업체가 또 하나 등장했다. 독일 전자 대기업 〈시멘스〉는 군사 서비스 분야에서 길고 불명예스러운 전적을 갖고 있었다. 가장 창피스러운 기억으로, 이 업체는 히틀러의 전쟁 기계를 위한 전기 스위치를 만드는 공정에 강제 수용소의 노예 노동자들을 사용했다. 〈시멘스〉는 가장 좋지 않은 시기에 군사적 자산을 확장하려 시도했다. 1998년에 이 독일기업은 국방전자 분야에서 짭짤한 이익을 거두고 있던 영국 전자업체 〈플레시〉를 매입하였다. 일 년 후 베를린 장벽의 붕괴로 〈시멘스〉가 새로이 획득한 첨단기술 전쟁 상품을 위한 시장이 급격히 축소하였고, 업체는 이어진 러시아라는 위협의 붕괴로부터 매우 고통스럽고 직접적인 상해를 겪어야 했다.

〈시멘스 플레시〉는 1987년에 영국군을 위해 빅센Vixen이라는 전자 전쟁 시스템을 개발하기 시작했다. 국방부는 1991년부터 빅센을 가동할 수 있기를 기대했다. 그러나 십 년간의 개발 기간이 지난 1997년에도 〈시멘스〉는 여전히 개발 작업을 완수하지 못했다. 1996년의 빅센의 시범 운영에서 예상했던 기준들을 전혀 달성하지 못했던 것이다. 국방부가 이같이 비싼 군사 시스템 개발의 지연상황을 보고서도 그저 어깨를 들썩이며 받아들이고, 기술적 실패의 소식에도 다음번에 더 잘하라는 관대한 격려로 대응하는 것이 일반적이라는 사실을 〈시멘스〉는 알고 있었음이 틀림없다. 그래서 국방부가 어깨를 들썩이고 넘겨버리지 않고 빅센 사업을 취소하였을 때 이 업체는 외부의 비판자들만큼이나 충격을 받았을 것이다. 이 고객의 놀랍도록 단호한 결정은 소련이라는 위협이 사라진 결과였다. 빅센은 영국군이 라디오 교신들을 도청하고 분석하여 방위추적 기능으로 적의 위치에 대한 정보를 캐내기 위해 고안되었다. 군부 측은 이것이 독일 북부 평야 지대에서 소련군을 겨냥하면서, 소련군의 침공을 감지하기 위한 도구가 될 것으로 기대했다. 그러나 불행히도 야만인들의 도착은 취소되었다. 정부는 빅센 사업에 이미 5천만 파운드를 지급한 상황이었고, 더는 이 시스템에 예산을 책정하기를 사절했다. 이 독일 기업에겐 이것이 마지막 남은 희망이었다. 군사 계약에 대한 우려로 이 업체는 세계 군사 세력들과 거래하던 과거와 결별하기 위해 이미 "탱크를 트랙터로"라는 프로그램에 착수하고 있었다. 업체는 현금자동지급기나 항공교통 통제체계 등을 생산하는 거래들을 더 따내려고 애쓰면서 이를 통해 미사일 추적 기술에 대한 의존도를 낮추려 노력했다. 빅센 사업이 취소된 후 〈시멘스〉는 완전히 포기하며 자사의 국방부서를 모두 〈BAE〉에 매각했다.

군사계약 분야를 포기함으로써 〈시멘스〉의 영업 전략에는 커다란 구멍이 남았다. 국방 계약업체들이 전형적으로 맺는 계약은 거액의 돈이 걸려 있고, 관대하고 이해심이 많은 고객이 보장된 장기 거래이다. 〈시멘스〉는 이와 동등한 조건의 시장을 찾아야만 했다. 운 좋게도, 국방 계약만이 정부에서 돈을 뜯어낼 수 있는 유일한 방법은 아니었다. 〈시멘스〉는 대규모 공공 건설 사업을 시행한 경험도 갖고 있었다. 군사 계약과 마찬가지로 이들 기반사업 건들은 정부 측과의 친밀한 관계에 의존하는 경우가 많다. 그러나 〈시멘스〉는 자신들이 핵심 관료들과 지나치게 친밀하다는 사실을 알게 되었다. 2006년과 2007년에 〈시멘스〉 사장 클라우스 클라인펠드는 업체에 쏟아진 부패행위라고 주장되는 것의 규모에 놀란 듯 보였다. 그는 "불법적인 사업 관행들을 허용하지 않으며 이것은 의문의 여지가 없다"고 주장했지만 이와 정반대되는 증거들이 발견되고 있었다. 두 명의 〈시멘스〉 중역은 이탈리아의 국유 전력회사로부터 발전 터빈 계약을 따내기 위해 6백만 유로의 뇌물을 제공했다는 사실을 인정했다. 이들 중 하나인 홀스트 비게너는 "이런 관행은 〈시멘스〉의 많은 사람에게 잘 알려졌고 전 세계적으로 흔한 일이었다"[25]고 고백했다. 그의 이러한 주장은 회계업체 〈케이피엠쥐〉가 제공한 〈시멘스〉 내부보고서에 의해서도 뒷받침되었다. 이 보고서는 2억 4천만 유로어치의 "의심스러운 금융거래"가 있다고 지적했다. 중개업자와 "마케팅"을 위한 자금 지급은 명의만 있는 유령회사와 해외 은행 계좌를 통해 이루어졌다. 수사관들은 〈시멘스〉 직원들이 교통, 전력, 통신 분야의 대규모 공공 계약을 따내기 위해 뇌물을 제공했을 가능성이 있다고 추정했다. 세르비아에서 발전소 터빈을 공급하는 계약에는 차량 선물과 관련이 있었고, 그리스, 이탈리아, 나이지리아, 러시아를 비롯한 여러 곳에서의 대규모 계약들 또한 모두 깨끗하지 않을 가능성이 있었다. 〈시멘스〉 경영진은 이 같은 폭로에 놀라움을 감추지 못했으나, 업체의 공개된 과거 사에서도 이 같은 행태의 흔적을 확실하게 찾아볼 수 있었다. 1992년에 다섯 명의 〈시멘스〉 관리자들이 1억 8백만 마르크 규모의 하수설비 계약을 따내기 위해 뮌헨 시 관료들에게 330만 마르크의 뇌물을 지불한 죄로 기소되었다.[26] 1996년, 〈시멘스〉는 싱가포르 정부가 발주하는 계약에 입찰하는 것을 5년 동안 금지당했다. 이 업체는 싱가포르의 공공사업부 부장관에게 계약을 대가로 2천만 달러 상당의 뇌물을 제공한 다국적 기업 중 하나였다.[27]

대규모 공공부분 건설계약의 한 가지 문제점은 그 계약이 유한하다는 점이다. 그 모든 노력이 – 때때로 그 모든 뇌물이 – 한 번의 계약으로 끝이 난다. 업체는 하나의 계약, 한 개의 발전기, 한 개의 초고속 철도, 한 개의 하수설비를 맡기 위해 가지고 있는 자원을 반복해서 동원해야 했다. 그러나 사영화의 흐름으로 이제 〈시멘스〉를 비롯한 다른 업체들은 정부에 공공업무를 제공하는 계약에 입찰할 수 있었다. 공공업무 계약에는 단순히 뭔가를 짓는 계약을 훨씬 넘어서는 매력이 있었다. 공공업무 계약은 종종 장기간이거나 기간 제한이 없는 경우도 있었다. 〈시멘스〉는 이러한 기회를 포착하고 새로운 정부 서비스 시장으로 확실하게 움직였다. 영국에서는 이것이 특히 내무부를 중심으로 이루어졌다. 〈시멘스〉는 내무무가 주관하는 두 개의 주요한 계약을 따냈다. 그것은 여권국과 이민국과의 계약이었다.

1997년 정권에서 물러나기 2달 전에 보수당 정부는 이민국 업무의 컴퓨터화로 망명 신청 처리 속도를 높이는 7천만 파운드의 7년짜리 민간투자사업 계약을 〈시멘스〉에 내주었다고 밝혔다. 보수당 전임자들의 미래지향적 사고에 분명 감동을 받았던 노동당은 일 년 후, 1억 2천 파운드짜리 계약을 주면서 〈시멘스〉를 여권국의 "사업 파트너"로 지명했다. 두말할 나위도 없이, 위 두 건의 계약은 모두 심각한 어려움에 직면했다. 여권국의 기업화 과정은 기자들이 포함된 모든 사회 집단에 영향을 미쳤다. 이민국에서 〈시멘스〉의 무능은 "외국인"에게만 영향을 미쳤다. 따라서 전자는 언론에서 광범위하게 다루어졌음에 반해 후자의 실패는 그다지 주목을 받지 못했다. 각료들은 여권국 노동자를 대변하는 조합들의 우려와 경고를 무시하고 〈시멘스〉가 인력을 삭감하고 새로운 컴퓨터 시스템을 도입하도록 놔두었다. 그 결과, 여권을 기다리는 사람들의 수가 50만 명에 달하게 되었다. 창피해진 내무장관은 공식 사과를 하였고, 사고를 친 〈시멘스〉는 얼마 안되는 벌금을 무는 것으로 끝이 났지만, 이 업체가 저지른 혼란을 수습하기 위한 추가 인력을 고용하느라 1천3백만 파운드의 추가 예산이 지출했다.

과거 이민자들과 망명자들이 겪었던 것보다 상황을 더 악화시키려고 〈시멘스〉는 더 바쁘게 일해야만 했을 것이다. 신청자들은 이미 런던 교외의 내무부 복합건물인 루나 하우스 앞에 긴 줄을 서서 기다려야 했다. 오래된 서류들과 유실된 문서들, 그리고 의욕이 없는 직원들 탓에 영국인이 되고자 하는 사람들은 수개월 동안 관료주의의 지옥에 갇혀 있어야 했다. 〈시멘스〉는 계약서에서 이 같은 난장판을 "종이 문서가 필요 없는 사무실"로 개조하고, 이민국 직원의 5분의 1을 해고하겠다고 약속했다. 노동조합들은 차기 노동당 정권에게 이 계획에는 흠이 있으며 적어도 새로운 시스템이 정착될 때까지 해고계획은 지연되어야 한다고 주장했다. 내무장관 잭 스트로와 그의 각료 마이크 오브라이언은 〈시멘스〉의 여권국 계획에 대한 유사한 경고들을 무시했던 것과 마찬가지로 이 주장들을 무시했다. 조합의 경고가 그저 "생산자" 불만에 불과하며 현대의 국가 관료들은 "소비자"에 집중해야 한다고 생각했던 것 같다. 공공기관을 운영하기 위해 민간 업체가 서류가 필요 없는 사무시스템을 제공한다는 이 공식은 신 노동당 정권의 접근방식을 가장 순수하게 표현하고 있었다. 이민과 망명은 또한 노동당 각료들이 우파로부터의 포퓰리즘 비난에 노출되어 있다고 느끼는 부분이기도 했다. 이민 행정의 전 부문에 대한 책임을 정치인들로부터 민간 업체들에 넘기는 것은 이 문제를 중립화시키고 이민에 대한 논쟁들과 자신들을 분리하는 매력적인 방식으로 비쳤을 것이다. 정부는 특히 망명자 처리에 대한 사영화화에 집중하고 있었다. 스트로의 개혁들 덕에, 망명자들의 신청서류는 한 민간 업체에 의해 처리되었다. 망명 신청이 실패할 경우, 망명자들은 국외 추방되기 전에 또 다른 민간 업체에 의해 수감될 것이다. 그리고 신청 처리가 늦어질 경우, 망명자들은 생계비 수급권자로 또 다른 민간 업체가 제공하는 식권을 받으며 생활하게 될 것이다. 망명 신청자들은 일련의 상업적 서비스 제공자들에 의해 국가와 일정하게 거리를 둔 채로, 영리 추구의 관료주의적 지하 감옥에 갇히게 된 것이다. 정부는 이후 대테러 전쟁에서 일반 대중을 대상으로 사용할 기업화된 통제 체계를 망명 신청자들에게 실험하고 있었다.

망명 신청자들의 지옥은 〈시멘스〉의 시스템이 도입되고 곧이어 그것이 붕괴하면서 더욱더 불편해졌다. 1998년에 종이 서류 없는 사무실이 현실화되지 못하자, 그 대신에 〈시멘스〉는 "종이 서류에 기초한 파일럿 계획"[28]을 제공하였다. 시스템이 완성되는 시점에 돈을 받기로 했었지만, 내무부는 새로운 처리 시스템을 작동하게 하려는 필사적인 노력으로 〈시멘스〉에 진작부터 돈을 지급하고 있었다. 시스템 실패에 따른 위험 부담은 〈시멘스〉가 책임지기로 되어 있었지만, 실제 시스템의 실패가 도래했을 때 정부는 이 회사를 구제하기 위해 애썼다. 내무부 창고에서는 쥐들이 자료를 갉아 먹고 있었고, 여기에는 7만7천 건에 달하는 사건들이 쌓여 있었다. 필사적이었던 내무부는 "상업적이거나 계약상의 문제로 제한을 받지 않으며"[29] 어떠한 조치라도 취할 수 있는 권한을 가진 대책위의 구성을 이민국에 허가했다. 이런 식으로 업체에 백지수표를 주는 노력조차 실패했고, 정부는 마침내 2001년 이들이 제공한 시스템을 단념하고 주로 종이 서류에 의존한 행정처리 방식을 회복시켰다. 정부로서는 창피를 당한 꼴이었으나, 망명 신청자들은 관료주의의 고통을 감내해야 했다. 비록 이들의 고난이 여권 신청자들보다 언론에 미친 영향은 훨씬 적었지만 말이다.

일반인이라면 이제 〈시멘스〉가 진정 곤경에 빠졌다고 예상할 것이다. 〈시멘스〉에게 군사 계약 분야는 이미 막다른 골목이었다. 공공부문 계약은 두 개의 재앙으로 끝이 났다. 이 업체는 이제 확실히 위기에 직면하게 되었으리라. 그러나 이러한 예측은 대테러전쟁의 소생력을 과소평가한 것이다. 9·11 이후 〈시멘스〉는 군사 부문에서 공공부문 계약으로 분야를 바꾼 다른 업체들과 마찬가지로 새롭게 제공된 하사품들을 모으는 데 자사가 좋은 위치에 있음을 알게 되었다. 〈시멘스〉의 실수들은 정부에겐 끔찍하게 창피한 일이었고, 신노동당의 "민간 투자 계획"에 대한 비판자들의 사기는 엄청나게 고양되었다. 그런데도 〈시멘스〉는 아직도 이 새로운 안보 지출의 주요한 수혜자가 될 수 있었다. 민간 부문의 우수함에 대해 각료들이 가지고 있는 믿음이 너무나 강력하여 〈시멘스〉의 전력을 못 본 척 한 것일까. 정부는 테러리스트의 위협에 대응하기 위해 국가권력을 확장하려 했을 때 이미 공공 서비스에 대한 능력을 너무 많이 잃어버려서 "능력 개발"을 위해 〈시멘스〉에 의존할 수밖에 없었던 것일까. 아니면 관료들은 마치 오랜 친구의 결점을 모르는 체하는 것처럼 이 회사가 너무 편해져서 결점들을 무시하게 된 것일지도 모른다.

분명 〈시멘스〉는 노동당 지도부와 친해지기 위해 할 수 있는 일들을 했었다. 2004년에 〈시멘스〉는 전 내각 각료 잭 커닝햄 등 노동당 내부자들이 운영하는 로비업체인 〈소버린 스트래티지〉를 고용했다. 그리고 〈시멘스〉는 여러 각료의 공식적인 자리들을 후원했다. 2년 동안 〈시멘스〉는 당시 내무장관 데이빗 블런켓과 내무부 각료 토니 맥널티가 참석하는 "신분"에 관한 노동당 회담을 위한 비용을 지급했다. 2006년에는 떠오르는 스타 각료 데이빗 밀리반드가 노동당 〈페이비언 소사이어티〉에서 행한 기조연설을 후원했다.

이러한 회사의 노력은 확실히 여권국과 이민국에서 이들이 친 사고가 남긴 서운함을 모두 중화시킨 듯했다. 〈시멘스〉는 신분증 시스템 도입을 위한 교두보 중 하나로 알려진 여권국의 "인터뷰 인증" 시스템을 작동시킬 소프트웨어를 만드는 6백만 파운드짜리 사업 계약을 따내면서, 신분증 사업 경주에서 한발 앞서 나갈 수 있었다. 2006년에 〈시멘스 비즈니스 서비스〉는 5억 4천9백만 유로의 적자를 기록한 것으로 보고했지만, 이들은 영국과 유럽의 신분증 산업에 대한 "안보 지출"로 자신들이 구제되리라고 확신하고 있었다.[30]

후기

야만인을 기다리며

　그리스의 시인 콘스탄틴 카바피는 시 「야만인을 기다리며」[1]에서, 공적 삶 전체가 적에게 집중된 어떤 나라를 묘사한다. "야만인들이 도착할 예정"이기 때문에 시민들은 광장에서 기다리고 있다. 황제와 집정관들은 도착하는 야만인들을 압도하기 위해서 최대한 차려입고 앉아 있다. 상규常規들은 유예되었고, 의회에서의 논의도 야만인의 위험이 상존하는 동안에는 취소되었다. 그런데 최악의 소식이 도시에 전해졌다. "……야만인들은 오지 않았다. / 그리고 국경에서 막 돌아온 자들은 더 이상 야만인이 없다고 말한다." 야만인의 존재가 물질화되지 못한 것은 예정되었던 야만인의 도래보다도 더 치명적이다. 사실, "……야만인이 없다면 우리에게 무슨 일이 벌어질까? 그들, 그 사람들은, 일종의 해결책이었다." 러시아와 중국에서 온 "야만인"을 둘러싼 공포가 국제 정치와 국내 정치에서 핵심적인 역할을 했던 냉전 시기에, 서방에서 한 세대의 정치인들이 성장하였다. 서방세계와 개발도상국가들 사이에서 벌어지는 모든 대립이 자유와 공산주의자 독재의 전투로서 재구성되었다. 1950년대에는 반공산주의가 국내 정치를 지배했고 소련이 붕괴하기 직전까지 그것은 상당한 영향력을 유지했다. 미국에서는 민주당보다 왼쪽에 있는 사상들이, 유럽에서는 사회민주주의 사상들이, 종종 공산주의자 적들과 불온한 관계를 가진 집단들로 채색되었다. 소련 야만인이 더는 통일된 세력으로서 존재할 수 없게 되자 일부 주요 정치인들은 혼란스러워하는 듯했다. 미국과 유럽의 정부들을 조직하는 방식에 있어서 "일종의 해법"을 소련이 제공했던 것인데 이제 그들이 사라진 것이다.

백악관과 웨스트민스터의 지도자들은 테러리스트라는 새 위협을 새로운 종류의 야만인으로서 유용하게 사용할 수 있겠다는 점에 착안하여, "대테러전쟁"이라는 틀 속으로 대외 정책과 국내 정책을 구체화시켰다. 개발도상국과의 관계는 대테러전쟁에서 우리 편에 서는 나라인가, 테러리스트들의 온상인 나라인가에 따라 판가름 났다. 파키스탄과 사우디아라비아 같은 권위주의 정권들도 테러리즘에 반대한다는 선언을 하는 것만으로 자유를 위한 연합의 일부가 될 수 있었다. (많은 이라크인, 팔레스타인인, 이란인이 그러하듯이) 서방국가들의 합의에 동의할 수 없는 사람들과 나라들은 전부 오사마 빈 라덴의 작고, 폭력적인 네트워크와 한통속인 것으로, 그리하여 테러리스트 위협의 일부인 것으로 여겨진다. 국내 정치 역시 권위주의적이고 감시 감독을 좋아하는 "국토안보" 쪽으로 기울며 시민의 일반적인 자유들이 제한당하고 긴급 법률들이 제정되었다. 신종 야만인의 위협은 새로운, 그리고 불행한 정치적 "해법"을 제공한다. 이 책의 주제는 다음과 같은 것이었다. 입법자들과 관료들 자신이 이 정치적 해법에 매료되는 것이지만, 테러리즘 위협에 대한 군사주의적이고 권위주의적인 대응에서 상업적인 이익을 취하는 산업 집단의 효과적인 로비가 있기 때문에 입법자와 관료 들이 그러한 정치적 해법들을 택하는 쪽으로 움직이게 된다는 것이다.

1989년 3월, 냉전이 해소되어 가는 와중에도 딕 체니는 냉전을 놓고 싶지 않다는 암시를 강하게 비추었다. 조지 부시의 국방장관으로 임명되는 자리에서 체니는 "냉전이 종식되었다고 선언하고 싶어 하는 자들이 있다. 이들은 위협의 정도가 상당히 낮아졌다고 인식하며 그렇기 때문에 우리가 우리의 경계 수준을 낮출 수 있다고 믿고 싶어 한다. 그러나 나는 신중해야 할 때라고 생각한다."[2] 그 해 6월에 이르면 체니는 소련의 개혁주의 지도자 미하일 고르바초프가 "실패"할 것이며 "훨씬 더 적대적인"[3] 누군가가 고르바초프를 대체할 것이라고 예측한다. 소련 붕괴가 시작되자, 체니는 "유럽은 여전히 분열되어 있다. 베를린 장벽은 여전히 건재하다"고 말하면서 국방 정책을 변경하는 것에 반대했다. 그러나 얼마 지나지 않아 베를린 장벽이 무너졌고 체니는 더는 베를린 장벽을 들먹이며 러시아가 여전히 주적이라는 주장을 뒷받침할 수 없게 되었다. 그러나 체니는 당황하지 않았고, 사실 장벽의 붕괴란, 그 자체로 냉전이 언제라도 다시 개전될 수 있음을 의미한다고 주장하기 시작했다.

1990년 3월이 되면, 미국 중앙정보부의 수장조차 러시아의 위협은 근본적으로 축소되었다고 생각하게 된다. 그러나 체니는 이제 러시아인들에게는 "미국과 주요한 대결 상황을 일으킬 동기가 별로 없다"는 중앙정보부 국장의 발언에 분노했다. 체니는 중앙정보부 지도부를 공개적으로 꾸짖으면서, 기이한 논리로 다음과 같이 말했다. 유럽에서의 급진적인 변화가, 바로 러시아가 언제라도 더 호전적으로 될 수 있음을 보여 주는 증거라는 주장이었다. "베를린 장벽의 붕괴나 동유럽에서 일어난 혁명과 같은 종류의 일을 그 누구도 예측할 수 없었듯이" 예측 불가능한 사건들이 새로운 "적대적인" 소련의 등장으로 이어져 급작스럽게 "군사적 위협"으로 될 수 있다고 체니는 주장했다. 체니는 러시아에 대한 미국의 혐의를 축소하는 것은 "옳지 않으며" "위험하다"[4]고 단언했다. 체니는 그의 적에게 매달리고 싶은 마음이 절실했고, 야만인이 무대에서 퇴장하기로 결정하자 깊이 상심했다.

당시 체니의 보좌인이었던 폴 월포위츠와 함께 체니는 "국방계획지침"을 급조해 냈다. 이 공식 문서는 미국의 군사 계획과 목표의 윤곽을 그렸다. 체니와 월포위츠가 만든 문서는 이제 소련이 무너졌으니, 미국은 이 새롭고 예측 불가능한 세계에서 "두 개의 지역전"을 동시에 치를 수 있는 능력을 키워야 한다고 제안했다. 막대한 군사비와, 거대한 군대, 국방부의 관료주의를 계속해서 정당화하려는 이들의 시도는, 1990년대에는 난관 속에서나마 겨우겨우 설득력을 가질 수 있었다. 그러나 소련이라는 적 없이 거대 전쟁기계를 뒷받침하는 정치적 합의를 유지하기는 점점 어려워지고 있었다.

신보수파는 오래전부터 야만인의 위협을 개발해 왔다. 1970년대에 조지 부시 1세는 러시아의 무기 규모와 의도에 대한 중앙정보국의 추정들을 사후에 변경하기 위해 〈팀 B〉라는 그룹을 결성했다. 폴 월포위치를 비롯하여 신보수파 주요 인사들이 〈팀B〉 소속이었다. 이들은 동서 데탕트를 와해하기 위해 러시아 지도부의 공격성과 소련군의 규모를 일부러 과하게 예측했다. 〈팀 B〉로부터 로비단체 〈현존하는 위협에 대한 위원회〉가 결성되어 나왔다. 이들은 강한 미군, 개입주의적인 군사 정책을 지속시킬 정치적 압력을 이어가고자 했다. 이 위원회는 베트남에서 겪은 실패의 결과로 나타난 반군사적 견해들에 소련의 위협을 강조하는 것으로 맞섰다. 리처드 펄을 비롯한 신보수파 인사들이 이끄는 〈현존하는 위협에 대한 위원회〉가 전력을 다해 하고자 했던 것은 사실상의 냉전의 지속이었다. 20세기의 마지막 십 년 동안 소련이 붕괴하면서, 애석하게도 이 이데올로그들은 자기들의 현재가 과거로 침잠하는 상황을 목격하게 되었다.

체니와 월포위츠 같은 신보수파가 테러리스트 위협을 야만인의 새로운 원천으로 여기며 달려든 것은 이 같은 과거로 미루어볼 때 놀랍지 않다. 이들의 주장으로 인해서 서방세계의 (국내 정책의 상당 부분과) 외교 정책 전체가 이슬람 테러리스트를 적으로 삼게 되었다. 빨간red 위협을 테러리스트 위협이 대체할 수 있다는 생각을 그들은 열정적으로 옹호했다. 제임스 월포위츠 등을 중심으로 새롭게 구성된 〈현존하는 위협에 대한 위원회〉는 테러리스트 위협이 "법 집행의 문제"가 아니라 "실제적인 전쟁"[5]이라고 주장하기 시작했다. 미국의 지도부는 전前 세대의 지도자들이 모든 국제 갈등을 반공이라는 틀 속에 끼워 넣었던 것과 꼭 마찬가지로 모든 외교 정책 문제들을 대테러전쟁의 용어들로 재구성하려 했다. 냉전 기간 동안에 미국과 영국의 지도부는 공산주의에 대적하기만 하면 어떤 독재자든 군벌이든 쿠데타든 지원할 용의가 있었다. 예를 들어서 서방 국가들은 공산주의 위협에 대한 방호벽으로 여겨진다는 이유만으로 남아프리카공화국의 정권을, 그리고 앙골라와 나미비아에서 활동하는 남아프리카공화국 정권의 부도덕한 전쟁대행자들을 지원했다. 그 결과 수백만 명의 사람들이 고통을 받았고 또 죽임을 당했다. 동남아시아에서 냉전은 베트남전쟁이라는 형태로 매우 뜨겁게 전개되었다. 중미와 남미에서는, 가장 덜 빨개 보이는 암살단이 지원을 받게 되었다. 그 암살단이 누구를 죽이려 하는지는 (그들이 게릴라 부대를 노리는지 수녀들을 죽이려 하는지는) 중요하지 않았다. 대테러전쟁에서는 모든 갈등을 오사마 빈 라덴과의 전투라는 틀 안으로 쑤셔 넣었다. 이라크의 사례에서처럼 있지도 않은 연관을 조작하는 일마저 벌어졌다. 냉전 기간에 그러했듯이, 리비아·이집트·우즈베키스탄 같은 반동적이고 권위주의적이며 피비린내 나는 정권들 또한 이들이 "테러리즘에 반대하는" 한 같은 편으로 환영받았다.

딕 체니 또한 냉전의 마녀사냥식 국내 정치를 부활시키기 위해 개인적으로 대단히 많은 노력을 기울였다. 자신의 정책을 비판하는 사람들은 적을 도와주는 것이라고 그는 반복해서 말했다. 예를 들어 2006년에 체니는 이라크 전쟁의 진행상황에 관한 논쟁 일체는 "테러리스트들의 전략에 정당성을 부여한다"[6]고 주장했다. 2004년에 조지 부시도 이에 편승하여 대對이라크 정책에 대한 비판은 "적을 더욱 대담하게 만들 수 있다"[7]고 주장했다. 부시는 이후 수년간 계속해서 이 주제를 반복하곤 했다. 심지어 체니는 미국 유권자들이 조지 부시 대신 존 케리를 선택한다면 테러리스트들이 다시 공격해 올 것이라고 발언했다. 루퍼트 머독의 폭스 방송사 뉴스에서 한 유명 해설자의 언행이 암시한 내용으로 이 진흙탕 전략은 좀 더 지저분한 새 차원으로 진입하게 됐다. 이 해설자는 민주당의 유력 대선 후보이자 전쟁에 비판적인 입장을 가진 인물인 버락 오바마가 테러리스트를 양성할 위험이 있는 "마드라사"[8]에서 교육을 받았고, 이라크의 전 독재자(후세인)와 이름 한 단어가 똑같다[9]는 점을 강조하면서 오바마는 "꼭두각시"[10] 스타일의 테러리스트 첩보원[11]이라고 말했다.

부시와 체니가 공산주의자를 색출하는 낡은 전략들을 갱신하여 테러의 시대에 국내의 반대파를 단속하는 데 사용한 것은 그리 놀라운 일이 아니다. 그러나 냉전 향수병은 미국에 국한된 일이 아니었다. 영국의 총리 고든 브라운은 냉전의 모델이 새 대테러전쟁에서도 사용되어야 한다고 노골적으로 주장했다. 예컨대 브라운은 루퍼트 머독의 일간지 『썬』에 기고한 글에서 이와 같이 주장했다. 브라운이 재무부 장관으로 재직했던 시절 그의 직원이었던 에드 벌스도 한 라디오 인터뷰에서 동일한 주장을 하였다. 브라운은, 호전적이었던 블레어 총리의 일부 정책들과 차별성을 두면서, 전쟁이라는 "강한" 힘뿐만 아니라 공산주의와의 갈등이 갖는 "문화적인" 성격과 "부드러운" 영향력의 사용을 강조함으로써 사람들을 안심시키고자 했다. 브라운은 소련과 서방세계의 갈등이 군사력은 물론이고 "책과 사상, 심지어 음악과 예술로도 싸운 전투였으며" "감성과 지성의 전투"[12]였다고 말했다. 공산주의에 맞선 문화 전쟁이란 이를테면 정치 조직과 잡지에 대한 은밀한 자금 지원, 충성 서약의 강요, 할리우드에서 지역 학교들에 이르기까지 영향력 있는 위치에 있는 "불건전" 인사들을 제거하는 것, 노동운동가와 활동가 들을 괴롭히기 등이었다. 따라서 브라운이 소환한 "부드러운 힘"은 별반 위안을 주지 못했다. 이로써 분명해진 것은 브라운의 의도였다. 브라운은 (치명적이지만 다행히 상대적으로 작은 위협일 뿐인) 국내 테러리즘이라는 위협을 광범위한 "전쟁"으로 탈바꿈시키는 정책을 지속하고자 했다.

냉전에 관한 브라운의 논평들은 두 가지 점을 드러냈다. 첫째, 대테러전쟁의 주연 중 한 명이었던 토니 블레어가 퇴장했음에도 그의 대역 고든 브라운이 전임자와 유사한 대본을 이어갈 것임이 분명해졌다. 둘째, 고든이 냉전을 언급함으로써 우리는 냉전의 문제점들이 대테러전쟁에서도 반복될 것인가에 관해 우려하게 되었다. 이 책은 "군산복합체"에 관한 아이젠하워 대통령의 경고가 대테러전쟁에도 해당된다고 주장해 왔다. 요약하자면, 새로운 "안보산업복합체"가 존재하는데, 이 "안보산업복합체"는 국내 정치와 국제 정치에서 점점 더 공격적이고, 광범위하며, 값비싸고, 역효과를 낳는 과잉반응으로 테러리스트 공격에 대응하는 것에 이해관계를 가진 사업가와 정치인으로 이루어져 있다. 아이젠하워는 지나간 과거인 냉전 당시에 경고를 한 것이지만, 냉전 갈등의 한 측면을 부활시키려는 브라운의 시도로 인해서 우리는 불행하게도 과거의 경고를 역사적인 격언으로만 여길 수 없게 되었다.

이라크를 둘러싼 2007년의 한 전투를 보면, 영국과 미국의 정치 지도부가 사업적 이해관계들과 얼마나 밀접하게 얽혀 있었는지를 분명히 알 수 있다. 전투는 바그다드의 거리가 아니라 워싱턴 D.C.의 법정에서 치러졌다. 경쟁하는 안보업체들이 이라크라는 극장에서 가장 비중 있는 민간 군사 계약을 쟁취하기 위해 법적 행동과 정치적인 로비 활동에 착수하였다. 그것은 바로 팀 스파이서가 이끄는 영국의 준군사업체 〈이지스〉가 맡았던 "재건 지원 사업" 계약이었다.[13] 이 계약의 규모는 일 년에 2억 8천만 달러에 달했고, 이는 당시로서는 가장 전면적인 군 기업화 사례였다. 이 계약으로, 핵심 정치 인사들을 경호하는 안보호위단이라는 기동무장 단위를 사기업이 통제할 수 있게 되었다. 또 계약에 따르면, 담당 민간업체가 이라크 내의 모든 다른 민간 안보 업체를 통제하는 "재건사업 운영 센터"를 설치·운영할 것이 요구되었다. 재건사업 운영 센터는 계약업체들이 미군에도 제공하게 될 군사 정보를 관리한다. 계약서의 조항들에 따르면, 담당 사기업은 "나토의 수준에 상당하는 비밀정보문서 취급허가"를 보유한 분석인력을 확보해야 하며, 이 분석인력은 "해외 정보기관과 국방부 직원, 자원과 시설을 표적으로 하는 테러리스트 조직과 그들의 대리자들에 관한 분석"을 실행할 것이었다. 계약업체가 군사 정보에서 가장 민감한 분야를 담당하게 되는 것이다. 이와 같은 정보를 취합한 뒤, 업체는 분석 내용을 활용하여 미군이 반란세력과의 전투에서 승리할 수 있도록 지원하고, 미군이 다른 안보 기업들을 지도하는 업무(안보업체들이 이라크 내의 위험한 "적색구역"에서 안전하게 지낼 수 있도록 지도하는 업무)도 지원할 것이었다. 〈이지스〉는 이 계약에 "프로젝트 매트릭스"라는 코드명을 붙였다. 〈이지스〉가 『워싱턴 포스트』지에 밝힌 내용에 따르면, 〈이지스〉의 팀들은 (미군에 "'생생한 현장 소식'을 제공하기" 위해) 이라크의 마을과 도시 들로 들어가서 취합한 정보를 미국 측에 보고했다. 또 이들은 "전투 지역을 통과하는 사람들을 위한 위험 정도 평가"[14]를 통해 미군이 다른 계약업체들을 지도하는 과정을 도왔다고 밝혔다.

〈이지스〉는 이 짭짤한 계약을 유지하려 노력했다. 스파이서는 워싱턴 사무실 책임자로 크리스티 클레멘스를 고용하는 등 미국 정부와의 관계 구축을 위해 전력을 다했다. 클레멘스는 미국에서 새 고용주를 위해 로비 활동을 펼치기에 적합한 경력을 갖고 있는 인물이었다. 그녀는 이라크의 미국 총독 폴 브레머의 대변인을 지냈다. 이후 그녀는 미국 국토안보부에서 공화당 정무관으로 일하면서 부시의 재선을 돕기 위해 테러리즘에 대한 왜곡된 선전활동을 하려 했다는 혐의를 받아 그 직장을 떠났다. 또 스파이서는 〈이지스〉의 이사로 로버트 맥팔레인을 채용했다. 맥팔레인은 로널드 레이건 밑에서 일하며 이란-콘트라 사업 운영을 도왔던 인물이다. 인질 교환의 대가로 이란에 무기를 판매하고 그 수익금으로 니카라과 정부에 대한 반군인 콘트라 반군에 "비밀" 자금지원을 한 이 사건에서 맥팔레인은 핵심적인 역할을 맡았다. 이 사건으로 맥팔레인은 의회를 오도한 혐의로 기소되어 유죄 판결을 받았고 발륨을 과다 복용하여 자살을 시도했었다. 그는 이후 부시1세에 의해 사면 받았다. 이란-콘트라 사건의 베테랑 중 다수가 부시 2세의 정권에 재등장하였기 때문에 맥팔레인은 유용한 연줄이었다. 이러한 법적 전투들과 영향력 싸움들이 이라크인들에게 얼마나 이로웠는가는 분명하지 않다.

스파이서가 미국 안보 지배층과 갖게 된 새로운 인맥은 〈이지스〉의 계약 유지를 보장해 주지 않았다. 이 계약은 새로운 군사 사영화에 있어서 너무나 중심적이었기 때문에, 이라크에서 "전투 지역"을 책임지고 "생생한 현장 소식"을 전달하고 싶어 하는 다른 유력 업체들이 계약을 인계받겠다고 나섰다. 계약 갱신 시점인 2007년이 되자, 군사 사영화에서 가장 빛나는 보석과도 같은 이 계약은 다수의 입찰자들을 끌어 모았다. 입찰이 거부된 두 기업, 미국계 기업인 〈블랙워터〉와 영국-남아프리카공화국의 〈에리니스〉는 즉각 법정 행동에 착수하여 재심의를 요청했다. 사영화의 결과물 중 하나는 영국과 미국의 이라크 개입을 둘러싸고 형성된 새로운 계파들이 법정에서 다투는 데 아까운 시간과 자원을 쓰게 되었다는 점이다. [이 과정에서] 안보 업체들이 정계와의 연줄을 (미국 정계와의 연줄 못지않게 영국 정계와의 연줄도) 소중하게 생각하게 되는 것은 불 보듯 뻔했다.

이 미국 안보 계약에 영국 기업 두 곳의 입찰이 허용되었다. 스파이서의 〈이지스〉와 〈알멀 그룹〉이다. 〈이지스〉는 전 보수당 국방성 각료(이자 윈스턴 처칠의 손자인) 니콜라스 솜스라는 유력한 영국 정치인을 채용했다. 〈알멀 그룹〉의 사장은 전 보수당 국방 장관 말콤 리프카인드였다. 리프카인드는 전 보수당 정부에서 솜스의 상관이었지만, 이제 이 두 상원의원은 이라크 안보 현금을 위한 전투에서 경쟁하는 처지였다. 군사 기업들이 전직 고위 각료들을 채용하는 데 그토록 열을 올렸다는 사실은 어떤 현·전직 정치인도 새 안보 업계에서 짭짤한 한 자리를 기대할 수 있다는 것을 의미했다. 정치인과 안보 업계 간에 존재하는 이 "회전문"이 새로운 안보산업복합체의 기초가 되었다. 정치인들은 국가 안보 기능의 외주화를 추진하는 데 재정적인 동기를 갖게 된 것이다. 안보 업계로서는 새로운 군사 개입과 경찰력의 확장이 가능하고 또 긍정적인 일이라고 정치인들을 설득할 때 매우 유용한 어떤 기득권을 갖게 된 것이었다.

정치적 영향력이 있는 직책과 안보 산업의 중역 회의실 사이에서 벌어진 감투 돌려쓰기 놀이는 오늘날 잘 알려져 있다. M15와 중앙정보국의 전직 요원들이 설립한 민간 정보 회사 〈딜리전스〉의 자문위원회에는, 전 중앙정보국 국장 윌리엄 웹스터와 나란히 전 보수당 당수 마이클 하워드가 앉아 있다. 신흥 안보 산업과 영국 정당 지도부 인력 간의 왕래는 노동당 정부와 야당 모두에 영향을 미쳤다. 고든 브라운 총리는 "모든 재능의" 인재가 있는 정부를 원한다고 선언하면서 소속 정당 외부에서 여러 정부 책임자들을 지명했다. 이러한 재능 있는 인물 중 한 명은 해군본부위원회 제1군사위원이었던 알란 웨스트 경이다. 알란 경은 실제로 당선이 될 만큼의 재능은 없었지만 그를 따르는 추종자들이 있었다. 해군에서 퇴역한 후 알란 경은 영국의 군사 실험실들에서 생겨난 〈키네티큐〉라는 업체의 유급 자문위원이 되었다. 〈키네티큐〉는 미국계 민간 투자자들에게 매각된 상태였다. 한때 〈키네티큐〉의 공장에서는, 제임스 본드에게 첩보 요원 도구상자를 공급하는 장치개발자 "Q"의 역사적 상응물이라고 할 만한 제품들이 만들어지기도 했다. 새롭게 상업화된 과학자들은 시장이 어느 방향으로 움직이는지를 포착했고, "국토안보" 문제들을 다룰 수 있는 "급속도로 확장하는 안보사업체"를 설립했다.[15] 이 업체는 감시 시스템, "위험한 승객"을 감별할 수 있는 "데이타마이닝" 프로그램, 위험한 무기를 감별하는 스캐닝 기계 및 다른 첨단기술 안보 상품들을 판매한다.

브라운이 전직 〈키네티큐〉 인사를 지명한 직후에, 보수 야당을 이끌던 데이비드 카메론은 데임 폴린 네빌-존스을 선임안보 고문으로 발탁했다. 그녀는 영국 합동정보위원회 위원장을 역임했고, 공직생활 은퇴 후 3년간 〈키네티큐〉의 사장이었다. 그리하여 총리와 야당 지도자의 안보 자문관은 모두 동일한 안보업체에서 일한 경력이 있는 사람들이었다. 정부는 테러리스트 위협에 대해 정치적으로 접근할 수도 있었고 기술적으로 접근할 수도 있었다. 불만을 가진 사람들 다수를 정치적 합의 층으로 포섭하여 과격하고 폭력적인 소수를 고립시킴으로써 테러의 위험을 감소시킬 수도 있었다. 그러나 다른 한편으로는 테러리스트 집단을 식별해 내기 위한 값비싼 컴퓨터 안보 시스템이라는 해법을 택할 수도 있었다. 정치적 과정 내에 자리를 잡은 안보 산업 베테랑들의 강력한 존재감은 후자의 전략이 실현될 가능성을 더 높게 만든다.

정계와 신흥 안보 산업 간의 관계는 사기업 직원을 각료로 만들기도 하고 각료를 사기업 직원으로 만들기도 한다. 전 노동당 국방장관이자 나토 사무총장을 역임한 조지 로버트슨은 민간 안보업계의 중추 분야인 사영 교도소, 이민자 수용시설과 수감자 수송 등을 운영하는 〈쥐에스엘〉의 모회사, 〈엥글필드 캐피털〉이라는 투자 은행에서 일하고 있다. 전 내무장관 데이비드 블런켓는 공직을 떠난 후, 영국 신분증 사업에 입찰하고 있는, 텍사스에 본부를 둔 안보 업체 〈엔트러스트〉 자문위원으로 일한 적이 있다.

전 노동당 각료 바넷 경은 역시 신분증 사업에 입찰하고 있는 프랑스계 회사 〈아토스 오리진〉의 경영자이다.

햄프셔 근처 바싱스토크에 근거지를 둔 영국 인쇄업체 〈드 라 휘〉는 정부와 기업 사이에 존재하는 구멍 많은 벽이 대테러전쟁에서 어떤 역할을 하는지를 보여 주는 훌륭한 사례이다. 〈드 라 휘〉는 영국 정부의 이라크 외주 계약 중에서 가장 수익성이 좋은 사업을 맡은 업체였다. 이들은 문자 그대로 돈을 만들어서 돈을 벌었다. 이라크가 석유를 팔아 번 돈이 이라크 디나르 신화폐를 찍어내는 대가로 〈드 라 휘〉에 지불되었다. 신화폐에는 사담 후세인의 모습도 없었을 뿐 아니라 어떠한 이라크인의 영향력의 흔적도 없었다. 디나르 신화폐는 런던 동부에서 인쇄되어 24대의 특별 전세 보잉 747 항공기로 이라크까지 수송되었다. 이 모든 비용은 이라크 정부가 지불했다. 〈드 라 휘〉가 이라크에서 폴 브레머가 선사한 이 뜻밖의 횡재를 할 당시 브레머의 부관은 영국 외교관 제레미 그린스톡 경이었다. 제레미 그린스톡은 이라크에서 은퇴한 후 〈드 라 휘〉의 이사회로 자리를 옮겼다.

그러나 〈드 라 휘〉는 새로운 대테러전쟁에서 큰 건을 하나 잡은 것에 만족하지 않고 국토 안보 분야에서 계속 사업 기회를 모색했다. 〈드 라 휘〉는 영국에서 제안 단계에 있는 신분증 제작을 위해 입찰하고 있다. 신분증이 도입되면 모든 영국 시민의 신분증 소지가 법률적으로 강제되기 때문에 이 사업은 엄청난 재정적 잠재성을 갖게 된다. 2007년에 〈드 라 휘〉는 "누가 그곳에 가는가?"라는 제목의 신분증에 관한 컨퍼런스를 후원했다.[16] 신분증 사업을 책임지고 있는 내무부 각료 리암 번은 이 컨퍼런스에서 신분증이 "21세기의 공익"이며 "규제를 받지 않는 권력, 책임을 지지 않는 권력을" 멈추게 할 것이며, "새로운 불평등의 위협"을 저지할 것이라고 선언했다. 번은 신분증의 도입이 "엘리트들"이 아닌 "평범한 노동자 가족"을 돕기 위한 것이라고 주장했다. 그 컨퍼런스에는 "평범한 노동자 가족"보다는 신분증 계획으로 돈을 벌게 될 기업 경영진, 주주 등의 엘리트(특히 〈드 라 휘〉) 참석자 수가 훨씬 많았지만 말이다. 〈드 라 휘〉의 "안보 고문" 데이비드 랜즈맨도 컨퍼런스에서 발언을 하였다. 랜즈맨은 〈드 라 휘〉의 고문이면서 외무부의 최고위급 각료 중 한 명이기도 했다. 그는 "파견 근무자"로 〈드 라 휘〉에서 일하고 있었고, 공식적으로는 여전히 공무원 신분이었다. 〈드 라 휘〉는 또 영국 내각 사무처의 고위 관료도 수중에 두었다. 질 라이더는 〈드 라 휘〉의 이사이자 영국 행정부 전체의 인사 책임자였다. 19세기에 신중하게 구축되었던 민간 기업과 국가 간의 장벽은 이제 허물어졌다. 영국의 안보 정책을 이끄는 주체가 국가의 정규직인지 민간업체의 경영진인지 분간하는 것은 이제 불가능했다.

정부와 사기업의 분리의 붕괴는 미국에서도 만만치 않았다. 민간 안보 계약업체와의 협업은 부시 정권의 유전자에 각인되어 있었다. 부통령 체니가, 과거 이라크에서 병참 업무를 주관했을 뿐만 아니라 관타나모 수용소의 건설에도 일조한 〈할리버튼〉의 수장이었다는 사실은, 안보업계와 미국 정치적 지도부의 긴밀한 상호관계를 보여 준다. 이라크에서 계약업체들의 활약은 유례없이 광범위한 것이었는데, 미국 정부는 대테러전쟁에서 계속된 상업화로 또다시 세계를 놀라게 했다. 2007년 5월 미국 국가정보국의 직원인 테리 에버렛은 콜로라도에서 열린 산업-정부 합동회의에서 연설을 하였다. 국가정보국은 대통령에게 직접 보고하는 신설 기관으로 미국의 정보 분야를 총괄하였다. "미래를 획득하기"라는 제목으로 행해진 에버렛의 발표는 "정보 분야" 예산의 70퍼센트가 계약업체들에게 할당된다는 것을 보여 주는 그래프 등 여러 장의 파워포인트 슬라이드로 이루어져 있었다. 당시 예산 규모에서 따져보면 이는 곧 계약업체들이 2007년의 정보 총예산에서 340억 달러를 챙겨갔다는 사실을 의미했다.[17] 에버렛은 이런 현상이 초래한 결과를 "구매할 수 없다면!……첩보 활동을 할 수 없어!"라고 쓰인

한 슬라이드에서 분명히 밝혔다. 그 밖에도 에버렛은 이 새로운, 상업적으로 운영되는 대테러전쟁이 갖는 몇 개의 특징들을 요약했다. 에버렛의 슬라이드에 의하면, 정보intelligence란 "국영-사영 부문 간의 파트너십(사업 관계)"이다. 에버렛은 정보기관들이 "정부에서 산업으로, 산업에서 정부로 외주계약을 주는 교환 프로그램들을 통한 협업"에 전념하는 등, 국영 부문과 사영 부문 사이의 장벽을 무너뜨리기 위해 더 힘을 쏟아야 한다고 주장했다.[18]

기업들은 이런 정보 계약을 좇기 위해 유력 인사들을 채용했다. 중앙정보국 국장 조지 테넷은 사담 후세인의 대량살상무기는 나타날 것이라고 조지 부시를 안심시켰다. 테넷은 "걱정 마십시오. 슬램덩크나 다름없습니다"라고 대통령에게 약속했다. 테넷은 약간의 불명예를 입고 중앙정보국을 그만두었고, 여러 안보업체들의 이사회로 즐겁게 옮겨갔다. 테넷이 이사로 부임한 곳은 영국 반테러리즘 각료 알란 웨스트 경이 재직하던 영국 안보업체 〈키네티큐〉였다. 테넷은 또 〈아널리시스 코퍼레이션〉이라는 업체에서도 한 자리를 잡았다. 이 민간 정보 기업은 국무부를 위해 테러리스트 위협을 분석하고, 테러 위험의 증거를 찾아 선별된 네트워크들을 감시한다. 이라크에 관한 예측에 실패한 경력이 테넷을 미국 정보기관들에게 새로운 분석정보를 제공할 안성맞춤 인물로 만들어준 것이다. 〈아널리시스 코퍼레이션〉는 "테러 위험인물 목록"을 작성하기도 했다. 이 목록은 잠재적인 폭파범이나 항공기 납치범이 민간 여객기에 탑승하는 것을 방지할 의도로 작성되었는데, 부정확하고 불공정하다는 격렬한 비난을 받고 있다. 테넷이 중앙정보국을 떠나 민간 부문으로 가는 동안에, 신임 국가정보국장 존 마이클 맥커넬이 민간 부문에서 입장하였다. 미국의 신임 최고 첩보원은 이라크와 국토안보 분야 모두에서 수익성 높은 계약들을 담당했던 경영 컨설턴트업체 〈부즈 알렌 해밀턴〉 등을 비롯하여 여러 기업체들에서 일한 경력이 있었다. 특히 〈부즈 알렌 해밀턴〉은, 인권침해 논란으로 2003년에 파기된 오웰 식 "통합정보인식" 시스템 구축 사업에 참가한 업체였고 6천2백만 달러짜리 계약을 체결한 상태였다.[19]

미국과 영국의 정부는 대테러전쟁에서 사용할 새로운 권력을 확보하자마자 이 권한들을 성장하는 새로운 기업체들에게 위임했다. 안보 산업이 전장에 병력을 공급할 뿐 아니라, 정부는 홍보 기업과 민감한 계약들을 체결하여 선전전을 치른다. 민간 항공사들이 미국 비밀 수용소들을 오가며 포로를 실어 나르며, 관타나모와 아부 그라이브에서도 기업체들이 수감자들을 직접 심문하고, "정보 기업"들이 정부를 위해 보안 분석을 수행하며, 신분증과 안보 데이터베이스와 "국토 내" 인구를 감독할 감시 시스템들을 사기업이 공급하고, 사기업이 수용시설들을 운영하며, 새로운 갈등 속에서 체포된 사람들에 대해 사용할 "통제명령"도 사기업이 주관했다. 더 많은 전쟁터, 더 많은 선전, 더 많은 비밀 수용소, 더 많은 심문, 더 많은 통제 시스템에 대해 금전적인 이해관계를 가진 새롭고 강력한 상업적 로비집단이 만들어졌다. 사기업들이 "대테러전쟁"을 고안해낸 것은 아니지만, 그들은 전쟁을 현실화하는 데 있어서 핵심적이었다. 9·11에 대한 영미의 대응과 그에 따른 공격은 외교 정책의 대부분과 국내 정책의 상당 부분을 미국과 그 부하 영국이 꿋꿋하게 승리해 내야 할 "전쟁"이라는 표제 아래 재구성하려는 시도였다. 여러 복잡한 국제 갈등들이 이 단순한 이분법적 대립 속으로 끼워 맞춰지고, 오사마 빈 라덴과 한 편으로 뭉뚱그려진 국가와 집단 들에게 폭력이 사용된다.

난폭하지만 소수인 테러리스트 극단주의자와 싸우는 것이 아니라 마치 영국이나 미국이 각자의 국가적 생존을 걸고 싸우고 있는 것인 양, 국내에서는 시민적 자유가 도외시된다. 영국과 미국의 정치인들이 이런 접근법을 스스로 만들어낸 것은 사실이지만, 민간 안보 산업이 정부들을 이 길로 독려했다는 점에도 의문의 여지가 없다. 또 경영 컨설턴트 업체들이 기업과 공공기관의 문화를 변화시키는 데 사용되는 것과 마찬가지 방식으로 양국 정부는 민간 계약업체들을 사용해 군사 업무와 정보 업무의 방향을 더욱 공격적인 새로운 전략들로 변화시켰다. 대테러전쟁에 관여한 민간 계약업체들 각각은 암울한 결과들을 초래했다. 사영화가 불러온 전반적인 결과를 보자면 영국과 미국의 정부가 외국에 대한 개입과 국내에서의 권위주의적인 조치라는 방향으로 더 나아가게 된 것이다.

대테러전쟁 6년째, 전쟁이 주는 피로의 징후들이 드러나기 시작한다. 2007년 1월, 영국 검찰총장 켄 맥도널드는 정치적 지배층과 의견을 달리하면서 "공포를 조장하는 부절적한" 방식으로 테러리즘에 대응하는 것의 위험성을 경고했다. 법적 자유주의의 전통을 따르는 맥도널드 경은 " '대테러전쟁' 같은 것은 존재하지 않는다"는 놀라운 발언을 했다. 그는 2005년 7월에 발생한 런던 지하철 폭파 사건의 사망자들은 "전쟁으로 희생된 것이 아니다. 그리고 폭파범들은 그들 자신이 찍은 어처구니없는 비디오에서 주장하듯이 '병사'들이 아니다. 그들은 사기꾼, 나르시시스트, 부적응자들이다. 그들은 범죄자였다. 그들은 몽상가였다…… 영국의 거리에서 벌어지는 테러리즘과의 싸움은 "전쟁이 아니다. 그것은 범죄를 예방하는 것이고 우리 법률을 강화하는 것이며 법 위반으로 상처 입은 사람들을 위해 정의를 구현하는 것이다"라고 말하면서, 특별법의 제정과 상규常規의 유예에 반대 입장을 표명했다. 맥도널드의 발언은 테러 위협과 "국토 안보"의 긴급성을 어떤 포괄적인 전쟁 속으로 쑤셔 넣는 것에 대한 우려가 사회 상급 관료층에까지 도달하였음을 보여 준다.

국제 전선에 대한 불만은 더 컸다. 레바논에 대한 입장이 이라크에서의 모험과 지나치게 유사하다는 인상을 주면서 토니 블레어는 결국 사임 발표를 강요당했다. 2006년 이스라엘이 레바논을 포격했을 때 블레어가 정전 요청을 하기를 거부한 것은 다음과 같은 사실을 보여 준다. 블레어는 지나치게 많은 국제 분쟁들이 대테러전쟁의 일부라고 생각했고 그곳에서 [테러 세력을] 저지하는 데 총력을 기울여야 한다고 생각했다. 그는 각 분쟁이 위치하는 개별적인 맥락에 따라 판단한 것이 아니었다. 레바논이 블레어에게 최후의 일격을 날렸다고 할 수 있다면, 이라크 문제는 갈등이 지속될수록 조지 부시의 정치적 영향력을 약화시키고 있다.

그러나 대테러전쟁의 특정 부분들에 대한 불만은 영국이나 미국의 정책을 결정적으로 변화시키기에는 아직 부족하다. 대서양 연안 국가들의 지도부가 최근의 위기들에 대해서 군사적이고 권위주의적인 해법을 계속해서 찾게 되는 여러 이유 중 하나는 이제 정부들을 그 방향으로 유혹하는 상당한 규모의 상업적 로비집단이 존재한다는 점이다. 안보산업복합체의 영향력을 해결하는 데 필요한 첫걸음은, 안보산업복합체가 실제로 존재한다는 사실을 인식하는 것이다. 나는 이 책이 그 인식을 가능케 하는 쪽으로 내딛은 작은 걸음이기를 바란다.

:: 감사의 글

　이 책에 실린 내용과 논점 중에서 일부는 내가 기자로 일하면서 준비했던 것들이다. 당시 나를 도와주었던 사람들에게 고마움을 전하고 싶다. 내 글들에 공감하며 통찰력 있는 시선으로 검토를 해 준 『프라이빗 아이』지의 편집장 이안 히스롭에게는 큰 빚을 졌다. 특히 위 잡지의 고故 폴 푸트의 격려와 지도에 매우 감사 드리며, 그 과정에서 나를 도왔던 『프라이빗 아이』지 직원들에게도 고맙다는 말을 전하고 싶다. 또 당시 『옵서버』지 탐사보도 부문 편집자였던 안토니 바넷에게도 고마움을 전한다. 힐러리 웨인라이트를 비롯한 『레드 페퍼』지 식구들 모두는 이 책 내용의 일부를 출판할 수 있는 기회를 주었다. 문장을 개선할 수 있도록 도와준 사람들, 그 중에서도 특히 모이라 패터슨과 데이비드 털리에게 감사한다. 이 책의 주요한 참조 점 중 하나를 소개한 제임스 하트필드에게도 감사드린다. 또 아버지가 자신들보다 컴퓨터에 더 관심이 많았던, 그 힘든 나날들을 견뎌준 션과 로리 휴즈에게도 고맙다.

　불충분한 생각이 온전한 형태를 갖춘 하나의 책으로 나오는 과정에서 나를 이끌어준 내 에이전트 로버트 더드리와 버소Verso 출판사의 자일스 오브라이언에게 또한 감사드린다. 글을 다듬어준 찰스 페이튼에게도 특별히 고맙다. 그러나 매끄럽지 못한 부분이 남아 있다면 전부 나의 책임이다. 이 모든 사람이 책에 기여를 했지만, 모든 의견은 나의 것이며, 모든 실수는 나의 책임이다.

2016년 3월 2일, 〈국민보호와 공공안전을 위한 테러방지법안〉(이하 〈테러방지법〉)이 야당 의원들이 모두 퇴장한 상태의 국회 본회의에서 가결되었다. 이 법은 9·11 사건 직후 2001년 11월 국가정보원의 발의로 국회 정보위원회에 처음 제출되었으나 유신정권과 공안정국의 부활을 걱정하는 국내외 시민단체들과 국가인원위원회 등 시민사회의 저지로 통과되지 못했다. 이후로도 수차례 발의되었으나 매번 "제2의 국가보안법"이라는 비난을 받았고 기본권 침해 가능성, 국정원에 과도한 권력 집중 등이 문제로 제기되며 격렬한 저항에 부딪혀 입법에 실패했었다.[1]

2015년 11월 13일 프랑스 파리에서 131명이 사망한 연쇄 테러가 발생했다. 박근혜 정권은 유럽의 테러 정국을 〈테러방지법〉 추진의 계기로 삼고자 했다. 2016년 2월 23일, 그 전까지 국회의장 직권상정을 촉구하는 청와대의 지속적인 압력에 거절 의사를 밝혀왔던 정의화 국회의장이 〈테러방지법〉을 직권 상정했다. 야당들은 즉각 〈테러방지법〉 저지 필리버스터(무제한 토론)를 시작했고 38명의 야당 의원이 참여하여 2016년 2월 23일 19시 5분부터 3월 2일 19시 32분까지 9일 동안 이어졌다. 그러나 3월 10일 회기 만료까지 의사 진행 방해를 하겠다고 확언했던 더불어민주당은, 3월 2일 이종걸 원내대표의 발언을 끝으로 "선거법 통과를 위해" 필리버스터를 종료한다.

2월 23일부터 3월 2일까지 시민들의 눈은 국회에 쏠려 있었다. 시민들은 온오프라인에서 격렬하게 저항했다. 국회로 방청객이 몰리면서 평소 250명 수준이던 국회 방청 신청이 4백 명 정도로 늘었다. 국회 방청권이 바닥났다.

필리버스터는 전국으로 생중계 되었는데, 2월 29일 오전 10시 반까지 팩트 TV 한 곳의 누적 시청자 수만 580만 명이었다. 국회방송 시청률도 10~20배 가까이 상승했다. 참여연대, 진보네트워크 등 시민단체들은 필리버스터가 개시된 23일부터 국회 앞에서 '테러방지법 직권상정 반대 시민 필리버스터(시민 필리버스터)'를 진행했다. 온라인 필리버스터 페이지[2]가 개설됐고 총 38,268명이 참여했다. " '테러방지법' 폐지 및 '사이버테러방지법' 제정 반대 서명 운동"[3]이 SNS를 중심으로 확산되었고 2월 28일까지 3일 만에 28만 명을 돌파했다.[4]

이처럼 이 법안에 대한 시민들의 반대가 광범위하게 확인되었음에도 불구하고, 테러를 방지함으로써 "국민을 보호하고 공공 안전을 지킨다"는 명분하에 도입된 〈테러방지법〉의 실제적 목적은 무엇일까? 〈테러방지법〉통과 다음날인 3월 3일 이목희 더민주정책위의장은 "20대 총선에서 승리해서 〈테러방지법〉을 폐기하거나 개정하겠다"며 "테러방지법의 폐기 또는 개정을 총선 공약 제1호로 하겠다"고 밝혔다.[5] 〈테러방지법〉은 이미 지난 과거의 문제가 아니라 생생한 현재의 문제이며 또 미래가 걸린 문제이다.

이 책은 한국에서 〈테러방지법〉이 국회를 통과한 '이후'라는 기묘한 시점에 출간된다. 이제 우리는 〈테러방지법〉통과 이후를 고민해야 하는 시점에 당도했다. 과거라는 유령과 미래라는 괴물을 동시에 맞이해야 하는 현재 상황은 분명 비상사태라고 해도 과언이 아닐 것이다. 이 책이 적나라하게 드러내 보여주는 안보산업복합체의 출현을 보면서, "테러 방지" "국민 보호" "공공 안전 수호" "안보 자주권" 같은 허울 좋은 문구들 이면에 어떤 이해관계들이 도사리고 있는지 예감할 수 있다. 그뿐만 아니라 영국과 미국 정부의 "사기업 체험"이 가져온 재앙적 결과들은 〈테러방지법〉이 통과된 후의 한국 사회에 던지는 강력한 경고이다. 이 책은 테러에 대한 전쟁의 기원을 밝히고 그것의 진정한 목적이 무엇인가를 보여 줌으로써 현재의 상황을 이해할 수 있도록 도와줄 것이다.

솔로몬 휴즈는 대테러전쟁의 명분 없음에 대해서 반복해서 비판한다. 이미 여러 언론 매체를 통해서 드러난 익숙한 이야기를 복기해 보자. 9·11 이후 미국과 영국의 온갖 주장들은 터무니없는 것으로 판명이 났다. 이라크에는 생화학무기가 없었고, 사담 후세인과 알-카에다의 연결 고리는 모호했다. 보이지 않는 적을 척결하기 위해서 영국과 미국은 대중들의 눈앞에 살아 있는 적을 데려다 놓아야 한다고 생각했다. 가상의 괴물을 현실로 소환하는 이 기괴한 영웅 신화에 가까운 전쟁은 많은 대가를 요구했다. 천문학적인 돈이 들어갔고, 수많은 사람이 인권과 자유를 박탈당했고, 누군가는 영문도 모른 채 피를 흘려야 했다. 결국, 그들만의 전쟁을 위해 전 세계 시민이 희생양으로 동원되어야만 했다.

이 전쟁으로 배를 채운 자들은 정치인, 군인, 사업가들이었다. 이들은 냉전의 종식 이후로 사라져 가던 이데올로기 전쟁을 부활시켰고, 군사 및 안보 분야를 민간 기업으로 이양해 안보산업복합체를 만들었으며, 결과적으로 자기네들의 위신을 높이고 배를 불리면서 호의호식했다. 이러한 복잡한 대테러전쟁의 진행 과정과 그것의 양태를 추적하기 위해서 저자인 솔로몬 휴즈는 냉전, 9·11, 이라크 점령으로 이어지는 과정에 대한 일련의 연대기를 작성한다. 이 책의 선형적인 이야기 배열과 전개는 분명 독자를 위한 일종의 아리아드네의 실타래라고도 할 수 있다. 다만, 인과관계에 집착한다면, 이 책에서 다루어지고 있는 대테러전쟁의 비밀스러운 네트워크와 그 속에 도사리고 있는 정치적 야욕을 파악해 내기 어려울 것이다.

다소나마 쉬운 접근을 위해서 이 책을 전반부와 후반부로 나누어서 읽을 것을 권한다. 전반부는 대테러전쟁의 발단 단계로서 주로 민간 업체들이 정치인들을 설득해 국가의 군사 및 안보 영역을 사영화私營化하는 과정을 다루고 있으며, 그러한 사영화가 결과적으로 무력을 앞세운 대테러전쟁으로 이어진다는 것을 분석하고 있다. 구체적으로 1장에서부터 5장까지는 수용시설의 사영화, 군사기지의 사영화, 미래 전략 급유기 사업, 국제적인 군사 개입을 통한 국가건설, 대테러전쟁에서의 민간 용병 투입 등의 주제를 다루고 있다. 후반부는 대테러전쟁의 확장과 그것이 현재 진행되고 있는 방식을 다루고 있다. 구체적으로 6장에서 9장까지는 언론을 통한 선전 활동, 사설 첩보 요원을 통한 정치적 공작, 민간 안보 업체가 불법적으로 자행한 감금, 고문, 범죄를 비롯해 최첨단 디지털 장비를 이용한 정보 수집 활동 및 감시 등을 다루고 있다. 이처럼 저자는 대테러전쟁에 현미경을 들이대고 그것을 해부함으로써 최종적으로 그것이 탐욕, 기만, 위선, 부정부패, 고문, 폭력 등으로 얼룩져 있었음을 폭로한다.

대테러전쟁의 이면을 파헤친다고 해서 섣불리 이 책을 음모론의 한 부류라고 단정 지어서는 안 된다. 휴즈의 눈과 입을 빌려서 우리가 목도하게 될 은밀한 뒷거래의 현장들은 전쟁영화처럼 스펙터클하고 폭력적이며, 누와르 영화처럼 어둡고 칙칙하며, 첩보 영화처럼 치밀하고 박진감 넘친다. 다만, 이 모든 이야기가 한 저널리스트가 사명감을 가지고서 각종 자료와 인터뷰를 통해서 발굴해 낸 '진짜'라는 사실이 중요하다. 영화나 소설에서 상상력을 통해 그려져 온 놀라운 형상들이 이미 우리의 현실 속에 그 상상된 형상들보다 더 실재적으로 똬리를 틀고 있었다는 그 사실 말이다.

분명 테러는 냉전 이후의 국제 질서를 파악하는 데 있어서 가장 핵심적인 사안 중 하나이다. 지금으로부터 15년 전 9·11 사건으로 미국을 포함한 전 세계가 애도의 물결에 잠겼던 것을 우리는 기억하고 있다. 그러나 그 애도의 물결은 '복수'라는 이름으로 시작된 전쟁의 폭음에 묻히고 말았다. 한 달도 채 되지 않은 2001년 10월 7일, 9·11 테러에 대응하여 오사마 빈 라덴을 체포하고, 알-카에다를 파괴하며, 탈레반이 알-카에다를 지원하는 것을 단념하게 할 것이라는 명분으로 미국과 영국에 의해 실시된 '항구적 자유 작전'OEF, Operation Enduring Freedom은 이후 테러에 대한 전쟁의 모체였다. 이후 사담 후세인과 오사마 빈라덴을 반인반수의 괴물로 선전했던 언론과 정치인들의 공작이 전 세계적인 애도의 분위기를 테러에 대한 공포와 등치시킨 후 테러리스트들에 대한 무력 공격의 정당성을 부각시키는 일종의 정치적 연금술이었다. 실제로 테러에 대한 전쟁은 사담 후세인을 처형하고 오사마 빈 라덴을 폭사시켰지만 이들이 사라진 자리에 IS(이슬람국가)가 등장할 것이라는 사실을 예측하지 못했다.

대테러전쟁의 실패, 즉 그것이 테러의 척결이 아니라 테러의 확대 재생산에 일조했다는 사실은 우리에게 다음과 같은 교훈을 안겨준다. 첫째, 테러에 대한 대응에서 정치적 군사적 접근은 그 한계가 명확하다. 맞불 놓는 식의 무력시위는 테러를 둘러싼 공포 분위기를 전염시키는 것 이상의 실효성이 없다. 둘째, 감정적인 표상에만 집착할 경우 그 이면에 자리한 현실적인 불안과 갈등들을 놓치기 쉽다. 테러라는 초국가적 사안들은 다양한 이유들에서 비롯되는 국제적 수준의 갈등이므로 군사적 대응만으로는 결코 풀 수 없고 정치적, 경제적, 사회적, 문화적, 젠더적, 인종적인 차원에서의 다각적이고 실제적인 접근이 필요하다.

대테러전쟁이라는 깨진 거울 속에는 이미 한국의 현재와 우리에게 다가올 미래가 담겨 있다. 〈테러방지법〉이 국회에 상정되었을 때 많은 사람이 우려했던 것은 이 법을 통해서 비대해질 국가정보원의 권력이었다. 이미 국가정보원은 안보와 무관한 일들에 개입했다는 추문으로 홍역을 치른 바 있다. 2012년 대통령선거를 앞두고 댓글부대를 동원해 벌인 정치 공작이 대표적이다. 이 과정에서 이명박 정권-국정원-보수단체로 이어지는 긴밀한 네트워크가 발각되었다. 이 외에도 2015년 7월 국가정보원이 한 이탈리아 업체로부터 해킹프로그램을 구입했다는 정황 증거가 언론에 공개되면서 그간 의혹으로만 제기되었던 민간인 사찰이 사실로 드러났다. 이러한 점들 때문에, 〈테러방지법)은 정권이 반대파를 제거하기 위해 벌이는 선전 선동 활동이자, 전 국민 일반을 감시, 처벌, 통제하려는 권위주의적인 통치 전략이자 이를 통해 축적위기에 처한 자본을 구출하려는 억압적 재생산 전략에 가까워 보인다.

결국, 다시 야만의 시대가 부활하고 있는 것으로 보인다. 야만의 세력은 화폐와 권력의 축적을 위해 적을 만들어 내고 또 그 적을 색출하고 섬멸한 다는 명분하에서 모든 시민들을 공포와 공황 상태로 몰아넣곤 했다. 그들의 안보와 이익은 언제나 세계시민들의 고통과 죽음을 대가로 삼는 것이었다. 이러한 상황이 반복되고 또 계속되도록 허용할 것인가? 이 물음 앞에서 솔 로몬 휴즈는 우리로 하여금 누가 야만의 논리를 재생산하고 있는지를 직시 하라고, 대테러전쟁 속에서 확인되고 있는 안보산업복합체를 직시하라고 말 한다.

끝으로 이 자리를 빌어 두 역자가 각각 감사의 말을 전하고 싶다. 이도 훈은 연세대학교 이상길 교수님과 이 책의 초고를 함께 검토해 준 문화연구 자 박소정 님께 감사드린다. 김정연은 초고를 다듬는 작업을 함께 했던 임경 용, 최순복 님, 기꺼이 프리뷰어를 맡아주신 이정섭 님에게 감사드린다. 또 적 절한 시기에 이 책을 출판하도록 자극하고 격려해 주신 조정환, 신은주 선생 님께 깊이 감사드린다.

서문 : 1984 주식회사

1. [옮긴이] 원문은 PLC. public limited company의 약자로 "공개 주식회사"로 번역된다. 영국에서 "공개 주식회사"는 "비공개 주식회사"와 달리 주식 공모가 가능하다. 이 책에서는 이해의 편의를 위해 "PLC"는 모두 "주식회사"로 썼다.

2. S. Hughes and A Barnett, 'Bush Ally set to profit from the war on terror', 11 May 2003.

3. [옮긴이] Defence Policy Board : 정식 명칭은 Defense Policy Board Advisory Committee. 약어로 DPBAC, DPB로 불리기도 한다. 미국 국방부의 자문기구이다.

4. [옮긴이] Saddam Hussein (1937 ~ 2006) : 이라크의 5대 대통령으로 1979~2003년까지 대통령직을 역임했다. 2003년 3월, 미국과 영국이 이끈 연합군은 사담이 대량살상무기와 테러와 연관되어 있다고 주장하며 그를 축출한다는 명목으로 이라크를 침공하였다.

5. [옮긴이] Mohammed Atta(1968 ~ 2001) : 9·11 공격의 주모자 중 하나로 아메리칸 에어라인 항공기 11을 공중 납치한 후 직접 조종하여 세계무역센터 북쪽 빌딩으로 돌진했다.

6. [옮긴이] National Security Agency : 약칭은 NSA. 1952년에 대통령령으로 설치한 미국 국방부 소속 정보기관이다.

7. [옮긴이] Defense Advance Research Agency : 미국 국방부 산하 연구소.

8. 이들은 사무엘 버거, H. 리 부캐넌, 토고 D. 웨스트 등이다.

9. 특히 『옵서버』 지의 안터니 바넷, 그레그 팔라스트, 그리고 벤 로렌스 기자의 과감한 취재 이후.

10. [옮긴이] The Sunday Times : 매주 일요일 발행되는 보수 성향의 영국 주간지. 언론 대제 루퍼트 머독의 〈뉴스 인터내셔널〉 소유이다.

11. [옮긴이] US Department of Homeland Security : 2002년 6월 조지 W. 부시 미국 대통령이 상원에 제출한 〈국토안보부 법안〉에 의해 2003년 3월 정식 출범한 부처이다. 테러방지 관련 부서와 인력을 총집결시켰다.

12. Claire Newell and Robert Winnett, 'Labour's lobby scandal', Sunday Times, 18 March 2007.

13. [옮긴이] 앞서 언급한 〈팔라딘 캐피털〉의 자문단

14. [옮긴이] landmark : 그 지역을 상징하는 역사적 건조물이라는 뜻이다. 여기에서는 세계무역센터와 워싱턴의 국방부 센터인 펜타곤을 지칭한다.

15. [옮긴이] full spectrum dominance. 네그리와 하트의 설명에 의하면 "모든 차원을 포함하는 무제한적인 지배 형태", "군사력과 사회적·경제적·정치적·심리적·이데올로기적 통제를 결합하는 것"이 전역적 지배이다.(안또니오 네그리·마이클 하트, 『다중』, 조정환 외 옮김, 세종서적, 2008, 85쪽)

16. US Department of Defense, 'National military strategy of the United States of America: A strategy for today; a vision for tomorrow', 2004.

17. [옮긴이] fifth column : 국가 등 집단의 내부에서 활동하면서 그 집단을 해하려는 목적으로 비밀리에 활동하는 그룹을 뜻한다.

18. [옮긴이] Jonathan Powell (1956 ~) : 1997년 토니 블레어의 첫 집권부터 블레어가 물러나게 되는 2007년까지 블레어 정권에서 참모총장을 역임했다.

19. [옮긴이] electronic tagging : 사람이나 차량 등 운동수단에 전자 장치를 부착해 감시하는 방법이다. 특히 범죄자들의 행동을 감시하기 위해 사용된다.

20. [옮긴이] Fenian Brotherhood : 1859년 미국에서 창설된 아일랜드 공화주의 조직이다. 19세기 중반부터 20세기 초까지 비밀 결사로 활동했으며, 이들의 목표는 아일랜드에 독립 민주공화국을 수립하는 것이었다.

21. [옮긴이] British Aerospace Systems, BAE Systems : 유럽 최대의 군수업체로 사담 후세인, 칠레의 피노체트, 아프리카의 군벌들에게 무기를 판매해 온 것으로 악명이 높다.

1장 경제이민

1. H. Young, 'The ill-gotten gains from law and disorder', *Guardian* (London), 5 November 1985.

2. [옮긴이] Nashville. 미국 테네시 주의 주도.

3. 특히 C. Parenti, *Lockdown America* (London: Verso, 1999) 참조.

4. Adam Smith Institute, 'Justice Policy' (November 1984). 이 보고서는 또 통금이나 전자 팔찌 같은 국내용 처벌방법들도 권장했다. 전자발찌는 뉴멕시코에서 사용 중이며, 착용자가 팔찌를 벗거나 자택에서 200야드 밖으로 나가면 중앙감시단위로 신호를 보낸다.

5. D. Rose, 'Big money turns the key', *Guardian*, 11 January 1989.

6. 그런데 소문에 의하면 한동안 스트러트는 영화제작자 리처드 커티스의 여자친구였다고 한다. C. Newbon, 'Five weddings and an inspired movie', *Mail on Sunday*, 16 November 2003 참조.

7. Rose, 'Big Money' 참조.

8. 〈컨트랙트 프리즌스 주식회사〉는 미국 운영사 〈프리코〉와 영국 개발사 〈로즈하〉 등이 참가한 컨소시엄으로 결과적으로 교도소 운영 입찰에는 실패했다.

9. R. P. Jones, 'State now admits private prison abuse'. *Milwaukee Journal Sentinel*, 11 November 1998.

10. [옮긴이] 이하에서 〈그룹 4〉, 〈그룹 4 시큐리코〉, 〈시큐리코〉라는 명칭이 혼용되고 있다. 모두 같은 기업을 지칭한다.

11. H. Mills, 'Fury as Group 4 poaches senior jail managers', *Observer*, 28 December 1997; A. Travis 'Jail service and five firms bid for Strangeways', *Guardian*, 12 April 1993.

12. [옮긴이] 영국 잉글랜드 북부, Yorkshire주 남부의 Don강가에 있는 도시.

13. [옮긴이] 영국 서부의 항구.

14. N. Ross, 'Detective Firm Says It Uses Right-Wing Group's Data', *Washington Post*, 27 January 1977.

15. 하멜은 버지니아 주에 근거지를 두고 활동했다. 〈와켄허트〉는 버지니아 주에서 무허가 사업 활동을 했다는 이유로 벌금형을 받았다.

16. [옮긴이] 영국에서 야당이 정권획득에 대비하여 미리 만들어두는 내각.

17. 1998년 9월 17일 목요일 노동조합회의에서 한 마크 힐리(〈교도관 협회〉)의 발언 중에서.

18. R. Ford, 'Labour gives pledge to end prison privatization', *The Times*, 8 March 1995.

19. [옮긴이] Doncatraz. 미국 샌프랜시스코 만의 작은 섬에 존재했던 악명 높은 앨커트래즈 (Alcatraz) 연방 교도소를 빗댄 예명이다.

20. Antony Barnett, 'Private prison contract "was political decision" ', *Observer*, 31 October 1999.

21. R. Ford 'Private jails fined £1.6 million', *The Times*, 3 September 1999.

22. L. Freeman, 'Howard aims to strike fear among criminals', Press Association, 1 July 1993.

23. [옮긴이] borstal. 소년원을 뜻하는데 한국과 마찬가지로 비하하는 의미를 담아 쓰일 때도 있고, 미성년 감호시설, 보호시설을 일반적으로 지칭할 때 쓰이기도 한다. 역사적으로는 1902년 영국 보스틀에 보스틀 교도소가 세워진 것이 최초였기 때문에 생긴 단어이다. 토니 블레어는 비난조로 "보스틀"이라는 표현을 쓴 것이 분명하므로 여기에서만 음역하고 다른 곳에서는 소년원으로 옮겼다.

24. House of Commons, Hansard Debates, March 1993.

25. N. Morris, '£283m for youth custody wasted', *Independent*, 12 October 2004.

26. [옮긴이] 1993년 2월 영국 마이어사이드에서 당시 만 2세였던 제임스 벌저가 10세 소년 두 명에 의해 살해된 사건.

27. M. White, 'Blair adopts moral values line on crime', *Guardian*, 20 February 1993.

28. T. Kavanagh, 'Blair's panic memo', *Sun*, 17 July 2000.

29. 이 소년의 이름은 애덤 릭우드이다. M. Frith and I. Herbert, 'Death of a boy, 14, reignites concerns over suicides in custody', *Independent*, 10 August 2004.

30. 'New Management Team Installed At HMYOI Ashfield', Hermes Database, Home Office, 23 May 2002.

31. A. Travis, 'Young offenders to be removed from worst jail', *Guardian*, 5 February 2003.

32. [옮긴이] 영국의 소설가 찰스 디킨스의 소설에서 자주 묘사되는 구빈원에서의 아동 학대 또는 청소년 학대 등을 빗대어 쓴 표현.

33. A. Clendenning, 'Justice Department slams Jena juvenile prison in new report', Associated Press, 23 February 2000.

34. J. McNair, 'Wackenhut Corrections: A Prisoner of Its Own Problems', *Miami Herald*, 15

April 2000.

35. 'Appeals court raps attorney but upholds inmate awards', *Corrections Professional*, 27 July 2001.

36. R. Gee, 'Caldwell jailers accused of sex with an inmate', *Austin American-Statesman*, 28 January 2000.

37. [옮긴이] inquest jury. 검시관을 도와 변사자의 사인을 판단하기 위해 그 관할구역 내에서 소집된 주민들로 구성된 배심원단.

38. [옮긴이] 흑인, 아프리카계 조상을 가진 카리브 해 사람을 말한다.

39. J. Bennetto, ' "Racist" prison chief is urged to quit', *Independent*, 27 March 1998.

40. J. Gonzales 'State-hired expert rebuts claim of rampant abuse, inhumanity in prisons', *Houston Chronicle*, 7 February 1999.

41. [옮긴이] Abu Ghraib : 이라크 바그다드에 있는 교정시설로, 9·11 이후 이라크전쟁 당시 미국은 이곳을 포로수용소로 사용했다. 미군이 수용자들을 대상으로 저지른 가혹하고 비인간적인 성적, 정신적, 육체적 폭력, 고문, 살인 장면을 담은 사진이 2004년부터 인터넷을 통해 유포되면서 국제적 논란과 비난을 샀다. 아부 그라이브 고문 파문을 비롯하여 대테러전쟁에서 미국 정부가 저지른 전쟁범죄에 대한 더욱 자세한 내용은 마이클 웰치 지음, 『9·11의 희생양』, 박진우 옮김, 갈무리, 2011을 참조하라.

42. J. Karpinski, 'One Woman's army' (Boston: Hyperion, 2005).

43. *Group 4 Securicor International Magazine*, 50 October 2004.

44. B. Roberts '£3M Paedo spy farce: sex offender tracker system doesn't work near tall buildings, trees', *Daily Mirror*, 10 August 2005.

45. [옮긴이] justice of the peace : 영국과 미국의 하급법원에서 약식재판의 권한을 지닌 법관.

46. A. Alderson, 'Injured police may sue Group 4', *Sunday Times*, 18 May 1993.

47. P. Eastham, 'Jail firm faces sack', *Daily Mail*, 10 April 1993.

48. D. Rose, 'Drink binge of Group 4 prisoner who died', *Observer*, 9 May 1993.

49. [옮긴이] 일링은 런던 교외의 도시이다. 'Ealing Comedies'라는 코미디 제작회사가 지은 세계에서 가장 오래된 영화 스튜디오가 여기에 있다.

50. 'Private jail security "like a film comedy"', *Evening Standard*, 15 April 1993.

51. T. Rayment, 'Group 4 faces criticism as prisoner dies', *Sunday Times*, 9 May 1993.

52. 예를 들어서 K. Baker, 'We must not allow our tolerance to be abused', *Evening Standard*, 2 April 1992를 참조.

53. G. King, 'Kurd dies after fire at detention centre', *The Times*, 9 October 1989. 자살한 난민의 이름은 시호 이이구벤(Siho Iyiguven)이었다.

54. S. Goodwin, 'Home Office unmoved by hunger strikers', *Independent*, 1 April 1994.

55. ' "Left wingers" blames for immigration riot', *Times*, 7 June 1994.

56. A. Travis 'Group 4 sets up immigrant control squads', *Guardian*, 10 May 1995.

57. G. Cordon, ' "Moment of madness" blamed for riot', Press Association, 21 August 1997.

58. D. Taylor, ' "I do not understand why your country has done this to me" ', *Guardian*, 18 August 1999.

59. J. Chapman, 'Unveiled: £100m "last stop" for refugees awaiting deportation is last word in luxury: the asylum centre that looks like a top hotel', *The Express*, 18 January 2002. M. Clarke 'The giant detention centre that will be home to illegal immigrants destined for deportation: Last taste of Britain. Asylum rejects have no way out but can live in luxury', *Daily Mail*, 18 January 2002.

60. T. Wagner, 'Fires break out at Europe's largest detention center for asylum seekers', Associated Press, 14 February 2002.

61. [옮긴이] Ombudsman : 입법부에서 임명한 행정 감찰관이, 시민이 제소한 사안에 대하여 독자적으로 조사하고 처리하는 제도.

62. 'Riot-hit detention centre was "astonishingly flimsy"', Building, 19 November 2004.

63. P. Foot, 'Freedom up in flames', *Guardian*, 19 February 2002.

64. S. Morris and R. Allison, 'Yarl's Wood: tinderbox that sent asylum plans up in flames', *Guardian*, 16 August 2003.

65. N. Sommerlad, 'Scandal of Yarl's Wood', *Daily Mirror*, 8 December 2003.

66. Committee of *Independent* Experts, 'First report on allegations regarding fraud, mismanagement and nepotism in the European Commission', 15 March 1999.

67. [옮긴이] 영국 보수당, 노동당의 전당대회는 1주일 이상 지속한다.

68. 'Escort staff accused of prisoner abuse', *Herald*, 17 July 2004. *Sun*, 16 July 2004도 참조.

69. [옮긴이] 영국 국내정보국

70. P. Rees, 'At home with terror suspects in a state of limbo', *Sunday Times*, 4 February 2007.

71. J. Kirkup, 'Escaped Iraqi terror suspect was "lost" by private tagging firm', *Scotsman*, 18 October 2006.

2장 비열한 동기

1. [옮긴이] 이 장의 제목 Base Motives는 두 가지 의미를 띠는 것 같다. 'Base'는 '군사 기지'를 뜻하지만 '비열하다'는 의미의 형용사이기도 하다. 이 장에서 저자는 군사 기지의 사영화가 대테러전쟁에서 본격화될 '전쟁터의 사영화'로 향하는 교두보가 되었다고 분석한다. 따라서 'Base Motives'는 '비열한 동기'이자 '군사 기지라는 동기'의 의미로 보인다.

2. 예를 들어, R. Atkins, 'Crash Fails To Put Privatization Programme Off the Rails', *Financial Times*, 20 June 1988. 참조.

3. [옮긴이] pint. 야드파운드법에 따른 부피의 단위이다. 1파인트는 1갤런의 8분의 1로 영국에서는 0.57리터, 미국에서는 0.47리터에 해당한다. 기호는 pt이다.

4. [옮긴이] Norwich Union : 영국의 최대의 보험회사.

5. [옮긴이] 캠페인에는 군사행동이라는 뜻도 있다. 저자가 "최전선"이라는 표현을 쓰고 있는 이유이다.

6. [옮긴이] Falklands war : 아르헨티나에서 약 500km 떨어진 남대서양의 군도 포클랜드와 포클랜드 제도 동쪽 약 1,400km 지점에 있는 사우스 조지아 사우스샌드위치 제도의 영유권을 둘러싸고 1982년에 영국과 아르헨티나가 벌인 전쟁이다.

7. [옮긴이] challenger tank : 영국이 포클랜드에서 사용한 탱크 기종이다.

8. [옮긴이] 이 영상은 여기서 볼 수 있다. https://www.youtube.com/watch?v=Y1C3QMJZ0hI

9. [옮긴이] 1986년에 대처는 서독에 주둔하던 영국군을 방문해서 탱크를 탔다.

10. [옮긴이] 마이클 포틸로(Michael Portillo)는 1984년부터 1997년까지 엔필드 지역 국회의원이었는데 1997년 엔필드에서 낙선하기 전까지 "우파의 총아"(darling of the right)로 불렸다. 낙선 이후 포틸로는 정치적 페르소나를 새로 만들기 위해 감성적인 정치인으로 변신을 꾀하는데 예컨대 1998년에는 자기 부친이 프랑코의 파시스트들로부터 도망친 좌파 스페인 난민이라면서 자기 뿌리를 찾아가는 여정을 수백만 명의 시청자를 대상으로 방영한다거나 1999년 한 인터뷰에서 "어릴 때 동성애를 좀 경험했다"고 말하는 식이었다.

11. [옮긴이] 현대적 의미의 특수부대 원조 격인 영국의 육군공수특전단.

12. [옮긴이] 1995년 보수당의 회의 자리에서 포틸로가 〈영국 공수특전단〉의 모토를 빌어 한 이 발언은 당시 여론의 뭇매를 맞았다고 한다.

13. 'Old soldiers "disgusted" as Japanese win property deal', *Glasgow Herald*, 4 September 1996.

14. House of Commons, 16 July 1996.

15. [옮긴이] Cyprus. 지중해 동부의 섬으로 1차 세계대전 개전과 함께 영국의 식민지가 되었다. 1960년 8월 16일 독립을 선언하였다.

16. [옮긴이] Sokaiya : 총회꾼이라는 뜻의 일본어이다. 약간의 주식을 가진 이들은 주주 총회에 출석하여, 금품을 목적으로 총회를 훼방 놓거나, 의사 진행을 유도하는 등의 일을 직업으로 삼는다.

17. [옮긴이] Nick Leeson (1967 ~) : 전직 파생상품 중개인으로 불법적이고 사기적인 투기행위로 영국에서 가장 오래된 투자은행인 〈베어링스 은행〉(Barings Bank)을 붕괴시켰다. 리슨은 이 사건으로 수감되었다.

18. House of Commons, 14 October 1996.

19. National Audit Office, 'Ministry of Defence: The Sale of Married Quarters Estate', 1999.

20. [옮긴이] Plymouth : 영국 남서부의 군항.

21. [옮긴이] Michael Heseltine (1933 ~) : 영국의 사업가, 보수당 정치인. 1966년부터 2001년까지 영국의 하원의원이었고, 대처와 존 메이저 정부 시절 유력 인사였다. 1990년에 보수당 당권을 두고 마거릿 대처와 경합을 벌였는데, 이 시도는 성공적이지 않았지만, 대처 사임의 계기가 되었다.

22. [옮긴이] Peter Levene (1941 ~) : 영국 런던에 있는 국제적인 개별 보험 인수업자 단체인

〈런던의 로이즈〉의 회장이었으며 1998년부터 1999년까지 런던 시장을 역임했다.

23. D. Simpson, 'Tories attack dock privatization', *Guardian*, 29 November 1985.

24. [옮긴이] North-South divide : 영국 남부와 북부 간의 경제적이고 문화적인 격차를 말한다. 정치적으로는 남부 영국, 특히 영국의 동남부 지방은 중도우파적 성향을 띠며, 보수당 지지자들이 많이 거주한다. 반대로 북부 영국의 주민들(특히 소도시와 대도시에 사는 사람들)은 대체로 노동당을 지지하는 편이다. '북부'라는 말 속에 스코틀랜드와 웨일스 지방이 포함될 때도 있고, 그렇지 않을 때도 있다.

25. [옮긴이] Trident nuclear missile : 핵잠수함에서 발사하는 탄도탄 미사일.

26. National Audit Office, 'Ministry of Defence: The Construction of Nuclear Submarine Facilities at Devonport', 2002.

27. 내가 〈할리버튼〉에게 이 엄청난 혐의에 관한 내부 대응에 관해 질의했을 때, 그들은 답변을 거부했다.

28. [옮긴이] nuclear flask : 핵폐기물을 이동할 때 사용되는 폐기물 용기.

29. [옮긴이] 영국 남서부에 있는 강.

30. [옮긴이] Euratom : European Atomic Energy Community, 유럽원자력공동체. 1958년 1월 로마협정에 따라 설립되었다. 원자력의 평화적 용도 개발을 위한 공동시장 설립을 목적으로 하며 본부는 벨기에 브뤼셀에 있다.

31. [옮긴이] 피동안전 : 작업자나 기계의 물리적인 작동이 개입되는 능동안전(Active Safety)의 반대이다. 후쿠시마 원전 사고처럼 외부 전원이 상실되고 운전원이 조작할 수 없는 상황이 발생하더라도 핵연료에서 발생하는 잔열을 공기의 자연순환 현상만으로 제거할 수 있어 원자로의 안전성을 더욱 높인다.

32. [옮긴이] Aldermaston : 영국 남부 버크셔(Berkshire) 카운티에 있는 작은 마을이다. 영국 핵 연구소 소재지로, 1950년대와 1960년대에 반전단체 〈핵군축을 위한 운동〉(Campaign for Nuclear Disarmament, CND)이 조직한 알더마스턴 반전 시위가 열려 오늘날까지 반핵, 반전 운동의 중심지로 여겨지고 있는 곳이다.

33. [옮긴이] mutually assured destruction : 1960년대 이후 미국·소련의 핵 전략이다. 적이 핵 공격을 가하면 적의 공격 미사일이 도달하기 전에 또는 도달한 후 생존해 있는 보복력을 이용해 상대편도 전멸시키는 것이다.

34. [옮긴이] Greenpeace : 1971년에 설립된 국제 환경단체.

35. [옮긴이] billet : 어떤 형태로 눌러 늘이기 전에 거푸집에 부어서 굳힌 강철 덩어리.

36. [옮긴이] glove box : 방사성 물질을 취급하기 위해 사용하는 장갑이 달린 상자.

37. [옮긴이] 물을 구성하는 수소 원자들이 삼중수소로 대체된 상태의 물질을 말한다. 삼중수소는 수소폭탄의 부재료나 방사선 추적자로 사용된다.

38. *Observer*, 24 October 1999.

39. [옮긴이] LogCap : The Logistics Civil Augmentation Program의 약자로 미군이 육군의 우발작전 대비 능력을 보강하기 위해 안보 업체와 계약을 맺어 집행하는 프로그램이다.

40. [옮긴이] feather-bedding. 작업 수행에 필요한 것보다 많은 노동자를 과다하게 고용하는

것.

41. [옮긴이] cost plus pricing. 확정 금액 계약 방식과는 달리 실제로 투입되는 공사비 혹은 원가에 일정 수익을 보장하는 계약 방식.(출처 : 증권용어사전)

42. [옮긴이] Ghurkha : 네팔의 중부 및 서부 산악지대에 사는 농경 및 목축 민족이다.

3장 군사력 투사

1. [옮긴이] Projecting power : 군사력 투사/전력 투사 (Power projection 또는 force projection). 군사학, 정치학 용어로 자국 영토에서 멀리 떨어진 곳에 무력을 행사하거나, 군사적인 위협을 할 수 있는 능력을 일컫는다.

2. [옮긴이] peace dividend : 전쟁 종식으로 무기를 살 필요가 사라지면서 얻게 되는 금전적 이익을 말한다.

3. [옮긴이] PFI, Private Finance Initiative : 사회간접자본(SOC) 시설에 민간이 투자하도록 정부가 지원하는 사업.

4. [옮긴이] Whitehall: 런던의 관청 소재 지역.

5. [옮긴이] bullet line : 고속 열차. 미국의 사영화가 급속도로 이루어졌음을 의미한다.

6. 'Public-Private Partnerships: Background Papers for the U.S.-U.K. Conference on Military Installation Assets, Operations, and Services', 14-16 April 2000, RAND MR-1309-A, 2001.

7. [옮긴이] 로로선(roll-on-roll-off ships) : 컨테이너 전용 선박으로 컨테이너의 적하와 양하가 경사판을 사용해 수평방향으로 이루어질 수 있게 설계된 선박이다.

8. [옮긴이] 독일 북부의 항구

9. A. Osborne, 'Labour MP sounds alarm at £950m MoD contract', Daily Telegraph, 15 May 2002.

10. James Fisher Shipping website, 2003.

11. [옮긴이] Diego Garcia : 남인도양에 있는 면적 27평방킬로미터의 작은 섬이다. 1965년에 영국령이 되었다. 1972년 이 섬에 거주하던 주민들은 영국·미국의 군사 기지 건설을 위해 아프리카 동쪽 인도양 남서부에 있는 섬나라 모리셔스로 강제 송환되어, 현재 디에고 가르씨아섬에는 군사 기지 관련자들만 주둔하고 있다. 영국과 미국 정부에 의한 디에고 가르씨아섬의 "살균"(sanitize, 미국 정부의 공식문서에 사용된 표현이다) 과정의 내막과 폭력성, 그리고 디에고 가르씨아 주민들의 고통과 투쟁에 대한 보다 자세한 내용은 다음의 링크를 참조하라. http://usslave.blogspot.com/2011/03/stealing-nation-diego-garcia.html

12. [옮긴이] liberal intervention : 자유 국가들은 자유주의적 목표를 성취하기 위해서 다른 주권국가들에 개입할 수 있다는 외교 정책 교리이다. 여기에서의 개입은 군사적 개입과 인도주의적 개입 양자 모두를 포함한다. 고립주의, 비개입주의 외교 정책의 반대말이라 할 수 있다. 미국 대통령 윌슨에 의해 채택·발전된 개념이다. http://en.wikipedia.org/wiki/Liberal_internationalism

13. Defence Partnerships 2003 programme, organized by Worldwide Business research.
14. WBR Defence Partnership's 2nd Annual Conference on PFI/PPP in defence.
15. [옮긴이] Spice Girls. 1994년 결성된 영국의 팝 걸 그룹.
16. Simon Kershaw의 파워포인트 슬라이드 중에서.
17. [옮긴이] 1930년대 활동한 유명한 독일 여배우
18. [옮긴이] 미국 렌트카 1위 업체
19. Ibid.
20. 'Boeing Leasing Deal Originally Conceived to Save Boeing's Faltering Operations post 9/11', Project on Government Oversight press release, 2 September 2003.
21. J. Chaffin and S. Kirchgaessner, 'Perle lobbied for Boeing's tanker bid', *Financial Times*, 5 December 2003.
22. 'RAF tanker deal will be biggest test yet for PFI', *Engineer*, 17 August 2001 참조.
23. [옮긴이] 〈브리티쉬 에어웨이즈〉, 〈보잉〉, 〈BAE 시스템즈〉, 〈마샬 에어로스페이스〉, 〈세르코〉, 〈스펙트럼 캐피털〉로 이루어진 컨소시엄으로 〈브리티쉬 에어웨이즈〉 보잉 767 항공기를 개조하여 공군에 공급했다.
24. 군수 업체 EADS, Thales, Rolls-Royce, Cobham으로 이루어져 있다.

4장 〈다인코프〉처럼 국가건설하기

1. F. Fukuyama, 'Nation-Building 101', *Atlantic Monthly*, January/February 2004.
2. J. Dobbin et al, 'America's Role in Nation-Building: From Germany to Iraq', Rand Corporation, 2003.
3. [옮긴이] 세균 배양 등에 쓰이는 둥글고 넓적한 작은 접시
4. [옮긴이] Serpant는 뱀이라는 뜻이다.
5. 'Transcript of the First Televised Debate Between Clinton and Dole' *New York Times*, 7 October 1996.
6. Transcript of CNN from 3 October 2000.
7. 'Haitian police blamed in 15 deaths', Agence France-Presse, 22 January 1997.
8. [옮긴이] 볼트, 너트 등을 조이는 공구의 일종. 〈다인코프〉가 정비 등 기술직 직원들을 공급했다는 의미로 보인다.
9. 2003년 5월 20일에 DEA 각료 Steven Casteel의 의회 진술처럼 말이다.
10. [옮긴이] 마약이라는 뜻의 접사.
11. Fuerzas Armadas Revolucionarias de Colombia.
12. Autodefensas Unidas de Colombia.
13. 미국 정보국은 1991년에 콜롬비아 대통령 우리베를 '주요한 콜롬비아 마약밀수상' 목록에 올렸다. National Security Archive, 2 August 2004.
14. [옮긴이] 누가 더 사람을 많이 죽이는지 경쟁하는 시스템이 콜롬비아 군대 내부에 존재했

다는 의미일 것이다.

15. 'Rebels Claim Copter', *Washington Post*, 24 January 1992.

16. *El Espectador* (Bogota), 17 July 2001.

17. J. McDermott, 'Us crews involved in Colombian battle', *Scotsman*, 23 February 2001.

18. 예를 들어, C. Marquis, 'Inquiry on Peru Looks at a C.I.A. Contract', *New York Times*, 28 April 2001 참조.

19. M. Prothero, 'Claim of FARC-Al Qaida link rescinded', UPI, 9 August 2002.

20. R. Scarborough, 'Second soldier says "no" to U.N.', *Washington Times*, 10 November 1995.

21. D. Rather, 'Dyncorp president states the Lord must have had a reason for him not to go on Balkan trip', CBS News transcript from 3 April 1996.

22. [옮긴이] 미국 캘리포니아 주의 하위 행정구역(카운티)으로, 소득수준이 높은 보수층이 거주하는 지역 중 하나이다.

23. 'Harassment firing', Santa Ana City News Service, 13 August 1997.

24. J. McDonald, 'Sheriff admitted touching female employee, records show', *Orange County Register*, 26 July 1999.

25. M. McPhee, 'Officer gets $1 million in Aurora suit; She was forced to work 20 feet from her abuser', *Denver Post*, 20 January 2000.

26. 'Hopes betrayed: trafficking of women and girls to post-conflict Bosnia and Herze-govina for forced prostitution', *Human Rights Watch*, November 2002에 게재된 인터뷰 중에서.

27. [옮긴이] escort. 동행, 호위를 뜻하는 단어이며 성적 서비스 제공이나 성노동자를 의미하기도 한다.

28. [옮긴이] 노동 재판소(industrial tribunal) : 공식 명칭은 Employment Tribunal이다. 고용인과 피고용인 간의 분쟁을 다루는 재판소로, 부당해고, 퇴직수당, 고용상의 차별 등의 사안에 대해 판결을 내린다.

29. K. O'Meara, 'Dyncorp Disgrace', *Insight on the News*, 4 February 2002.

30. Ibid.

31. C. Lynch, 'Misconduct, Corruption by U.S. Police Mar Bosnia Mission', *Washington Post*, 29 May 2001.

32. HC 577 Private Military Companies; Options for Regulation 2001-02, Foreign and Commonwealth Office, February 2002 (ISBN 0 10 291415 X).

33. R. Boucher, 'State Department Briefing', *Federal News Service*, 11 April 2003.

34. [옮긴이] Baath Party : 〈아랍사회주의 바스당〉의 줄임말. 아랍어로 부활, 부흥이라는 의미이다. 아랍민족주의와 아랍사회주의가 결합한 이념을 가진 정당으로, 서구 제국주의에 반대하면서 아랍세계가 하나의 국가로 통일되어 부흥하고 부활해야 한다고 주장한다. 시리아에서는 1963년 쿠데타 전까지 독점적 정치권력을 유지했으며, 1963년에 이라크에서 처

음 집권하여 몇 개월 후 물러났다가, 1968년의 쿠데타로 재집권에 성공한 후 2003년 이라크 침공 전까지 이라크 내 유일한 집권정당이었다. 이라크 침공 이후 이라크에서 활동을 금지당했다.

35. M. Moss and D. Rohde, 'Misjudgements Marred U.S. Plans for Iraqi Police', *New York Times*, 21 May 2006.

36. 'Heralded Iraqi Police Academy a "Disaster"', *Washington Post*, 28 September 2006.

37. [옮긴이] Adnan Palace : 그린존의 외곽에 있는 아드난 궁전은 사담 후세인의 사위의 자택이었던 곳이다.

38. Special Inspector General for Iraq, January 2007 quarterly report to Congress.

39. [옮긴이] 신입 경찰들을 광대에 비유한 것이다.

40. 'U.S. Officials Say Iraq's Forces Founder Under Rebel Assaults', *New York Times*, 30 November 2004. [여기에 인용된 『뉴욕 타임즈』의 기사에는 다음과 같은 구절이 있다. "팔루자에서의 최근의 공격 이후 미군이 반란세력을 몰아내기 위해 여전히 고군분투하고 있는 바그다드 남쪽 지역에서, 미국 장교들은 병사들에게 이라크에서 모집된 신참들이 발사하는 유탄(流彈)을 피해 '엎드려 숨을' 준비가 되어 있어야 한다고 충고한다." ─ 옮긴이]

41. [옮긴이] Duck and Cover : 직역하면 '고개를 숙이고 엎드려서 숨어라'라는 의미인 이 말은 1950년대에서 1980년대까지 미국 정부가 공립학교 학생들에게, 핵무기의 위험으로부터 자신을 보호하는 방법으로 권장했다. 학생들은 번쩍이는 불빛을 보는 순간 하던 일을 멈추고 땅바닥에 엎드려 책상 밑에 숨거나 최소한 벽 옆으로 가서 태아형 자세(고개를 아래쪽으로 향하게 한 상태에서 두 손으로 머리를 감싸는 자세)를 취해야 했다. 1964년과 1980년대에 영국에서도 유사한 지침이 유통되었다.(출처: 위키피디아)

42. B. Bender, 'US officer spells out Iraq police training woes', *Boston Globe*, 13 December 2006.

43. [옮긴이] Iraq Study Group(ISG)은 2006년 3월 15일 미국 의회가 지명한 열 명의 의원으로 이루어진 초당적 정책제안집단이다.

44. [옮긴이] tag team : 프로레슬링에서의 2인조 팀을 말한다.

45. J. Glanz and D. Rohde, 'US report finds dismal training of Afghan police', *New York Times*, 4 December 2006.

46. D. Walsh and L. Gah, 'Afghanistan : Special deals and raw recruits employed to halt the Taliban in embattled Helmand', *Guardian*, 4 January 2007.

47. [옮긴이] 40도 정도 되는 독한 술의 일종.

5장 용병

1. J. E. Thomson, *Mercenaries, Pirates and Sovereigns: State Building and Extraterritorial Violence in Early Modern Europe* (New Jersey: Princeton University Press, 1994).

2. [옮긴이] 13세기경 아일랜드 서부고지대의 무사를

3. [옮긴이] 강정인·문지영 역, 『군주론』, 까치, p 86을 참조하여 옮겼다.

4. Aubrey의 *Brief Lives*에서 설명했듯이. J. Aubrey "Brief lives chiefly of contemporaries", (Oxford: Clarendon Press, 1898) 참조.

5. [옮긴이] halfe-crown. 반(半) 크라운. 지금의 12.5펜스에 해당하는 영국의 옛 주화.

6. [옮긴이] 1645년 영국 청교도 혁명 때 크롬웰이 조직한 것으로 국민군 또는 신형군이라고 도 불린다.

7. T. Blair, "Prime Minister warns of continuing global terror threat", 5 March 2004.

8. Ejército de Liberación Nacional.

9. 특히 *The Times, Guardian, Express and Scotland on Sunday*지에서의 Michael Gillard의 취재.

10. M. Gillard, I. Gomez & M. Jones, 'BP Hands "tarred in pipeline dirty war" ', *Guardian*, 17 October 1998.

11. [옮긴이] 영국 총리 관저

12. 'Energy: Board keeps eye on Colombian unrest', *Lloyd's List*, 12 February 1997.

13. P. Ruffini, 'Mercenaries planned psychological action against PNG rebels', *Asia Pulse*, 7 April 1997.

14. M. O'Callaghan, 'Sandline sought Bougainville mine share', *Australian*, 4 April 1997.

15. P. van Niekerk and M. Gillard, 'Steel associate's mercenary links', *Observer*, 10 September 1995.

16. P. Lashmar, 'Mercenaries win £20m for failed mission', *Independent*, 18 October 1998.

17. [옮긴이] 룩셈부르크에 있는 유럽사법재판소를 말함

18. M. O'Callaghan, 'Skate to fight "blood money" ', Australian, 26 February 1999.

19. [옮긴이] 구 남아프리카공화국의 인종 차별정책

20. P. van Niekerk, 'Africa's diamond dogs of war', *Observer*, 13 August 1995.

21. 〈샌드라인〉은 그룬버그에 대해 그들의 "컨설턴트로 활동했던" 사람이라고 설명한다. 〈샌 드라인〉을 대변하는 그의 잦은 대외발표는 그가 적어도 매우 자주 활약하는 컨설턴트임 을 보여 준다. 〈다이아몬드웍스〉의 경우 D. Baines 'S. Africa mercenaries to protect Dia-mond Fields in Sierra Leone', *Vancouver Sun*, 13 December 1996 참조.

22. 'Private Military Companies: Options for Regulation', HC 577 (ISBN 010291415X)

23. [옮긴이] 이 장의 제목이기도 하다. 이 책에서는 soldiers of fortune, mercenary 모두 용병 으로 옮겼다.

6장 선전 전쟁

1. 'Hearing of the Congressional Human Rights Caucus Committee. Subject: reports of Iraqi atrocities in Kuwait. Chaired by Representative Tom Lantos' (Federal News Service, 10 October 1990).

2. 1992년 1월 19일 방송된 '60 minutes'의 일부를 녹취한 것.

3. 특히 J. Stauber & S. Rampton, *Toxic Sludge Is Good for You: Lies, Damn Lies and the Public Relations Industry* (Maine: Common Courage Press, 1995)의 10장과; ABC News, '20/20' 17 January 1992, 'The Plan to Sell the War' 참조.

4. [옮긴이] 공보기업. 정부의 정책, 정책 방향 홍보를 지원하는 기업들을 지칭하는 public affairs company은 공보기업으로 옮긴다.

5. 예를 들어, S. Cutlip, *The Unseen Power: Public Relations — A History* (Hilsdale, NJ: Erlbaum, 1994) 참조.

6. 'Missed Signals In the Middle East', *Washington Post*, 17 March 1991.

7. [옮긴이] 말보로 담배의 광고 이미지로 쓰였던 카우보이 남성들을 가리킨다. 말보로 담배는 거칠고 강인한 남성상의 이 말보로 맨의 이미지에 힘입어 막대한 광고 수익을 올렸다. 하지만 이 말보로 맨은 담배의 유해성 주장과 그에 따른 연이은 소송에 따라 말보로 담배 광고에서 사라지게 된다.

8. S. Mufson, 'The privatization of Craig Fuller', *Washington Post*, 2 August 1992.

9. 'H&K lands $4m Afghan PR contract', *Jack O'Dwyer's Newsletter*, 17 May 2006.

10. A. Gordon, 'PR vet assists US embassy with Kabul election efforts', *PR Week* (US), 11 October 2004.

11. 'Pentagon spokeswoman Victoria Clarke resigns', AFP, 16 June 2003.

12. 'Meyer leaves Rumsfeld for H&K', *Jack O'Dwyer's Newsletter*, 12 May 2004.

13. 예를 들어, J. Kampfner, 'The truth about Jessica', *Guardian*, 15 May 2003 참조.

14. 그는 이 내용을 자신의 웹사이트에 게재했다. http://www.outragedmoderates.org/

15. 'Defense Secretary Donald Rumsfeld interview with the *New York Times* interviewer: Tom Shanker as released by the Defense Department', Federal News Service, 12 October 2001.

16. G. Lee, 'The Selling of Kuwait Moves Into New Phase', *Washington Post*, 17 March 1991.

17. J. Randal, 'Anti-Saddam Iraqis Seek United Front', *Washington Post*, 18 June 1992.

18. 정보 공개법(Freedom of Information Act)을 통해 저자가 입수한 자료.

19. J. Hoagland, 'How CIA's Secret War On Saddam Collapsed', *Washington Post*, 26 June 1997.

20. Peter Jennings, 'Showdown with Saddam', ABC News, 7 February 1998. 또 J. Bamford 'The Man Who Sold the War: Meet John Rendon, Bush's general in the propaganda war', *Rolling Stone*, 17 November 2005 참조.

21. G. Lardner, 'How Lobbyists Briefed a Rebel Leader: Memos Prepared for Savimbi', *Washington Post*, 8 October 1990.

22. J. Landay and T. Wells, 'Exiles' deceptions printed before war', *Miami Herald*, 16 March 2004 참조. 또 *Private Eye*, March 2004와 M. Shipman, 'US paid millions to plant

anti-Saddam stories in Welsh and international media', *Western Mail*, 13 April 2004 참조.

23. M. Colvin and N. Rufford, 'Saddam's arsenal revealed', *Sunday Times*, 17 March 2002.

24. 다른 기사들은 다음과 같다. D. Whitworth, 'Powell rejects call for war on Iraq', *The Times*, 22 December 2001; A. Gumbel, 'Campaign against terrorism: Defector claims he saw Saddam's bioweapon plants', *Independent*, 21 December 2001; T. Moore, 'Anthrax fears', *Daily Express*, 21 December 2001; B. Fenton, 'Defector tells of Saddam's nuclear arms', 21 December 2001.

25. C. Hitchens, 'Does Blair know what he's getting into?', *Guardian*, 20 March 2002; 'Saddam is the next US target', *Evening Standard*, 5 March 2002.

26. T. Harnden, 'Saddam "armed bin Laden and funded al-Qa'eda allies"', *Daily Telegraph*, 18 March 2002; R. Beeston, 'Saddam's terror training camp teaches hijacking', *The Times*, 9 November 2001.

27. D. Rose, 'Focus Special: The Terrorism Crisis: The Iraqi connection', *Observer*, 11 November 2001.

28. [옮긴이] Uncle Ben's Rice. 〈마르스〉(Mars) 사에서 만드는 가공처리 된 쌀의 브랜드 이름이다. 1943년 미국에서 출시되기 시작하였는데, 브랜드 상표로 엉클 벤이라는 남부 흑인의 이미지를 쓰고 있다.

29. [옮긴이]시아파 이슬람주의 성향의 이라크 반군 세력

30. B. Bigelow, 'SAIC to settle bill-pad lawsuit brought by government', *San Diego Union-Tribune*, 28 April 2005; 'Science Applications International Corporation to pay $484,500 to settle false claims act allegations', States News Service, 24 March 2004.

31. G. Packer, *Assassin's Gate*, (New York: Farrar, 2005), p. 210.

32. [옮긴이] 맨체스터 유나이티드(Manchester United), 첼시(Chelsea), 아스날(Arsenal)은 영국 축구 리그인 프리미어 리그에서 활동 중인 프로축구팀들이다.

33. S. Nagus and D. Rasan, 'Television helps break mystique of holy warrior: Twice-daily broadcast of guerrillas being paraded in Iraq has raised questions about prisoners' rights', *Financial Times*, 24 March 2005.

34. C. Murphy and K. Saffar, 'Actors in the Insurgency Are Reluctant TV Stars: Terror Suspects Grilled, Mocked on Hit Iraqi Show', *Washington Post*, 5 April 2005.

35. 예를 들어, W. Marx, 'Me, a gun, $3m and the good news from Baghdad', *Sunday Times* (London), 29 January 2006 참조.

36. M. Mazzetti, 'Pentagon Audit Clears Propaganda Effort', *New York Times*, 20 October 2006.

7장 미스테리 트레인

1. [옮긴이] 1953년 말 〈리틀 주니어 블루 플레임〉(Little Junior's Blue Flames)이라는 밴드가 발표한 미국의 대중가요이다. 1955년 엘비스 프레슬리가 리메이크하여 그해 빌보드 11위를 기록하였다. "내가 타는 16칸짜리 기차, 그 긴 검은색 기차가 내 사랑을 태우고 떠나갔네. 기차가 내 사랑을 싣고 돌아오네. 이제 다시는 기차가 내 사랑을 싣고 가지 못하게 하겠네." 라는 내용이다.
2. [옮긴이] 자동차 엔진 몸체의 기초가 되는 부분이다.
3. S. Rayment, ' "Trophy" video exposes private security contractors shooting up Iraqi drivers', *Sunday Telegraph*, 27 November 2005.
4. R. Merle, 'Census Counts 100,000 Contractors in Iraq; Civilian Number, Duties Are Issues', *Washington Post*, 5 December 2006.
5. D. Avant, 'What Are Those Contractors Doing In Iraq?', *Washington Post*, 9 May 2004.
6. 이라크민간 안보계약자협회에서 제공한 추정치가 가장 높았다.
7. R. Whittle, 'Security is biggest expense so far in Iraq reconstruction', *Dallas Morning News*, 18 March 2005.
8. 10 October 2005.
9. D. Pallister, '25% of UK Iraq aid budget goes to security firms', *Guardian*, 2 April 2007.
10. 이 회의는 자리에서 박차고 일어나 전쟁과 점령을 지지한다며 패널을 비판한 한 고독한 항의자에 의해 잠시 중단되었다. 나는 웨스트롭 준장이 탁자 위로 건너 뛰어나와 항의자와 대적할 것이라고 예상했으나, 이 안보 전문가는 그저 창피하고 조금 혼란스러운 표정만을 지었을 뿐이다.
11. A. Browne, 'Iraqis not ready for democracy, says Blair's envoy', *The Times*, 3 June 2003.
12. P. Slevin and M. Allen, 'Companies Selected to Bid on Iraq Reconstruction', *Washington Post*, 11 March 2003.
13. 'Statement of Stuart W. Bowen, jr. Special Inspector General for Iraq Reconstruction before the United States Senate Committee on Foreign Relations hearing to examine Iraq stabilization and reconstruction', Wednesday, 8 February 2006.
14. SIGIR Quarterly report to Congress, October 2006.
15. 'Statement of Stuart W. Bowen, jr. Special Inspector General for Iraq Reconstruction before the United States House of Representatives Committee on Government Reform Subcommittee on National Security, Emerging Threats, and International Relations hearing on Iraq: preceptions, realities and cost to complete', Tuesday, 18 October 2005.
16. J. Vest, 'A Coalition memo reveals that even true believers see the seeds of civil war in the occupation of Iraq', *Village Voice*, 20 April 2004.
17. [옮긴이] 여러 가지 제품의 생산에 공통으로 드는 비용. 간접 재료비, 간접 노동비, 간접 경비 따위가 이에 속한다.

18. [옮긴이] 고정거래층이라고 표현할 수도 있다. 즉 전속시장은 선택의 여지없이 특정 상품을 사지 않을 수 없는 소비자층을 말한다.

19. "우리는 우리의[군사심리작전팀] TPT 차량을 앞으로 움직이면서 우리가 이들의 임무를 돕는 데 필요한 일이 무엇인지 알아보며 돌아다니기 시작했습니다"라고 이 작전에 참여했던 한 미군 장교가 밝혔다. "이 지역에 대한 언론의 흥미 위주 보도(media circus)가 이어지고 있었고, (당시 팔레스타인 호텔이 미디어 센터였던 것 같다) 호텔이 알-피르도스 광장 바로 근처라서, 이라크인들만큼이나 많은 수의 기자가 그곳에 있었습니다. 그 지역에 있던 해병대 대령은 사담 후세인 동상이 임기표적[target of oppotunity, 사전에 공격을 계획한 표적이 아니라 갑작스럽게 출현을 한 적군이나 이동 중인 목표물에 대한 관측을 토대로 정해진 목표물 - 옮긴이]이라고 보았고 이 동상을 끌어내려야 한다고 결정했습니다." 군사심리작전팀은 확성기를 사용해서 이라크 민간인들이 참여하도록 분위기를 만들었고, 광장으로 이라크 어린이들을 몰아넣었다. 그다음에 한 병사가 동상 위에 미국 국기를 두르고 있을 때 받침대를 재조종하기 시작했다. "장난 아니었죠. 하지만 우리는 심리작전 교과서에서 배운 것을 생각하면 이건 아니라는 생각을 하고 있었어요. 우리는 점령군처럼 보이고 싶지 않았는데, 몇몇 이라크인들이 '싫다, 우리는 이라크 국기가 걸리길 원한다!'고 외쳤어요. 그래서 나는 "좋다. 누가 나에게 이라크 국기를 갖다 달라."고 했습니다"라고 이 장교는 말했다. *Los Angeles Times*, 3 July 2004.

20. [옮긴이] 〈이슬람 다와당〉은 1950년대 말에 결성된 시아파 정치조직 중 하나이다. 공산주의, 아랍 사회주의, 바트당 같은 무신론자들에 맞서 싸우기 위해 설립되었고, 시아파 주도이지만, 수니파 이슬람주의 조직들과도 밀접히 협력하며 수니파 조직원들도 적지 않다. 1970년대에 이라크 정부에 대항한 무장 투쟁을 벌였다. 이란의 이슬람 혁명을 지지했으며, 이란-이라크전쟁 기간에 이란 정부의 지원을 받기도 했다.

21. [옮긴이] 〈이라크 이슬람혁명 최고위원회〉, 〈이라크 이슬람혁명 최고의회〉 등으로도 번역된다. 이라크 시아파와 이란의 종교학자들로 이루어져 있으며, 〈이라크 이슬람혁명 최고평의회〉는 1982년, 〈이슬람 다와당〉의 사담 후세인 암살 시도가 실패한 후 벌어진 다와당 학살 후 설립되었다. 주로 테헤란에 기반을 두고 있었으며, 이란-이라크전쟁 동안 이란은 〈이라크 이슬람혁명 최고평의회〉를 이라크 이슬람 공화국 정부로 인정하였다. 2003년의 이라크 침공 후 사담 정권이 무너지자, 다른 시아파 정당들과 밀접히 협력하며 빠르게 부상했다. 권력기반은 시아파가 다수를 차지하고 있는 남부 이라크이다.

22. [옮긴이] Badr Brigade. 4천 명에서 1만 명 사이로 알려진 〈이라크 이슬람혁명 최고평의회〉의 군사조직.

23. [옮긴이] peshmarga. 이라크 쿠르디스탄의 민병대. '죽음 앞의 그들'이란 뜻으로, 1920년대 초 쿠르드족 독립운동 때 결성되었다. 이라크에서 미국과 연합군에 가장 협조적인 군대이다.

24. E. G., 'Coalition starts handing over protection of public buildings to Iraqis', Agence France Presse, 9 August 2003.

25. 'Iraqi: Death Squads Not Linked to Gov't', Associated Press, 12 April 2006, 11:43 a.m.

GMT; D. Jamail and A. Al-Fadhily, 'Iraq: shadowy "protection force" linked to death squads', Inter Press Service; E. Knickmeyer, ' "Out of Control" Guard Unit Established by US Suspected in Death Squad-Style Executions', *Washington Post*, 14 May 2006.

26. 베어파크는 〈올리브〉를 떠나 영국 민간군사기업들과 동업자 단체인 영국 민간 안보 기업 협회의 중역이 되었다.

27. 〈글로벌〉의 구르카인들은 종종 안보 면에서 위협적이었다. 2004년에 기업의 관리자들은 그들의 지원자 중 다섯 명이 그들의 자국 네팔에 있는 마오주의자 반란세력과 연계되어 있다는 것을 발견했다. 회사 측이 이들을 자르려고 하자 구르카인 중 한 명이 콜드스트림 친위연대 출신인 그의 관리인을 공격하여, 쇠막대로 관리인의 두개골에 골절상을 입혔다. 그러나 대체로 구르카인은 이라크인 직원보다는 골머리를 덜 앓게 했다. O. Poole, 'On patrol with Baghdad's hired guns', *Daily Telegraph*, 4 May 2004.

28. 미국계 기업이 아닌 주요 재건 계약 체결자 중 하나인 〈드 라 휘〉사에 의해 주조되었다.

29. 2004년 4월에 체포된 각료는 〈이라크 국민회의〉의 주요 일원이었던 사바 누리였다.

30. W. Knickmeyer and N. Nouri, 'Baghdad Airport Closed in Debt Dispute', *Washington Post*, 10 September 2005.

31. 알라위는 타마라 다그히스타니의 아들이자 찰라비의 최측근 중 한 사람인 파이잘 다그히스타니가 이라크 〈에리니에스〉의 설립중역 중 하나였다는 사실을 밝혀냈다. 이라크 〈에리니에스〉는 찰라비의 사업 동료 중 한 사람인 아불 후다 파로키가 설립한 〈누르 유에스에이〉(Nour 유에스에이)사로부터 자금을 받기도 했다. 아마드 찰라비의 조카인 세일렘 찰라비는 이라크 〈에리니에스〉의 법률대표였다. 찰라비는 〈에리니에스〉와의 어떠한 금전적 연관관계도 부인했다. 또 〈누르 유에스에이〉에게는 이라크군을 장비하는 3억 270만 달러짜리 계약이 주어졌다. 경쟁 업체들은 이것이 부적절하게 주어졌다고 주장했다. 펜타곤 또한 이 사실에 동의한 듯, 2003년 3월에 계약을 끝냈다.

32. B. Sizemore, 'Last year, a Blackwater contractor shot and killed an Iraqi official's bodyguard', *Virginian-Plot*, 25 July 2007.

33. O. Poole, *op. cit.*

34. B. Sizemore and J. Kimberlin, 'Blackwater: on the front lines', *Virginian-Pilot*, 25 July 2006.

35. [옮긴이] 2차 세계대전 때 만들어진 미 해군 특수부대로, 바다(SEa) 하늘(Air), 땅(Land)를 조합해서 만든 SEAL(실)의 명칭은 이 부대의 작전반경 및 이들의 작전수행 능력이 뛰어나다는 것을 가리키고 있다.

36. B. Yoeman, 'Soldiers of Good Fortune', *Mother Jones*, May/June 2003.

37. 바돌라토는 〈블랙워터〉 소속은 아니었지만 군수산업복합체에 종사한 오랜 경력을 가진 인물이다. 그는 레이건과 부시 전 대통령 하에서 에너지부 고위관료로 재직했다. 집필 당시 그는 이라크에서 1억 달러 규모의 알 카시크 공군기지 재건 계약을 맡은 미국 루이지애나에 본사를 둔 토목공사기업 〈셔 그룹〉의 국토안보 책임자였다. 2005년 〈셔 그룹〉은 미국 연방재난관리청(FEMA)으로부터 허리케인 카트리나 재건 계약을 대량으로 따내며 논

란에 휩싸였다. 〈셔 그룹〉은 전 미국 연방재난관리청 청장 요세프 알바를 채용하고 있었다.

38. E. Badolato, 'Learning to Think like an Arab Muslim: a Short Guide to Understanding the Arab Mentality', *Blackwater Tactical Weekly*, 3 May 2004. 이 기사를 나에게 소개해 준 리차드 시모어(Richard Seymour)의 웹사이트 'Lenin's Tomb'에 감사한다.

39. [옮긴이] 미국 북동부에 있는 주

40. M. Corkery, 'Battling for voters, one mile at a time', *Providence Journal*, 14 August 2002.

41. A. Forliti, 'Three Republicans vying for chance to face Kennedy', Associated Press, 1 September 2002.

42. M. Corkery, 'Newport man out to strike it rich in Iraq', *Providence Journal*, 25 January 2004.

43. BBC Radio 4, 'File on Four', 25 May 2004.

44. 'US Eastern Virginia District Court case summaries', *Virginia Lawyers Weekly*, 11 September 2006.

45. Y. Dreazen, 'Employees of contractor barred from Iraq resurrect business', Associated Press, 20 June 2006.

46. 'Detainee: contractors abused by US troops', *Charlotte Observer*, 11 June 2005.

47. S. Fainaru, 'Four Hired Guns in an Armored Truck, Bullets Flying, and a Pickup and a Taxi Brought to a Halt', *Washington Post*, 15 April 2007.

48. 계약자들의 다른 총기 난사사건에도 알코올은 등장한다. 이라크에서 〈알멀 그룹〉에서 일하던 한 영국 해병대 출신 요원은 온종일 위스키를 마신 뒤 총으로 자신을 쏴 자살했다. 그의 동료들이 무기를 내려놓으라고 이야기하자, 그는 자기 권총에 탄알이 장전되어 있지 않다는 것을 증명하려고 했었다. 'Gun-death riddle of bodyguard in Iraq', *Western Daily Press*, 20 February 2007 참조.

49. R. Merle, 'Americans Accused of Bribery, Rigging Rebuilding Contracts', *Washington Post*, 8 February 2007.

50. [옮긴이] white paper. 정부에서 각 부처가 소관사항에 대해 제출하는 보고서.

51. [옮긴이] proxy fighters : proxy war, 대리전쟁이란 전쟁의 당사자들이 직접 나서지 않고 동맹국, 다른 나라들, 용병들이 대신 치르게 하는 전쟁이다. 대리전쟁에서 전쟁 당사자를 대신하여 전쟁을 치르는 주체를 일컫는 proxy fighters라는 표현을, 이러한 맥락에서 대리 전사라고 옮겼다.

52. [옮긴이] 바스라(Basra)(이라크 동남부, 페르시아만에 있는 항구).

53. [옮긴이] 아프리카 소말리아의 수도.

54. [옮긴이] 독일의 항공사.

55. [옮긴이] 존 홈스는 1989~1992년까지 〈영국 공수특전단〉 지휘관직에 있었으면 1999년에 영국 통합 특수전 사령부의 사령관직에 오른다. 2002년 〈잉커만〉(Inkerman)이라는 안보

및 위기관리 회사에 영입된 것을 시작으로 〈에리니에스〉 사의 이사이며 〈티톤 인터내셔 날 유케이〉(Titon International UK)라는 업체를 설립하기도 했다.

56. [옮긴이] 나미비아의 독립을 도모하는 흑인의 해방 조직.

57. [옮긴이] 남아공의 행정 수도.

58. [옮긴이] 1989년 10월, 유엔 평화유지군은 나미비아에 개입하여, 아파르트헤이트 법령들 의 철폐, 〈남서 아프리카 인민기구〉의 망명자들의 귀국, 그리고 나미비아 역사상 최초로 행해졌던 1인 1표 제헌 국민의회 선거의 시행을 관장했다.

59. [옮긴이] 1725년에 창설된 영국 최강의 육군 전투부대이다. 여단이지만, 규모는 연대급이 다. 나폴레옹 1세의 워털루전투를 비롯해 제1·2차 세계대전, 6·25전쟁, 2003년에 일어난 이라크전쟁 등 영국군이 참전한 각종 전투에 참여하였다.

60. [옮긴이] 아프리카 공용 네덜란드 말.

61. [옮긴이] Kut. 이라크 동부의 도시.

62. [옮긴이] 로디지아(Rhodesian). 아프리카 남부의 옛 영국 식민지. 현재는 Zambia, Zimba-bwe로 각각 독립국이 됨.

63. [옮긴이] project barnacle. 〈남서 아프리카 인민기구〉에서 억류된 자들과 그 외 위험한 인 물로 간주하는 요원들을 제거하는 일급비밀 프로젝트이다.

64. [옮긴이] Lesotho. 마세루(Maseru)는 레소토의 수도이다.

65. [옮긴이] Gabarone. 보츠와나의 수도.

66. [옮긴이] Harare. 짐바브웨의 수도.

8장 사설 첩보 요원

1. 특히 다음을 참고할 것. W. Blum, *CIA : A Forgotten History* (London: Zed Books, 1986).

2. [옮긴이] 1950년에 설립된 〈문화 자유 의회〉(CCF)는 반공산주의 집단이었다. 1967년, 이 조 직의 세워지는 과정에 미 중앙정보부(CIA)가 개입한 사실이 드러났으며, 이를 계기로 이 조 직의 명칭은 〈국제 문화 자유 연맹〉(IACF)로 바뀌게 된다. 〈문화 자유 의회〉/〈국제 문화 자 유 연맹〉은 그 절정기에 약 35개의 국가에서 활동하면서 포드 재단에서 자금을 지원 받았 다.

3. [옮긴이] 업종별 전화번호부. 종이 색이 노란색이라는 이유로 *Yellow Pages*라고 부른다.

4. D. Alper et al, 'How the CIA does business', *Newsweek*, 19 May 1975.

5. M. Struck, 'Rent-a-cop', *Washington Post*, 9 November 1982.

6. M. Struck, '1,800 U.S. Workers May Lose Their Jobs To Private Industry', *Washington Post*, 28 September 1983.

7. M. Causey, 'CIA Plans to Replace 200 GSA Workers', *Washington Post*, 23 March.

8. [옮긴이] 미국의 중앙인사기관으로 대통령의 연방공무원 인사관리 보조 및, 공무원 인사에 관한 법령의 집행을 관리한다.

9. [옮긴이] 비밀취급인가(security clearance): 비밀 등급에 따라 정보의 접근을 제어하는 제

도. 비밀 취급 인가는 비밀 취급 규정에 따라 해당 기관장이 발급한다.

10. J. Omang, 'Virginia-Based Firm Accused Of Falsifying Clearance Checks', *Washington Post*, 3 October 1986.

11. 레이건의 공화당은 영국 대처 정부의 사영화 계획을 본떠 사영화 사업을 진행했다. 그러나 영국에서 안보기관들에 영업 논리를 도입하는 과정은 더욱 구체적인 난관에 봉착했다. M15조차 사무실 책걸상을 사영화하려는 시도에 저항하였다. 정부 공식 가구 제공자인 〈크라운 서플라이어스〉를 보수당이 매각하려 했을 때, 정보기관 M15의 가구는 이 계약에서 면제되도록 요원들이 정부 각료들을 설득했다. D. Hencke, 'Security blocks sell-off', *Guardian*, 21 July 1988 참조. 〈크라운 서플라이어스〉의 사영화 기획은 결국 전부 수포가 되었다.

12. J. Terrell with R. Martz, *Disposable Patriot*, (Washington: National Press. 1992).

13. "The Iran-Contra hearings in Washington", *The Times*, 9 July 1987.

14. 〈콘트라〉에 관해서는 가령, 'In America, counter-insurgency has been privatized', *Guardian Weekly*, 14 July 1985; M. Tolchine, 'Critics say U.S. "privatized" foreign policy on Iran', *New York Times*, 20 January 1987. 참조.

15. *Disposable Patriot*와 W. King, 'Private role increasing in foreign war actions', *New York Times*, 12 October 1986 참조.

16. 'Contra backer sentenced', *Pittsburgh Post-Gazette*, 17 April 1994.

17. 예를 들어, J. Reeves, 'On parole and back home, former mercenary Frank Camper' *Birmingham News* (Alabama), 12 June 1995 참조.

18. *Disposable Patriot*, p. 210.

19. Ibid., p. 166.

20. C. Farnsworth, ' "the company" as big business', *New York Times*, 4 January 1987.

21. 예를 들어, P. Maass, 'The Way of the Commandos', *New York Times*, 1 May 2005 참조.

22. P. Glibbery and J. Davies, 예를 들어서, T. Coone, 'Soldiers fail to find their fortune', *Financial Times*, 11 October 1985 참조.

23. [옮긴이] 키니미니는 영국 공수특전단에서 비밀작전을 뜻하는 은어로 쓰였다.

24. M. White, 'North confirms UK link with Contras', *Guardian Weekly*, 19 July 1987.

25. M. Gillard, 'Former MOD minister helps out arms company chief', *Observer*, 13 November 1994.

26. 1장 참조.

27. 당시 청문회는 정권의 첩보활동에 대한 처치 위원회의 수사와 나란히 이루어지고 있었으며, 처치 위원회의 수사를 촉발한 것과 유사한 베트남전쟁 이후의 정치적 감수성과, 워터게이트 사건 이후의 정치적 감수성에 영향을 받은 것이었다.

28. F. Bleakley, 'Wall Street's private eye', *New York Times*, 4 March 1985.

29. B. Penrose, 'Police chief is set to join private security firm', *Sunday Times*, 15 November 1998.

30. [옮긴이] acid house. 신시사이저 등을 사용하는 단조롭고 환각적인 댄스 음악.

31. N. Rufford, 'Spies defect from M16 for shadowy careers in the City', *Sunday Times*, 15 November 1998.

32. 예를 들어, M. Chittenden and N. Rufford, 'M16 "firm" spied on green groups', *Sunday Times*, 17 June 2001. *Statewatch Bulletin*, 11:2 (March-April 2001) 참조.

33. www.burojansen.nl/과 www.spinwatch.org 참조.

34. Edward Rogers와 Lanny Griffiths이다. 예를 들어, J. Borger, 'Bush cronies advise on buying up Iraq', *Guardian*, 1 October 2003.

35. 이 회사는 조 M. 알바우가 (워싱턴 D.C에 본사를 둔 기업전략·상담자문기업인) 〈알바우 컴패니〉의 CEO라고 밝혔다. 오클라호마 출신인 알바우는 조지 부시 대통령 아래에서 2003년 3월까지 재난관리청장을 역임했다. 워싱턴 D.C.로 오기 전에 그는 당시 텍사스의 부시 주지사의 참모이자 2000년 대선에서 부시-체니 캠페인의 전국 선거운동 사무장이었다.

36. 〈딜리전스〉의 웹사이트는 홀린저에서 버트의 행적에 대해 언급하고 있지 않다. 또 예를 들어, 'Michael Howard lands new job with Lord Black's crony', *Evening Standard*, 19 June 2006 참조.

37. N. Buckley et al, 'MegaFon diplomacy: a disputed stake pits an oligarch against a Putin ally', *Financial Times*, 24 April 2006.

38. S. Bentley, 'The "Centre" of the Storm: My Week as a CI Grunt', *Competitive Intelligence Magazine*, October 1998.

39. 'P&G ADMITS SPIES SNOOPED ON UNILEVER', *Independent*, 1 September 2001.

40. J. Meek, 'Gitmo taunter teaches tactics', *New York Daily News*, 16 March 2005.

41. J. Coman, 'CIA plans new secret police to fight Iraq terrorism', *Sunday Telegraph*, 4 January 2004.

42. http://www.unitedplacements.com 참조.

43. J. Stanton and W. Madsen, 'Torture, Incorporated: Oliver North Joins the Party', *Counterpunch*, 14 June 2004.

44. 더욱 규모가 큰 기업들도 정보 직종 시장에 개입하였다. 전 영국 총리 존 메이저와 전 미 대통령 조지 부시 시니어를 채용한 다국적 금융 기업 〈칼라일 그룹〉은 〈유에스아이에스〉라는 비밀정보 사용허가 업무를 하는 기업을 부분 소유하며 업계에 가담하고 있었다. 무기업체 록히드 또한 이라크와 각지에서 정보 인력을 공급하는 사업에 뛰어들었다.

45. P. Dodds, 'Guantánamo translator describes how female interrogators used sexual tactics to weaken Muslim detainees', Associated Press, 27 January 2005.

46. P. Coorey, 'Top brass blamed for abuse', *Courier Mail*, (Queensland, Australia), 13 May 2004.

47. 다른 말로 '형광봉'.

48. 예를 들어, R. Watson, 'US report tells of sadism and wanton abuses of prisoners', *The*

Times, 3 May 2004.

49. 이 업체는 본래 〈캘리포니아 아날리시스 센터 주식회사〉라고 불렸으나, 오늘날에는 〈씨에 이씨아이 인터내셔널〉이라는 명칭으로만 알려졌다.

50. www.caci.com에 있는 자주 묻는 질문(FAQ) 중에서.

51. D. Dishneau, 'Abu Gharib warden says he got dog-interrogation recommendation from #Guantanamo Bay', Associated Press, 27 July 2005.

52. M. Benjamin and M. Scherer, ' "Big Steve" and Abu Ghraib', Salon.com, 31 March 2006.

53. M. Barakat, 'CACI employees participated in Abu Ghraib abuse: Army report', Associated Press, 25 August 2004.

54. D. Washburn, 'Many Iraq interpreters unskilled, soldiers say; Contractor Titan's hiring faulted', *San Diego Union-Tribune*, 21 May 2004; B. Bigelow, 'S.D. firm has had the most deaths in Iraq', *San Diego Union-Tribune*, 25 March 2005.

55. S. Hettena, 'San Diego firm finds translators for Guantánamo interrogations', Associated Press, 27 June 2002.

56. M. Weissenstein, 'Prosecutors say Army translator from Brroklyn had links to Iraqi insurgency', Associated Press, 7 November 2005.

57. M. Sherman, 'Mich. translator in Iraq pleads guilty to offering bribe', Associated Press, 4 August 2006.

58. P. Beaumont, 'Abu Ghraib guard jailed for 10 years: As prison abuse ringleader is sentenced, defence contractors are given multi-million Pentagon deals', *Observer*, 16 January 2005.

59. 'Diary of Terror', *Mail on Sunday*, 11 December 2005; D. Gadher and S. Grey, 'London suspect in CIA torture claim', *Sunday Times*, 11 December 2005.

60. S. Grey, *Ghost Plane* (London: Hurst & Co., 2006)에 훌륭하게 축적되어 있다.

61. T. Paterson, 'German Ministers "Knew about CIA torture cells"', *Independent*, 25 October 2006.

62. S. Grey, 'Our dirty little torture secret', *Sunday Times*, 22 October 2006.

63. J. Mayer, 'The CIA's travel agent', *New Yorker*, 30 October 2003.

64. 'We know that such cruelty is contrary to Islam, says Blair', *The Times*, 19 September 2001.

65. A. Lines, 'War on Terror: America's warning — we'll be mean, nasty, dirty and dangerous', *Daily Mirror*, 17 September 2001.

66. G. Miller, 'Spy Agencies Outsourcing to Fill Key Jobs', *Los Angeles Times*, 17 September 2006.

67. Senate Select Committee on Intelligence, 'Report on the U.S. Intelligence community's prewar intelligence assessments on Iraq', 7 July 2004; 'The Commission on the Intel-

ligence Capabilities of the United States Regarding Weapons of Mass Destruction: Report to the President', 1 March 2005.

9장 데이터베이스 국가

1. [옮긴이] data-mining. 인터넷 같은 방대한 규모의 정보의 바다에서 유용한 정보를 추출하는 기술.
2. 통합정보인식 사업의 새로운 버전인 ADVISE(Analysis, Dissemination, Visualization, Insight and Semantic Enhancement)가 2007년에 도입되었다. A. Hudson, 'Homeland security revives supersnoop', *Washington Times*, 8 March 2007 참조.
3. 'DynCorp Captures $27 Million Health Services Contact', PR Newswire, 16 May 1997.
4. SIPRI의 군수지출 추정치. www.sipir.org 참조. 'Arms without Borders: Why a globalised trade needs global controls', Oxfam, 2006. 'Arms spending high, says Oxfam', *Birmingham Evening Mail*, 22 September 2006.
5. [옮긴이] (이혼 후의) 자녀 양육비를 내지 못하는 아버지
6. S. Green, 'Plenty of Computer blame', *Modesto Bee*, 19 March 1998; E. Mendel, 'No "deadbeat dads" system very costly', Copley News Service, 15 September 2002.
7. [옮긴이] Golden State. 캘리포니아 주의 속칭.
8. 'Two companies paid $4.5 million to collect $162,000 from deadbeat parents', Associated Press, 29 December 1998.
9. S. Green, '*Computer* firm brags about its abysmal failure', *Modesto Bee*, 6 November 1997.
10. M. Wines, 'Ex-UNISYS Official Admits Paying Bribes to Get Pentagon Contracts', *New York Times*, 10 March 1989.
11. 'UNISYS to Pay Record Fine in Defense Fraud', *Washington Post*, 7 September 1991.
12. G. Milhollin, 'Building Saddam Hussein's Bomb', *New York Times*, 8 March 1992.
13. S. Pearlstein and B. Fromton, 'Firms Find Buyers Lacking For Their Defense Divisions; UNISYS Ends Drive to Sell McLean-Based Unit', *Washington Post*, 23 November 1991.
14. F. Fukuyama, 'The End of History?', *National Interest*, Summer 1989.
15. D. R. Francis, 'World Arms Outlays: Down, Down, Down', *Christian Science Monitor*, 23 April 1993.
16. J. Simon, 'More surprises in state's Computer snafu — $782,000 settlement to contractor irks legislators', *Seattle Times*, 18 January 1990.
17. 'Flaws in state's *Computer* system blamed for delaying welfare benefits', Associated Press, 2 September 1998.
18. E. Lipton, 'Audit Finds Mismanagement Drained Technology Project', *New York Times*, 2 April 2006.

19. P. R. Keefe, 'A Shortsighted Eye in the Sky', *New York Times*, 5 February 2005.

20. D. Barlett와 J. Steele이 〈사이언스〉에 관한 매우 효과적인 묘사를 제공한다. D. Barlett and J. Steele, 'Washington's $8 billion Shadow', *Vanity Fair*, March 2007.

21. D. Eggen and G. Witte, 'The FBI's Upgrade That Wasn't', *Washington Post*, 18 August 2006.

22. L. Miller, 'Background checks and IDs: Little to show for multimillion-dollar anti-terror effort', Associated Press, 25 October 2006.

23. D. Hencke, 'Arms firms tap MOD's top brass', *Guardian*, 25 January 1995.

24. C. Ayres, 'Corporate profile: SEMA', *The Times*, 23 November 1998.

25. 'Siemens corruption trial begins', *Spiegel Online*, 14 March 2007.

26. P. Norman, 'Hidden hand of corruption', *Financial Times*, 5 June 1996.

27. T. Burt, P. Montagnon and J. Simkins, 'Singapore bars five companies linked to bribe case', *Financial Times*, 14 February 1996.

28. H. Bassirian, 'Pay-outs to Siemens contradict PFI spirit', *Computer Weekly*, 20 August 1998.

29. T. Poston, 'IT deal bypassed to clear asylum chaos', *Computer Weekly*, 8 April 1999.

30. 'SBS hopes for state orders', *Handelsblatt*, 6 December 2006.

후기 : 야만인을 기다리며

1. 우리는 광장에 모여 무엇을 기다리고 있는가?

야만인들이 오늘 도착할 예정이다.

의회에서는 왜 아무 일도 일어나지 않고 있는가?
의원들은 왜 거기 앉아 어떠한 법도 만들지 않고 있는가?

왜냐하면 야만인이 오늘 도착하기 때문이다.
의원들이 지금 무슨 법을 만들 수 있겠는가?
야만인들이 도착하면 법을 만들게 될 것이다.

우리 황제는 어째서 그렇게 일찍 일어났으며,
왜 그는 도시의 정문에 앉아서
그의 옥좌에서 위엄을 갖추고 왕관을 쓰고 있는가?

왜냐하면 야만인이 오늘 도착하기 때문이다.
그래서 황제는 그들의 수장을 만나려고 기다리고 있다.

황제는 그에게 줄 두루마리도 준비했다.
거기에는 당당한 이름의 작위들이 가득하다.

우리 두 영사와 집정관은 오늘 왜 나와서
수를 놓은 진홍색 토가를 입고 앉아 있는가?
그토록 많은 자수정이 박힌 팔찌들은 왜 하고 있으며
화려한 에메랄드가 박힌 반지들은 왜 끼고 있는가?
은과 금으로 아름답게 장식된
우아한 지팡이들은 왜 들고 있는가?

왜냐하면 야만인들이 오늘 도착하기 때문이다
그리고 야만인들은 그런 것들에 현혹되기 때문이다
우리의 기품 있는 웅변가들은 왜 평소처럼 앞으로 나서서
연설을 하지 않고, 하고 싶은 말을 하지 않는가?
왜냐하면 야만인들이 오늘 도착하기 때문이다
그리고 그들은 수사와 연설을 지루해 하기 때문이다.

이 급작스러운 불안과 혼란은 어째서인가?
(사람들이 표정은 얼마나 심각해져 버렸는지.)
거리와 광장이 이토록 빠르게 텅 비어 가는 것은 어째서인가?
왜 모두가 생각에 잠겨 집으로 돌아가는가?

왜냐하면 밤이 되었고 야만인들이 오지 않았기 때문이다.
그리고 국경에서 막 돌아온 자들은
야만인들이 더 이상 없다고 말한다.

그러면 이제, 야만인들이 없다면 우리에게 무슨 일이 벌어질까?
그들은, 그 사람들은, 일종의 해결책이었다.

2. Federal News Service, 21 March 1989.
3. G. Sperling, Jr, 'Meet the new Richard Cheney', *Christian Science Monitor*, 27 June 1989.
4. P. Arnold, 'Cheney splits with CIA on threat', *Washington Times*, 5 March 1990.
5. 예를 들어, Daniel Pletka와 Laurie Mylroie가 쓴 현존하는 위협에 대한 위원회의 설립 취지문을 참조하라.
6. M. Abramovitz, 'War's Critics Abetting Terrorists, Cheney Says', *Washington Post*, 11 September 2006.
7. 'An Un-American Way to Campaign', *New York Times*, 25 September 2004.
8. [옮긴이] Madrasa. 이슬람교에서 학자, 지도자를 양성하기 위한 고등교육기관이다.

9. [옮긴이] 버락 오바마의 풀 네임(생략하지 않은 이름 전체)은 Barack Hussein Obama II이다.

10. [옮긴이] Manchurian Candidate. 일본이 중국을 침략하여 만주땅에 세웠던 만주국에서 온 말로 여기서는 '꼭두각시'를 뜻한다.

11. [옮긴이] sleeper. sleeper agent라는 말을 줄인 것으로 긴급 사태 발생에 대비하고 있는 첩보원을 일컫는다.

12. G. Brown, 'Gordon Brown writes for the Sun', *Sun*, 8 September 2006.

13. 7장 참조.

14. S. Fainaru and A. Klein, 'In Iraq, a Private Realm Of Intelligence-Gathering', *Washington Post*, 1 July 2007.

15. QinetiQ press release, 6 December 2004.

16. 기성 체제의 씽크탱크인 채텀하우스(Chatum House, 왕립국제문제연구소)에서 2007년 1월 19일.

17. 이 추정치는 T. Shorrock, 'The corporate takeover of U.S. intelligence', Salon.com, 1 June 2007에서 따 온 것이다.

18. Federation of American Scientists의 허가 하에 입수한 에버렛의 파워포인트 슬라이드.

19. 9장 참조.

옮긴이 후기

1. "2016년 테러방지법 반대 필리버스터", 나무위키, https://goo.gl/pnqSU9

2. http://filibuster.me/menu/

3. https://docs.google.com/forms/d/1hrtCpHOiQV2-WlSlqcGiQJis9V3CJ7fhHy25AFbtk-kU/viewform?c=0&w=1

4. 조혜지, 「'테러방지법 폐기 촉구' 서명, 나흘 만에 28만 돌파」, 『오마이뉴스』, 2016.2.25, http://www.ohmynews.com/NWS_Web/View/at_pg.aspx?CNTN_CD=A0002184931

5. 현소은·송경화, 「더민주 "테러방지법 개정 총선공약 1호 삼을 것"」, 『한겨레』, 2016.3.3, http://www.hani.co.kr/arti/society/society_general/733216.html

ㄱ

가너, 제이(Garner, Jay)
가다피, 무아마르 알(al-Gaddafi, Muammar)
가디너, 샘(Gardiner, Sam)
가디너 경, 에드워드(Gardiner, Sir Edward)
『가디언』(*Guardian*)
가랏, 조나단(Garratt, Jonathan)
가우웬, 프랭클린 B.(Gowen, Franklin B.)
〈가족연구회〉(Family Research Council)
갈티에리, 레오폴도(Galtieri, Leopoldo)
〈거리를 되찾자〉(Reclaim the Streets)
거머, 존(Gummer, John)
거머, 피터(Gummer, Peter)
거스리, 찰스(Guthrie, Charles)
건지 섬(Guernsey)
걸프 스트림(Gulf Stream)
게인, 배리(Gane, Barrie)
경찰 최고 간부 회의(Association of Chief Police
    Officers)
고딕 서펀트 작전(Operation Gothic Serpent)
고어, 알(Gore, Al)
고우스, 디언(Gouws, Deon)
골든 스테이트(Golden State)
〈골든 애로우 커뮤니케이션스〉(Golden Arrow
    Communications)
공동체 복지 관리와 사업운영 체계(COSMOS,
    Community Services Management and Opera-
    tions System)
공무원제도개혁법(Civil Service Reform Act)
공사협력단(PPP, Public-Private Partnership Unit)
공안부(Special Branch)
〈공화국 수비대〉(Republican Guard)
〈교도관 노조〉(Prison Officers' Association)
교도소 감사원장(Chief Inspector of Prisons)
교도소 관리청(Prison Service)
교통노동자 신분증(Transport Workers Identifica-
    tion Card)
교통안전국(Transport Security Administration)

구르카(Gurkha)
구아다루페(Guadalupe)
〈국가 안전 보장 회의〉(National Security Council)
국방부 병참청(Defence Logistics Organization)
국방부 재산관리국(Defence Estates Agency)
국방부 주거시설 관리부(Defence Housing Ex-
    ecutive)
〈국방을 생각하는 가족들〉(Families for Defence)
〈국제 문화 자유 연맹〉(IACF, International Asso-
    ciation for Cultural Freedom)
국제 중재 재판소(International Arbitration Tribu-
    nal)
국제개발부(DfID, Department for International
    Development)
국제경찰기동부대(International Police Task
    Force)
군 시설, 군 자산, 군사 작전, 병역의 사영화에 관
    한 미국과 영국의 합동 회담(The Joint US-UK
    Conference on Privatising Military Installations,
    Assets, Operations, and Services)
그래인지, 로우드함(Grange, Lowdham)
그랜트, 버니(Grant, Bernie)
그레이너, 찰스(Graner, Charles)
〈그룹 4 시큐리타스〉(Group 4 Securitas)
〈그룹 4〉(Group 4)
그린 가데스(Green Goddess)
그린, 그래이엄(Greene, Graham)
그린스톡, 제레미(Greenstock, Jeremy)
〈그린자켓여단〉(Green Jacket)
〈그린피스〉(Greenpeace)
글래스피, 에이프릴(Glaspie, April)
기포드, 안드류(Gifford, Andrew)

ㄴ

〈나이트 리더〉(Knight Ridder)
나자프(Najaf)
〈남서 아프리카 인민기구〉(SWAPO, South West
    African Peoples Organisation)

〈남아공 광산업회의소〉(South African Chamber of Mines)
〈남아프리카공화국 국가 방위군〉(SADF, South African Defence Force)
〈낫웨스트〉(NatWest)
내무특별위원회(Home Affairs Select Committee)
내이리, 마틴(Nairey, Martin)
네그로폰테, 존(Negroponte, John)
네브라스카(Nebraska)
네빌-존스, 폴린(Neville-Jones, Pauline)
〈노던 오일 컴퍼니〉(Northern Oil Company)
노리에가(Noriega)
노쓰, 던(North, Don)
노쓰, 올리버(North, Oliver)
노팅엄(Nottingham)
놀란, 존 A(Nolan, John A)
〈누르 유에스에이〉(Nour USA)
누리, 사바(Nouri, Sabah)
〈누마스트〉(NUMAST)
〈뉴 브릿지 스트래터지스〉(New Bridge Strategies)
뉴만, 케네쓰(Newman, Kenneth)
뉴베리(Newbury)
뉴올리안스(New Orleans)
니카라과(Nicaragua)

ㄷ

다그히스타니, 타마라(Daghistani, Tamara)
다그히스타니, 파이잘(Daghistani, Faisal)
〈다뉴비아〉(Danubia)
다우닝 가(Downing Street)
〈다인알렉트릭 코퍼레이션〉(Dynalectric Corporation)
〈다인코프 에로스페이스〉(Dyncorp Aerospace)
〈다인코프〉(DynCorp)
〈담배산업연구위원회〉(Tobacco Industry Research Council)
『더 타임즈』(The Times)
〈더블유에스 앗킨스〉(WS Atkins)
더햄(Durham)
던캐스터(Doncaster)
데벨리(Debeli)
〈데븐포트 매니지먼트 리미티드〉(DML, Devonport Management Limited)

데븐포트(Devonport)
데와, 도날드(Dewar Donald)
데이, 닉(Day, Nick)
밀리반드, 데이빗(Miliband, David)
〈데이튼 협정〉(Dayton Agreement)
『데일리 메일』(Daily Mail)
『데일리 미러』(Daily Mirror)
『데일리 텔레그라프』(Daily Telegraph)
도이치, 존(Deutch, John)
도체스터(Dorchester)
독수리 기지(Eagle Base)
돌, 밥(Dole, Bob)
돌로마이트(Dolomite)
뒤발리에, 프랑소아(Duvalier, François)
듀드니, 브라이언(Dewdney, Brian)
〈드 라 휘〉(De La Rue)
『드 모르겐』(De Morgen)
드나드, 밥(Denard, Bob)
드루연, 달리인(Druyun, Darleen)
드티르히, 마를린(Dietrich, Marlene)
디랜드, 게리(Deland, Gary)
〈디씨션 메이커스 주식회사〉(Decision Makers Limited)
디칠리 파크(Ditchley Park)
〈디텐션 코퍼레이션〉(Detention Corporation)
〈디펜스 서비스스 리미티드〉(DSL, Defense Services Ltd)
〈디펜스 시스템스〉(DSL, Defense Systems Ltd)
딕스, 노엄(Dicks, Norm)
딜레이, 톰(Delay, Tom)
〈딜리전스〉(Diligence LLC)

ㄹ

라두써, 데니스(Laducer, Dennis)
라발라스(Lavalas)
라운드업(Roundup)
라이더, 질(Rider, Gill)
라이베리아(Liberia)
라이보체, 사키우사(Raivoce, Sakiusa)
라이언, 피터(Ryan, Peter)
라임, 해리(Lime, Harry)
랄레이, 제프(Raleigh, Jeff)
〈랜드 코퍼레이션〉(RAND)
랜즈맨, 데이빗(Landsman, David)

런드, 리차드(Lund, Richard)
럼볼드, 안젤라(Rumbold, Angela)
레그-부르크, 해리(Legg-Bourke, Harry)
레빈슨, 이라(Levinson, Ira)
레소토(Lesotho)
레스터(Leicester)
레이드, 존(Reid, John)
〈렌던 그룹〉(Rendon Group)
렌던, 랄프(Rendon, Ralph)
로드, 데렉(Laud, Derek)
로렌스, 벤(Laurence, Ben)
로버츠, 케빈(Roberts, Kevin)
〈로버트 맥알파인 경〉(Sir Robert McAlpine)
로버트슨, 조지(Robertson, George)
로스, 짐(Roth, Jim)
〈로얄 오드난스〉(Royal Ordnance)
로이드 레이지(roid rages)
로이드, 토니(Lloyd, Tony)
〈로즈하〉(Rosehaugh)
로페즈, 조셉(Lopez, Joseph)
〈록히드〉(Lockheed)
롭-실버맨(Robb-Silverman)
루옌, 페스투스 반(Ruyen, Festus Van)
〈루프트한자〉(Lufthansa)
리 카운티(Lea County)
리나운(Renown)
〈리라이언스 시큐어 태스크 매니지먼트〉(Reliance Secure Task Management)
리밍턴, 존(Riminton, John)
리베로, 파비안(Ribero, Fabian)
〈리스크 크라이시스 아널러시스〉(Risk Crisis Analysis)
〈리오 틴토 징크〉(RTZ, Rio Tinto Zinc)
리틀 주니어 블루 플레임(Little Junior's Blue Flames)
리퍼블릭 스틸 학살(Republic Steel Massacre)
리프카인드, 말콤(Rifkind, Malcolm)
릭우드, 아담(Rickwood, Adam)
린치, 제시카(Lynch, Jessica)
링컨 교도소(Lincoln Prison)
링컨, 에이브라함(Lincoln, Abraham)

□

마드라사(Madrasa)

〈마디군〉(Mahdi Army)
마리노(Marino)
마세루(Maseru)
마이어, 던(Meyer, Don)
마이탈렌드, 레이디 올가(Maitland, Lady Olga)
마크, 로버트(Mark, Robert)
만, 사이먼(Mann, Simon)
만델라, 넬슨(Mandela, Nelson)
말라보(Malabo)
맑스, 윌렘(Marx, Willem)
〈매니지먼트 앤 트레이닝 코퍼레이션〉(MTC, Management & Training Corporation)
매닝, 알튼(Manning, Alton)
매사추세츠(Massachusetts)
매씨, 잭(Massey, Jack)
맥널티, 토니(McNulty, Tony)
맥브라이드, 피터(Mcbride, Peter)
〈맥주애호가 조합〉(ye ancient order of froth-blowers)
맥커넬, 존 마이클(McConnell, John Michael)
맥커터, 레인(McCotter, Lane)
맥팔레인, 로버트(ManFarlane, Robert)
맥퍼슨, 토마스(Macpherson, Thomas)
맨체스터(Manchester)
머독, 루퍼트(Murdoch, Rupert)
메데진(Medellín)
〈메이스 해운〉(MACE)
메이저, 존(Major, John)
멜러, 데이빗(Mellor, David)
모가디슈(Mogadishu)
모듈옥스(ModulOx)
모리슨, 알라스테어(Morrison, Alastair)
〈모우렘 주식회사〉(Mowlem PLC)
모토, 세보로(Moto, Sevoro)
〈몬산토〉(Monsanto)
〈몰리 매과이어스〉(Molly Maguires)
무니, 루이스(Moonie, Lewis)
무하메드, 빈얌(Mohammed, Binyam)
〈문화 자유 의회〉(CCF, Congress for Cultural Freedom)
〈미국 공공복지협의회〉(American Public Welfare Association)
미국 국제개발처(USAID, US Agency for International Development)

미국 마약정보국(Drug Intelligence Agency)
미국 상원 인권 청문회(United States Congressional human Rights Caucus)
〈미국 육군공병단〉(US Army Corps of Engineers)
미국 의약통제국(Drug Enforcement Agency)
〈미국 하원 인권협의회〉(Congressional Human Rights Caucus)
〈미국 해외공보처〉(USIA, United States Information Agency)
미국의 이라크 최고행정관(US administrator of Iraq)
미드랜스(Midlands)
미래 전략적 급유기 프로그램(Future Strategic Tanker Aircraft Programme)
미스티(Misty)
〈미의회 특별 조사위원회〉(United States Select Committee on Intelligence)
미처, 마이클(Meacher, Michael)
〈민간 군사 원조〉(CMA, Civil Military Assistance)
민간 병참 지원 프로그램(Logistics Civil Augmentation Program)
〈민족해방군〉(ELN, National Liberation Army)
밀랄, 조지(Milar, George)
밀러(Miller)
밀홀린, 게리(Milhollin, Gary)

ㅂ

바넷, 안터니(Barnett, Antony)
바돌라토, 에드(Badolato, Ed)
바드르 여단(Badr Brigade)
〈바디 샵〉(Body Shop)
〈바스당〉(Baath party)
바스라(Basra)
바싱스토크(Basingstoke)
바예스테로스(Ballesteros)
바워스, 베로니카(Bowers, Veronica)
반미활동조사위원회(House Un-American Activities Committee)
〈반테러, 범죄 및 안보법〉(Anti-Terrorism, Crime and Security Act)
발로우, 에벤(Barlow Eben)
발머, 콜린(Balmer, Colin)
발스라그, 칼(Barslaag, Karl)
〈발크플라스〉(Valkplaas)

〈발푸어 비티〉(Balfour Beatty)
발할라(Valhalla)
〈밥콕〉(Babcock)
〈방첩국〉(CIFA, Counterintelligence Field Activity)
배니스터, 다니엘(Bannister, Daniel)
배쓴, 니코(Basson, Nico)
배틀스, 마이클(Battles, Michael)
밸디즈(Valdez)
버거, 사무엘(Berger, Samuel)
〈버로우스 코퍼레이션〉(Burroughs Corporation)
버릿지, 브라이언(Burridge, Brian)
버밍햄(Burmingham)
〈버슨-마스텔러〉(Burson-Marsteller)
버킹엄, 토니(Buckinham, Tony)
버트, 리처드(Burt, Richard)
버틀러, 닉(Butler, Nick)
번, 리암(Byrne, Liam)
벌저, 제임스(Bulger, James)
베닌(Benin)
베델, 리차드(Bethel, Richard)
베드포드샤이어(Bedfordshire)
〈베어링포인트〉(BearingPoint)
베어파크, 앤디(Bearpark, Andy)
베이비독(Baby Doc)
베일리, 크리스찬(Bailey, Christian)
베트민(Viet Minh)
벡위드, 존(Beckwith, John)
〈벡텔〉(Bechtel)
벤, 힐러리(Benn, Hilary)
〈벨 퍼팅어〉(Bell Pottinger)
벨, 알리스테어(Bell, Alistair)
벨, 팀(Bell, Tim)
벨레스, 알바로 우리베(Vélez, Álvaro Uribe)
벨록, M.(Verloc, M.)
벨마쉬(Belmarsh)
〈벳첼〉(Betchell)
『보스톤 글로브』(Boston Globe)
〈보스퍼 소니크로프트〉(Vosper Thorneycroft)
보웬, 루퍼트(Bowen, Rupert)
보웬, 스튜어트(Bowen, Stuart)
보츠와나(Botswana)
보호관찰청(Probation Service)
〈보호시설법〉(Asylum Acts)

복스헐(Vauxhall)
〈본 트러스트〉(Bourne Trust)
볼랜드 수정법안(Boland Amendment)
볼루느(Bolougne)
볼코박, 캐써린(Bolkovac, Kathryn)
〈부즈 알렌 해밀턴〉(Booz Allen Hamilton)
부캐넌, H. 리(Buchanan, H. Lee)
〈뷰로 젠센 앤 얀센〉(BJJ, Buro Jansen Janssen)
〈브라운&루트〉(Brown&Root)
브라운, 론(Brown, Ron)
브랜필드, 그레이(Branfield, Gray)
브레머, L. 폴(Bremer, L. Paul)
브로피, 수잔(Brophy, Susan)
브룩, 프랜시스(Brooke, Francis)
브리스톨(Bristol)
〈브리티쉬 뉴클리어 퓨얼스 주식회사〉(BNFL, British Nuclear Fuels Limited)
〈브리티시 에어로스페이스〉(British Aerospace)
〈브리티시 페트롤륨〉(BP, British Petroleum)
브릭스턴(Brixton)
블랙, 찰스(Black, Charles)
블랙, 코퍼(Black, Cofer)
블랙스톤(Blackstone)
〈블랙워치〉(Black Watch)
〈블랙워터〉(Blackwater)
블런켓, 데이빗(Blunkett, David)
블레이큰허스트(Blakenhurst)
블룸, 필립(Bloom, Phillip)
비게너, 홀스트(Vigener, Horst)
『비밀요원』(The Secret Agent)
비슬리, 톰(Beasley, Tom)
비아프라(Biafra)
비어스, 샬롯(Beers, Charlotte)
빅센(Vixen)

ㅅ

사, 에릭(Saar, Eric)
사로-위와, 켄(Saro-Wiwa, Ken)
사빔비, 조나스(Savimbi, Jonas)
사우쓰햄턴(Southampton)
사이먼 포크너(Simon Faulkner)
사이먼스 남작(Baroness Symons)
사이몬 상원의원(Lord Simon)
〈사이언스 어플리케이션스 인터내셔널〉(SAIC,

Science Applications International Corp.)
〈사이콜맨〉(SyColeman Inc.)
〈사찌앤사찌〉(Saatchi & Saatchi)
사회복지감사원(Social Services Inspectorate)
산디시스타(Sandinista)
산사태(Avalanche)
산타크루즈(Santa Cruz)
산터, 쟈크(Santer, Jaques)
〈살라딘〉(Saladin)
살터, 마틴(Salter, Martin)
〈샌드라인〉(Sandline)
〈샤이닝 패스〉(Shining Path)
〈샨드웍 컨설턴트〉(Shandwick Consultants)
서어스, 존(Sawers, John)
〈석유 수호군〉(Oil Protection Force)
설리반, 마이클(Sullivan, Michael)
섯클리프, 게리(Sutcliffe, Gerry)
〈세계 야생 생물 기금〉(World Wildlife Fund)
〈세르코 디펜스〉(Serco Defence)
〈세마〉(SEMA)
세이셸(Seychelles)
세포이 항쟁(Indian Mutiny)
〈셔 그룹〉(Shaw Group)
〈셰브론〉(Chevron)
〈소덱쏘〉(Sodexho)
〈소버린 스트래티지〉(Sovereign Strategy)
솔리헐(Solihull)
솜스, 니콜라스(Soames, Nicholas)
수석재무관(Principal Finance Officer)
쉔느, 에블린 르(Chêne, Evelyn Le)
〈쉘〉(Shell)
쉬릭켄라이더, 맨프레드(Schlickenreider, Manfred)
〈슐룸베르거〉(Schlumberger)
슐츠, 조지(Shultz, George)
스미스, 데이빗 테일러(Smith, David Taylor)
스미스, 스티브(Smith, Steve)
〈스미스-먼트 법안〉(Smith-Mundt Act)
스위스 출신 호위병(Swiss Guard)
스카이링크 사업(Operation Skylink)
스케이트, 빌(Skate, Bill)
〈스쿳닷컴〉(Scoot.com)
스타인, 로버트(Stein, Robert J.)
스테파노워즈, 스티븐(Stefanowicz, Steven)

스토코우, 존 경(Stocoe, Sir John)
스톤, 티모시(Stone, Timothy)
스튜어트, 테리(Stewart, Terry)
〈스트래티지 네트워크 인터내셔널〉(Strategy Network International, SNI)
스트러트, 앤(Strutt, Ann)
스트로, 잭(Straw, Jack)
스티르덤, 프랑소와(Styrdom, Francois)
스티어스, 마이클(Stiers, Michael)
스틸, 데이빗(Steel, David)
스틸, 제임스(Steele, James)
스파이서, 팀(Spicer, Tim)
스펑, 데이빗(Spong, David)
스펠라, 존(Spellar, John)
〈시멘스〉(Siemens)
시모어, 리차드(Seymour, Richard)
〈시설보호국〉(Facility Protection Service, FPS)
〈시큐리코〉(Securicor)
시큐어 플라이트(Secure Flight)
신모범군(New Model Army)
신세키, 에릭(Shinseki, Eric Ken)
신중전력작전(Operation Deliberate Force)
〈실버 섀도우〉(Silver Shadow)
〈써던 에어 트랜스포트〉(Southern Air Transport)
『썬』(Sun)
〈쓰렛 리스폰스 인터내셔널〉(Threat Response International)
〈씨 링크〉(Sea Link)
씨어스, 마이크(Sears, Mike)
〈씨에이씨아이 인터내셔널〉(CACI International)

ㅇ

〈아널리시스 코퍼레이션〉(Analysis Corporation)
아데어, 조니 '미친 개'(Adair, Johnny 'Mad Dog')
아라파트, 야세르(Arafat, Yasser),
아랄, 마헤르(Arar, Maher)
아로쵸-버카트, 쟈넷(Arocho-Burkart, Jeannette)
아리스피드, 쟝-버트렁(Aristide, Jean-Bertrand)
아부 그라이브(Abu Ghraib)
아브라모프, 잭(Abramoff, Jack)
〈아시드〉(Aseed)
아이디드 장군(General Aidid)
아이솔러스 프로젝트(ISOLUS, Interim Storage of Laid-up Submarines)

아이티(Haiti)
아처-존스, 키쓰(Archer-Jones, Keith)
〈아토스 오리진〉(Atos Origin)
아티야툴라, 루이스(Attiyatullah, Lewis)
〈아프가니스탄 재건 그룹〉(Afghanistan Reconstruction Group)
아프가르, 말론(Apgar, Mahlon)
〈아프리카 민족회의〉(ANC, African National Congress)
안보산업복합체(security-industrial complex)
안전보건청(HSE, Health and Safety Executive)
안전훈련센터(Secure Training Center)
알-낫사리, 모하메드 샤반(Al-Nassari, Mohamed Shaban)
알더샷(Aldershot)
알라바마(Alabama)
알라위, 이야드(Allawi, Iyad)
알럼, 조나단(Allum, Jonathan)
알럼, 토니(Allum, Tony)
알-마스리, 칼레드(al-Masri, Khaled)
〈알멀 그룹〉(Armor Group Ltd)
알바, 요세프(Albaugh, Joseph)
〈알바니 어소시엇스〉(Albany Associates)
〈알바우 컴패니〉(The Albaugh Company LLC)
알바우, 죠셉(Albaugh, Joseph)
알바우, 짐(Albaugh, Jim)
알-사디르, 무크타다(Al-Sadr, Muqtada)
『알-사바』(Al-Sabah)
알-이다르(Al-Idar)
〈알-이라키야〉(al-Iraqiya)
알-자르카위, 아부 무사브(Al-Zarqawi, Abu Musab)
〈알-자지라〉(Al-Jazeera)
알-카시크(al-Kasik)
『알-하우자』(Al-Hawza)
알-하이데리, 아드난(al-Haideri, Adnan)
〈앙골라 완전 독립 민족 동맹〉(UNITA, National Union for the Total Independence of Angola)
〈앙골라 해방 인민운동〉(MPLA, Popular Movement for the Liberation of Angola)
〈애닝튼 홈스〉(Annington Homes)
애쉬필드 소년교도소(Ashfield Young Offenders Institute)
앤더슨, 테드(Anderson, Thad)

앤드류스, 이언(Andrews, Ian)
앤드류스, 찰리(Andrews, Charlie)
얄스 우드(Yarls Wood)
〈어드밴스드 코렉셔널 매니지먼트〉(Advanced Correctional Management)
어스왈드 경, 줄리안(Oswald, Sir Julian)
〈어쓰 퍼스트〉(Earth First)
〈얼 윌리암 호〉(Earl William)
〈얼스터 자유전사들〉(Ulster Freedom Fighters)
엉클 벤스 라이스(Uncle Ben's Rice)
에드가(Edgar)
〈에리니에스〉(Erinys)
에버렛, 테리(Everett, Terri)
에벤 발로우(Eben Barlow)
에스꼬바르, 빠블로(Escobar, Pablo)
에스큐, 터커(Eskew, Tucker)
〈에어 아메리카〉(Air America)
〈에어로 컨트랙터스〉(Aero Contractors)
에어버스(Airbus)
〈에어탱커〉(Airtanker)
에이드리언(Adrian)
〈에이미 주식회사〉(Amey plc)
에이브람스, 엘리엇(Abrams, Elliot)
〈에이티앤티〉(ATT)
에코리트(Ecolit)
〈엑슨〉(Exxon)
엔필드(Enfield)
〈엥글필드 캐피털〉(Englefield Capital)
여권과(Passport Agency)
〈여성연구소〉(Women's Institute)
연방재난관리청(FEMA, Federal Emergency Management Agency)
〈연합군 정보국〉(Union Intelligence Service)
연합자위대(AUC, United Self-Defense Forces)
〈연합정보센터〉(Coalition Information Centre)
영, 피터(Young, Peter)
영, 휴고(Young, Hugo)
〈영국 공수특전단〉(SAS, Special Air Service)
〈영국 디텐션 서비스스〉(UK Detention Services)
〈영국 안보 산업 협회〉(British Security Industry Association)
영국 합동정보위원회(Joint Intelligence Committee)
영국감사원(NAO, National Audit Office)

〈영국해외항공사〉(BOAC, British Overseas Airways Corporation)
『옐로 페이지스』(Yellow Pages)
오랑주 공(William of Orange)
오렌지 카운티(Orange County)
오브라이언, 마이크(O'Brien, Mike)
오비앙(Obiang)
오쎈사(Ocensa)
〈옥스퍼드 노조〉(Oxford Trade Union)
옥스퍼드샤이어(Oxfordshire)
온두라스(Honduras)
〈올리브 시큐리티〉(Olive Security)
『옵서버』(Observer)
와들, 찰스(Wardle, Charles)
와켄허트, 조지(Wakenhut, George)
〈와켄허트〉(Wakenhut)
와트니(Watney)
왓슨, 패트릭(Watson, Patrick)
〈왕립 그린 재킷〉(Royal Green Jackets)
〈외교정책센터〉(Foreign Policy Centre)
요르단(Jordan)
요크셔 무어(Yorkshire moors)
움 콰사르(Um Qasr)
워스 교도소(Wolds Prison)
『워싱턴 포스트』(Washington Post)
〈워치가드 인터내셔널〉(Watchguard International)
원자력시설감사원(NII, Nuclear Installation Inspectorate)
월즈 리맨드 센터(Wolds Remand Centre)
월포위츠, 폴(Wolfowitz, Paul)
웜우드 스크럽스(Wormwood Scrubs)
웨스트, 알란 경(West, Sir Alan)
웨스트, 토고 D.(West, Togo D.)
웨스트롭, 에릭(Westropp, Eric)
웨스트베리(Westbury)
웨이스, 까르로스(Weiss, Carlos)
〈웨이어 그룹〉(Weir Group)
웹스터, 윌리엄(Webster, William)
위머, 바바라(Wimmer, Barbara)
위협과 지역관측(Threat and Local Observation Notice)
윈프리프(Winfrith)
윌리엄스, 리차드(Williams, Richard)

윌슨, 브라이언(Wilson, Brian)
윌슨, 존(Wilson, John)
유가증권과 선물거래공사(Securities and Futures Authority)
유고슬라비아(Yugoslavia)
〈유나이티드 플레이스먼쓰〉(United Placements)
〈유니레버〉(Unilever)
〈유니시스〉(UNISYS)
〈유에스아이에스〉(USIS)
육군 범죄수사대(CID, Criminal Investigation Division)
육군 법률사무소(Office of Staff Judge Advocate)
은투리, 피에트(Ntuli, Piet)
음베키, 타보(Mbeki, Thabo)
의료지원부서(Benefits Agency Medical Services)
이글 아이스(Eagle Eyes)
〈이라크 국민회의〉(INC, Iraqi National Congress)
〈이라크 미디어 네트워크〉(Iraqi Media Network)
〈이라크 이슬람혁명 최고평의회〉(SCIRI, Supreme Council for the Islamic Revolution in Iraq)
이라크 자유 작전(Operation Iraqi Freedom)
〈이라크 해방법〉(Iraq Liberation Act)
〈이라크개발기금〉(Development Fund for Iraq)
〈이라크과도통치위원회〉(Iraqi Governing Council)
이라크국가방위군(Iraq National Guard)
〈이라크해방군〉(Free Iraqi Forces)
〈이라크해방위원회〉(Committee for the Liberation of Iraq)
이란(Islamic Republic)
이르빌(Irbil)
이민국(IND, Immigration and Naturalisation Service)
『이브닝 스탠다드』(Evening Standard)
이슬라마바드(Islamabad)
〈이슬람 다와당〉(Da'awa Part)
〈이지스〉(Aegis)
〈익세큐티브 아웃컴즈〉(Executive Outcomes)
『익스프레스』(Express)
〈인권감시단〉(Human Rights Watch)
『인디펜던트』(Independent)
인맨, 바비 레이(Inman, Bobby Ray)
인사관리국(OPM, Office of Personnel Management)

〈인사이드 아웃〉(Inside Out)
인사처(Public Service Commission)
인적서비스조직(Human Services Organisations)
『인카운터』(Encounter)
〈인터텍트 그룹〉(Intertect Group)
〈인트러스트〉(Entrust)
일 윈드 작전(Operation Ill Wind)
〈일본 강제 노동 수용소 생존자 협회〉(Japanese Labour Camp Survivors Association)
임버트, 피터(Imburt, Peter)
임시연합당국(Coalition Provisional Authority)
잉그람, 아담(Ingram, Adam)

ㅈ

자비르, 바인(Jabr, Bayn)
〈자빠타 엔지니어링〉(Zapata Engineering)
〈자유로운 쿠웨이트를 위한 시민들의 모임〉(Citizens for a Free Kuwait)
작전명 민주주의(Operation Democracy)
잠비아(Zambia)
재건 지원 사업(Reconstruction Support Services)
잭슨, 로버트(Jackson, Robert)
잭슨, 브루스(Jackson, Bruce)
잭클링, 로저(Jackling, Roger)
〈전국 극동 전쟁 포로 연맹〉(National Federation of Far East Prisoners of War)
〈전미 교회 연맹〉(Church League of America)
전세계개인보호서비스(Worldwide Personal Protective Service)
〈전쟁 홍보 위원회〉(War Advertising Council)
〈전쟁광고위원회〉(Advertising Council)
『전쟁의 개들』(The Dogs of War)
정보 공개법(Freedom of Information Act)
〈정의의 손아귀에 붙잡힌 테러〉(Terror in the Grip of Justice)
제14여단(The Fourteenth Brigade)
제2정무차관(second permanent under-secretary)
제32대대(32 Battalion)
〈제3의 사나이〉(The Third Man)
제번, 워렌(Zevon, Warren)
제이미슨, 데렉(Jamieson, Derek)
젠킨, 버나드(Jenkin, Bernard)
〈젭슨 인터내셔널 트립 플래닝〉(Jeppesen International Trip Planning)

〈존 모우램〉(John Mowlam)
존스톤, 모리스(Johnston, Maurice)
존스튼, 벤(Johnston, Ben)
죠지, 브루스(George, Bruce)
중장비 운송 사업(Heavy Equipment Transporter
  Project)
〈쥐제이더블유〉(GJW)
〈지구의 벗〉(Friends of the Earth)
지나(Jena)
진니, 안소니(Zinni, Anthony Charles)

ㅊ

차우세스쿠, 니콜라이(Ceausescu, Nicolae)
차티스트(Chartist)
찬, 율리어스(Chan, Julius)
찰라비, 아마드(Chalabi, Ahmad)
찰머스, 필립(Chalmers, Phillip)
채리티(Charity)
챕맨, 존(Chapman, John)
〈처치 위원회〉(Church Committee)
처치, 프랭크(Church, Frank)
〈청소년 정의 프로젝트〉(Juvenile Justice Project)
치쿠루비(Chikurubi)
〈칠턴 브로드캐스트 매니지먼트〉(Chilton Broad-
  cast Management)

ㅋ

〈카네기 제강 공장〉(Carnegie Steel Mill)
카니스트라로, 빈센트(Cannistraro, Vincent)
카를스, 헤르마누스 '해리'(Carlse, Hermanus
  'Harry')
카메론, 데이빗(Cameron, David)
카바, 아마드 테잔(Kabbah, Ahmad Tejan)
카바피, 콘스탄틴(Cavafy, Constantine)
카탕가(Katanga)
카터, 필립(Carter, Phillip)
카프리콘 아프리카 협회(Capricorn Africa Society)
카핀스키, 재니스(Karpinski, Janis)
〈칼라일 그룹〉(The Carlyle Group)
〈칼링〉(Carling)
캄보운, 스티븐(Cambone, Stephen)
캠벨, 알라스테어(Campbell, Alastair)
캠퍼, 프랭크(Camper, Frank)

〈캠페인 어겐스트 암스 트레이드〉(CAAT, Cam-
  paign Against Arms Trade)
캠프 본드스틸(Camp Bondsteel)
〈커스터 배틀스〉(Custer Battles)
커스터, 스콧(Custer, Scott)
커스텔로, 웬디(Costello, Wendy)
커티스, 리차드(Curtis, Richard)
〈컨트랙트 프리즌스 주식회사〉(Contract Prisons
  PLC)
컬드웰 카운티(Caldwell County)
컬링스워쓰, 테리(Collingsworth, Terry)
컬쇼, 사이먼(Kershaw, Simon)
〈컴패스〉(Compass)
컷힐, 스티브(Cuthill, Steve)
케이, 데이빗(Kay, David)
〈케이에이에스 엔터프라이즈스〉(KAS Enter-
  prises)
〈케이피엠쥐〉(KPMG)
〈켈로그 브라운 앤 루트〉(Kellog Brown & Root)
코모로(Comoros)
코에보에트(Koevoet)
코크 카운티(Coke County)
콘도띠에리(condottieri)
콘딧, 필(Condit, Phil)
콘라드, 조셉(Conrad, Joseph)
〈콘트라〉(Contras)
〈콘트롤 리스크스 그룹〉(Control Risks Group)
콜롬비아(Colombia)
〈콜롬비아혁명무장부대〉(FARC, Fighters of the
  Revolutionary Armed Forces of Colombia)
콜빈, 제레미(Corbyn, Jeremy)
콜스, 존(Coles, John)
쿡, 로빈(Cook, Robin)
〈크라운 서플라이어스〉(Crown Suppliers)
〈크롤 시큐리티 인터내셔날〉(Kroll Security Inter-
  national)
크롤, 줄스(Kroll, Jules)
〈크롤〉(Kroll)
크롬웰, 올리버(Cromwell, Oliver)
크르쏭, 에디뜨(Cresson, Edith)
크리스 하니(Chris Hani)
클라인펠드, 클라우스(Kleinfeld, Klaus)
클라크, 리차드(Clarke, Richard)
클라크, 빅토리아 토리(Clark, Victoria Torie)

클라크, 찰스(Clarke, Charles)
클라크, 켄(Clarke, Ken)
클레멘스, 크리스티(Clemens, Kristi)
클리어리, 션(Cleary, Sean)
〈키네티큐〉(QinetiQ)
키녹, 닐(Kinnock, Neil)
〈키니미니서비스〉(Keeny Meeny Services)
키르쿠크(Kirkuk)
키케로, 마르쿠스 툴리우스(Cicero, Marcus Tullius)
키터릭, 마틴(Kitterick, Martin)
킬마노크(Kilmarnock)
킹, 우나(King, Oona)
킹, 프랑크(King, Frank)

ㅌ

타구바(Taguba)
타마 강(river Tamar)
타밀(Tamil)
〈타이탄〉(Titan)
탈론(TALON)
〈택티컬 미티오릭 솔루션스〉(Tactical Meteoric Solutions)
『택티컬 위클리』(*Tactical Weekly*)
터너, 스탠스필드(Turner, Stansfield)
턱스테쓰(Toxteth)
〈테라 피르마 캐피털〉(Terra Firma Capital)
테렐, 잭(Terrel, Jack)
테릴론, 이자벨(Terrillon, Isabelle)
테일러, 찰스(Taylor, Charles)
『텔레그라프』(*Telegraph*)
톰슨, 재니스(Thomson, Janice E.)
통통 마꾸트(Tonton Macoutes)
통합정보인식(Total Information Awareness)
투즈만, 프란쵸(Tudjman, Franjo)
〈트라이림〉(Trireme)
트래비스 카운티(Travis County)
〈트랜스컨티넨탈 컨설턴시〉(Transcontinental Consultancy)
〈트리플 카노피〉(Triple Canopy)
〈특수 부대 클럽〉(Special Forces Club)
티더링튼, 아서(Titherington, Arthur)
틸트, 리차드(Tilt, Richard)

ㅍ

파로키, 후다(Farouki, Abul Huda)
〈파슨스 기업〉(Parsons Corporation)
파울러, 노먼(Fowler, Norman)
『파이낸셜 타임즈』(*Financial Times*)
파파독(Papa Doc)
판구나(Panguna)
판팀, 대장 카를로(Fantom, Captain Carlo)
〈팔라딘 캐피털〉(Paladin Capital)
팔라스트, 그레그(Palast, Greg)
팔루자(Fallujah)
패인, 하롤드(Payne, Harold)
패커, 조지(Packer, George)
퍼클허스트(Pucklehurst)
펄, 데미언(Perl, Damien)
펄, 리차드(Perle, Richard)
페니, 윌리엄(Penney, William)
〈페이비언 소사이어티〉(Fabian society)
〈페이비언 협회〉(Fabian Society)
페트레이어스, 데이비드(Petraeus, David)
펜실베니아(Pennsylvania)
포사이스, 프레더릭(Forsyth, Frederick)
포우지, 탐(Posey, Tom)
포인덱스터(Poindexter)
포트 로더데일(Fort Lauderdale)
포트 모르즈비(Port Moresby)
〈폴렛 위원회〉(La Folette Commission)
푸트, 폴(Foot, Paul)
푸트니(Putney)
풀러, 크레그(Fuller, Craig)
〈프라이스워터하우스쿠퍼스〉(PriceWaterhouseCoopers)
프로젝트 관리 부서(Project Management Office)
〈프록터 앤 갬블〉(Proctor & Gamble)
〈프리미어 클럽〉(Premier Club)
〈프리미어 프리즌스〉(Premier Prisons)
〈프리코〉(Pricor)
프리타운(Freetown)
플라이셔, 아리(Fleischer, Ari)
〈플라잉 타이거스〉(Flying Tigers)
〈플레시〉(Plessey)
〈플렌스버거 조선회사〉(Flensburger Schiffbau-Gesellschaft)
플로렌스(Florence)

피그즈 만(Bay of Pigs)
피닉스 작전(Operation Pheonix)
〈피닉스 컨설팅 그룹〉(Phoenix Consulting Group)
피르도스 광장(Firdos Square)
피어슨, 사라(Pearson, Sara)
피지(Fiji)
피츠버그(Pittsburgh)
피터 스티프(Stiff, Peter)
〈필립 모리스〉(Philip Morris)
필링데일(Fylingdales)
필킨 경(Lord Filkin)
핍스, 제레미(Phipps, Jeremy)
핏츠-페가도, 러리(Fitz-Pegado, Laurie)

ㅎ

하먼스워스(Harmondsworth)
하멜, 찰스(Hamel, Charles)
하바로네(Gabarone)
하센퍼스, 유진(Hasenfus, Eugene)
하위치(Harwich)
하이스록, 사이먼(Hiselock, Simon)
〈하트 그룹〉(Hart Group)
할란드&울프(Harland & Wolff)
할리스(Harley's)
〈할크로우〉(Halcrow)
함브로 경(Lord Hambro)
〈함브로스 은행〉(Hambros Bank)
합동 신속대응군(Joint Rapid Reaction forces)
〈합동 심리전 지원반〉(Joint Psychological Operations Support Element)
해그, 윌리엄(Hague, William)
〈해리스 커뮤니케이션스〉(Harris Communications)
해링, 바바라(Haering, Barbara)
해밀턴, 아치(Hamilton, Archie)
해밀튼, 닐(Hamilton, Neil)
해석필드(Hassockfield)
해치, 크리스토퍼(Hatch, Christopher)
〈해클루트 파운데이션〉(Hakluyt Foundation)
〈핵무기 감축 운동〉(CND, Campaign for Nuclear Disarmament)
핸즈, 가이(Hands, Guy)
허그, 어느스트(Hogg, Ernest)

허드, 더글라스(Hurd, Douglas)
허지스, 밥(Hodges, Bob)
〈허츠 & 에이비스〉(Hertz&Avis)
허트, 토니(Hutt, Tony)
헌터, 샌디(Hunter, Sandy)
헌터, 안지(Hunter, Anji)
〈헌팅-비알에이이〉(Hunting-BRAE)
험버사이드(Humberside)
헛친슨, 말콤(Hutchinson, Malcolm)
헤르체고비나(Herzegovina)
〈헤리티지 오일〉(Heritage Oil)
헨더슨, 아이반(Henderson, Ivan)
헵번, 스티븐(Hepburn, Stephen)
〈혁명군사전선〉(RFU, Revolutionary Military Front)
〈혁명의 원리〉(Revolutionaire Aufbau)
〈현존하는 위협에 대한 위원회〉(Committee on the Present Danger)
호어, 마이크(Hoare, Mike)
호프만, 레너드(Hoffmann, Leonard)
혼, 루렌스 '루트지'(Horn, Lourens 'Louwtjie')
〈홀린저〉(Hollinger)
홈스, 존(Homes, John)
홈스테드(Homestead)
화이트로, 윌리(Whitelaw, Willie)
후암바(Huamba)
후쿠야마, 프랜시스(Fukuyama, Frances)
훈, 제프(Hun, Geoff)
휠러, 존(Wheeler, John)
휴윗, 파트리샤(Hewitt, Patricia)
〈흑인 해방 전선〉(Black Liberation Front)
희망 구원 작전(Operation Restore Hope)
〈히베르나〉(The Hiberna)
히친스, 크리스토퍼(Hitchens, Christopher)
힉스-로베크, 나탈리(Hicks-Lobbecke, Natalie)
〈힐 앤 노울턴〉(Hill&Knowlton)
힐, 데이브(Hill, Dave)
힐, 존 와일리(Hill, John Wiley)
힐라(Hilla)
힐리, 마크(Healy, Mark)

기타

〈L-3〉
SS안빌(Anvil)